KB143620

사상가 특집 3권

퇴계 이황의 철학사상과 사상사적 전개

유교문화연구총서 26

사상가 특집 3권

퇴계 이황의 철학사상과 사상사적 전개

지준호 외 지음

성균관대학교 유교문화연구소 사상가특집편집위원회(김도일, 김동민, 원용준, 지준호, 황종원)

유학동양한국철학과BK21연구단 / 한국유교학회 공동발간

이 책은 성균관대학교 유교문화연구소 발간 《유교문화연구총서》 내
〈사상가 특집〉의 세 번째 권이다. 현재까지 연구소에서 발간해 온 학
술지들, 특히 『유교사상문화연구』(한국유교학회 공동발간)와 *Jounal of
Confucian Philosophy and Culture*를 중심으로 특정 사상가에 대한
연구논문들을 엮었다. 〈사상가 특집〉의 기획 의도 중 하나는 유교문화
연구소와 한국유교학회가 쌓아온 근 20년간의 연구 성과를 정리하여 보
고하는 데 있다. 이와 더불어 또 다른 기획 의도는 독자들이 이 한 권의
책을 통독함으로써 해당 사상가의 주요 사상들에 대하여 조망할 기회를
갖게 하는 데 있다.

이 세 번째 권은 "퇴계(退溪) 이황(李滉)"을 주제로 삼았다. 여기에 선
별된 논문들은 각기 다른 학자가 다른 시기에 발표한 것들이다. 이 때문
에 한 학자가 일관된 관점으로 퇴계 이황의 사상을 분석한 연구서와는
성격이 다르다고 할 수 있다. 이는 단점이기도 하나, 오히려 장점일 수
있다. 퇴계 이황의 핵심 사상에 대한 여러 이견을 고스란히 보여줌으로
써, 독자로 하여금 그 사상에 대한 다양한 이해와 해석의 관점을 갖도록
할 수 있기 때문이다. 이러한 이유에서 이 책은 초학자나 대학원생들에
게 오히려 특색 있는 개론서 역할을 수행할 수 있을 것이라 기대한다.

이 책의 구성은 논문들의 성격과 주제에 따라 3부로 나눴다. 1부는
"퇴계 이황의 의리사상과 성리학적 경세론", 2부는 "퇴계 이황의 비판적
사유와 역사적 전개", 3부는 "퇴계 이황 철학사상의 현대적 의의"이다.

1부의 논문들은 퇴계 이황의 중심 사상을 논하는 주제에 관한 내용들

이다. 성학(聖學), 의리사상, 도학(道學) 등의 주제어와 "사칠론(四七論)"
과 "경세론(經世論)" 등의 논의는 그 핵심을 담고 있다.

오석원의 논문 「退溪 李滉의 聖學과 의리사상」은 『성학십도』와 「차자」
에 나타난 퇴계학문의 특징을 살펴보고 『문집』을 통하여 그의 출처관을
고찰하였다. 퇴계의 학문 목표는 성학(聖學)에 있다. 성학을 달성하기 위
해서는 도심(道心)을 확보하고 인(仁)을 실천해야 하며, 구체적인 수양방
법인 지경(持敬)해야 한다. 아울러 의(義)에 근거한 판단과 실천은 후대
사람들에게 많은 감동을 주어 사표(師表)로 존숭되었으며, 그 영향은 멀
리 중국이나 일본까지 파급되었다.

강희복의 논문 「退溪의 道學과 經世論」은 유학과 도학(道學)에 대한
이해를 기초로, '수기(修己)'의 문제와 관련되는 퇴계의 도학 그리고 '안
인(安人)'의 문제와 관련되는 퇴계의 경세론(經世論)이라는 두 가지 주제
를 고찰하였다. 퇴계의 사상적인 체계 속에서는 '리(理)'에 대한 강조[理
發 · 理動 · 理到]와 '알인욕(遏人欲) · 존천리(存天理)'를 핵심으로 하는 '심
학(心學)'이 경(敬) 공부에 의하여 유기적으로 통일되어 있으며, 이러한
수기(修己)의 측면은 시대에 맞는 법과 제도의 운영이라는 안인(安人)의
문제와도 일관성을 갖는다.

이치억의 논문 「退溪 四七論에서 四端의 純善함에 대하여」는 퇴계-
고봉의 '사단칠정왕복서'에 드러난 퇴계 사단칠정론의 독창성은 사단과
칠정을 리와 기에 분속한 것에 있고, 그 중에서 리발(理發)을 제창한 것
이라기보다는 오히려 기발(氣發)을 떼어낸 데 있다고 주장하였다. 이러

한 분석의 관점은 리의 능동성, 리발-기발이라고 하는 리기론(理氣論)적 측면이 아니라 퇴계가 상정한 사단과 칠정의 범주와 의미가 그 중심으로 하는 것으로, 보다 치밀하고도 다양한 후속 연구를 도모하는 일반적으로 논의에 대한 비판적 견해 제시이기도 하다.

안재호의 논문 「퇴계 "理發"설 再論-'理의 能動性' 의심과 부정에 대한 반성」은 퇴계의 학문이 주자학의 발전 혹은 양명학과의 화해라는 대비적인 평가가 이루어지고 있으나, 그 중심은 '리발(理發)'에 있다는 점을 분명히 하고 있다. 따라서 "사단에서는 자발성이 강조되고, 칠정은 법도에 맞는 것이 중요하다"는 사단과 칠정 자체의 의미 파악이 관건이 되며, 퇴계의 본의에 충실하자면 사단으로 표현되는 '리'는 적어도 심성론적 의미에서라도 반드시 능동적인 것이어야 한다.

2부의 논문들은 퇴계 이황의 비판적 사유를 통해 그 본질을 제시하는 연구와 역사적 전개를 통해 드러나는 퇴계 학문의 위상 및 일본의 퇴계학 수용 양상에 관한 내용들이다. '이학(異學) 비판', '명대유학(明代儒學) 비평', '양명학 비판' 등의 주제 관련 논의를 통해 퇴계 이황의 사상을 '비판'이라는 측면에서 재조명할 수 있는 기회를 제공하고 있다. 아울러 '퇴계심학(退溪心學)', '퇴계학(退溪學)'의 실천지향적 성격', '조선유학의 성립' 및 「비교사적으로 본 근세 일본의 퇴계학 수용의 두 방향」은 퇴계학의 본질과 역사적 전개를 논의함으로써 사상사적 이해를 도모하고 있다.

추제협의 논문 「異學 비판을 통해 본 '退溪心學'」은 이황의 이학관(異學觀)을 통해 그가 추구하고자 한 정통학(正統學)의 성격이 무엇인지를 밝히고 있다. 이는 기존의 '퇴계심학'의 논의와 관련하여 이러한 정통학이 과연 '퇴계심학'으로 정초할 수 있는지의 여부와도 관련이 있다. 이황 철학은 주자리학과는 다른 퇴계심학으로 명명될 수 있으며, 양명심학이나 퇴계심학은 모두 주자학이라는 하나의 출발점에서 인간론을 중심으로 서로 다른 길을 걸어간 철학이라고 할 수 있다.

강경현의 논문 「退溪의 明代儒學 비평과 退溪學의 실천지향적 성격」은 백사 진헌장(白沙 陳獻章), 의려 하흠(醫閭 賀欽), 양명 왕수인(陽明 王守仁) 등 명대(明代) 유학(儒學)에 대한 퇴계 이황의 비평은 유학적 리상에 입각한 행위의 실천 가능성을 높이기 위한 고민 위에서 진행되었다는 점을 논하고 있다. 이러한 퇴계의 비평 이면에는 천명(天命)의 의미를 강조한 그의 리(理) 이해와 이를 근간으로 하는 실천지향적 학문이 체계화되어 있으며, 그 핵심은 유학적 이상 실천으로의 명령과 그에 따르는 의무감에 대한 성찰에서 발견된다.

김형찬의 논문 「퇴계의 양명학 비판과 조선유학의 성립」은 16세기 '사단칠정논쟁(四端七情論爭)'이 조선유학의 주요한 특징이 된 원인을 찾기 위해서는 건국 이래로 조선의 유학자들이 추구해 온 주자학에 대한 반성적 성찰과 그에 대한 대안 혹은 보완책 모색이라는 당시 조선 지식인 사회의 과제에 주목해야 한다는 점을 언급하고 있다. 조선 지식인들의 철학적·이념적 반성은 양명학의 영향과 무관할 수 없었으며, 퇴계의 이발설(理發說), 이자도설(理自到說) 등은 바로 양명학의 주자학 비판을 능동적으로 극복하려는 문제의식 속에서 이루어진 성과였다.

이효원의 논문 「비교사적으로 본 근세 일본의 퇴계학 수용의 두 방향」은 퇴계학을 계승한 인물로 잘 알려진 야마자키 안사이(山崎闇齋)와 요코이 쇼난(橫井小楠)의 사상과 경세론을 비교사적 시각에서 검토함으로써, 동아시아 유교문명에 대한 편견과 동아시아 각국의 유교가 동일한 역사 발전 단계를 거친다는 시각에서 제기된, 근대 일본 학자들의 퇴계학 연구에 내재된 식민지 지배의 논리와 해석을 비판적으로 검토하고 있다. 야마자키 안사이와 요코이 쇼난은 공히 퇴계를 존숭하였지만 이들이 퇴계학을 수용하는 방식은 상반된다.

3부의 논문들은 퇴계 이황 철학사상을 기반으로 하여 도덕교육, 생태론, 정신분석학 등에서 광범위하게 논의되고 있는 내용들을 담고 있다. 퇴계 이황의 철학사상은 보편성과 특수성의 측면에서 현대의 우리에게 지속적으로 학문적 의미를 남기고 있다. 따라서 전통의 현대화는 우리에게 남겨진 학문적 과제이기도 하다.

지준호의 논문 「퇴계 이황의 도덕교육론」은 『성학십도』를 중심으로 퇴계 이황이 표방한 교육적 의도와 관심 그리고 성리학의 본체와 공부의 전 과정을 논하고 있다. 『성학십도』에서 표방하는 교육의 목적은 성인(聖人)으로, 이는 성찰적이며 실천적인 도덕인이 되고자 하는 도덕교육의 목적과도 궁극적으로 그 궤를 같이 한다. 『성학십도』의 전체 주제는 경(敬)을 기초로 인륜과 도덕의 원리를 밝혀 인간의 본성을 회복하기 위한 것과 연관된다. 경(敬)은 또한 수양의 목적이자 방법이며 주요 내용이다.

    김세정의 논문 「퇴계 이황 철학사상의 생태론적 특성」은 퇴계 이황의
철학사상을 생태철학의 입장에서 재구성하여 생태론적 특성과 그 의의
를 고찰하였다. 생태론적 특성은 "일리(一理)의 보편성과 평등의 원리",
"기품(氣稟)에 따른 인간과 자연물의 차등성", "사람의 마음이 곧 하늘의
마음", "수양[敬]을 통한 도덕성[四德]의 보존과 실현", "인애(仁愛)의 확충
을 통한 천지만물과의 일체(一體)" 등으로 요약할 수 있다. 퇴계 이황이
말하는 인애(仁愛)는 인간의 자연한 정서에 근거하면서도 수양을 통해
점차 확충해 나가는 방식이다.

    이윤영과 김혜원의 논문 「慾望의 本質에 관하여-退溪 慾望論의 精
神分析學的 理解」는 욕망의 이해를 위해 마음에 관한 체용(體用)적 작용
구조, 심통성정(心統性情), 천리(天理)·인욕(人欲) 등에 관한 퇴계 이황의
논의에 기초하여, "심(心)의 본질적 성향"으로 욕망을 개념정의하고 있
다. 퇴계는 인간을 선천적으로 유욕(有欲)한 존재로 인식하고 있으며, 욕
망한다는 것은 자연스러운 일이나, 삶과 학문의 자세 인하여 차이가 발
생하고 분화하게 된다.

    이상익의 논문 「퇴계 성리학의 보편성과 특수성」은 주자학은 기본적
으로 '본성과 마음'의 구별에 초점을 두었고, 퇴계학은 기본적으로 '본성
과 본능'의 구별에 초점을 둔 것으로, 이런 점에서 퇴계학은 주자학과 궤
를 달리 하지만, 퇴계의 본성과 본능의 구도는 우리가 생각하는 것 이상
으로 보편성을 확보하고 있다고 한다. 따라서 퇴계의 이기호발설(理氣互
發說)을 기본적으로 수용하면서도, 몇 가지 지엽적인 문제들에 대해 논

자의 제안을 수용한다면, 퇴계설의 보편성은 강화되고 그만큼 폭넓은 지지를 받게 될 것임을 언급하고 있다.

편집인 지준호

3부 현재와 미래 속의 퇴계 - 교육과 전승

1부

주제별 퇴계 이해
– 퇴계(退溪) 이황(李滉)의 철학사상

퇴계 이황의 성학과 의리사상

오석원(성균관대학교 명예교수)

1. 이끄는 말

유학의 특징은 현실을 긍정하는 기반 위에서 출발한다. 또한 평상적인 일상생활에서 인간의 가치를 실현하고자 한다. 그러므로 『중용』에서는 '도(道)는 잠시도 떠날 수 없는 것이니, 떠날 수 있다면 도가 아니다. 그러므로 군자는 그 보지 않는 바에서도 경계하고 삼가며, 듣지 않는 바에서도 두려워하는 것이다'[1]라고 하였던 것이다. 퇴계(退溪) 이황(李滉, 1501~1570) 역시 삶의 매 순간에 진리의 도가 있음을 다음과 같이 기술하였다.

대체로 도가 일상생활 가운데 유행하는 것은 어디를 가도 있지 않은 곳이 없으므로 이치가 없는 곳은 한군데도 없는 것이니 어느 곳에서인들 공부를 그만둘 수 있겠습니까? 잠깐 사이라도 정지할 수가 없으므로 순간에도 이치가 없는 때가 없으니 어느 때인들 공부를 하지 않을 수 있겠는가?[2]

---

1 『中庸』第一章: "道也者 不可須臾離也 可離 非道也 是故 君子戒愼乎其所不睹 恐懼乎其所不聞."

2 『退溪全書』(一) 卷7 「第十夙興夜寐箴圖」, 後說(이하 成均館大學校 大東文化研究院 1985年

이것은 어느 것이나 장소와 때에 따라 끊임없이 인격적 수양으로서 존양(存養)하고 성찰(省察)하는 공부의 필요성을 말한 것이다. 비록 평범하고 비근한 현실에서 출발하지만 궁극적으로는 완성된 인간으로서의 성인(聖人)을 지향하는 데에 인간 존재의 참된 가치가 있는 것이다.

퇴계는 성인이 되는 요령을 제시하였는데, 이는 바로 일상생활 속에서 인간의 윤리를 벗어나지 않으려는 인간의 지속적인 성실한 노력 속에서 이루어지는 것이라고 하였다.[3] 이와 같은 노력을 통하여 궁극적으로는 '중화위육(中和位育)'의 공효와 '천인합일(天人合一)'의 경지를 이룩하는 데에[4] 퇴계학의 진정한 의미가 있다고 할 수 있다.

현실적인 인간의 삶 가운데서 인격의 도야에 중점을 둔 퇴계의 학문은 무엇보다도 사실적 지식보다는 도덕적 가치 문제가 중심 과제가 된다. 태극·이기·심성론 등의 성리학적 분석도 결국은 인간의 주체적 자기인식과 도덕적 실천의 정립을 위한 출발인 것이다.

퇴계는 일생동안 성인을 목표로 하여 성학에 진력하였다. 만년에(68세, 1568년) 선조에게 올린 글과 그림을 『성학십도(聖學十圖)』라고 이름을 붙인 것으로도 알 수 있다. 『성학십도』에는 그의 온축된 사상이 체계적으로 기술되어 있으며, 그가 추구했던 삶의 목표와 내용 및 실천방법 등이 가장 잘 정리되어 있다.

퇴계의 『성학십도』와 「진성학십도차(進聖學十圖箚)」를 좀더 자세히 분석하여 보면 퇴계가 학문의 이상과 목표로 삼았던 것은 성인(聖人)이며, 인간주체 확립의 근거로서 심법(心法)을 중시하였으며, 구체적 수양방법

影印本을 인용), 210~211쪽: "夫道之統行於日用之間, 無所適而不在 故無一席無理之地 何地而可輟工夫 無頃刻之或停 故無一息無理之時 何時而不用工夫."

3 『退溪全書』(一) 卷7 「第十夙興夜寐箴圖」, 211쪽: "果能如是 則不遺地頭 而無毫釐之差 不失 時分 而無須臾之間 二者竝進 作聖之要 其斯斯乎."

4 『退溪全書』(一) 卷7 「進聖學十圖箚」, 198쪽: "畏敬 不離乎日用 而中和位育之功 可致 德行 不外乎彝倫 而天人合一之妙 斯得矣."

으로 지경(持敬)을 강조하였음을 알 수 있다. 즉, 성(聖)·심(心)·경(敬)이라는 세 개의 고리가 연결되어 기본구조를 이루고 있는 것이다.

따라서 퇴계 학문의 특징을 이해하기 위하여 『성학십도』와 「진성학십도차」에 나타난 위의 세 가지 개념의 내용과 특징을 살펴보았다. 또한 퇴계의 의리사상에 근거한 실천적 삶을 이해하기 위하여 퇴계의 선비정신과 출처관을 알아보고, 마지막으로 퇴계사상의 특징을 정리하여 보면서 아울려 후대에 미친 영향을 고찰하였다.

2. 퇴계의 성학과 경

1) 성학의 개념과 내용

성학(聖學)이란 성인(聖人)을 목표로 한 학문이다. 여기에는 성인이 되기 위한 학문과 함께 성인을 배우는 학문이 동시에 포함되어 있다고 할 수 있다. 성인에 대하여 공자는 널리 백성에게 베풀어 대중을 제도하는 인(仁)의 극치로서 말하였고[5], 맹자는 인륜의 궁극적 경지이며, 또한 인간의 덕성이 극대화하여 타인에게 감화를 주는 경지로서 말하였다.[6] 또한 송대의 주렴계(周濂溪)도 "성인이 중정(中正)과 인의로서 인간 윤리생활의 최고 표준을 세우고, 사욕이 없는 상태로서의 정(靜)을 위주로 하여 인극(人極)을 세운다."[7]고 하였다. 이러한 내용을 통하여 유학에서 말하는 성인이란 인간 자신 속에 내재한 성실한 주체성과 보편성을 바르게 인식하고 체득하여 실천하는 최고의 인격체라고 할 수 있다.

---

5 『論語』「雍也」28: "子貢曰 如有博施於民 而能濟衆 …… 子曰 何事於仁 必有聖乎."
6 『孟子』「盡心章句下」25: "大而化之謂聖."
7 『太極圖說』: "聖人 定之以中正仁義 而主靜 立人極焉."

퇴계는 이러한 성인의 구체적인 표상을 고대의 요(堯)와 순(舜)에서 찾고 있다. 그러므로 『성학십도』를 올리게 된 이유를 성학을 권도하고 군덕(君德)을 보양하여 요순의 융성함에 이르도록 한 것이라고 말하였다.[8] 당시의 군왕인 선조(宣祖)를 도와 요순의 이상정치를 실현하도록 한 퇴계의 취지를 알 수 있다. 또한 퇴계는 이러한 성학이 일반사람들에게 적용되는 의미임도 다음과 같이 밝혀 놓았다.

제왕의 학문은 그 준칙과 금지의 조목이 비록 일반 학자와 다 같을 수는 없지만, 인륜에 근본하여 궁리하고 실천함으로써 심법의 절실하고 요긴한 것을 구하는 데에는 같지 아니함이 없다.[9]

이와 같이 보면, 성학의 적용범위에는 제왕으로서의 성군과 일반인으로서의 성인을 동시에 포괄하고 있음을 알 수 있다. 즉 봉건주의 시대상황에서는 군왕의 책임이 크고 그 영향이 심원하므로 성학을 위한 일차적 대상이 제왕에게 집중되었으나 넓게 보면 인간 모두에게 적용된다고 하겠다.

성학에서의 학(學)의 개념은 논리적 이론지식의 의미보다는 수양적 실천태도의 의미가 더 크다. 『논어』에서 공자가 안연의 호학(好學)을 말하면서 "노여움을 남에게 옮기지 않으며 잘못을 두 번 다시 저지르지 않는다."[10]라고 하였을 때, 이것은 이론적 지식의 측면보다 도덕적 실천태도의 의미를 갖는 것이다. 그러므로 퇴계는 학의 개념에 대하여 "학이란 그 일을 익혀 참으로 실천하는 것이다."[11]라고 하였다. 선을 좋아하면 다

8　『退溪全書』(一) 卷7「進聖學十圖箚」, 196쪽: "是勸導聖學 輔養宸德 以期致於堯舜之隆."
9　『退溪全書』(一) 卷7「第五白鹿洞規圖」, 後說, 204쪽: "且帝王之學 其規矩禁防之具 雖與凡學者有不能盡同者 然本之彛倫而窮理力行 以求得夫心法切要處, 未嘗同也."
10　『論語』「雍也」2: "哀公問弟子 …… 孔子對曰 有顔回者 好學 不遷怒 不貳過."
11　『退溪全書』(一) 卷7「進聖學十圖箚」, 197쪽: "學也者 皆其事而眞踐履之謂也."

만 마음으로 좋아함에 그쳐서는 안 되고 반드시 그 선을 체득하여 실천에 옮겨야 한다는 것이다.

성학의 내용은 안으로는 개인의 인격을 함양하여 성인이 되고[內聖] 밖으로는 인류 사회에 덕치에 의한 왕도를 구현[外王]하는 것이다. 그러므로 넓게 보면 '수기치인(修己治人)'을 목표로 하는 유학 자체를 의미하며 또한 유학의 도를 실현하는 학문이기 때문에 도학(道學)이라고도 할 수 있다. 인도의 사회적 구현은 무엇보다도 실천주체의 성숙된 인격이 기초될 때 더 큰 가치를 발휘할 수 있으므로 성학의 내적 자아에 대한 각성과 인격 수양에 초점이 모아진다.

퇴계는 『성학십도』의 체일 첫머리에 「태극도」를 실었다. 이는 주자가 『근사록』에서 「태극도설」을 제일 먼저 실은 의도와 같은 것이다. 즉 성학을 이루기 위해서는 먼저 우주의 궁극적 본질인 태극의 원리를 올바르게 이해하여 이러한 천도와 논리적 연계성을 갖고 있는 인간의 본질을 올바르게 확립하고자 함에 그 근본 목적이 있다고 할 수 있다.

주자학을 계승한 퇴계는 태극을 리(理)로 파악한다.[12] 리(理)는 모든 존재의 변화와 현상의 궁극적인 소이연(所以然)으로서 그 속에는 '소이연지고(所以然之故)'로서의 필연법칙과 '소당연지직(所當然之則)'으로서의 당위법칙이 갖추어져 있다. 소당연을 아는 것은 인간의 본성을 아는 것이요, 동시에 소이연을 아는 것은 리(理)의 소종래(所從來)인 천(天)을 아는 것이다.[13] 퇴계는 당위성과 필연성을 일치시켜 보려는 입장에서 생생(生生)하는 리(理)의 능동성을 강조하였다. 리(理)는 비록 형체가 없고 작위성이 없는 존재이지만[14] 또한 모든 존재의 궁극적인 생성원리인 것이다.

퇴계는 리(理)의 능동성의 문제를 체용론으로 해명하고 있다. 본래 본

---

12 上同: "太極只是一箇理字."

13 尹絲淳, 「退溪의 價値觀에 관한 硏究」, 『退溪學報』 第11輯, 1976, 81~82쪽.

14 『朱子語類』 卷1: "蓋氣則能凝結造作 理却無情意無計度無造作."

체와 작용의 이론은 형이하인 현상계에서 동정(動靜)의 문제로 설명하는 방법인데, 퇴계는 형이상인 리(理)의 세계도 적용할 수 있다고 보았다. 즉 체용을 구체적인 사물 위에서 말한 것도 있지만, 본질적인 도리 위에서 말할 수도 있다는 것이다. 예를 들어 사물 위에서 말한다면, 배는 물 위에서 가는 물건으로 그 가능성의 원리가 본체이며 그 원리의 실현이 작용이다. 또한 도리 위에서 말한다면, 형체와 작위성이 없는 상태로서의 '충막무짐(沖漠無朕)'은 인간의 생물학적 감각을 초월한 상태로서의 리(理)의 본체이고, 동시에 모든 사물의 생성원리가 이미 다 갖추어져 있음으로서의 '만상삼연이구(萬象森然已具)'는 리(理)의 작용이다. 즉 무위(無爲)로서의 형식적인 개념 규정이 리(理)의 본체라면 능연(能然)과 능생(能生)으로서의 능동적 측면이 리(理)의 묘용(妙用)이 되는 것이다.[15]

퇴계는 비록 이와 같이 리(理)를 체용으로 구분하고 있으나 궁극적인 본질에 있어서는 하나라는 '체용일원(體用一源)'설을 통하여 밝히고 있다.[16] 그러나 이러한 리(理)의 무위(無爲)의 측면보다는 묘용(妙用)의 측면을 강조하고 있는 것이 퇴계의 기본 입장이라고 할 수 있다. 그러므로 퇴계는

> 다만 본체의 무위하다는 것만 보고 묘용의 능동적인 현행(顯行)을 알지 못하고 리(理)를 사물로 오인한다면 도에 또한 멀지 않느냐?[17]

라고 하였던 것이다.

이와 같이 퇴계가 리(理)의 묘용적인 측면을 강조한 것은 의리를 존중

---

15 『退溪全書』(一) 卷39 「答李公浩問目」, 29쪽: "蓋無情意云云 本然之體 能然能生 至妙之用也."

16 『退溪全書』(二) 卷41, 雜著, 「心無體用辨」, 329쪽: "遺却形而上 沖漠無朕 體用一源之妙."

17 『退溪全書』(一) 卷18 「答奇明彦別紙」, 465쪽: "但有見於本體之無爲 而不知妙用之能顯行 殆若認理爲死物."

하는 입장에서 만물을 창조하는 궁극적 근원처로서의 생생(生生)의 원리를 밝혀 인간 존재의 참된 의미를 확립하고자 함에 있다고 할 수 있다.[18]

만물을 생성하는 태극의 리(理)가 인간에 있어서는 인(仁)이 된다. 그러므로 주자는 "인(仁)은 천지가 마음을 생하는 마음이요, 사람이 이것을 얻어서 마음으로 삼는 것이다."[19]라고 하였던 것이다. 인간을 포함한 모든 만물이 생성의 원리인 천의 이법에 의하여 존재하므로 그 본성은 천지만물과 동질성을 갖는 의미에서 일체감[同胞愛]이라고 할 수 있다. 이것이 바로 인(仁)의 본체로서 사랑의 원리인 것이다. 그리고 이 사랑의 원리가 구체적으로 나타난 것이 '측은지심(惻隱之心)'으로서 곧 인(仁)의 작용인 것이다. 그러므로 퇴계는 성학의 요점이 인(仁)을 구함에 있음을 다음과 같이 언급하였다.

성학(聖學)은 인(仁)을 구하는 데에 있는 것이니 모름지기 이 뜻을 깊이 체득하여야 천지만물과 더불어 일체가 됨이 이렇다 함을 알 수 있게 된다.[20]

인간의 개별성을 인정하면서 나의 존재가 천지만물과 일체가 되고 하나의 리(理)에 근본됨을 알아 타자(他者)의 존재를 인정하고 나와 같이 사랑할 수 있다면 이것이 곧 인(仁)의 실천이 되는 것이므로 퇴계의 성학은 인(仁)을 체인하고 실천한다는 의미로서 인학(仁學)이라고도 할 수 있다. 즉 내 마음 속에 본래 갖추어져 있는 '측은지심(惻隱之心)'을 확대하여 나갈 때, 궁극적으로는 천도와 합일되는 경지가 있음을 확신한 것이다.

또한 퇴계는 "인(仁)이란 것이 비록 천지만물과 일체가 되나 반드시 자

---

18 柳正東, 「退溪의 哲學思想硏究」, 『退溪學報』 第9輯, 1976, 32쪽.

19 『退溪全書』(一) 卷7 「第七仁說圖」, 206쪽: "朱子曰 仁者天地生物之心 而人之所得以爲心 …… 所謂生之性, 愛之理, 仁之體也."

20 上同, 「第二西銘圖」, 後說, 201쪽: "蓋聖學在於求仁 須深體此意 方見得與天地萬物爲一體."

기로부터 근본이 되고 주재가 되어야 한다."[21]라고 하였다. 비록 천지만물과 일체가 되는 궁극적 경지로서의 인(仁)의 경지를 말한다 하더라도, 이를 위해서는 무엇보다도 먼저 반드시 자기로부터 근거가 되어야 함을 강조한 것이다. 그러므로 성학에 있어서 무엇보다도 중요한 것은 인간의 주체 확립이라고 할 수 있다.

2) 심학의 구조와 특성

인간의 주체를 확립하여 몸을 주재하는 데에는 무엇보다도 마음을 다스리는 방법, 즉 심법(心法)이 중요하다. 이 마음에는 사고 작용이 있기 때문에 성인이 되기 위한 목표설정과 자기 존재에 대한 인식, 자기를 다스릴 수 있는 능력이 모두 여기에서 나온다. 『성학십도』 가운데 제6도에서 제10도까지의 5도는 인간의 심성(心性)에 근원하여 그 해명과 실천에 중점을 두고 있다. 그러므로 『성학십도』의 중심 과제는 심의 분석과 해명이요, 심을 다스려 수양하는 심법에 중심을 두는 것이다. 퇴계가 『심경』을 지극히 존숭한 이유도 여기에 있다.[22] 이와 같이 인간의 마음을 정밀하게 분석하여 마음의 구조를 올바르게 인식하고, 마음의 수양을 통하여 인간으로서의 인간다움을 확립한다는 의미에서 퇴계 성학의 중심 내용은 심학(心學)이라고 할 수 있다.

또한 인간의 마음은 항상 외물의 영향을 받아 수많은 변화가 일어나 조금이라도 방종하면 인간으로서의 자기 존재의 의미를 망각하거나 선(善)을 향한 노력을 포기하여 악으로 흐를 수 있다. 그러므로 퇴계는 "성

21　上同,「西銘考證講義」, 218쪽: "仁者雖天地萬物爲一體然 必先要從自己爲原本爲主宰."

22　『退溪全書』(四), 退陶先生言行通錄, 卷2, 類編,「學問」第一, 24쪽: "先生自言吾得心經而後 始知心學之淵 心法之精微 故吾平生信此書如神明, 敬此書如嚴父."

문(聖門)의 학문은 마음에서 구하지 않으면 어두워져서 얻지 못한다."²³라고 하였던 것이다.

심에는 한 덩어리 기관으로서의 혈육(血肉)뿐만 아니라 신명(神明)이 승강하는 의식작용이 깃들어 있다. 이 정신으로서의 의식이 있기 때문에 자기 존재뿐만 아니라 우주의 사물들을 인식할 수 있다. 뿐만 아니라, 인간의 의지와 욕구 등을 조절하여 인간의 윤리적 가치를 실현하게 할 수 있는 주재능력이 있다. 그러므로 퇴계는

체용을 겸하고 동정을 함께 하여 일신의 주재가 되며, 마치 고리와 같이 단서가 없고, 끊임없이 반복하여 그침이 없는 것이 심의 작용이다.²⁴

라고 하였다.

심에는 인심의 작용인 기질지성으로서의 기(氣)와 도심의 본질인 본연지성으로서의 리(理)라는 두 요소가 함께 있다. 심에서의 이 리와 기는 서로 대립적 개념이면서도 동시에 서로 조화되는 역할이 있다. 그것은 심(心)에 '허령불매(虛靈不昧)'의 신명성(神明性)이 있기 때문이다. 여기서 허(虛)는 심에 지식을 축적할 수 있는 능력으로서 리(理)의 본성이 되며, 영(靈)은 사물의 리(理)를 궁리할 수 있는 능력이다. 이러한 두 가지의 기능 때문에 심은 불매(不昧)의 상태를 얻을 수 있는 것이다. 그러므로 퇴계는 "심이 비록 한 몸의 주재가 되나 그 본체의 허령이 천하의 리(理)를 주관하고 있는 것이다."²⁵라고 하였던 것이다.

성학은 성선설의 기반 위에서 인간의 본성이 올바르게 구현됨을 지향

23　上同, 「進聖學十圖箚」, 197쪽: "蓋聖門之學 不求諸心 則昏而無得."

24　上同, 卷10 「答盧伊齋別紙」, 293쪽: "夫兼體用 該動靜 爲一身主宰 而如環無端反覆不已者 心之爲也."

25　『退溪全書』(四), 退溪先生言行錄, 卷4, 「論理氣」, 216쪽: "心雖主乎一身 其體之虛靈 足以管乎天下之理."

한다. 인간의 본성을 논리적으로 분석하면, 본능적 욕구로 나타난 기질지성과 인의예지에 근거를 둔 본연지성이 있다. 전자는 육체와 더불어 갖게 되는 것으로 다른 동물에게도 있는 식색(食色)의 성이라면, 후자는 육체와 관계없는 본성으로서 다른 동물과 구별되는 인간다움의 천지(天地)의 성이다. 이러한 구분은 논리적 분석일 뿐 실제로 두 개의 성이 있는 것은 아니다. 그러므로 퇴계는 "원래 성이란 둘이 있는 것이 아니다. 다만 기와 관련짓지 않고 말하면 본연의 성이요, 기질에 입각하여 말하면 기질의 성이다."[26]라고 하였다. 이러한 기질에는 유위(有爲)·유욕(有欲)의 성질이 있기 때문에 악으로 흐를 가능성이 있다.

선과 악에 대하여, 퇴계는 "리(理)가 드러나는 동시에 기(氣)가 따르면 선이고, 기(氣)가 가리는 동시에 리(理)가 숨으면 악이다."[27]라고 하였다. 즉, 사물에서 기가 순선한 리의 원리대로 순하게 작용하여 이가 그 소당연이라는 가치를 실현하는 경우 선이 되지만, 기의 작용에 방해되어 리가 그 소당연을 실현하지 못하면 악이 된다고 본 것이다. 그러므로 기질의 성이 자칫 인욕으로 흐르게 됨을 막고 순선한 천리를 보존하는 것이 퇴계 심학의 중심과제라고 할 수 있다.

천리와 인욕을 판별하고, 기질의 중절(中節) 여부를 구분하는 것은 곧 심의 작용에 달려 있으므로 심을 다스리는 요점을 얻기 위해서는 먼저 심의 존재에 대한 명확한 이해를 요구한다. 퇴계는 심을 논리적으로 분석하여 외물에 접하여 구체화된 감정과 발동하기 이전의 바탕인 본성으로 나누어 설명하고 있다. 다시 말하면 심은 순선한 사단(四端)을 갖춘 본연지성인 리(理)와 선과 악의 기미가 되는 칠정(七情)을 갖춘 기질지성인 기(氣)가 합쳐 있는 허령한 존재인 것이다.

---

26 『退溪全書』(一) 卷35「答李宏中」, 219쪽: "蓋性非有二. 只是不雜乎氣質而言則爲本然之性 就氣質而言則爲氣質之性."

27 『退溪全書』(二) 卷25「答鄭子仲別紙」, 13쪽: "理顯而氣順則善 氣掩而理隱則惡."

퇴계는 심과 선악의 관계에 대하여 다음과 같이 언급하였다.

요약하면 리와 기를 겸하고 성과 정을 통섭하는 것은 심인데 성이 발하여 정
이 되는 즈음이 곧 한 마음의 기미요, 만 가지 변화의 추요로서 선과 악은 여
기에서 갈라지는 것이다.[28]

순선한 본성이 그대로 구현된 감정은 성이 될 수 있으나 기품과 섞이
는 과정에서 기가 발한 것이 중절하지 못하고 인욕에 가려지면 악이 되
는 것이다. 이처럼 인간의 심에는 형기에서 나와 인욕에 가려지기 쉬운
인심(人心)이 있고 성명(性命)에 근원하여 의리에 깨달은 도심(道心)이 있
다. 퇴계는 이러한 인심과 도심을 올바르게 구분하고, 도심을 기반으로
하여 중용을 구현하는 요순의 심법을 가장 중요시 하였다.[29] 그러므로
인심에서의 인욕을 극복하고 순수한 본성으로서의 도심을 밝혀 최고선
을 추구하는 것이 퇴계 성학의 요점이라고 할 수 있다.

인간의 삶에는 내면의 주관적 마음과 외면의 객관적 사물의 두 영역
이 있다. 즉 사유기능을 가진 인간의 주체적 마음이 객관적 사물에 어떻
게 대응하느냐의 문제가 대두되는 것이다. 주자는 내 마음과 사물의 리
(理)를 이분하여 비록 내 마음에 중리(衆理)가 갖추어져 있지만 궁리를
통하여 내 마음의 리(理)와 사물의 리(理)가 관통될 수 있다고 하였다.[30]
그러므로 성학을 이루기 위한 방법으로 마음의 존양(存養)과 함께 사물
의 궁리(窮理)라는 두 가지 방법이 제시되고 있다. 주자는 '거경과 궁리
는 똑같이 중요한 것이며 궁리가 능하면 거경 공부가 날로 진보하고 거

---

28 『退溪全書』(一) 卷7「第六心統性情圖」, 後說, 205쪽: "要之兼理氣 統性情者心也 而性發爲
情之際 乃一心之幾微 萬化之樞要 善惡之所由分也."

29 上同, 206쪽: "所謂精一執中之聖學 存體應用之心法 皆可不待外求 而得之於此矣."

30 『大學』「格物致知章」, 朱子注.

경에 능하면 궁리공부가 날로 치밀해진다[31]고 하여 마음을 다스리는 거경과 사물의 이치를 궁구하는 궁리가 실제로는 한 가지 일이라고 말하고 있다.

퇴계 또한 거경과 궁리의 상호 관계성에 대하여 다음과 같이 말하였다.

> 경(敬)을 위주로 하여 그 근본을 세우고, 리(理)를 궁구하여 그 지식을 이루고, 자기 몸에 돌이켜 실천하여서 이 세 가지 공부가 서로 병행하여 오래 쌓이면 진지(眞知)에 이른다.[32]

이러한 퇴계의 생각은 구체적 사물에서의 강학과 궁리를 배제하여 단지 심체만을 중요시한 왕양명(王陽明)의 심학과는 근본적인 차이가 있다. 왕양명은 '심즉리(心卽理)'의 기반 위에서 심이 곧 리(理)이므로 사사물물에 대한 궁리가 불필요하다는 것이 기본 입장이다. 이에 대하여 퇴계는 다음과 같이 비판하였다.

> 양명이 한갓 외물이 마음의 누가 됨을 근심하여 백성의 떳떳함과 물칙의 진지한 이치가 곧 내 마음의 본래 갖추어 있는 이치이며, 강학하고 궁리하는 것이 곧 본심의 체를 밝히고 본심의 용을 통달하는 것임을 알지 못하고, 도리어 사사물물을 일체로 쓸어버리고 모두 본심에 끌어 들여 혼동하니 이것이 곧 불교의 견해와 무엇이 다른가?[33]

---

31 『朱子語類』卷9: "學者工夫 惟在居敬窮理二事 是二事互相發 能窮理則敬工夫日益進 能居敬則窮理工夫日密."

32 『退溪全書』(二) 卷36「書李宏中問目」, 229쪽: "主敬以立其本 窮理以致其知 反躬而踐其實 三者之功 互進積久 而至於眞知."

33 『退溪全書』(二) 卷41「傳習錄論辯」, 333쪽: "陽明從徒外物之爲心累 不知民彛物則眞至之理 卽吾心本具之理 講學窮理 正所以明本心之體 達本心之用 顧乃欲事事物物一切掃除 皆攬入本心衰說了."

인심이 형기에서 발하는 것은 배우지 않아도 자연히 호오(好惡)에 따라 지행이 가능하지만, 의리에서 발하는 것은 배우지 않으면 모르고 힘쓰지 않으면 행할 수 없다.[34]

양명은 형기의 하는 바를 가지고 의리의 행위를 밝히려고 하니, 그의 지행의 설이 크게 잘못된 것이다.[35]

이상의 내용을 통하여 퇴계는 마음 가운데에서 형기에 의한 본능적 행위와 의리에 근거한 윤리적 행위를 구분하고, 의리의 실천은 지속적인 학문연마와 자기 수양에 의하여 도달될 수 있는 점을 확신하고 있음을 알 수 있다. 여기에서 퇴계는 형기에서 나오는 행동을 '하는 바[所爲]'라고 하여 의리에서 나오는 행동인 '행위[行]'와 용어를 구분하여 사용하고 있는 점이 돋보인다. 즉 형기에 의한 행동은 단순한 본능적 작용일 뿐 인간의 의지가 들어가 있는 행위가 아니기 때문이다.

의리에서 나오는 지행(知行)은 저절로 배워지는 것이 아니므로 학문을 통하여 배워야 하고, 또한 알더라도 저절로 실현되는 것이 아니므로 꾸준하게 노력하여 실천에 힘써야 하는 것이다. 이와 같이 의리의 지행은 지속적으로 지와 행이 서로 보완되어 병행할 때[知行竝進] 가능한 것이므로 퇴계는 이것을 수레의 두 바퀴와 새의 두 날개에 비유하여[36] 설명하였다.

---

34 上同, 334쪽: "蓋人心之發於形氣者 則不學而自知 不勉而自能 …… 至於義理 則不然也 不學則不知 不勉則不能."

35 上同, 334쪽: "陽明乃欲引彼形氣之所爲 以明此義理知行之說 則大不可."

36 『退溪全書』(一) 卷21「答李剛而問目」, 521쪽: "知行二者 如兩輪兩翼 互爲先後 相爲輕重."

3) 실천적 수양과 경

퇴계는 『성학십도』의 기본 구조가 경(敬)을 중심으로 이루어져 있음을 다음과 같이 언급하였다.

경은 위와 아래를 다 통한 것이니 공부를 시작하고 그 공효를 거둠에 있어서 모두 종사하여 잃지 말아야 합니다. 그러므로 주자의 말도 그와 같으니 지금 이 십도에도 모두 경으로서 주를 삼은 것이다.[37]

『성학십도』를 크게 둘로 나눌 수 있는데, 제1도인 「태극도」에서부터 제5도인 「대학도」까지는 모두 천도(天道)에 근본을 둔 것으로 그 공부는 인륜을 밝히고 덕업에 힘쓰도록 한 것이며,[38] 제6도인 「백록동규도」에서 제10도인 「숙흥야매잠도」까지는 인간의 심성(心性)에 근원을 둔 것으로 그 요령은 일상생활에 힘쓰고 경외(敬畏)의 태도를 높이고자 한 것이다.[39] 즉 천도와 심성의 두 근원이 모두 인간의 주체를 확립하기 위한 방법으로서 경에 의존하고 있는 것이다.

『성학십도』의 각 도와 경의 관련성을 조금 더 구체적으로 살펴보면, 제1도인 「태극도」에서는 태극의 원리를 올바르게 인식하여 실천함이 경(敬)과 사(肆) 사이에 있음을 주자의 주석으로 대신하였으며, 제2도인 「서명도」에서는 비록 본문에 경(敬)의 내용이 나오지는 않으나, 경의 마음 상태로 심의 본체와 작용을 수양하여 인(仁)의 원리를 체득하여 실천하도록 하였으며, 제3도인 「소학도」와 제4도인 「대학도」에서는 소년의 심신육성과 성인의 수기치인이 모두 경에 의할 때에 진정한 체득이 가능하

---

37 上同, 卷7 「第四大學圖」, 後說, 203쪽: "敬者 又徹上徹下 著工收效 皆常從事而失者也 故朱子之說如彼 而今玆十圖皆以敬爲主焉."
38 上同, 「第五白鹿洞規圖」, 後說, 204쪽: "以上五圖 本於天道 而功在明人倫懋德業."
39 上同, 「第十夙興夜寐箴圖」, 後說, 211쪽: "以上五圖 原於心性, 而要在勉日用崇敬畏."

다고 하였으며, 제5도인 「백록동규도」에서는 모든 수신(修身)과 처사(處事)와 접물(接物)의 요점이 경에 있음을 밝혔으며, 제6도인 「심통성정도」에서는 경에 의하여 심을 존양하고 성찰하도록 하였으며, 제7도인 「인설도」에서는 경으로 사욕을 극복하여 인의 실천을 강조하였으며, 제8도인 「심학도」에서는 미발과 이발의 심을 밝히고 경으로 심을 존양하고 극복하는 여러 조목을 대비시켜 놓았으며, 제9도인 「경재잠도」에서는 일상생활의 처소에 따라 실천해야할 경의 세목을 제시하였으며, 제10도인 「숙흥야매잠도」에서는 일상생활의 시간에 따라 지켜야할 경의 세목을 밝힌 것이다.

이상과 같이 『성학십도』 전체가 경으로 일관되어 있음을 알 수 있다. 퇴계는 "경의 태도를 항상 유지하는 것[持敬]은 생각과 배움을 겸하고, 동과 정을 일관하며, 안과 밖을 합치시키며, 드러난 곳과 은미한 곳을 하나로 하는 도리이다."[40]라고 하여 어느 때 어느 경우라도 경의 자세로 임해야 할 것을 강조하였던 것이다.

경에 대하여는 이미 『서경(書經)』에서 성현의 기본 심법으로 제시되고 있고, 공자도 수기의 방법으로 경을 말하였다. 특히 송대에 이르러 유학의 윤리적 실천 방법으로 경을 강조하고, 경의 구체적 내용을 다양하게 설명하였다. 즉 정이천은 '주일무적(主一無適)'과 '정제엄숙(整齊嚴肅)'으로, 그의 문인인 사량좌(謝良佐)는 '상성성법(常惺惺法)'으로, 윤돈(尹焞)은 '기심수렴(其心收斂)' 등으로 보완하여 설명하였는데, 주자는 이를 종합하여 경은 한 마음의 주재이며 만사의 근본으로서 '성학의 시작과 마침이다[聖學終始]'라고 하였다. 퇴계는 이러한 경의 내용을 더욱 상세하게 분석하여 설명하고, 그의 실천철학의 근간으로 정립하였다.

퇴계가 『성학십도』에서 제기한 경의 실천방법을 정리하여 보면 크게 나누어 내적 심의 수양방법과 외적 사물에 대응하는 수양방법으로 분류

---

40 上同, 「進聖學十圖箚」, 197쪽: "持敬者 又所以兼思學 貫動靜 合內外 一顯微之道也."

할 수 있다.

첫째로 내적 심의 수양방법[居敬]으로는 일이 없는 때[無事時]와 일이 있을 때[有事時]로 나누어 볼 수 있다. 먼저 일이 없는 때는 심의 미발 상태인 바, 이때의 수양방법은 순선한 도심(道心)을 잘 보존하고[存心], 심의 본체인 본성을 잘 기르는[養性] 방법이 있다. 또한 순수한 양심이 인욕에 저촉되지 않도록 경계하고 조심하는[戒懼] 방법이 모두 이에 속한다. 다음 일이 있을 때는 심의 이발 상태인 바, 이 때의 수양방법은 잃어버린 양심을 찾고[求放心], 사심으로 흐른 마음을 극복하여 본심을 회복하는 노력[克己復禮]과 항상 스스로를 살피고 반성하는[省察] 방법이 있다. 이를 위하여서는 심(心)의 기능을 맡고 있는 사(思)가 늘 맑게 깨어 있는 상태[常惺惺法]와 엄숙하고 정일한[齊莊靜一] 가운데 그 마음을 단속하여 어떤 사심도 용납하지 않는 순수한 상태[其心收斂, 不容一物]를 유지하여야 한다. 그러면서도 어떤 일을 생각하여야 할 때는 그 일에만 전일하여 다른 일을 생각하지 않는 태도[主一無適]가 있어야 한다.

둘째로 외적 사물에 대응하는 수양방법[窮理]으로는 배우고, 묻고, 생각하며, 분변하는[學問思辨] 방법으로 사물의 이치를 정밀하게 궁구하여 올바르게 알고[知], 일상생활 속에서 체험하고 실천[行]하여야 한다. 이를 위해서는 자기의 행위를 단정하게 하고[整齊嚴肅], 항상 조심하여 삼가고[愼獨], 자기를 돌아보며 반성하고[省察], 어떤 일을 행할 때는 그 일에 전일하여[主一無適], 몸에 배어 생활화 하도록[習] 하여야 한다. 그 외에 일상생활의 때와 장소에 따라 행하여야 할 더 자세한 경의 수양 방법은 『성학십도』의 제9도인 「경재잠도」와 제10도인 「숙흥야매잠도」에 밝혀 놓았다. 퇴계는 이처럼 지속적인 수양방법으로 경을 실천할 때, 이상적인 성인의 경지까지 도달할 수 있다고 하였다.

그런데 여기서 인간의 완성된 인격이라는 성인의 경지가 과연 가능하느냐의 문제가 제기된다. 일찍이 맹자(孟子)는 성인의 가능성을 믿고 자기 계발에 힘쓸 것을 강조하였다. 송대의 주렴계는 『통서(通書)』에서 성학의 가능성을 인정하고 구체적인 방법으로 무욕(無欲)을 제시하였다.[41] 퇴계 역시 선조에게 먼저 성군에 뜻을 두고 그 가능성을 믿고 지속적으로 노력할 것을 강조하였다.[42] 즉, 완성된 성인 그 자체보다는 성인을 향한 끊임없는 노력에 강조점을 둔 것이며, 이처럼 지속적인 노력으로 매일 진보하는 그 모습에 진정한 인간존재의 의미를 부여하고 있는 것이다.

이러한 노력여부는 모두 자신의 의지에 달려있는 것이다. 그러므로 퇴계는 "아는 것이 어려운 것이 아니라 행하는 것이 어렵고, 행하는 것이 어려운 것이 아니라 참되게 쌓고 오래 힘쓰는 것이 어렵다."[43]라고 하였다.

퇴계는 경을 실천할 때의 어려움과 마음자세에 대하여 다음과 같이 설명하고 있다.

처음에는 혹 마음대로 안 되고 모순되는 일도 있으며 때로는 극히 신고스럽고 쾌족하지 못한 병통을 면치 못하지만, 이것도 옛 사람의 이른바 장차 크게 향상하려는 기미요, 또한 좋은 소식의 징조라고 할 수 있다.[44]

경을 실천할 때의 어려운 고통을 오히려 좋은 계기로 삼는 적극적인 자세를 강조한 말이다. 무엇보다도 이와 같이 올바른 삶을 실천하기 위하여 노력하는 것은 그 어떤 대상을 위한 것이 아니라 바로 각자의 인간

---

41 『性理大全』卷2, 通書, 「聖學第二十」: "聖可學乎 曰可 曰有要乎 曰有 請聞焉 曰一爲要 一者無欲也 無欲則靜虛動直 靜虛則明 明則通 動直則公 公則溥 明通公溥 庶矣乎."

42 『退溪全書』(一)「進聖學十圖箚」, 197쪽: "伏願聖明深燭此理 先須立志 以爲舜何人也 予何人也 有爲者亦若是."

43 『退溪全書』(三), 退陶先生自省錄, 卷1「答李叔獻」, 別紙, 174쪽: "惟此理 非知難 而行難 非行難 而能眞積力久爲尤難."

44 『退溪全書』(一) 卷7「進聖學十圖箚」, 197쪽: "其初猶未免或有掣肘矛盾之患 亦時有極辛苦不快活之病 此乃古人所謂將大進之幾 亦爲好消息之端."

존재를 실현하는 자기 목적적 행위라는 데[45] 중요한 의미를 지니고 있다고 하겠다. 이러한 주체적이며 능동적인 삶의 자세가 바로 퇴계의 성학이 지향하는 참된 가치라고 할 수 있다.

3. 퇴계의 실천적 의리사상

1) 선비정신

퇴계는 "선비는 예의를 지키는 종주(宗主)이고, 국가의 원기(元氣)가 붙어 있는 자이다."[46]라고 하여 선비를 대단히 중요시하였다. 또한 조선시대에 이러한 선비의 기풍이 확립될 수 있었음은 무엇보다도 안향(安珦, 1243~1306)의 힘이 매우 컸음을 다음과 같이 기술하였다.

안문성공이 학교를 제일 먼저 세우고 유학을 숭상하였다. 비록 능히 노나라를 변화여 도에 이르지는 못하였으나, 그 말엽에 이르러 도덕과 절의의 아름다운 풍모를 갖춘 포은 정몽주와 같은 인물이 나올 수 있게 하였으니 어찌 그의 공로가 아니겠는가?[47]

퇴계가 활동하였던 시기는 계속된 사화로 인하여 사풍(士風)이 무너지고 세도(世道)가 인멸되는 시기이다. 퇴계는 당시의 상황에 대하여 "도덕을 말하나 참되기는 어렵고, 절의를 숭상하기는 하나 박한 것이 걱정이

---

45 『退溪全書』(四), 言行錄, 卷1「敎人」, 179쪽: "君子之學 爲己而已 所謂爲己者 張敬夫所謂無所爲而然也."

46 『退溪全書』(二) 卷41, 雜著, 「諭四學師生文」, 338쪽: "士子禮義之宗 元氣之寓也."

47 上同, 雜著,「策問」, 342쪽: "前朝之士 所常有邪正 安文成公 倡學校 崇儒術 雖未能變魯而至道 及其末也 兼道德節義之美 有如鄭圃隱者出焉 將非其力歟."

다."[48]라고 하였다. 즉, 도를 실천하는 선비가 적음을 지적하고, 말로는 도덕을 숭상한다고 하면서 그 실상이 없고, 평상시에 절의를 숭상한다고 하면서도 변을 만나면 이해에 따라 움직이는 세태를 비판한 것이다.

퇴계는 이러한 원인이 선비들의 신념과 뜻이 나약한데 있다고 하여 다음과 같이 언급하였다.

선비의 병폐는 뜻을 세움이 확고하지 않기 때문이다. 진실로 뜻이 정성스럽고 돈독하면 어찌 배움이 이르지 못하고 도가 들어나기 어렵다고 근심할 것인가?[49]

그러므로 퇴계는 당시 선비들이 힘써야할 가장 중요한 일은 입지(立志)에 있다고 하였다. 이것은 공자와 맹자가 선비정신에서 가장 중요시 하였던 내용이기도 하다.

맹자가 말하기를 '선비는 뜻을 숭상한다.'고 하였으니, 대개 선비의 숭상하는 것은 시대의 성쇠에 관계되는 것이니 삼가지 않을 수 있겠는가?[50]

옛날의 선비를 보면 궁핍함이 심할수록 그 뜻이 더욱 굳세고 그 절의가 더욱 뛰어나다. 만약 한 때의 빈곤으로 인하여 갑자기 그 지킴을 버린다면 선비라고 일컬을 수가 없다.[51]

---

48 上同: "道德雖云 難得其眞 節義雖挺 或患其媮."

49 『退溪全書』(一) 卷24, 書, 「答鄭子中」, 576쪽: "士之所病 無立志耳 苟志之誠篤 何患於學之不至 而道之難聞耶."

50 『退溪全書』(二) 卷41, 雜著, 「策問」, 341쪽: "孟子曰 士尙志 夫士之所尙 係時之汚隆 可不謹哉."

51 上同, 卷33, 書, 「答金應順」, 178쪽: "觀古之士 其窮愈甚 其志益厲 其節益奇 若因一困拂而遽喪其所守 則不可謂之士矣."

이러한 선비들의 입지를 확립하기 위해서는 먼저 교육을 통하여 잃어버린 사풍(土風)을 진작시키고자 하였다. 선비를 기르는 학교의 법령이 무너지고 사제 간의 법도가 무너져 버린 당시의 상황에서 사학(四學)의 학생들을 일깨우기 위한 다음의 글을 통하여 퇴계가 지향하는 선비정신의 일단을 확인할 수 있다.

제생들은 반드시 각각 예복을 갖추어 입고 모두 나와서 읍을 행한 다음 책을 읽고 배우기를 청하며, 일상생활과 음식을 먹을 때에도 예의의 가운데에서 행동해야 한다. 오직 힘써 서로 경계하고 격려하여 묵은 습관을 깨끗이 씻어 버리고, 안에 들어가면 부형을 섬기는 마음을 미루어서 밖으로 나가 어른과 윗사람을 섬기는 예절을 실천하며, 안으로는 충과 신을 주장하고 밖으로는 겸양하고 공손하여 각각 그 분수를 다하기를 생각해야 한다. 이렇게 하면 종전의 거만하고 사나우며 천박하고 홀대하며 비루하고 험하고 편벽한 태도가 없어지고, 겸손하고 공손하며, 온순하고 공경하며, 선을 좋아하고 의를 좋아하는 뜻이 자연히 생겨나서 풍류가 독실하고 순후하여 나쁜 폐단이 없어질 것이다.[52]

이를 통하여 퇴계는 선비가 갖추어야 기본자세로서 성실과 믿음, 공손과 공경을 바탕으로 한 실천예절을 강조하였음을 알 수 있으며, 퇴계 스스로 이러한 선비정신을 몸소 실천하였던 것이다.

52　上同, 卷41, 雜著, 「論四學師生文」, 340쪽: "諸生必須各具禮服 盡出行揖 讀書請益 日用飮食 無不周旋於禮義之中 惟務更相勅勵 灑濯舊習 推以事父兄之心 移之爲出事長上之禮 內主忠信 而外行遜悌 思以各盡其分 則向之傲狼凌忽鄙悖險陂之態 自然鎖釋 謙恭順悌樂善好義之意 油然呈露 風流篤厚 一新刊弊."

2) 출처의리

퇴계는 1534년(34세)에 과거에 급제하여 벼슬에 나아갔지만, 본래 벼슬에 뜻이 적었다. 또한 시사(時事)에 큰 변화가 있을 것을 예상하고 1543년(43세)에 벼슬에서 물러날 것을 결심하였다.[53] 이후로는 오직 고향으로 돌아가고자 하였으며, 비록 임금의 소명이 있더라도 조정에 오래 머물러 있지 않았다. 특히, 1545년 을사사화가 일어나고, 1550년 둘째 형인 이해(李瀣)가 권신에 대한 비판상소로 인하여 유배되어 죽고 난 뒤로는 더욱 은거의 뜻을 강하게 갖고 벼슬을 떠나 안동의 예안으로 낙향하였다. 1550년 고향에 은거한 이후에는 오로지 학문과 저술에만 전심하였다. 퇴계의 문인인 정유일(鄭惟一)은 퇴계의 출처관(出處觀)에 대하여 다음과 같이 기술하고 있다.

> 만년에 나라의 부름이 더욱 잦았으나 더욱 힘써 사양했다. 위로는 조정에서 아래로는 백성들까지 나아가기를 권하지 않은 사람이 없었으나 선생의 뜻을 돌리지는 못하였다. 선생이 나아감과 물러남은 스스로의 마음에서 판단하였으므로 나아가는 것도 남의 권고로써 말미암지 않았고 그 떠나는 것도 만류할 수가 없었다. 한결같이 의(義)의 마땅함만을 보아서 내 마음의 편안한 것을 구할 뿐이었다.[54]

퇴계는 스스로 자신의 출처관에 있어서 초기에는 벼슬에 나아가기에 힘썼음에 비하여 만년에는 물러나기에 힘씀으로써 서로 다르게 처신하였던 이유를 다음과 같이 기술하였다.

---

53 『退溪全書』(四), 言行通錄, 卷1「言行通述」, 18쪽: "先生本少宦情 又見時事有大機關 自癸卯始決退休之志 是時先生年 蓋四十三矣 自是以後 一意退歸 雖累被召還 常不久於朝."

54 上同: "晚年命召愈勤控辭益力 上自朝廷下至草野 無不勸起 而先生之志 不能回也 先生出處 內斷於心 其出也 非由勸起 其居也 不可挽留 一視於義之當然 以求吾心之所安而已."

나의 진퇴는 전과 후가 다른 것 같다. 전에는 임금의 소명을 들으면 곧 나아 갔고, 뒤에는 부름이 있으면 반드시 사퇴하였으며 비록 나아가더라도 감히 오래 머물지 않았다. 대개 지위가 낮으면 책임이 가벼우므로 오히려 한번 나 아갈 수 있으나 벼슬이 높으면 책임이 무거우니 어찌 가볍게 나아갈 수 있겠 는가? 옛날에 어떤 사람이 대관을 제수 받으면 곧 나아가서 말하기를 '임금의 은혜가 지극히 무거운데 어찌 물러갈 수 있으리오'라고 하였다. 나의 생각은 그렇지 않다. 만약 출처의 의리를 돌아보지 않고 한갓 임금의 총애만을 소중 하게 여기면 이것은 임금이 신하를 부리고 신하가 임금을 섬김에 있어 예의 로써 하는 것이 아니고 벼슬과 봉록으로써 하는 것이니 옳겠는가?[55]

즉, 퇴계는 작위가 높으면 책임과 기대가 더욱 무겁고, 책임과 기대 더욱 무거우면 진퇴도 더욱 신중하고 어렵게 하여야 한다는 것을 강조한 것이다. 그러므로 옛날의 사대부 가운데 산림에 묻혀 사는 사람이 아니 더라도 경상(卿相)의 지위에 있어서는 불러도 나아가지 않는 사람이 많 았음을 예로 들면서,[56] 자신이 만년에 이러한 중책을 맡을 수 없다는 의 리 판단에 따라 물러나기에 힘썼음을 밝힌 것이다.

그러면 어떤 기준과 방법으로 벼슬에 나아가고 물러나야 될 것인가? 물러남이 지나치면 소극적인 모습이 되기 쉽고, 나아감이 지나치면 자 칫 일을 그르치기 쉬운 문제점이 있다고 하겠다.

기대승(奇大升)이 일신(一身)의 출처를 물어 왔을 때, 퇴계는 다음과 같 이 대답하였다.

---

55 『退溪全書』(四), 退溪先生言行錄, 卷3, 「出處」, 206쪽: "我之進退 前後似異 前則聞命輒往 後則有徵必辭 雖往亦不敢留 蓋位卑則責輕 猶可一出 官尊則任大 豈宜輕進 昔有人除大 官 則輒往曰 上恩至重 何可退也 余意則似不然 若不顧出處之義 以徒以君寵爲重 則是君 使臣臣事君 不以禮義而以爵祿也 其可乎."

56 『退溪全書』(一) 卷9, 書, 「答閔判書」, 272쪽: "愚聞爵位愈高 則責望愈重 責望愈重 則進退 尤難 故古之士大夫 跡非山林 或至卿相 而召之不至者 非一二. 猶可指數."

무릇 출처와 거취는 마땅히 스스로 마음에 결정할 일이지 다른 사람과 도모함이 옳은 일이 못되며 또 다른 사람이 능히 도모할 바도 아니다.[57]

이것을 보면 출처의 문제에서 제일 중요한 일은 스스로의 주체적인 판단이 필요한 것이요 결코 다른 사람과 서로 상의하거나 다른 사람이 도모할 성질의 일이 아니라는 것이다. 그러나 사람에 따라서는 스스로 판단할 수 있는 능력이 부족하거나 판단하기 어려운 경우가 있다고 하겠다. 퇴계는 주체적 판단이 어려운 근본 이유에 대하여 다음과 같이 언급하였다.

평상시 이치에 정밀하지 못하고 뜻이 강하지 못하면 그 스스로 결정한 것이 혹 때에 맞는 의리에 어둡고 원하고 사모하는 것에 마음을 빼앗겨 그 마땅함을 잃어버린다.[58]

즉, 선비들이 상황에 맞는 처신을 못함은 무엇보다도 뜻이 강하지 못함과 함께 이치에 정밀하지 못함이 그 원인이라고 지적한 것이다.

퇴계는 뜻을 세우는 일과 사물의 이치를 아는 일은 본래 두 가지가 아니므로 마음의 이치와 사물의 이치가 하나로 연계되어 있음을 분명하게 알아야 비로소 진지(眞知)에 이를 수 있다고 하였다.[59] 그러므로 선비들이 올바른 출처관을 갖기 위하여서는 마땅히 학문에 힘써 이치를 정밀하게 이해하고, 시대상황으로서의 때를 올바르게 판단하고, 자신의 능력을 꾸준하게 신장시켜야 함을 강조하였다.

---

57 上同, 卷16, 書, 「答奇明彦」, 402쪽: "大抵出處去就 當自決於心 非可謀之於人 非人所能 與謀."

58 上同: "平時理有所未精 志有所不剛 則其所自決 或不免昧於時義 奪於願慕 而失其宜耳."

59 上同, 「答鄭子中」, 158쪽: "須知在心在物 本無二致 處分明透徹 然後始爲眞知."

퇴계는 선비들이 부족한 능력과 잘못된 판단으로 일을 그르친 문제점과 그 이유에 대하여 다음과 같이 지적하였다.

대저 선비가 세상에 태어나 간혹 벼슬에 나아가거나 산림에 머물거나 혹은 때를 만나거나 때를 못 만나거나 간에 오직 몸을 깨끗이 하고 도의를 실천할 뿐이오, 화복을 논하지 않는다. 그러나 이상하게도 일찍이 우리나라 선비들 가운데 도의에 뜻을 두고 사모하면서도 세상의 환란에 걸려드는 경우가 있다. 이것은 스스로 함이 다하지 못하기 때문에 그러한 것이다. 이른바 다함이 없다는 것은 다른 것이 아니라, 학문이 아직 지극한 곳에 이르지 못하였는데도 자처함이 지나치게 높고, 때를 헤아리지 못하면서도 세상을 경륜하는데 용감하였기 때문이다.[60]

퇴계는 조광조(趙光祖)의 경우에 있어서도, 그의 타고난 바탕은 뛰어나지만 학문이 아직 이루어지지 않았는데 그 하는 바가 지나쳐서 일을 그르치게 된 경우라고 지적하였다.[61] 이와 같이 볼 때, 나아가는 것도 중요하지만 상황에 따라 물러나는 것도 매우 중요하면서도 어려운 일이라고 할 수 있다.

퇴계는 원숙한 경지에서의 출처관에 대하여 다음과 같이 피력하였다.

저는 나아갈만하여 나아가면 나아가는 것이 공손이 되고, 나아가지 않을 만하여 나아가지 않는 것이 공손이 된다고 생각한다. 옛날 나아가지 않은 사람

---

60 『退溪全書』(一) 卷16, 書, 「答奇明彦」, 403쪽: "夫士生於世 或出或處 或遇或不遇 歸潔其身 行其義而已 禍福非所論也 然嘗怪吾東方之士 稍有志慕道義者 多罹於世患 是雖由地褊人淺之故 亦其所自爲者 有未盡而然也 其所謂未盡者無他 學未至而自處太高 不度時而勇於經世."

61 『退溪全書』(四), 退陶先生言行錄, 卷5, 「論人物」, 232쪽: "趙靜庵天資信美 而學力未充 其所施爲未免有過當處 故終至於敗事."

들이 어찌 명령을 하찮게 여기어 그렇게 하였겠는가? 할만한 것이 있는 곳이 곧 공손함이 있는 곳이기 때문이다.[62]

즉, 임금의 명령이 있다고 무조건 나아가는 것만이 공손한 것은 아니다. 그렇다고 하여 물러나는 것이 군명(君命)을 가볍게 여기어서도 아니다. 오직 상황에 따라 알맞게 처신하는 것이 곧 진정한 공손함이라고 하겠다. 이는 곧 공자가 말하였던 "군자는 천하의 일에 있어서 오로지 주장함도 없으며, 그렇게 하지 않는다는 것도 없어서 의(義)를 따를 뿐이다."[63]라는 경지와 바로 상통하는 것이다. 후대 정약용(丁若鏞)은 퇴계의 이러한 출처관에 대하여 깊게 동감하면서, 다음과 같이 인상적인 의견을 그의 『도산사숙록(陶山私淑錄)』에 부기(附記)하였다.

할 만한 것이 있는 곳이 곧 공손함이 있는 곳이라는 한마디 말씀, 이것이 바로 군자의 시중의 의로서 저울에 다는 것처럼 지극히 정묘해서 바꿀 수 없는 것이니 일생동안 마땅히 생각해서 잊지 말아야 한다.[64]

퇴계는 중종에서 선조까지 네 임금을 섬기면서 모두 40여 년 동안 벼슬하였다. 이러한 벼슬은 봉록이나 지위를 위한 것이 아니라 오직 도의 실현을 위한 것이므로 그는 의(義)에 조금이라도 맞지 않으면 반드시 물러났다. 이는 바로 '나아가기는 어렵게 하고 물러나기는 쉽게 한다[難進而易退]'는 공자와 맹자의 지조이며 의리인 것이다.

이와 같이 나아감보다는 물러남에 적극적이었기 때문에 퇴계는 후인

---

62 『退溪全書』(一) 卷9, 書, 「答閔判書」, 272쪽: "故愚嘗妄以爲 可進而進 以進爲恭 可不進而不進 以不進爲恭 古之不進者 豈棄命中路而然乎 可之所在 卽恭之所在故也."

63 『論語』「里仁」10: "子曰 君子之於天下也 無適也 無莫也 義之與比."

64 『與猶堂全書』1 卷9「陶山私淑錄」: "可之所在 卽恭之所在一語 此正君子時中之義 秤量至精 易亦不得 一生當念念不忘者也."

들에게서 정치 참여에 소극적이었다는 평을 듣기도 하지만, 사실은 한결같이 자신의 학문적 역량과 도덕적 가치판단에 기반된 의(義)에 근거해서 판단하고 실천하였다.[65] 그러므로 퇴계는 항상 의(義)와 이(利)의 분별에 엄격하고, 취하고 버리는 구분에 세밀히 살피고, 혐의를 없애고 기미에 밝아 조금이라도 방종하거나 지나치지 않았으며, 진실로 그 의(義)가 아니면 비록 만종(萬鍾)의 봉록을 주어도 받지 않고 버려진 것이 겨자한 알이라도 취하지 않았던 것이다.[66]

4. 퇴계사상의 특징과 영향

1) 퇴계사상의 특징

퇴계사상의 특징을 요약하면 다음 몇 가지로 요약할 수 있다.

첫째, 성리학의 우주론적 본체론에서 가장 중심이 되는 것은 태극론이다. 퇴계는 태극을 리(理)로 파악하여 창조적 기능으로서의 능동적인면을 강조하고 있다. 그러므로 리(理)의 능동성을 중시하여 '기발(氣發)'뿐만 아니라 '리발(理發)'을 주장하였던 것이다. 이것은 천리의 적극적이고 주체적인 활동을 밝힌 것으로서 주자의 이론체계에서 한걸음 더 나아가 리(理)의 자발성을 논리화시킨 특징이 있다.

둘째, 본질과 현상의 관계를 철학적 개념으로 설명한 것이 이기론이다. 현상의 입장에서 보면 리와 기는 공존되나 논리의 입장에서 보면 분별하여 논할 수 있다. 퇴계는 리와 기의 공존성을 이해하면서도 리와 기

---

65 『退溪全書』(四), 言行通錄, 卷1「實記」, 16쪽: "筮仕四十年 更歷四朝 而出處進退 一循乎義 義有未安 則必奉身而退."

66 上同: "嚴於義利之辨 審於取舍之分 別嫌明微 一毫不放過 苟非其義 祿之以萬鍾 不受也 遺之以一芥 不取也."

를 엄격하게 구별하려는 입장을 강조한다. 그러므로 리(理)의 순수성을 확보하려는 '이존설(理尊說)'을 주장하였던 것이다. 이는 절대순선의 리(理)가 현실의 구체적 인간행위와 정서를 통하여 실천되어야 한다는 가치관에서 나온 것이다.

셋째, 퇴계의 학문은 무엇보다도 인간학적인 면에 최대의 중점을 두고 있다. 인간은 내재된 순수성과 그 존엄성을 바탕으로 하여 누구나 성인이 될 수 있다고 하였다. 선한 본성을 확충시켰을 때 인간다움을 다하는 것이라는 입장이었던 것이다. 그리하여 퇴계의 학문적 목표는 성인이 되고자 하는 것이었고, 이러한 퇴계의 학문은 성학이라고 부를 수 있겠다. 성학은 인간학과 종교학의 영역이 동시에 포함된다. 따라서 퇴계의 성학은 중국의 유학에 비하여 더욱 인성론적 성리학으로 전개시킨 특징이 있다.

넷째, 성학에 접근하는 구체적 수양 방법으로 경(敬)을 강조하였다. 경이란 항상 깨어있는 상태[惺惺]에서 주어진 일에 전일하는[主一無適] 마음 공부이다. 퇴계는 이 경으로 인욕을 극복하여 인간의 주체성을 확립하여야 참된 인간의 본성이 실현될 수 있다고 보았다.

다섯째, 퇴계는 자연(自然)에 대한 애착과 사랑이 지극하였다. 자연에 침잠하여 인간의 정서를 함양하였다. 진리를 추구하는 도학적 정신으로 자연을 완상하여 물아일체(物我一體)의 경지를 이루고자 하였다. 「도산십이곡」을 비롯하여 「금보가(琴譜歌)」, 「낙빈가(樂貧歌)」, 「상저가(相杵歌)」 등의 많은 시가를 지어 자연의 미감(美感)을 도학의 세계로 흡수하였다.

여섯째, 퇴계사상의 가장 큰 특징은 학문적 사변에만 그치지 않고 전 생애를 걸쳐 끊임없이 의리에 근거하여 도학을 실천한 점에 있다. 성리학이 자칫 관념의 세계로 내닫기 쉬운 문제점을 극복하여, 끊임없이 실행했던 그의 삶은 바로 지행(知行)의 겸전(兼全)을 요청하는 유학의 본질을 가장 올바르게 체득한 것이라 하겠다. 이는 곧 주자학의 한계를 극복하여 발전시킨 퇴계철학의 진수라고도 할 수 있다.

2) 후대 영향

이상과 같이 주자학의 전모를 정확하게 파악한 기반 위에서 인성론적인 성리학으로 더욱 심화시켜 인간의 인격형성의 논리체계를 정립하였고 가까운 일상생활 속에서 구체적인 경(敬)의 수양방법을 제시하였을 뿐만 아니라 몸소 실천적인 생애를 통하여 생생하게 보여준 퇴계의 높은 인격은 후대 사람들에게 많은 감동을 주었다. 그러므로 후인들은 퇴계를 '만세(萬世)의 사표(師表)'로 존숭하였던 것이며, 그 영향은 멀리 중국이나 일본까지 파급되었던 것이다.

특히 퇴계의 학풍이 일본의 주자학에 미친 영향은 대단히 큰 것이었다. 16세기 말 일본의 거유(巨儒)인 후지와라 세이카(藤原惺窩)와 그의 제자 하야시 라잔(林羅山)은 퇴계학에 매우 심취하였으며, 야마자키 안사이(山崎闇齋, 1618~1682)는 퇴계의 『자성록』과 『주자서절요』를 읽고 퇴계를 지극히 흠모하면서 퇴계학을 강의하였다. 또한 그 문인인 사토 나오카타(佐藤直方)는 퇴계의 학덕을 존숭하여 도학을 크게 강조하였다.

일본에서는 퇴계학에 대한 독자적인 연구가 성행하여 스구리 교쿠스이(村士玉水)는 최초의 연구로서 『이퇴계서초(李退溪書抄)』 10권을 저술하였다. 또한 큐슈(九州) 지방의 거유인 오쓰카 타이야(大塚退野, 1677~1750)도 퇴계의 『자성록』을 읽고 정자와 주자의 본지를 비로소 알게 되었다고 하면서 퇴계학을 높이고 믿기를 신명과 같이 하였다. 그 문인이며 천황의 시강(侍講)인 모토다 나가자네(元田永孚)는 궁중에서 퇴계학을 강의하였다. 이러한 전통은 사또 나오카타의 제자인 이나바 모쿠사이(稻葉默齋), 그 뒤 요코이 쇼난(横井小楠), 도쿠토미 키스이(德富淇水) 등을 거쳐 현대의 우노 테쓰도(宇野哲人), 아베 요시오(阿部吉雄), 다카하시 스스무(高矯進) 등에 이르기까지 계속 이어져 퇴계학에 관한 연구 활동이 오늘날까지 활발하게 전개되어 왔던 것이다.

또한 국내 학계에 미친 영향도 막대하여 수많은 퇴계의 제자들에 의

하여 독자적인 영남학파가 형성되었다.[67] 퇴계의 제자들을 수록한「도산급문제현록(陶山及門諸賢錄)」이나「전고대방(典故大方)」에 나타난 퇴계 문인의 수를 보면 310명과 306명 등으로 기록되어 있는 바, 이는 역대 유학자들 가운데 가장 많은 수의 문도를 길러낸 것이다. 조선 명종과 선조대의 많은 인재들은 지역과 당파를 초월하여 퇴계의 문하에서 수학하였다. 그 중에 영남 출신의 문도는 190여 명에 이르며, 또 안동 출신의 학자가 105명 이상을 차지하고 있다.

이 가운데 커다란 학문적 계보를 형성한 중심인물은 학봉(鶴峰) 김성일(金誠一, 1538~1593), 서애(西厓) 유성룡(柳成龍, 1542~1607), 한강(寒岡) 정구(鄭逑, 1543~1620), 죽천(竹川) 박광전(朴光前, 1526~1597) 등이다. 영남학파 가운데에서도 안동지역의 퇴계학맥은 학봉의 문맥을 이은 경당(敬堂) 장흥효(張興孝, 1564~1633), 갈암(葛菴) 이현일(李玄逸, 1627~1704), 밀암(密庵) 이재(李栽, 1657~1730), 대산(大山) 이상정(李象靖, 1710~1781), 정재(定齋) 유치명(柳致明, 1777~1861), 서산(西山) 김흥락(金興洛, 1825~1912) 등으로 이어져 내려갔다.

5. 맺음말

퇴계의 학문은 인간의 윤리성에 초점을 둔 도덕적 가치철학이다. 최고의 인격을 함양하여 실천하고자 한 퇴계의 성학은 인간이 인간으로서의 자기주체를 바르게 인식하고, 자각된 주체를 바탕으로 참된 삶을 지속적으로 실천하는 데에 있다. 인간의 마음에는 인간 모두가 지향할 수 있는 보편성이 있다. 또한 누구나 자기 노력에 의하여 자기 인격을 완성할 수 있는 가능성도 담겨 있다. 그러므로 퇴계는 심을 통하여 대내적

---

67 吳錫源,「退溪學派의 形成과 展開」,『東洋哲學研究』제7집, 東洋哲學研究會, 1986.

마음과 대외적 사물의 이치를 정밀하게 궁구하면서 심의 본체와 작용을 겸전하는 심학을 확립하고자 하였던 것이다.

퇴계는 경의 수양방법으로 심의 본성에 근거한 인간의 도심을 존양하고 인욕으로 흐르기 쉬운 인심을 극복하여 순선을 확보함으로써 올바른 인간의 삶을 실현하고자 하였다. 또한 인간의 본질에는 타인과 공존할 수 있는 보편적 원리인 인(仁)이 정초되어 있으므로, 이러한 사랑의 실천을 통하여 평화 공존의 인간사회를 이루고자 하였다.

퇴계는 선비정신을 국가의 원기로 보아 이를 구현하고자 하였다. 이러한 선비정신의 이론적 기반은 의리사상이라고 할 수 있다. 천리에 근거하여 개인적 인간의 삶과 사회적 인간의 관계에서 올바름을 구현하려는 의리사상은 수양을 통한 올바른 인격과 예리한 높은 학문을 통한 올바른 현실 판단과 실천을 요청한다. 그러므로 퇴계는 벼슬에 나아가고 물러나는 출처의 문제와 사물에 대응하여 처신하는 문제들은 한결같이 이러한 의리사상에 근거하여 판단하고 실천하였던 것이다.

현대는 첨단과학을 바탕으로 한 물질문명이 압도하는 사회이다. 이러한 과학문명에 의하여 인간생활의 편리성은 엄청나게 확대되고 있다. 그러나 풍요와 안락은 끝없는 물욕을 조장하고, 올바름의 여부를 무시한 방임된 물욕은 개인적 이기주의로 치달아 더욱 정신적 황폐화를 가속화 시키고 있다. 인간은 물질과 정신의 조화를 이루고 그 가운데서 참된 인간다움의 삶을 향유할 수 있는 것이다.

퇴계의 성학과 선비정신에는 풍성한 인격성과 도덕성이 담겨있다. 현대의 물질중심의 사회에서 점차 상실되어 가고 있는 정신적 가치를 이러한 선비정신에서 보충할 수 있다. 권력과 불의에 타협하지 않고 정의를 구현하려는 이들의 선비정신과 실천적 도덕성이 현대사회에 주는 의미가 여기에 있는 것이다.

퇴계(退溪)의 도학(道學)과 경세론(經世論)

강희복(연세대학교 인문학연구원 전문연구원)

1. 유학(儒學)을 어떻게 이해할 것인가?

이 논문에서는 유학(儒學)과 도학(道學)에 대한 이해를 기초로, 퇴계(退溪)의 도학적(道學的) 문제의식과 경세론(經世論)에 관하여 살펴보려고 한다. 이제까지 퇴계의 사상에 관한 연구가 많이 이루어졌지만, 퇴계의 도학(道學)과 경세론(經世論)을 함께 다룬 연구는 드물었다. 도학(道學)은 기본적으로 '수기(修己)'의 문제와 관련되고 경세론(經世論)은 '안인(安人)'의 문제와 관련된다고 할 때, 도학과 경세론을 함께 연구하는 것은 퇴계의 사상을 잘 이해하기 위해서라도 중요한 의미가 있다고 생각한다.[1]

중국의 춘추전국시대에 공자(孔子, B.C.551~B.C.479)에 의하여 그 씨앗이 뿌려지고, 한당을 거쳐 남송의 주희(朱熹, 1130~1200)에 의하여 새롭게 체계화된 유학은 16세기 조선의 퇴계(退溪, 1501~1570)와 율곡(栗谷, 1536~1584)에 이르러 꽃피었으며, 지구촌 · 정보혁명의 시대를 살고

---

[1] 退溪의 經世論과 관련된 가장 중요한 자료는 1568년 8월에 선조에게 올린 『戊辰六條疏』를 들 수 있고, 이에 대한 번역으로는 이상은의 번역(퇴계학보 제2집, 1974)과 이것을 다시 번역하여 정리한 이광호의 번역(국역 퇴계전서)이 있다. 그리고 퇴계의 경세론에 관한 연구로는 대표적으로 다음과 같은 것들이 있다. 강주진, 「퇴계의 정치사상」, 『퇴계학보』 제10집, 1976; 박충석, 「퇴계 정치사상의 사상사적 조명」, 『퇴계학보』 제19집, 1978; 김기현, 「퇴계의 사회사상」, 『퇴계학보』 제92집, 1996; 조남욱, 「이퇴계와 정치철학」, 『퇴계학 논총』 제3호, 1997.

있는 우리의 삶과 문화와 의식 속에도 지하수처럼 녹아 흐르고 있다.

유학은 기본적으로 주체의 변화[修己·明明德]와 사회적 실천[安人·新民]을 통해서 인(仁)을 실현하고 성인(聖人)이 되는 것을 추구하는 사상[仁學·聖學]이라고 할 수 있다.[2] 그리고 이러한 유학은 사람[人]·삶[生]·사랑[仁]의 문제를 중심으로 도덕·교육·정치(인간학)를 중요시하는 수평적 차원[나와 너]과 하늘이 나에게 준 참된 본성[性]과 하늘의 뜻[天命]이 무엇인지를 알고[知天命/知天] 하늘의 뜻에 따라서 살려고 하는[事天] 노력을 통해서 천인합일(天人合一)을 추구하는 종교성(초월성)과 관련되는 수직적 차원(위에서 아래로/아래에서 위로)의 통합으로 이루어져 있다고 할 수 있다.[3] 다시 말하면 유학(유교)의 문제는 존재의 근원에 대한 관심과 감사[知天/事天], 주체의 변화와 자유[克己/修己], 관계 속의 어울림과 실천[愛人/愛物] 혹은 "(존재의 근원에) 감사하고, (존재자들끼리) 서로 사랑하자"라고 요약해볼 수 있지 않을까?

『송사(宋史)』「도학열전(道學列傳)」에서는 도학(道學)의 개념과 연원에 관하여 다음과 같이 적고 있다.

도학(道學)이라는 이름은 옛날에는 없었다. 삼대(三代)의 흥성기에 천자(天子)는 이 도(道)로써 정교(政敎)를 하였고, 여러 관리들은 이 도로써 직업(職業)을 삼았고, 당(黨)·상(庠)·술(術)·서(序)의 학교에서 선생과 제자들은 이 도로써 강습(講習)하였으며, 모든 백성들은 날마다 이 도에 따라서 살면서도 알지 못한다. 그러므로 하늘과 땅 사이에 있는 어떤 사람이나 어떤 사물도

---

2 『論語』「憲問」: "子路問君子. 子曰: 修己以敬. 曰: 如斯而已乎? 曰: 修己以安人. 曰: 如斯而已乎? 曰: 修己以安百姓. 修己而安百姓, 堯舜其猶病諸.";『大學』經1章: "大學之道, 在明明德, 在新民, 在止於至善."

3 『論語』「憲問」: "子曰: 不怨天不尤人, 下學而上達, 知我者其天乎.";『中庸』第1章: "天命之謂性, 率性之謂道, 修道之謂敎.";『孟子』「盡心上」: "盡其心者, 知其性也. 知其性, 則知天矣. 存其心, 養其性, 所以事天也. 夭壽不貳, 修身以俟之, 所以立命也."

이 도의 은혜를 입어서 그 본성을 따르지 않은 것이 없었다. 이런 상황에서 도학이란 이름이 어떻게 성립되겠는가?

문왕(文王)과 주공(周公)이 죽고, 공자(孔子)는 덕(德)은 가졌지만 지위가 없어서 이 도를 세상에 펼칠 수 없었다. 따라서 세상에서 물러나 제자들과 함께 정예악(定禮樂), 명헌장(明憲章), 산시경(刪詩經), 수춘추(修春秋), 찬역상(讚易象), 토론분전(討論墳典)하여, 성인(聖人)의 도(道)가 무궁하게 빛나기를 기약하였다. 그러므로 "공자는 요순(堯舜)보다 훨씬 현명하다"고 말한다. 공자가 죽고 증자(曾子)만이 그 도를 얻어 자사(子思)에게 전하였고 맹자(孟子)에게까지 이르렀지만, 맹자가 죽고 이어지지 않았다. 양한(兩漢) 이후 유학자들이 대도(大道)에 관하여 논했는데, 살피기는 하였지만 정밀하지 못했고[察焉而弗精] 말은 하였지만 구체적이지 못하여[語焉而弗詳], 이단(異端)과 사설(邪說)이 일어나 유행하여 도가 크게 무너지게 되었다.

천여 년 후 송대(宋代) 중엽에 이르러 주돈이(周敦頤)가 용릉(舂陵)에서 나와 그동안 전해지지 못하던 성현(聖賢)의 학문을 얻어 『태극도설(太極圖說)』과 『통서(通書)』를 지었는데, 음양오행(陰陽五行)의 이치를 미루어 하늘이 명(命)한 것이 사람에게 본성이 된다는 것을 밝힘이 손바닥을 가리키는 것처럼 명료하였다. 장재(張載)는 「서명(西銘)」을 지었는데 '이일분수(理一分殊)'의 뜻을 잘 말했으며, 그 뒤에 도의 대원(大原)이 하늘에서 나왔다는 것이 밝아지고 의심이 없어지게 되었다. 인종(仁宗)의 명도(明道) 초년에 정호(程顥)와 동생 정이(程頤)가 태어났으며, 자라면서 주돈이에게 배워 견문을 넓혔으며, 『대학(大學)』·『중용(中庸)』의 2편을 표장(表章)하여 『논어(論語)』·『맹자(孟子)』와 함께 받들었으며, 이에 위로는 제왕(帝王)이 마음을 전하는 오묘한 이치로부터 아래로는 초학자가 덕(德)에 들어가는 방법에 이르기까지 융회관통(融會貫通)하여 다시 드러낼 것이 없었다.

송나라가 남쪽으로 내려온 후 신안(新安)의 주희(朱熹)가 이정(二程)의 올바른 전통을 이어 그 학문이 더욱 친절(親切)해졌다. 그는 격물치지(格物致知)를 우선적인 것으로 삼았고, 명선성신(明善誠身)을 요체로 삼았으며, 무릇 시

(詩) · 서(書) · 육예(六藝)의 문장과 공맹(孔孟)의 가르침이 진(秦)의 분서갱유 (焚書坑儒)로 전착(顛錯)되고 한(漢)의 유학자들에 의하여 지리(支離)해졌으며, 위진(魏晉)과 육조(六朝)에서 유침(幽沉)되었던 것이 모두 살 밝혀지고 체계적으로 정리되었다.[煥然而大明, 秩然而各得其所] 이것이 송유(宋儒)가 제자(諸子)들을 넘어 위로 맹자(孟子)로 이어지는 까닭이다.[4]

다시 말해서 옛날에는 모든 것이 도(道)에 따라서 이루어졌기 때문에 도학(道學)이라는 이름이 성립할 수 없었지만, 공자(孔子) · 증자(曾子) · 자사(子思) · 맹자(孟子)로 이어지다 진(秦) · 한(漢) · 위진육조(魏晉六朝)를 거치면서 끊어졌던 도가 북송의 주돈이(周敦頤) · 장재(張載) · 정호(程顥) · 정이(程頤)에 이어 남송의 주희(朱熹)에 의하여 '환연이대명(煥然而大明)'하고 '질연이각득기소(秩然而各得其所)'하게 되었는데, 이런 도학이 정몽주(鄭夢周)와 조광조(趙光祖)를 거쳐 퇴계(退溪)와 율곡(栗谷)으로 이어지게 되었다고 할 수 있다.

2. 퇴계(退溪)의 삶과 도학적(道學的) 문제의식

1) 퇴계의 시대와 생애

동아시아(East Asia)에서의 신유학(新儒學)의 전개(역사) 속에서 볼 때, 퇴계의 사상은 주자학(朱子學)을 기초로 하면서도 한편으로는 주자학의 한계와 문제점에 대한 양명(陽明)의 반론을 비판적으로 받아들여 주자학을 더욱 심화 · 발전시켰는데, 퇴계는 주자학이 갖기 쉬운 사변적 · 주지적 성격과 양명학(陽明學)이 빠지기 쉬운 주관주의와 내면주의를 함께 극

---

4 『宋史』卷427(中華書局), 1209~1210쪽.

복하는 방향에서 그의 사상을 형성해나갔다고 할 수 있을 것이다.

퇴계의 생애는 연산군—선조의 시대에 해당되는데, 이 시대는 한마디로 사화기(士禍期)[5]라고 할 수 있다. 퇴계는 이러한 시대적·사회적 상황으로부터 직접적으로 혹은 간접적으로 영향을 받았으며, 출처(出處)와 진퇴(進退)의 문제에 관하여 많은 고민을 하였다. 그는 어지러운 현실(정치)로부터 한 걸음 물러나서 입덕(立德)과 입언(立言)이라는 차원에서 학문과 저술에 전념하고, 서원(書院)의 창설 등을 통하여 참교육을 실천해보려고 하였으며, 자연[山水]과의 교감 속에서 많은 시작(詩作)을 통해 깊고 새로운 정신적인 경지(境地)를 체험하고 표현하였다. 그의 생애는 크게 3단계로 나누어 볼 수 있다. 첫째, 초년기(初年期)는 그의 출생(연산군 7년, 1501)으로부터 33세(중종 28년, 1533) 때까지로서, 이 시기는 유교경전을 연구하는 데 열중하였던 수학기(修學期)라고 할 수 있다. 둘째, 중년기(中年期)는 34세(중종29년, 1534)로부터 49세(명종 4년, 1549)까지의 시기로서, 과거에 급제하여 벼슬에 나가면서부터 풍기군수를 사직할 때까지의 출사식(出仕期) 혹은 사환기(仕宦期)라고 할 수 있다. 셋째, 만년기(晚年期)는 50세(명종 5년, 1550)때부터 70세(선조 3년, 1570)까지의 시기인데, 이 시기는 관직은 더욱 높아졌지만 끊임없이 사퇴하면서 고향에 돌아와 연구·강의·저술에 전념하였던 은거(隱居)·강학기(講學期)라고 할 수 있다.[6]

---

5 조선 시대 정치사는 士大夫정치기(여말~선초), 勳臣정치기(세조~중종), 權臣정치기(중종 말~명종), 士林정치기(선조~경종), 蕩平정치기(영조~정조), 外戚勢道정치기(순조~고종)로 구분할 수 있는데, 세조의 집권으로부터 성종에 이르기까지 18년 동안에 배출된 250여 명의 공신들을 중심으로 한 勳舊派와 여기서 소외된 士林派들의 대립으로 일어난 것이 士禍이다. 따라서 사화기란 勳臣정치기/權臣정치기에 해당된다고 할 수 있으며, 戊午士禍(1498), 甲子士禍(1504), 己卯士禍(1519), 乙巳士禍(1545) 등이 이 시기에 일어났다. 이성무, 『조선 시대 당쟁사(1)』, 서울: 동방미디어, 2000, 62쪽 및 73쪽.

6 이상은, 『퇴계의 생애와 학문』, 서울: 예문서원, 1999, 17~18쪽; 금장태, 『퇴계의 삶과 철학』, 서울: 서울대학교출판부, 1998, 3쪽. 이광호는 「道學的 問題意識의 전개를 통해서 본 退溪의 生涯」(『東洋學』 제22집, 단국대 동양학연구소, 1992)라는 논문에서, 퇴계의 문제의식을 道의

그런데 그의 생애를 사화(士禍)와 연관시켜 생각해 보면 퇴계가 태어나기 3년 전인 연산군 4년(1498)에 무오사화(戊午士禍)가 일어났고, 그가 4살 때인 연산군 10년(1504)에 갑자사화(甲子士禍)가 일어났으며, 그가 19살 때인 중종 14년(1519)에 기묘사화(己卯士禍)가 일어났고, 45살 때인 명종 1년(1545)에 을사사화(乙巳士禍)가 일어났다. 이 가운데 특히 사림(士林)의 대표자였던 조광조(趙光祖, 1482~1519)가 도학(道學)에서 추구하는 이상적인 정치[至治主義]를 실현하려고 급진적인 개혁을 시도하다가 실패하여 38세의 젊은 나이로 유배 가서 사약(賜藥)을 먹고 죽게 되었던 기묘사화는 퇴계를 포함한 많은 사람들에게 커다란 충격을 주었고 깊은 반성을 하게 만들었으며, 명종(明宗)의 외척(外戚)인 윤임(尹任, 大尹)과 윤원형(尹元衡, 小尹)의 싸움에서 소윤(小尹)이 이기고 문정왕후(文定王后)와 윤원형(尹元衡)을 중심으로 하는 외척정치가 시작되었던 을사사화 때 퇴계는 모함에 의하여 관직을 빼앗겼으며 또한 그의 형은 매를 맞고 유배를 가다가 죽게 되었다. 퇴계가 초년기(19살) 때의 기묘사화로 인한 조광조의 죽음은 그의 인생과 학문의 방향을 설정하는 데 결정적인 영향을 끼쳤을 것으로 생각되며 그가 중년기(45살) 때 겪은 을사사화와 그로 인한 외척정치는 벼슬에서 물러나서 고향에 돌아가 학문과 저술에 전념하고 싶은 생각을 더욱 굳히도록 만들었을 것으로 생각된다.[7]

인식과 실천을 통해서 天人合一의 경지에 이르는 것이었다고 보면서, 퇴계의 생애에 대한 이상은의 구분은 너무 형식적이며 퇴계의 求道者的인 문제의식을 잘 드러내지 못한다고 비판하면서, 그의 생애를 다음과 같이 구분하였다. 첫째는 '理에 대한 문제의식의 발아기'로서 『論語』를 배운 12세에서 太學에 입학한 33세 이전까지이고, 둘째는 '출사 방황기'로서 33세에 太學에 입학한 때부터 『朱子大全』을 읽기 전인 43세 이전까지이며, 셋째는 '理를 알고 좋아한 시기'(학문의 진전시기)로서, 『朱子大全』을 읽고 은퇴의 뜻을 굳힌 43세 때부터 「天命圖」를 개정하고 「天命圖說後敍」를 쓰기 이전까지이며, 넷째는 '理의 體認과 合一을 추구하며 理를 즐긴 시기'(학문의 원숙기)로서 그의 본격적인 학문 활동이 시작되는 53세 이후부터 70세에 세상을 떠날 때까지로 나누었다.

7 박종홍, 「退溪의 時代的 背景」, 『퇴계학 연구』, 퇴계 선생 4백 주기 기념사업회, 1972, 5~10쪽; 강주진, 「李朝史에 있어서의 退溪」, 위와 같음, 251~261쪽.

퇴계는「조정암선생행장(靜庵趙先生行狀)」에서 다음과 같이 적고 있다.

선생은 태어나면서부터 아름다운 자질이 있었고 어려서 놀 때도 이미 어른의
모습이 있었다. 조금이라도 다른 사람의 잘못을 보면 바로 그것을 지적하여
말하였다. 커서는 글을 읽고 학업을 닦을 줄을 알았고, 강개(慷慨)하게 큰 뜻
이 있어 홀로 과거지문(科擧之文)에는 마음을 두지 않고 성현(聖賢)의 모습을
그리워하여, 널리 배우고 실천에 힘써 이루어짐이 있기를 기약하였다. ……
선생은 이에 세상에 보기 드문 대우에 감동하여 임금을 훌륭하게 만들고 백
성을 윤택하게 하며 사문(斯文)을 일으키는 것을 자기의 책임으로 삼았으며,
임금의 마음은 출치(出治)의 근본이니 그 근본이 바르지 않으면 정체(正體)가
의지해서 설 수 없고 교화(教化)가 이로 말미암아 행해질 수 없다고 하였다.
…… 선생은 난세(亂世)를 맞아 어려움을 무릅쓰고 한훤당(寒暄堂)을 사사(師
事)하였으며, 비록 그 때에 강론하며 주고받은 내용은 얻어들을 수가 없지만,
선생이 뒷날 도(道)를 행하는 정성과 사업에 뜻을 둔 탁월함이 저와 같은 것
을 볼 때 그 발단은 곧 여기에 있었을 것이다. 우선 볼 수 있는 실제를 가지
고서 말한다면 학문을 함에 있어서『소학(小學)』을 철저히 믿고『근사록(近思
錄)』을 높이 숭상하여 여러 경전에서 발휘하시고, 평소에 거쳐 할 때는 이른
아침부터 밤늦게 까지 몸가짐을 엄숙히 하시고 관복(冠服)과 위의(威儀)는 혹
시라도 법도에 어긋남이 없도록 하셨고, 말과 행동은 언제나 옛 교훈을 근거
로 하셨는데, 이것은 지경(持敬)의 방법이다. …… 선생의 첫 번째 불행은 등
용과 발탁이 너무 빠르셨고 두 번째 불행은 은퇴하기를 요구하였지만 이루지
못하였고 세 번째 불행은 유배 가서 일생을 마친 것이다. 따라서 중년(中年)
과 만년(晚年)에 쌓고 채운다는 것이 모두 그렇게 할 여가가 없었고, 입언수
후(立言垂後)의 일도 또한 이미 미칠 수가 없었으며, 그렇다면 하늘이 이 분
에게 큰 책임을 내리신 뜻은 결국 어떤 것인가?[8]

---

8 『增補退溪全書』(2)(성균관대학교 대동문화연구원, 1997. 앞으로는『退溪全書』라고 함) 卷48

이렇게 볼 때 퇴계는 조광조의 인격과 학문을 존경하고 따르고 싶어하면서도, 너무 일찍 벼슬에 나갔다가 물러나고 싶어도 물러나지도 못하고 기묘사화(己卯士禍)로 유배 가서 죽음으로서 입언수후(立言垂後)할 시간적인 여유가 없었던 것에 대하여 무척 안타깝게 생각하고 있음을 알 수 있다. 그런데 이것은 퇴계의 생애를 전체적으로 볼 때 안타까움으로만 끝나는 것이 아니라, 그의 인생의 방향을 설정하는 데 커다란 영향을 끼쳤던 것으로 생각된다.

또한 퇴계는 「답유인중(答柳仁仲)」과 「언행록(言行錄)」에서 다음과 같이 말하고 있다.

예로부터 성현들이 후세에 길이 인심을 밝히고 바른 학문을 숭상하는 모범이 될 수 있었던 것은 오로지 훌륭한 말씀을 남겨 후세에 모범을 보여주었기 때문입니다. 그렇지 않다면 비록 공자, 맹자, 정자, 주자와 같이 위대한 덕을 지녔다 하더라도 후세에 무엇을 바탕하여 실마리를 찾고 그들의 학문을 기술하겠습니까? 조정암 선생이 도학을 창명(倡明)한 공은 참으로 크지만, 오늘날 그 실마리를 찾으려 해도 무슨 책이나 무슨 말씀에 근거하여 공덕을 칭송해야 할 지 알 길이 없습니다.[9]

「靜庵趙先生行狀」, 471~475쪽: "先生生有美質 少小嬉戲已有成人儀度. 稍見人非違輒能指言之. 及長知讀書修業, 慷慨有大志獨不屑意於科擧之文而興慕聖賢之風, 博學力行期於有成. …… 先生於是感不世之遇以致君澤民興起斯文爲己任 以爲君心出治之本也 其本不正 則政體無依而立 敎化無由而行矣. …… 先生乃能當亂世冒險難而師事之, 雖其當日講論授受之旨有不可得, 而聞者觀先生後來嚮道之誠志業之卓如彼 其發端定在於此矣. 姑以可見之實言之 其爲學也, 篤信小學尊尙近思而發揮於諸經傳, 其在平居夙夜斂節儼然冠服威儀罔或惰度, 出言制行動稽古訓, 其持敬之法也. …… 今先生則未然一不幸而登擢太驟, 再不幸而求退莫遂, 三不幸而謫日斯終向之. 所謂積累飽飯於中晚者 皆有所不暇矣 其於立言垂後之事又已無所逮及焉, 則天之所以降大任於是人之意終如何也?"

9 『退溪全書』(1), 「答柳仁仲論趙靜庵行狀·別紙」, 332쪽: "自古聖賢所以能爲後世淑人心崇正學之模範者 專賴立言垂後爲之地耳. 不然雖以孔孟程朱之盛 後世何所從而尋其緒述其學哉? 趙先生倡明道學之功固大, 然由今而欲尋其緒餘不知以何書何言而有所稱述耶."

일찍이 "조정암께서는 타고난 자질이 참으로 아름다웠으나 학문의 힘이 아직 충실하지 못하여 그 베푼 것이 적당한 곳을 지나침을 면하지 못하게 되었네. 그러므로 끝내 일을 실패함에 이르렀던 것이네. 만약 학문의 힘이 이미 충실해지고 덕의 그릇이 이루어진 뒤에 나와서 세상일을 담당했더라면, 그 이룬 것을 쉽게 헤아릴 수 없었을 것이네."라고 말씀하셨다.[10]

다시 말해서 퇴계에 의하면 조광조는 타고난 자질이 아름답고, 도학(道學)을 창명(倡明)한 공은 크지만, 임언수후(立言垂後)에 의하여 '숙인심(淑人心)·숭정학(崇正學)'의 모범이 되기에는 부족했다고 할 수 있다.

2) 퇴계(退溪)의 문제의식과 도학(道學)

퇴계의 저술은 거의 50세 이후에 이루어졌는데, 특히 『천명도설(天命圖說)』(1553)과 『성학십도(聖學十圖)』(1568)는 그의 사상이 어떤 구조로 이루어져 있는지를 보다 깊게 포괄적으로 이해하기 위해서는 빼놓을 수 없는 자료이다. 퇴계는 『성학십도』에서 천도(天道)로부터 어떻게 인도(人道)가 나오며 또한 인도(人道)에 의해서 어떻게 천도(天道)를 회복·실현할 수 있는가 하는 '천인합일(天人合一)'의 문제에 관하여 체계적으로 설명하고 있다.

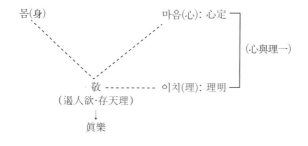

10 『退溪全書』(4), 「言行錄」· 論人物, 232쪽.

『성학십도』는 '존재로부터 인간으로'[本於天道而功在明人倫懋德業]의 방향과 '인간으로부터 존재로'[原於心性而要在勉日用崇敬畏]의 방향의 이중적 구조로 이루어져 있는데[11], 이러한 문제는 바로 "어떻게 마음[心]과 이치[理]가 무엇인지를 알아서, 마음[心]과 이치[理]의 어긋남을 극복하고, 마음[心]과 이치[理]의 일치[心與理一]를 이룰 수 있느냐?"하는 문제라고 할 수 있다. 퇴계는 '심여리일(心與理一)'이 이루어질 때 진락(眞樂)을 체험할 수 있다고 하였다.

퇴계는『성학십도』(1568)의 서문에서, 성학(聖學)과 심법(心法)에 관하여 다음과 같이 말하였다.

도(道)는 형상이 없고, 하늘[天]은 말이 없다. …… 그런데 도는 넓고 넓으니 어디서부터 탐구하며, 옛 가르침은 천만 가지이니 어디로부터 들어가겠는가? 성학(聖學)에는 커다란 실마리가 있고 심법(心法)에는 지극한 요체가 있는데, 도설(圖說)로서 사람들에게 입도지문(入道之門)과 적덕지기(積德之基)를 보여주는 것은 또한 부득이해서 지은 것이다.[12]

다시 말하면 도(道)와 천(天)은 형상(形象)과 언어(言語)를 초월한 것이기 때문에 이해하기 어려우므로, 사람들에게 입도지문(入道之門)과 적덕지기(積德之基)를 보여주기 위하여 부득이하게 도설(圖說)을 지었다는 것이다.

퇴계는 서문에서 또한 마음[心]과 이치[理], 그리고 경(敬)과 즐거움[樂]에 관하여 다음과 같이 요약하여 말하고 있다.

---

11 『退溪全書』(1), 204쪽 및 211쪽.

12 『退溪全書』(1), 195~196쪽: "道無形象, 天無言語. …… 然而道之浩浩, 何處下手? 古訓千萬, 何所從入? 聖學有大端, 心法有至要, 揭之以爲圖, 指之以爲說, 以示人入道之門, 積德之基, 斯亦後賢之所不得已而作也."

무릇 마음[心]은 방촌(方寸)에 갖추어져 있지만 매우 허령(虛靈)한 것이요, 이치[理]는 도서(圖書)에 나타나 있지만 매우 현실(顯實)한 것입니다. 매우 텅 비고 신령한 마음[心]으로 매우 뚜렷하고 알찬 이치[理]를 구한다면 얻지 못함이 없습니다. …… 지경(持敬)은 또한 사학(思學)을 겸하고 동정(動靜)을 꿰뚫고 내외(內外)를 합하고 현미(顯微)를 하나로 하는 방법입니다. …… 그 처음에는 오히려 마음대로 안 되고 서로 모순됨이 있는 근심[患]이 없을 수 없고, 또 때로는 지극히 괴롭고 쾌활(快活)하지 않은 병(病)도 있겠지만, 이것은 바로 옛사람이 말한 장차 크게 나아갈 기미[大進之幾]이며 또한 좋은 소식의 실마리[好消息之端]라고 할 수 있습니다. 절대로 이 때문에 스스로 그만두지 마시고, 더욱 자신감을 가지고 힘써야 할 것입니다.

참을 쌓음이 많고 노력이 오래되면[積眞之多用力之久] 자연스럽게 마음[心]이 이치[理]와 서로 머금게 되어 자신도 모르는 사이에 융회(融會)하여 관통(貫通)하게 됩니다. 그리고 익힘[習]과 일[事]이 서로 익숙해져서 점차로 모든 것이 편안하고 자연스럽게 됨을 보게 될 것입니다. 처음엔 일을 한 가지씩만 다스렸지만, 이제는 하나의 근원과 만나게 될 것입니다. 이것은 진실로 맹자(孟子)가 말한 "도(道)를 깊이 탐구하여 스스로 깨달은" 경지(深造自得之境)이며, "마음 속에서 우러나오면 어찌 그만둘 수 있겠는가?"라는 체험(生則烏可已之驗)입니다. …… 외경(畏敬)함이 일상생활에서 떠나지 않아 '중화위육지공(中和位育之功)'을 이룰 수 있고, 덕행(德行)이 일상의 윤리를 벗어나지 않아 '천인합일지묘(天人合一之妙)'를 여기서 얻게 될 것입니다.[13]

---

13 『退溪全書』(1) 「進聖學十圖箚」, 197~198쪽: "夫心具於方寸而至虛至靈, 理者於圖書而至顯至實, 以至虛至靈之心, 求至顯至實之理, 宜無有不得者. …… 持敬者, 又所以兼思學, 貫動靜, 合內外, 一顯微之道也. …… 其初猶未免或有掣肘矛盾之患, 亦時有極辛苦不快活之病, 此乃古人所謂將大進之幾亦爲好消息之端, 切毋因此而自沮, 尤當自信而益勵. 至於積眞之多用力之久, 自然心與理相涵而不覺其融會貫通, 習與事相熟而漸見其坦泰安履, 始者各專其一, 今乃克協于一, 此實孟子所論'深造自得'之境, '生則烏可已'之驗. …… 畏敬不離乎日用, 中和位育之功可致, 德行不外乎彛論, 而天人合一之妙斯得矣."

위의 내용은 다시 다음과 같이 요약해볼 수 있다.

허령(虛靈)한 마음[心]으로서 현실(顯實)한 이치[理]를 탐구하여 인식(이해)할 수 있는데, 이를 위해서는 헤아림[思]과 배움[學]의 공부를 함께 해야 하며, 지경(持敬)이란 바로 사학(思學)을 겸하고 동정(動靜)을 꿰뚫으며 내외(內外)를 합하고 현미(顯微)를 통일하는 방법이라고 할 수 있다. 그런데 이런 공부를 해나가다 보면 뜻대로 잘 되지 않고 모순되는 근심[掣肘矛盾之患]과 힘들고 괴로운 병[辛苦不快之病]에 걸릴 수 있는데, 이러한 것을 '대진지기(大進之幾)'와 '호소식지단(好消息之端)'으로 생각하여 절망하지 않고 진적역구(眞積力久)하다보면 자연스럽게 마음[心]과 이치[理]가 하나가 되는(존재의 근원을 만나게 되는) 그런 체험을 하게 되는데, 이런 상태에서 맹자(孟子)가 말했던 것처럼 마음[心] 속 깊은 곳으로부터 즐거움[樂]이 샘물처럼 솟아오르고 자기도 모르게 손과 발이 춤을 추게 되며[不知手之舞之足之蹈之], 이러한 경지는 '중화위육지공(中和位育之功)'이 이루어지고 '천인합일지묘(天人合一之妙)'를 얻게 되는 경지라고 할 수 있다. 이러한 경지는 경(敬)의 공부에 의하여 마음[心]과 이치[理]의 일치[心與理一]가 이루어 질 때 참된 즐거움[眞樂]을 체험하게 되는, 다시 말해서 진리가 무엇인지를 알아서 진리에 따라서 살 때 가장 자유롭고 행복한 그러한 경지라고 할 수 있을 것이다.

퇴계는 학문에 있어서 이치[理]를 탐구하고 인식(이해)하는 것의 중요성과 어려움에 대하여 다음과 같이 말하고 있다.

옛 사람이나 지금 사람들의 학문(學問)과 도술(道術)이 어긋난 이유를 깊이 생각해보면 다만 '리(理)'자를 알기 어렵기 때문이었을 뿐이다. '리(理)'자를 알기 어렵다고 한 것은 대략 알기가 어렵다고 한 것이 아니라, 참으로 알고 신묘하게 이해하여[眞知妙解] 궁극에까지 이르기가 어렵다는 것이다.[14]

---

14 「退溪全書」(1) 「答奇明彦 · 別紙」, 424쪽: "蓋嘗深思古今人學問道術之所以差者只爲理字

퇴계는 "도(道)는 넓고 넓은 데 배우는 사람이 그 문(門)을 얻어 들어가기가 어렵다. 정자(程子)·주자(朱子)가 일어나 거경(居敬)과 궁리(窮理)의 두 말로서 만세를 위하여 커다란 가르침을 세웠다."[15]라고 하면서, 거경궁리(居敬窮理)와 진지(眞知)에 관하여 다음과 같이 구체적으로 말하였다.

궁리(窮理)하여 실천을 통하여 체험해야 비로소 진지(眞知)가 되고, 주경(主敬)하여 마음이 흐트러지지 않아야 바야흐로 실득(實得)이 있게 된다.[16]

주경(主敬)하여 그 근본을 세우고, 궁리(窮理)하여 그 지식을 이루며, 스스로를 돌아보고 실천한다. 이 세 가지의 공부가 함께 나아가고 쌓기를 오래하여 진지(眞知)에 이른다.[17]

그렇다면 이렇게 '진지묘해(眞知妙解)'한 이치[理]의 성격과 내용은 구체적으로 어떤 것인가?

퇴계는 이치[理]란 "마음[心]이 스스로 깨닫는 묘(妙)한 것이어서 언어(言語)로써 형용(形容)할 수 없는 것인데, 어찌 이것에 관하여 시비(是非)를 다투겠습니까?"[18]라고 하면서, 리(理)는 궁극적 실재[至虛而至實 至無而至有]이며 우주만물을 주재하는[命物而不命於物] '극존무대(極尊無對)'한 것이라고 하였고, 주희(朱熹)와 달리 이치[理]의 운동성 혹은 작용성[發·

難知故耳, 所謂理字難知者非略知之爲難, 眞知妙解到十分處爲難耳."

15 『退溪全書』(1)「與朴澤之」, 334쪽: "道之浩浩學者難得其門而入, 程朱之興以居敬窮理兩言爲萬世立大訓."

16 『退溪全書』(1)「與李叔獻」, 370쪽.

17 『退溪全書』(2)「答李宏仲」, 129쪽: "主敬以立其本, 窮理以致其知, 反窮而踐其實. 三者之功互進積久而至於眞知."

18 『退溪全書』(2)「答鄭子中·別紙」, 11~12쪽: "蓋自其眞實無妄而言則天下莫實於理, 自其無聲無臭而言則天下莫虛於理. 只無極而太極一句可見矣. …… 此則見理極精後心所自得之妙非言語所能形容處, 又安能與之爭是非耶."

動·到]을 주장하였고 이를 체용(體用)의 논리[本然之體/至神之用]로 정당화하였다.

퇴계는 있음[存在]과 사람[人間]에 관하여 근원적으로 사유했던 철학자일 뿐만이 아니라, 순간 속에서 영원을 엿볼 수 있는 감각 혹은 감수성과 보이는 것을 통하여 보이지 않는 것을 표현할 수 있는 놀라운 테크닉을 지닌 시인이었다. 퇴계는 자연과 인간이 조화를 이루고[情景合一] 도덕적 수양[敬]과 심미적 체험[樂]이 통일되는(善과 美의 통일) 그런 경지를, 때로는 이론적(개념적) 언어로 그리고 때로는 시적인 언어로 표현하였다. 퇴계는 경(敬)과 '알인욕존천리(遏人欲存天理)'를 그 내용으로 하는 도덕적 수양을 매우 중요시하였지만 순수한 정감의 자연스러운 표현까지도 억압하고 무시하면서 항상 엄숙함과 긴장감에 사로잡혀 있었던 메마른 도학자(道學者)가 아니었으며, 공자(孔子)와 안연(顔淵)이 즐긴 것[孔顔樂處]과 자연과의 교감 속에서 느끼는 즐거움[山水之樂] 및 존재의 근원과의 만남[心與理一]을 통하여 느끼는 궁극적 즐거움[眞樂]을 많은 시작(詩作)을 통하여 표현하였다.

퇴계는 공자(孔子)와 주희(朱熹)의 문학관[文以載道]을 바탕으로 하면서, 시(詩)가 학자에게 가장 절실한 것은 아니라고 하면서도 시에 많은 노력을 기울였으며, 아름다운 경치를 보았을 때 일어나는 순수한 정감의 자연스런 표현으로서의 시는 없을 수 없다고 하였다. 퇴계는 "시불오인인자오(詩不誤人人自誤), 흥래정적이난금(興來情適已難禁)"[19]이라고 하면서 순수한 정감의 자연스런 표현으로서의 시를 적극적으로 긍정하였으며, 또한 "득의제시필유신(得意題詩筆有神)"[20]이라고 하여 시상(Inspiration)이 떠오르면 누군가가 불러주는 것을 받아쓰는 것처럼 자기

---

19 『退溪全書』(1), 內集, 「吟詩」, 108쪽.

20 위와 같음, 「賞花」, 109쪽: "一番花發一番新/ 次弟天將慰我貧/ 造化無心還露面/ 乾坤不語自含春/ 遶愁喚酒禽相勸/ 得意題詩筆有神."

도 모르는 사이에 시(詩)가 쓰여진다고 하였다.

퇴계는 65세(1565) 때 쓴 「도산십이곡(陶山十二曲)」이라는 국문시가에서 다음과 같이 노래하였다.[21]

춘풍(春風)에 화만산(花滿山)하고 추야(秋夜)애 월만대(月滿臺)라
사시가흥(四時佳興)이 사람과 한가지라
하물며 어약연비(魚躍鳶飛) 운영천광(雲影天光)이야 어늬 끝이 있을고(言志 · 6)

천운대(天雲臺) 도라드러 완락재(玩樂齋) 소쇄(蕭灑)한데
만권(萬卷) 생애(生涯)로 악사(樂事)ㅣ 무궁(無窮)하얘라
이 중에 왕래풍류(往來風流)를 닐어 므슴할고(言學 · 1)

위의 시에서는 자연[山水]과의 교감 속에서 학문하는 즐거움과 멋[風流]을 노래하고 있다.

뇌정(雷霆)이 파산(破山)하야도 농자(聾者)는 못 듣나니
백일(白日)이 중천(中天)하야도 고자(瞽者)는 못 보나니
우리는 이목총명(耳目聰明) 남자(男子)로 농고(聾瞽)같지 마로리(言學 · 2)

우부(愚夫)도 알며 하거니 그 아니 쉬운가
성인(聖人)도 못다 하시니 그 아니 어려운가
쉽거나 어렵거낫 듕에 늙는 줄을 몰래라(言學 · 6)

지속적인 수양과 훈련을 통하여 마음(영혼)의 눈과 귀가 열려서 보이

지 않던 것이 보이게 되고 들리지 않던 것이 들리게 될 때 얼마나 기쁘겠는가? 그리고 진리가 무엇인지를 알고 진리에 따라서 사는 것이 쉽기만 하거나 어렵기만 한 것이 아니라, 쉬운 것 같으면서도 어렵고 어려운 것 같으면서도 쉽기 때문에, 인생(人生)이 즐거운 가운데 괴로움이 있고 [樂中有憂] 괴로운 가운데 즐거울[憂中有樂] 수 있는 것이 아닐까?

3. 퇴계(退溪)의 경세론(經世論)(『무진육조소(戊辰六條疏)』)

퇴계는 16세기의 조선의 사화(士禍)라고 하는 시대적 비극과 사회적 혼란 속에서 무척 괴로워하고 절망하였으며, 원칙과 기준이 무너지고 방향조차 상실된 상황에서 사회와 역사의 주체로서의 인간의 본성과 선악(善惡)의 문제에 관하여 깊이 반성해보지 않을 수 없었다. 그런데 여기서 원칙과 기준 혹은 방향의 문제는 이치[理]와 관계되며, 인간의 본성과 선악의 문제란 바로 마음[心]과 관계된다고 할 수 있다. 다시 말해서 이러한 문제는 "사회와 역사의 주체로서의 인간[心]이 어떻게 현실[氣] 속에서 원칙과 기준[理]을 세우고 이상을 실현할 수 있는가, 그리고 어떻게 이성으로서 욕구[欲]와 감정[情]을 잘 조절할 수 있는가?" 하는 문제라고 할 수 있다. 퇴계의 사상적인 체계 속에서는 '리(理)'에 대한 강조(理發·理動·理到)와 '알인욕·존천리(遏人欲·存天理)'를 핵심으로 하는 '심학(心學)'이 경(敬)의 공부에 의하여 유기적으로 통일되어 있다.

금장태는 출처(出處)와 진퇴(進退)의 문제에 관하여 퇴계(退溪)와 남명(南冥)과 율곡(栗谷)을 비교하여 말하였는데, 요약해 보면 다음과 같다. 16세기의 뛰어난 선비들 가운데 벼슬에 나가 나라를 바로잡고 사회를 구제하고자 힘썼던 인물로는 초기에 정암(靜庵) 조광조(趙光祖, 1482~1520)와 후기에 율곡(栗谷) 이이(李珥, 1536~1584)를 들 수 있고, 벼슬에서 물러나 학문과 수양에 힘썼던 인물이나 벼슬에 나가는 것을 거부한 인물로는 중기에 퇴계(退溪) 이황(李滉)과 남명(南冥) 조식(曺植, 1501~1572)을 들을 수 있다. 다시 말해서 사화기(士禍期)를 살았던 퇴계와 남명은 '독선기신(獨善其身)'에 치중하였다면, 사림(士林)정치기에 활동했던 율곡은 '겸선천하(兼善天下)'를 기준으로 삼고 있다고 할 수 있다. 이를 조금 구체적으로 말해 보면 퇴계는 경(敬)을 실천하며 심성(心性)의 근본을 기르는 수양론을 중요시하는 '수양(修養)'중심의 선비이며, 남명은 "내명자(內明者) 경(敬), 외단자(外斷者) 의(義)"라고 하여 경(敬)과 의(義)를 함께 추구하면서도 특히 의(義)를 강조하는 '의리(義理)'중심의 선비라고 할 수 있고, 율곡은 자신의 시대를 경장(更張)의 시기로 보면서 사회적 문제[時弊]를 구체적으로 분석하고 이것을 해결하기 위한 과제[時務]를 제시하여 도학적 정치의 이상을 현실에 실현하려고 했던 '행도(行道)'중심의 선비라고 할 수 있다. 유학의 목표와 이상인 수기(修己)·안인(安人) 혹은 명명덕(明明德)·신민(新民)을 추구하면서도, 역사적인 상황이나 사회적인 현실에 따라서 나가기도 하고 물러나기도 하였던 것이다.[22]

『무진육조소(戊辰六條疏)』와 『성학십도(聖學十圖)』는 퇴계의 만년의 사상이 녹아있는 저술로서, 『무진육조소』는 퇴계의 사회사상을 이해하는데 있어서 중요한 자료이다. 이 소는 1568년 8월에 17세의 젊은 선조에게 지어 올린 것으로서, 다음과 같은 6조로 이루어져 있다.

첫째, 계통을 중시하여 인효(仁孝)를 온전하게 할 것[重繼統以全仁孝]

둘째, 참간(讒間)을 막아 양궁(兩宮)을 친하게 할 것[杜讒間以親兩宮]

셋째, 성학(聖學)을 돈독하게 하여 정치의 근본을 세울 것[敦聖學以立治本]

넷째, 도술(道術)을 밝혀 인심(人心)을 바로잡을 것[明道術以正人心]

---

22 금장태, 「退溪·南冥·栗谷과 선비 意識의 세 유형」, 『퇴계학보』 105집, 2000, 10~11쪽.

다섯째, 복심(腹心)을 미루어 이목(耳目)을 통하게 할 것[推腹心以通耳目]

여섯째, 수성(修省)을 정성스럽게 하여 하늘의 사랑을 이어받을 것[誠修省以承天愛]

이 가운데 셋째, 다섯째, 여섯째를 중심으로 구체적으로 분석해보면 다음과 같다.

셋째, '성학(聖學)을 돈독하게 하여 정치의 근본을 세울 것[敦聖學以立治本]'에서는 제왕지학(帝王之學)과 심법지요(心法之要), 정치의 대본(大本)으로서의 학문[成德], 학문의 대법(大法)으로서의 정일집중(精一執中)을 말하고 있다.

신은 듣자오니 제왕지학(帝王之學)과 심법지요(心法之要)는 위대한 순이 우에게 명한 말에 연원하였다고 합니다. 그 말에 이르기를 "인심(人心)은 위태하고 도심(道心)은 은미하니, 오직 정밀하게 선택하고 오직 한결같이 지켜 참으로 그 중(中)을 잡아라.[人心惟危 道心惟微, 惟精惟一 允執厥中]"라고 하였습니다. 대저 천하로서 서로 전할 때에는 받는 사람으로 하여금 천하를 편하게 하려는 것인 만큼 그 부탁하는 말이 정치보다 더 급한 것이 없겠지만, 순이 우에게 친절하게 타이름이 이 몇 마디에 지나지 않았으니, 이 어찌 학문(學問)과 성덕(成德)으로서 정치의 대본(大本)을 삼은 것이 아니겠습니까? 정일(精一)과 집중(執中)은 학문의 대법(大法)입니다. 대법(大法)으로서 대본(大本)을 세우면 천하의 정치는 모두 이로부터 나오는 것입니다. 옛 성인의 말씀이 이러하므로 신과 같이 어리석은 사람도 성학(聖學)이 지치(至治)의 근본이 됨을 알고 외람되게 말씀드리는 것입니다.[23]

---

23 『退溪全書』(1), 184쪽.

다섯째, '복심(腹心)을 미루어 이목(耳目)을 통하게 할 것[推腹心以通耳目]'에서는 나라를 사람의 한 몸[身]에 비유하여, 인주(人主, 元首)·대신(大臣, 腹心)·대간(臺諫, 耳目)의 관계를 다음과 같이 말하고 있다.

신은 듣자오니 한 나라의 체(體)는 한 사람의 몸[身]과 같다고 하옵니다. 사람의 한 몸에 머리가 위에 있어서 통림(統臨)하고 복심(腹心)이 가운데서 이어받아 일을 맡고 이목(耳目)이 두루 잘 살펴 일깨워 주어야 몸이 편안할 수 있는 것입니다. 임금은 한 나라의 원수(元首)이며, 대신(大臣)은 복심(腹心)이고 대간(臺諫)은 그 이목(耳目)입니다. 세 가지는 서로 기다려 서로 이루는 것이니, 이것은 나라의 바뀔 수 없는 상세(常勢)이며 천하고금이 모두 아는 것입니다. 옛 임금으로서 대신을 신임하지 않고 대간의 말을 듣지 않는 사람이 있었는데, 이것은 비유하면 사람이 그 복심(腹心)을 스스로 끊으며 그 이목(耳目)을 막는 것과 같으니, 머리만으로 홀로 사람이 될 이치가 없는 것입니다.[24]

여섯째, '수성(修省)을 정성스럽게 하여 하늘의 사랑을 이어받을 것[誠修省以承天愛]'에서는 사친(事親)의 마음을 미루어 사천(事天)의 도(道)를 다해야 한다고 하면서, 구체적인 문제에 관하여도 다음과 같이 말하고 있다.

하늘이 임금에 대하여 이렇게 친철하게 하는 까닭은 다름이 아니라 이미 인애(仁愛)의 책임을 여기에 맡겼으니 마땅히 인애(仁愛)의 책임에 대한 보답을 이쪽에서 게을리하지 말아야하겠기 때문입니다. 참으로 임금 된 자로서 하늘이 이렇게 나를 사랑하는 것이 헛되게 그런 것이 아님을 안다면, 반드시 그 임금노릇하기 어렵다는 것을 알 수 있을 것이요, 반드시 천명(天命)이 쉽게 오는 것이 아님을 알 수 있을 것이며, 반드시 높고 높은 곳에서 날마다 여기

---

24 『退溪全書』(1), 188~189쪽.

를 내려 감시하는[高高在上 日監于玆] 것이 있다는 말이 결코 거짓이 아님을 알 수 있을 것입니다.

이렇게 되면 평일에 반드시 마음먹고 몸을 삼가고 경(敬)과 성(誠)으로서 상제(上帝)를 받들어 빛나게 함이 극진하지 않을 수 없을 것이며, 재견(災譴)을 만났을 때 반드시 잘못을 반성하고 정사를 고쳐 닦아 신중하고 참되게 천의(天意)를 감격시킴에 더욱 마음을 쓰게 될 것입니다. 그리하여 정치가 어지러워지기 전에 바로잡히고, 나라가 위기에 이르기 전에 잘 보전하여 평안(平安)함만 있고 화패(禍敗)가 없음을 기약할 수 있을 것입니다. …… 바라옵건대 전하께서는 사친(事親)의 마음을 미루어 사천(事天)의 도(道)를 다하시어, 어느 일에나 수양하고 성찰하지 않음이 없고 어느 때에나 두려워하지 않음이 없으시고[無事而不修省 無時而不恐懼], 자신의 행동에는 비록 잘못이 없더라도 심술(心術)의 은미(隱微)한 사이에 쌓여있는 흠과 병통을 깨끗하게 씻어 버려야 합니다.

…… 벼슬과 상(賞)을 함부로 하여 공(功)이 없는 사람이 요행으로 얻고 공(功)이 있는 사람이 흩어지게 해서는 안 되며, 사면은 악(惡)한 사람으로 하여금 죄(罪)를 면하고 선(善)한 사람으로 하여금 해(害)를 받게 해서는 안 됩니다. …… 조종(祖宗)의 헌장(憲章)도 오래되면 폐(蔽)가 생기기 때문에 조금 변통(變通)하지 않으면 안 되지만, 양법(良法)과 미의(美意)까지 모두 뜯어 고치면 반드시 커다란 환란(患亂)을 일으키게 됩니다. …… 오직 수구(守舊)하고 순상(循常)하는 신하에게만 의지하면 지치(至治)를 일으킴에 방해가 되고, 신진(新進)하고 희사 (喜事)하는 사람에게만 맡기면 환란(患亂)을 일으키게 됩니다.

…… 오직 전하께서 하늘이 이렇게 나를 사랑해주심이 헛된 일이 아니라는 것을 깊게 아시고, 안으로 스스로 몸과 마음을 반성하여 경(敬)으로 일관하여 그치지 마시고 밖으로 정치에서 행위를 닦아 성(誠)으로 일관하여 거짓으로 꾸미지 않으시며[內以自反於身心者 一於敬而無作輟, 外以修行於政治者 一於誠而無假飾], 천인(天人)의 사이에서 처하는 것을 극진하게 하시면 치평

(治平)에 이를 수 있을 것입니다. …… 그렇다면 신이 비록 전간(田間)에 병들어 누워 있어도 날마다 전하와 만남과 무엇이 다르겠습니까? 암혈(巖穴)에서 고사(枯死)하더라도 모든 생명들과 함께 성택(聖澤)의 흐름에 적시겠나이다. 간기절축(懇祈切祝)하는 마음을 맡길 데 없어 삼가 죽음을 무릅쓰고 올리나이다.[25]

위의 내용을 다시 정리해보면 셋째 "인심유위(人心惟危) 도심유미(道心惟微), 유정유일(惟精惟一) 윤집궐중(允執厥中)"이 제왕지학(帝王之學)과 심법지요(心法之要)이며, 다섯째 나라를 사람의 한 몸[身]에 비유하면, 인주(人主, 元首)·대신(大臣, 腹心)·대간(臺諫, 耳目)과 같으며, 여섯째 어느 일에나 수양하고 성찰하지 않음이 없고 어느 때에나 두려워하지 않음이 없으며[無事而不修省 無時而不恐懼] 안으로 스스로 몸과 마음을 반성하여 경(敬)으로 일관하여 그치지 않고 밖으로 정치에서 행위를 닦아 성(誠)으로 일관하여 거짓으로 꾸미지 않으며[內以自反於身心者 一於敬而無作輟, 外以修行於政治者 一於誠而無假飾], 사친(事親)의 마음을 미루어 사천(事天)의 도(道)를 다하면 이상적인 사회를 이룰 수 있으며, 법과 제도가 시대에 맞지 않으면 변통(變通)해야 하지만 좋은 법과 제도까지도 모두 고치려고 해서는 안 되며, 너무 보수적인[守舊·循常] 사람에게만 의지하면 지치(至治)를 이루기가 어렵고 너무 진보적인[新進·喜事] 사람에게만 맡기면 많은 문제를 불러일으킬 수 있다고 하였다.

4. 퇴계(退溪)의 도학적(道學的) 경세론(經世論)과 그 의미

이 논문에서는 유학(儒學)과 도학(道學)에 대한 이해를 기초로, 퇴계(退

---

25 『退溪全書』(1), 190~193쪽.

溪)의 사상에 관하여 '수기(修己)'의 문제와 관련되는 도학(道學)과 '안인(安人)'의 문제와 관련되는 경세론(經世論)을 함께 고찰해보았는데, 이제까지의 논의를 다시 정리해보면 다음과 같다.

퇴계는 16세기의 조선(朝鮮)의 사화(士禍)라고 하는 시대적 비극과 사회적 혼란 속에서 무척 괴로워하고 절망하였으며, 원칙과 기준이 무너지고 방향조차 상실된 상황에서 사회와 역사의 주체로서의 인간의 본성과 선악(善惡)의 문제에 관하여 깊이 반성해보지 않을 수 없었다. 이러한 퇴계의 문제는 "사회와 역사의 주체로서의 인간[心]이 어떻게 현실[氣] 속에서 원칙과 기준[理]을 세우고 이상을 실현할 수 있는가, 그리고 어떻게 이성으로서 욕구[欲]와 감정[情]을 잘 조절할 수 있는가?"하는 문제라고 할 수 있다. 퇴계의 사상적인 체계 속에서는 '리(理)'에 대한 강조(理發 · 理動 · 理到)와 '알인욕존천리(遏人欲存天理)'를 핵심으로 하는 '심학(心學)'이 경(敬)의 공부에 의하여 유기적으로 통일되어 있다.

퇴계는 특히 『무진육조소(戊辰六條疏)』 다섯째의 복심(腹心)을 미루어 이목(耳目)을 통하게 할 것[推腹心以通耳目]이라는 조목에서 나라를 사람의 한 몸[身]에 비유하여 인주(人主, 元首) · 대신(大臣, 腹心) · 대간(臺諫, 耳目)이라고 하였고, 여섯째 수성(修省)을 정성스럽게 하여 하늘의 사랑을 이어받을 것[誠修省以承天愛]이라는 조목에서는 인주(人主)가 사친(事親)의 마음을 미루어 사천(事天)의 도(道)를 다하여야 한다고 하면서, 법과 제도가 시대에 맞지 않으면 변통(變通)해야 하지만 좋은 법과 제도까지도 모두 고치려고 해서는 안 되며, 너무 보수적인[守舊 · 循常] 사람에게만 의지하면 지치(至治)를 이루기가 어렵고 너무 진보적인[新進 · 喜事] 사람에게만 맡기면 많은 문제를 불러일으킬 수 있다고 하였는데, 이런 퇴계의 견해는 오늘날 개혁 및 인사의 문제와 관련하여 깊게 음미해볼 필요가 있다고 생각한다.

퇴계 사칠론에서 사단의 순선함에 대하여

이치억(공주대학교 윤리교육과 조교수)

1. 들어가는 말

우연한 계기로부터 발단된 것이기는 하지만[1] 퇴계 이황(退溪 李滉, 1501~1570)과 고봉 기대승(高峯 奇大升, 1527~1572)사이의 사단칠정논변은 한국유학사에 큰 획을 긋는 일대 사건이었다. 이후 조선시대 수많은 사단칠정 관련 논변의 발화점이 되었고 현대에 이르기까지 그 불씨는 꺼지지 않고 있다.

대부분의 현대 연구자들이 퇴계의 사단칠정론을 연구할 때 가장 주의를 기울이는 부분은 리발(理發)이며, 이 리발이야말로 퇴계 사단칠정론의 핵심을 드러내 주는 표현이라고 한다. 나아가 리발을 리의 능동성의 문제로 접근하는 경우가 대부분이다. 퇴계사상의 독창성이 리의 능동성

---

1 추만 정지운(1509~1561)이 만든 「天命圖」를 우연한 계기로 접하게 된 퇴계는 추만을 직접 찾아가 「천명도」의 수정을 권고하고 그 작업에 참여하게 된다. 이 과정에서 추만의 「천명도」에 있던 '四端發於理, 七情發於氣'의 구절을 '四端理之發, 七情氣之發'로 수정했다. 이 「천명도」가 당시의 지식인들에게 널리 유포되면서 당시의 신진관료이자 학자였던 高峯 奇大升 (1527~1572)에게 전파되었고, 고봉이 사단과 칠정을 리와 기로 나눈 설에 반론을 제기하면서 사단칠정논변이 시작된 것은 익히 알려진 사실이다.

을 주장한 데 있고, 리발은 심성론 상의 리의 능동성의 문제라는 것이다.

한편으로는 몇몇 연구자는 리발이 리의 능동성의 문제가 아니라는 주장을 펴 놓은 바 있다. 문석윤 선생은 리발(理發)과 리동(理動)은 리의 능동성의 문제가 아니며, 퇴계는 리도(理到)에 이르러 리의 능동성 문제를 인식하고 그것을 적극적으로 주장했다고 하였다.[2] 이승환 선생은 리발·리동·리도를 한 데 묶어서 '리의 능동성'으로 접근해서는 안 되며, 리발·기발에 사용된 리·기 개념은 마음 안에서 리적 성향과 기적 성향을 의미하는 것이고, '발(發)'자는 운동의 의미가 아니라 심리적 속성의 실현 또는 예화라고 한다.[3] 이 두 논문은 공히 적어도 리발은 리의 능동성으로 해석할 수 없다는 점을 주장하고 있다.

리의 능동성 관련 논란은 사실상 뿌리 깊은 것이다. 율곡이 리의 무위성을 근거로 퇴계의 리발을 문제 삼은 이후, 꾸준히 그 문제가 제기되어 왔던 것이다. 그러나 논변의 시초로 돌아가서 퇴계와 고봉의 사단칠정 논변 자체에 주목하는 한, 사실 리의 능동성은 끼어들 여지가 없어 보인다. 논변의 당사자인 퇴계와 고봉의 문제의식은 인간의 감정이라고 하는 심리현상에서 나타나는 선악의 문제를 어떻게 규정할 것인가 하는 것이지, 리의 능동성의 여부에 있었던 것은 아니었기 때문이다. 또 리발―기발이라는 것도 그 선악의 문제를 밝히는 과정에서 당시의 세계관이었던 리기론적 방법이 사용됨으로써 나타난 방편적 용어일 뿐이고, 어디까지나 중점은 사단과 칠정, 그 자체에 있는 것이다.

그렇다고 해서 사단칠정의 리기론적 해석을 공리공담으로 치부한다거나 기존의 연구 성과를 비판하고자 하는 것은 물론 아니다. 또한 퇴계―고봉의 사단칠정논변 자체가 사단칠정의 리기론적 해석이기 때문에

---

2 문석윤, 「退溪에서 理發과 理動, 理到의 의미에 대하여」, 『퇴계학보』 제110집, 2001, 198쪽.
3 이승환, 「퇴계 리발설의 수반론적 해명」, 『동양철학』 제34집, 2010, 193~194쪽.

리기론을 완전히 배제하는 것은 모순일 뿐만 아니라 불가능한 일이다. 단, 리기론에 중점을 둔 연구는 기존에 많이 이루어져 있으므로, 본고에서는 리의 능동성, 리발–기발이라고 하는 리기론의 무게를 잠시 내려놓고 퇴계의 논리에 따라 그가 상정한 사단과 칠정의 범주와 의미를 살펴보고자 한다. 그 사단과 칠정의 범주를 명확히 함에 따라 퇴계가 말한 사단=순선의 의미가 드러날 것이기 때문이다.

2. 고봉의 반론으로 본 퇴계 사단칠정론의 특성

많은 현대의 연구자들이 퇴계 사단칠정론의 특성으로 리발(理發)을 주장한 것을 꼽지만, 퇴계–고봉의 사단칠정왕복서에서는 리발의 문제는 심각하게 제기되지 않는다.[4] 정을 성이 발한 것으로 보는 성리학자들에게 '리발'이라는 표현은 문제될 것이 없음은 당연한 이치일 것이다. 리발을 언급하는 것은 고봉도 마찬가지이다.[5]

---

4 고봉이 주자의 리 無情意·無計度·無造作의 명제를 근거로 퇴계의 리발을 부정한 것은 한 번 등장한다. "지금 리와 기가 각각 발용함이 있어서 그 발함이 또 서로 끌어당김이 있다고 한다면, 리는 정의와 계탁과 조작이 있는 것이 되고 맙니다. 또 리와 기가 마치 두 사람처럼 하나의 마음속에 들어 있으면서 번갈아 용사하여 서로 首從이 되는 것과 같습니다. 이것은 도리를 세움에 털끝만한 어긋남도 있어서는 안 될 부분입니다. 여기에 어긋남이 있다면 어긋남이 없는 곳이 없게 됩니다.[今曰互有發用, 而其發又相资, 則理卻是有情意有計度有造作矣. 又似理氣二者, 如兩人然, 分據一心之內, 迭出用事, 而互爲首從也. 此是道理築底處, 有不可以毫釐差者. 於此有差, 無所不差矣.]"(『兩先生四七理氣往復書』下, 「高峯答退溪再論四端七情書」) 이 내용은 왕복논변의 거의 말미에 해당하는 신유년(1561) 1월의 편지 중에서도 본론이 아닌, 別紙의 가장 마지막 부분에 실려 있는 내용이다. 여기서도 비판의 주안점은 '互有發用'에 있는 것이지 理發 자체에 있는 것이 아니다. 고봉의 이 언급이 리발 자체를 부정한 것이면 이보다 앞서 언급한 수많은 내용들과 모순이 된다.

5 남지만 선생은 리발·기발에 사용되는 '發'자를 세 가지 맥락으로 분석한다. 근원에서 나온다는 의미의 發源, 움직인다는 의미의 發動, 드러난다는 의미의 發顯이 그것이라고 하면서 고봉이 사용하는 의미의 發을 분석한 바 있다. 고봉의 이론에서는, 발원의 측면에서는 사단과 칠정이 모두 '理發'이고, 발동의 측면에서는 '理氣共發'이며, 발현의 측면에서는 중절한 칠정인 사단은 '理發', 非四端은 '氣發'이 된다고 한다. 남지만, 「퇴계 호발설의 '七情氣發'에 대한 고봉의

성이 막 발하는데 기가 작용하지 않아 본연의 선이 곧바로 이루어진 것이 바로 맹자가 말한 사단이며, 이것은 진실로 순수하게 천리가 발한 것입니다.[6]

맹자는 리기가 묘합한 가운데 나아가 전적으로 리에서 발하여 선하지 않음이 없는 것을 가리켜 말했으니 사단이 이것입니다. 자사는 리기가 묘합한 가운데 나아가 혼륜해서 말했으니, 리기를 겸하고 선악이 있는 정으로서 칠정이 이것입니다.[7]

고봉은 또 "사단은 리가 발함에 기가 따르는 것이고, 칠정은 기가 발함에 리가 타는 것이다.[四則理發而氣隨之, 七則氣發而理乘之.]"라고 한 퇴계의 명제에 만족하지 못하고, "정이 발하는 것은, 혹은 리가 동함에 기가 갖추어지고, 혹은 기가 감응하는 데 리가 탄다.[情之發也, 或理動而氣俱, 或氣感而理乘.]"라는 대안을 제시한다. 리동(理動)을 말하는 고봉에게 리발이 문제될 것이 없음은 당연하다 할 수 있다.[8]

고봉이 시종 일관되게 문제 삼는 것은 퇴계가 사단칠정을 리와 기로 분속한 것 자체에 있다. 고봉은 사단과 칠정의 다른 이름이 있는 이유를 설명하면서 다음과 같이 말한다.

다만 자사와 맹자가 가리켜 말한 것이 같지 않기 때문에 사단·칠정의 구별

비판과 수용」, 『동양철학』 제33집, 2010, 49~53쪽.

6 『兩先生四七理氣往復書』上「高峯上退溪四端七情說」: "蓋性之乍發, 氣不用事, 本然之善, 得以直遂者, 正孟子所謂四端者也. 此固純是天理所發."

7 『兩先生四七理氣往復書』上「高峯答退溪論四端七情書」: "孟子就理氣妙合之中, 專指其發於理而無不善者言之, 四端是也. 子思就理氣妙合之中而渾淪言之, 則情固兼理氣有善惡矣, 七情是也."

8 고봉이 퇴계의 리발을 문제 삼지 않았음을 밝혀주고 있는 논문으로는 문석윤, 「퇴계에서 리발과 리동, 리도의 의미에 대하여」, 『퇴계학보』 제110집, 2001; 남지만, 「퇴계 호발설의 '七情氣發'에 대한 고봉의 비판과 수용」, 『동양철학』 제33집, 2010 참조.

이 있을 뿐, 칠정 밖에 달리 사단이 있는 것이 아닙니다. 지금 만약 사단은 리에서 발하여 선하지 않음이 없고 칠정을 기에서 발하여 선과 악이 있다고 하신다면, 이것은 리와 기를 판연히 두 가지 실체로 보는 것입니다. 칠정은 성에서 나오지 않은 것이 되고 사단은 기를 타지 않는 것이 됩니다.[9]

사단과 칠정을 리와 기에 분속하는 퇴계의 설은 마치 두 가지의 정과 두 가지의 선이 있는 것처럼 여겨질 수 있어서[10] 후학들을 그르칠 수 있다고 우려하고 있는 것이다.[11] 요컨대 고봉의 퇴계설 비판의 핵심은 사단칠정의 대거호언(對擧互言)과 분리기(分理氣) 자체에 있는 것이다.

왕복서가 적지 않은 분량이고 그 내용도 복잡다단하게 얽혀있기는 하지만, 요약하자면 퇴계의 이론 전개는 크게 다음과 같은 두 방면으로 귀결된다. 첫째, 사단과 칠정은 그 근원과 내용이 다른 감정으로서 사단은 리에 칠정은 기에 분속할 수 있다는 것. 둘째, 비록 그렇기는 하지만 그것이 리기불상리(理氣不相離)라는 주자학적 원칙을 위배한 것이 아니라는 것이다. 여기서 핵심이 되는 것은 전자이고, 후자는 고봉의 반박에 대한 변론으로서 전자에 대한 보충설명에 해당한다. 이는 퇴계의 논변서 전체에 관통되는 패턴이지만, 여기에서 일일이 살펴볼 필요는 없고 다만 사단과 칠정의 리기론적 정의의 추이만 짚어보도록 한다.

① 사단은 리가 발한 것이고, 칠정은 기가 발한 것이다.[四端理之發, 七情氣

---

9 『兩先生四七理氣往復書』上「高峯上退溪四端七情說」: "但子思孟子所就以言之者不同, 故有四端七情之別耳, 非七情之外復有四端也. 今若以爲四端發於理而無不善, 七情發於氣而有善惡, 則是理與氣判而爲兩物也, 是七情不出於性, 而四端不乘於氣也."

10 같은 곳: "蓋以四端七情, 對擧互言, 而揭之於圖, 或謂之無不善, 或謂之有善惡, 則人之見之也, 疑若有兩情, 且雖不疑於兩情, 而亦疑其情中有二善, 一發於理, 一發於氣者, 爲未當也."

11 같은 곳: "若後學見之, 指其已定之形, 而分理與氣二者, 別而論之, 則其爲惧人, 不亦旣甚矣乎?"

之發.]¹²

② 사단이 발함은 순수한 리이기 때문에 선하지 않음이 없고, 칠정의 발함은 기를 겸했기 때문에 선악이 있다.[四端之發, 純理故無不善, 七情之發, 兼氣故有善惡.]¹³

③ 사단은 리가 발함에 기가 따르는 것이고 칠정은 기가 발함에 리가 타는 것이다.[四則理發而氣隨之, 七則氣發而理乘之.]¹⁴

　　고봉은 ①에 대해 "리를 판연히 두 실체로 보는 것이 되어, 칠정은 성에서 나오지 않은 것이 되고 사단은 기를 타지 않는 것"¹⁵이라 비판한다. ②에 대해서는 "'사단이 발함은 순수한 리이기 때문에 선하지 않음이 없고, 칠정의 발함은 기를 겸했기 때문에 선악이 있다'라고 고친 것은 앞의 설 보다는 조금 낫기는 하지만, 여전히 못마땅하게 여겨진다."¹⁶고 했다. "칠정 밖에 따로 사단이 있는 것이 아니라"¹⁷는 이유에서이다. 또 퇴계가 ③의 명제를 설명하면서 "사람의 일신은 리와 기가 합하여 생긴 것이므로 이 둘이 서로 발용함이 있고 또 서로 필요로 함이 있다. 호발하기 때문에 각각 주가 되는 것이 있음을 알 수 있고 서로 필요로 하기 때문에 함께 그 속에 있음을 알 수 있다."라고 한 것을 가리켜 "실로 병통이 생긴 근원"이라고 강도 높게 비판한 점¹⁸에서 고봉의 퇴계 비판의 핵심은

12　「天命圖」상의 표현이다.

13　『退溪先生文集』卷16「與奇明彦[大升○己未]」(1559년).

14　『退溪先生文集』卷16「答奇明彦[論四端七情第二書]」(1560년).

15　각주9 참조.

16　『兩先生四七理氣往復書』上「高峯上退溪四端七情說」: "若又以四端之發, 純理故無不善, 七情之發, 兼氣故有善惡者而改之, 則雖似稍勝於前說, 而愚意亦恐未安."

17　같은 곳: "非七情之外復有四端也."

18　『兩先生四七理氣往復書』下「高峯答退溪再論四端七情書」: "人之一身, 理與氣合而生. 故二者互有發用, 而其發又相須也. 互發則各有所主, 可知. 相須則互在其中, 可知云云者, 實乃受病之原, 不可不深察也."

사단과 칠정을 리와 기에 분속한 것에 있음을 명확히 알 수 있다. 퇴계가 왕복논변 상에서 리기상수(理氣相須), 리기불상리(理氣不相離)의 원칙을 위배하지 않았음을 증명하기 위해 여러 차례 표현을 바꾸어도 고봉이 긍정하지 않았던 이유이다.

이와 같이 고봉이 첫째로 반박한 것은 리기분속설 자체이다. 여기서 주목할 만한 것은 그 중에서도 비판의 강도가 더 컸던 부분은 '리발'이 아니라 '기발'에 있었다는 점이다.[19] 고봉은 말한다.

> 이른바 사단이 리의 발이란 것은 전적으로 리만을 말하는 것이지만, 칠정이 기의 발이라고 하는 것은 리와 기를 합해서 말한 것입니다. 리의 발이라는 것은 진실로 바꿀 수 없는 말이지만, 기의 발이라는 것은 전적으로 기만을 가리킨 것이 아닙니다.[20]

또 퇴계의 사단칠정의 '소종래가 다르다는 설[所從來異說]' 중에서 고봉이 극력 부정한 부분도 사단의 소종래가 아닌 칠정의 소종래이다. 고봉에 따르면 칠정 또한 사단과 마찬가지로 인의예지의 성에서 발한 것이기 때문이다.[21] 즉, 퇴계가 칠정을 "외물이 그 형기에 접촉하여 내면에서 움직여서, 대상에 따라 나온다."[22]라고 한 데 대하여, 고봉은 그 구절의 출

---

19 문석윤 선생은 "고봉이 문제로 삼은 것은 리의 발의 문제가 아니었다. 그가 문제로 삼은 것은 오히려 칠정을 오로지 기발로 볼 수 있는가 하는 문제였다."라고 하여 고봉의 퇴계비판이 리발보다 기발에 있었음을 밝히고 있다. 문석윤, 「퇴계에서 리발과 리동, 리도의 의미에 대하여」, 『퇴계학보』 제110집, 2001, 175~176쪽 참조.

20 『兩先生四七理氣往復書』上「高峯答退溪論四端七情書」: "所謂四端是理之發者, 專指理言, 所謂七情是氣之發者, 以理與氣雜而言之者也. 而是理之發云者, 固不可易, 是氣之發云者, 非專指氣也."

21 『兩先生四七理氣往復書』上「高峯答退溪論四端七情書」: "愚謂四端固發於仁義禮智之性, 而七情亦發於仁義禮智之性也."

22 이 구절은 퇴계가 칠정의 소종래를 밝히기 위해 伊川의 『顔子所好何學論』에서 인용한 것이다. 원문은 "外物觸其形而動於中矣, 其中動而七情出焉"로 되어 있고, "緣境而出焉爾"라고

전인 「호학론(好學論)」에 근거하여 "대상에 따라 나오는 것 같지만 사실은 마음속에서 움직여서 나오는 것"[23]이라고 지적한 것이다. 칠정 또한 인의예지가 발한 감정이라는 것을 놓치지 않으려는 의도이다.

요컨대, 고봉의 퇴계 비판의 큰 줄기는 사단칠정을 리와 기에 분속하는 것 자체에 있으며, 칠정을 기발로 규정하는 것에 대한 불가함을 말한 것은 큰 줄기에서 나온 작은 가지와 같은 비판에 해당한다고 볼 수 있겠다.

고봉의 학자적 진실성과 성리학적 역량을 믿는다면, 퇴계의 사단칠정론 중 고봉이 우려하고 비판한 점을 중심으로 퇴계사상의 독창성을 간취해 볼 수 있다. 그렇다면 퇴계의 독창성은 첫째, 사단과 칠정을 리와 기에 나누어 본 것이고, 둘째, 리발과 기발 중에서 리발이 아닌 오히려 기발인 칠정을 나누고 떼어낸 데 있다고 하는 편이 더 정확할 것이다.

3. 칠정의 의미와 범주

퇴계가 이와 같이 극력 사단과 칠정의 분리를 주장했지만, 고봉의 혼륜의 관점을 부정하는 것은 아니다. 퇴계는 이전의 칠정의 개념은 대개 혼륜의 차원으로 사용되어 왔다는 점을 지적한다. 『예기(禮記)』 「악기(樂記)」의 '성지욕(性之欲)', 『중용(中庸)』의 '희노애락(喜怒哀樂)', 이천(伊川)의 「호학론(好學論)」에서의 '희노애락애오욕(喜怒哀樂愛惡欲)' 등은 사단을 그 안에 포함하고 있는 것으로 인간의 감정을 통칭한다는 것이다.[24] 칠정이

한 것은 퇴계의 창작이다.

23 『兩先生四七理氣往復書』上 「高峯答退溪論四端七情書」: "雖似緣境而出, 而實則由中以出也."

24 『退溪先生文集』 卷37 「答李平叔」: "故如樂記中庸好學論中, 皆包四端在其中, 渾淪而爲說."

발하는 것도 인의예지의 성(性)에서 기원하는 것이므로[25] "혼륜해서 말한다면 칠정이 리와 기를 겸하고 있는 것은 말할 나위도 없다."[26] 퇴계는 칠정을 한편으로는 감정의 전체로, 또 한편으로는 리발인 사단과 대비되는 기발의 감정, 말하자면 혼륜(渾淪)과 분개(分開)라는 두 차원으로 이해하고 있는 것이다.

문제가 되는 부분은 혼륜이 아닌 분개의 차원에서 말하는 칠정이다. 그렇다면 퇴계에 있어서 사단과 확연히 구분되는 칠정의 범주는 어디까지인가? 학계에서 일반적으로 통용되는 바와 같이 사단─도덕감정, 칠정─일반감정이라고 규정할 수 있을까? 사단과 칠정을 도덕감정과 일반감정으로 구분하는 것은 리발을 리의 능동성의 문제로 접근하는 것과 마찬가지로 매우 일반화된 현상이며, 이에 대한 비판적 연구가 제출되어 있기는 하거니와[27] 직접 퇴계의 논리로 따져보아도 칠정을 일반감정에만 한정시킬 수는 없을 것 같다. 고봉은 다음과 같이 묻는다.

① 맹자가 기뻐서 잠을 자지 못한 것은 기쁨이고, 순임금이 사흉(四凶)을 죽인 것은 노함이고, 공자가 안연의 죽음에 애통하게 곡한 것은 슬픔이고, 민자 · 자로 · 염유 · 자공이 옆에서 모실 적에 공자가 즐거워 한 것은 즐거움입니다. 이것이 리의 본체가 아닌 건가요? ② 또 보통사람들도 천리가 발현될 때가 있으니, 부모 · 친척을 만나면 흔연히 기쁘고 남의 죽음이나 아픔을 보

25 『退溪先生文集』卷11 「答李仲久」: "七情之發, 雖不可謂不由於五性, 然與四端之發, 對擧而言, 則四端主於理而氣隨之, 七情主於氣而理乘之."

26 『退溪先生文集』卷16 「答奇明彦[論四端七情第二書]」: "蓋渾淪而言, 則七情兼理氣, 不待多言而明矣."

27 이 문제에 대해서는 한 학자에 의해 심도 있게 다루어진 바 있다. 이찬 선생은 사단─칠정을 도덕감정─일반감정, 가치─사실, 의미─현실의 영역에 배속시키는 도식적 구분을 비판하면서, 사단 · 칠정이 공히 가치와 사실이 혼융된 것이며 칠정 또한 도덕과 무관할 수 없는 감정이라고 주장한다. 이찬, 「四端七情再考」, 『퇴계학보』 125집, 2009, 54~70쪽 참조.

면 측은히 슬퍼지는 것도 리의 본체가 아닌 건가요?[28]

①은 개인적인 감정이지만 성인(聖人)의 희노애락이다. ②는 일반사람의 감정이지만 효의 덕목과 관련된 감정이거나 타인의 아픔을 공유할 줄 아는 감정, 즉 공감이다. 특히 순임금의 분노는 의에 가깝고, 남의 죽음이나 아픔에 공감하는 것은 측은지심에 가깝다. 즉 충분히 도덕적 감정이라 할 수 있는 것이다. 고봉은 성인의 일반적 감정과 일반인의 선한 감정을 모두 천리의 발현으로 보고 이것을 사단과 동일한 도덕적 감정이 아닌가 라고 묻고 있는 것이다. 이에 대한 퇴계의 대답은 다음과 같다.

맹자의 기쁨, 순의 노함, 공자의 슬픔과 즐거움은 기가 리를 따라서 발하여 털끝만큼도 막힘이 없는 것이라 리의 본체는 온전합니다. 보통 사람이 부모를 보고 기뻐하는 것과 상을 당하여 슬퍼하는 것도 기가 리를 따라 발한 것입니다. 그러나 기가 고르지 못하기 때문에 리의 본체 또한 순전할 수는 없습니다. 이로써 논하자면, 칠정이 비록 기의 발함이지만 어디 리의 본체를 해치는 것이 있겠습니까?[29]

퇴계는 성인(聖人)의 온전한 감정이나 일반사람의 도덕적 감정이라 할지라도 그것이 기가 발한 것인 한, 칠정의 범주를 벗어나지 않는다고 말하고 있다. 도덕에 합치하는, 즉 '리의 본체를 해치지 않는' 감정이라고

---

28 『兩先生四七理氣往復書』上「高峯答退溪論四端七情書」: "孟子之喜而不寐, 喜也. 舜之誅四凶, 怒也. 孔子之哭之慟, 哀也. 閔子路冉有子貢侍側而子樂, 樂也. 玆豈非理之本體耶? 且如尋常人亦自有天理發見時節, 如見其父母親戚, 則欣然而喜, 見人死喪疾痛, 則惻然而哀, 又豈非理之本體耶?"

29 『退溪先生文集』卷16「答奇明彦[論四端七情第二書]」: "孟子之喜, 舜之怒, 孔子之哀與樂, 氣之順理而發, 無一毫有碍, 故理之本體渾全. 常人之見親而喜, 臨喪而哀, 亦是氣順理之發, 但因其氣不能齊, 故理之本體亦不能純全. 以此論之, 雖以七情爲氣之發, 亦何害於理之本體耶?"

해서 모두 사단이라고 할 수 없다는 것이다.

그러나 혼륜의 관점에 서 있는 고봉이 이와 같은 대답에 쉽게 수긍하지 않는다. 다시 고봉은 다음과 같이 질문한다.

감히 묻겠습니다. 희노애락이 발해서 중절한 것이 리에서 발한 것입니까, 기에서 발한 것입니까? 발하여 중절해서 선하지 않음이 없는 선과, 사단의 선이 같습니까, 다릅니까?"[30]

이에 대해 퇴계는 다음과 같이 대답한다.

비록 기에서 발한 것이기는 하지만, 리가 타서 주가 되는 것이므로 그 선은 같습니다.[31]

기가 리를 따라서 발하는 것을 리가 발한 것으로 여긴다면, 기를 리로 오인하는 병통을 면치 못할 것입니다.[32]

퇴계에 따르면, 비록 선(善)이라고 하는 결과로서의 가치가 같더라도 사단과 칠정은 여전히 서로 범주가 다른 감정이다. 똑같은 도덕적 감정이라고 하더라도 리가 발한 사단과 기가 발한 칠정은 같을 수 없다는 점을 퇴계는 다시 한 번 강조하고 있는 것이다. 이 점을 어떻게 이해해야 할까?

사단-칠정을 도덕감정-일반감정의 도식으로 규정하려 한다면 퇴계

---

30 『兩先生四七理氣往復書』下 「高峯答退溪再論四端七情書」: "敢問. 喜怒哀樂之發而中節者, 爲發於理耶? 爲發於氣耶? 而發而中節, 無往不善之善, 與四端之善, 同歟異歟?"

31 『退溪先生文集』卷17 「與奇明彦[壬戌]」: "雖發於氣, 而理乘之爲主, 故其善同也."

32 같은 곳 : "以氣順理而發爲理之發, 則是未免認氣爲理之病."

의 이와 같은 이론은 결코 이해되지 않는다. 도덕-일반감정의 도식은 오히려 고봉의 이론에 적합한 것이다. 고봉의 이론대로 감정이 둘이 아니라면 도덕감정-일반감정 역시 두 가지가 아닐 것이고, 칠정이라고 하는 일반적인 감정들 중에서 도덕적이고 절도에 맞은 것을 사단이라고 할 수 있을 것이기 때문이다.

현대 심리학 — 특히 진화심리학 — 에서는 감정이 개체의 생존에 필수적인 것이며, 인간뿐만 아니라 동물들에게서도 동일하게 나타나는 심리현상으로서 그 표현방법도 유사한 것이라고 말한다. 예컨대 인간을 포함한 포유류는 분노를 나타낼 때 입을 벌리고 이빨을 드러내는 점에서 공통적이다. 사람에게 있어서든 동물에게 있어서든 분노는 나를 위협하는 상대에게 경고장을 날리는 것으로 살아가는 데 필요한 감정이다. 두려움도 마찬가지로 위협을 피함으로써 동물이 자기를 보호하는 데 필요한 감정이다.[33] 따지고 보면 이와 같은 방어기제뿐만 아니라 식색(食色)의 욕구[欲], 기쁨[喜]이나 아낌[愛],[34] 쾌락[樂]과 같은 긍정적 감정들 또한 생존과 종족의 영속에 필요한 기본적인 감정이다. 개체의 생명유지와 종족보존에 도움이 되는 일을 접하게 되면 즐겁고 기쁠 것이기 때문이다.

물론 퇴계가 현대의 심리학적 관점에 서 있는 것도 아니고, 퇴계가 말하는 기발이 위와 같은 심리학의 이론과 일치한다고 할 수 있을지는 모르겠지만, 상당히 유사한 면은 있다고 생각된다. 퇴계가 칠정을 기(氣)에 귀속시키면서 그 소종래를 인의예지(仁義禮智)의 성(性)에 두지

---

33 이훈구, 『감정심리학』, 서울: 이너북스, 2010, 29~30쪽 참조.

34 칠정의 하나로 제시된 愛는 어떤 대상을 아끼는 마음이다. 필자는 愛를 사랑이라기보다는 "子貢欲去告朔之餼羊, 子曰賜也, 爾愛其羊, 我愛其禮."(『論語』「八佾」 제17장)의 의미처럼 '아낌'의 의미로 이해해야 한다고 생각한다. 愛를 '사랑'으로 해석한다고 하더라도 그것은 남녀 간의 사랑의 범주를 벗어나지 않으며, 그 사랑 또한 아낌의 감정에 근거해 있기 때문이다. 또한 이러한 단서를 달지 않고, 단지 '사랑'이라고 번역해버린다면 인간 본연의 순수한 사랑의 감정인 '仁'과 개념의 혼동을 일으킬 수 있다.

않고, "외물이 그 형체에 접촉하여 내면에서 움직여 대상에 따라 나온다."[35]라고 했던 것을 상기해보자. 그렇다면 퇴계가 사단칠정론에서 가리키는 기(氣)는 곧 기질이며, 그것은 형이하적 개체성을 의미함을 알 수 있다. 개체성이란 자기중심성이란 말과 다르지 않다. 즉, 전체와 분리된 개체로서의 '나'를 지칭하는 것이다. 그 감정은 '나'를 위협하는 데 대한 두려움이나 분노이고, '내'가 먹고 싶고 갖고 싶은 감정이며, '나'와 가까운 어떤 사람이나 물건의 상실에 대한 슬픔인 것이다.

'나'의 개체성 내지는 자기중심성에서 발한 감정이라고 해서 모두 악한 것은 아니다.[36] 퇴계는 기발의 감정도 — 쉽게 악으로 흐를 수 있기 때문에 '지켜봄[察]'의 끈을 놓지 말아야 하지만 — 본래는 선한 감정이라고 한다.[37] 경우에 따라서는 사단과 다를 바 없는 순수한 선함을 드러낼 때도 있다. 앞서 살펴본 "기가 리를 따라 발한 것이지만 리가 주(主)가 된 감정"이 그것이다. 성인(聖人)의 경우는 기질이 맑고 순수하기 때문에 기

---

35 『退溪先生文集』 卷16 「答奇明彦[論四端七情第一書]」: "外物觸其形而動於中, 緣境而出焉爾."

36 필자는 다음과 같은 두 방면으로 도덕적인 칠정의 구조를 상정해 볼 수 있다고 생각한다. 첫째, 개체의 생존을 추구하는 감정과 공동체 내지는 전체의 생존에 유리한 감정이 일치될 경우 얼마든지 도덕적 감정처럼 보일 수 있다. 이는 우연한 일치이다. 둘째, '나'의 정체성을 어디에 두느냐에 따라 상당한 도덕감정이 나타날 수 있다. 이를테면 '나'의 정체성이 개인에 국한되지 않고 가족이나 친족·소속된 사회·국가 등으로 확장될 수 있다. 그때의 '나'의 외연은 개체에 국한되지 않고 스스로 느끼는 정체성의 범위만큼 넓어진다. 이러한 것들이 愛族·愛鄕·愛社·愛國心과 같은 도덕감정으로 나타난다. 이러한 도덕감정 역시 자기중심적 감정에 지나지 않는다. 따라서 모든 기발의 감정은 자기중심적 감정이라고 할 수 있으리라 생각된다.

37 『退溪先生文集』 卷16 「答奇明彦[論四端七情第二書]」: "七情本善, 而易流於惡, 故其發而中節者, 乃謂之和, 一有之而不能察, 則心已不得其正矣." 김기현 선생은 '七情本善'의 '善'을 다음과 같이 해석한다. "선은 본래 도덕적인 의미 이전에 '좋다'는 뜻을 그 개념의 핵심에 갖고 있다. 다시 말하면 그것은 어떤 사물 또는 사태의 좋은 상태를 형용, 규정하는 말인 것이다. 도덕적인 선도 사실 이의 외연에 다름 아니다. …… 칠정이 본래는 좋은 것이다. 이때 칠정의 '좋음'은 인위에 의해 덧씌워지지 않은 원초적·자연적 감정을 긍정하는 의사를 함축한다." 김기현, 「퇴계의 사단칠정론」, 『사단칠정론』, 서광사, 1992, 57쪽. 필자도 이 견해에 전적으로 동의한다. 도덕적인 선과 생명의 상태로서의 선은 일원적인 것이다.

발인 칠정이라도 그 자체로 선하며, 천리가 그대로 보존되어 나타나서 리발인 사단과 다를 바 없을 수도 있다. 한편 일반인의 경우는 기질의 탁함으로 인해 악으로 흐를 위험성이 높다. 칠정의 선과 악은 기질의 청탁 여부와 그 정도에 달려 있는 것이다. 기질의 맑음은 자기중심적 감정이라 할지라도 어느 정도 도덕적 중절을 보장해 줄 것이다. 반면 기질의 탁하고 잡박한 사람의 자기중심적 감정은 악으로 흐르기 쉽다. 그러나 선이든 악이든 기에서 발한 한, 칠정의 범주를 벗어나지 않는 것이다.

이로써 본다면 사단과 칠정의 분기점은 도덕적 중절과 부중절의 여부가 아니라, '나'라고 하는 개인의 기질, 자기중심성의 개입 여부에 있는 것이다.

4. 사단(四端)의 순선(純善)함

퇴계의 논리에 따른다면 칠정을 일반감정이라고 해서는 안 되는 것과 마찬가지로 사단도 두루뭉수리하게 도덕감정이라고 해서는 그 의미가 드러나지 않는다. 단순히 이와 같이 분류한다면 퇴계가 가장 경계하는 바, "기를 리로 오인하고", "인욕을 천리로 여기는 병통에 떨어질 우려"[38]가 있기 때문이다.

사단은 맹자가 언급한 대로 측은 · 수오 · 사양 · 시비지심을 가리킨다. 그런데 기왕 칠정이 단지 일곱 가지 감정을 말하는 것이 아니라, 인간 감정의 전체를 가리킨 것이라면 사단 또한 네 가지 감정을 지칭한다기보다는 리가 발한 순선한 감정 전체를 가리키는 것으로 보아야 할 것이다.

---

38 『退溪先生文集』 卷16 「答奇明彦[論四端七情第一書]」; "駸駸然入於以氣論性之蔽, 而墮於認人欲作天理之患矣."

그러면 어떤 감정이라야 사단이라고 할 수 있을까? 먼저 『맹자(孟子)』「공손추상(公孫丑上)」의 유자입정지사(孺子入井之事)를 다음과 같은 관점에서 살펴보자.

사람은 누구나 차마 남을 해할 수 없는 마음이 있다. …… 지금 갑자기 어린 아이가 우물에 빠지려는 모습을 목격한다면, 사람은 누구나 두렵고 측은한 마음이 들게 마련이다. 그것은 어린 아이의 부모와 교제를 하려는 목적에서도 아니고, 향당과 붕우들에게 칭찬을 얻기 위해서도 아니고, (어린 아이를 구하지 않았다는) 비난이 싫어서도 아니다. 이로써 본다면 측은지심이 없으면 사람이 아니고, 수오지심이 없으면 사람이 아니고, 사양지심이 없으면 사람이 아니고, 시비지심이 없으면 사람이 아니다. …… 사람에게 이 사단이 있는 것은 사지가 있는 것과 같다.[39]

남의 불행이나 위급한 상황을 접하고 깜짝 놀라 측은지심이 드는 것은, '나'의 명예나 이익을 위한 마음에서도 아니고, '내'가 받을 비난이 두려워서도 아니다. 그것은 개인적 의도나 계산, 즉 자기중심성이 배제된 순수한 상태에서 나오는 것이다. 마치 사지가 있는 것과 같이 자연스럽게 존재한다는 것이다.

그런데 여기서 한 가지 의문을 제기할 수 있겠다. "따지고 들어가 보면, 그러한 측은지심이 생기는 것 또한 '내' 마음이 편하자고 하는 — 험한 꼴을 보고 싶지 않은, 또 그래서 내 감정이 상하고 싶지 않은 — 일종의 자기위안적인 동기가 무의식 속에 깔려있는 것이 아닌가?"[40] 만일 그

---

39 『孟子』「公孫丑上」 6장: "孟子曰 人皆有不忍人之心 …… 所以謂人皆有不忍人之心者 今人乍見孺子將入於井 皆有怵惕惻隱之心 非所以內交於孺子之父母也 非所以要譽於鄕黨朋友也 非惡其聲而然也 由是觀之 無惻隱之心 非人也 無羞惡之心 非人也 無辭讓之心 非人也 無是非之心 非人也 …… 人之有是四端也 猶其有四體也."

40 이를 굳이 이름붙이면 '자기위안적 측은지심'이라 할 수 있을 것이다.

렇다고 한다면 사단 또한 자기중심적인 감정이게 된다. 이에 대한 맹자의 대답은 들을 수 없지만 다음의 생생한 증언을 들어보면 의문이 풀릴 것 같다. 성현창 선생의 「다시 생각해 보는 주자학」이라는 논문에 소개된 내용이다.

2006년, 이수현 씨가 사망한 도쿄 신오쿠보역에서 이수현 씨가 다녔던 학교를 다니는 유학생 신현구 씨가 이번에는 여대생을 구조했다. 한편 2005년 서울의 한 지하철역에서 선로에 떨어진 아이를 구한 김대현 군은 착지한지 두 번 만에 갔다 아이를 안고 두 번 만에 돌아오는 초인적인 모습을 보인다. 2007년 9월 8일에 방송된 SBS의 〈그것이 알고 싶다〉 '마음을 움직이는 시간, 0.3초의 기적'에서 방영된 그들의 인터뷰를 소개하면 다음과 같다.

신현구 : 본 순간 몸이 먼저 갔습니다. 무대에서 그 배우한테 스포트라이트가 비치는 것처럼 옆에는 까맣고 그 사람만 보였다고 표현해야 할까요. 아무것도 안 들어 있는 라면박스와 같았습니다.

질문 : 주위사람들이 박수쳐 줄 것인가, 칭찬해 줄 것인가를 생각했습니까?

김대현 : 아니요. 다른 곳은 안 보이고 제 발 디딜 곳과 어린아이가 있는 곳만 보였어요. 엄청나게 가벼웠어요.[41]

이는 실제로 맹자가 말한 측은지심의 발출을 몸소 경험한 사람의 생생한 증언이다. 여기에 '나'라고 하는 기질적 계산은 끼어들 여지가 없다. 즉 '내'가 받을 칭찬에 대한 기대나 비난에 대한 우려는 물론이고, '내' 감정이 상하고 싶지 않다는 자기중심적 성격조차도 없는 것이다. 거기에는 외부 세계는 사라지고 보이는 것은 위험에 처한 그 대상밖에 없다. 그 대상을 구하기 위해 뛰어드는 상황에서는 외부 환경이나 대상과 단절된 객체로서의 '내'가 아닌 대상과 하나된 '존재'만이 있는 것이다.

---

41 성현창, 「다시 생각해 보는 주자학」, 『유교사상연구』 제36집, 2009, 18쪽.

이들은 일순간 동안이지만 외부와 단절된 객체로서의 '나'가 아닌 인간의 본래적 모습인 하나됨의 상태를 경험했던 것이다.[42]

정명도(程明道)가 천지만물과 하나되는 것을 인(仁)이라고 했듯이,[43] 이 하나됨의 상태란 바로 인(仁)에 다름 아니다. 인은 인간의 본래성이고 본연의 모습이다. 맹자는 측은지심을 곧 인이라 했고[44] 퇴계는 사단을 인의예지의 성이 뚜렷하게 내면에 있음을 알 수 있는 단서라고 했다.[45]

그렇다면 퇴계는 앞서 언급한 바와 같은 자기중심적 또는 자기 위안적 측은지심은 사단이 아니라고 할 것이다. 이러한 감정을 퇴계는 '리발기수(理發氣隨)'가 아닌 '기지순리이발(氣之順理而發)', 즉 중절한 칠정이라고 할 것이다. 왜냐하면 거기에는 이미 나와 대상이 이분화 되어있고, '나'라고 하는 기의 작용이 주(主)가 되어 있기 때문이다. 만일 이것을 리가 발한 사단이라고 한다면 그것은 감정을 혼륜해서 보는 관점에서 벗어나지 못한 것이다. 퇴계가 그토록 기를 리로 오인하거나 기로 성을 논해서는 안 된다고 강조했던 이유이다.

퇴계가 상정한 칠정은 외부의 자극에 의해서만 촉발될 수 있을뿐더러, 그것이 상대적[46]이라는 사실을 감안한다면, 이와 상대되는 인의예지

---

42 나대용, 「理氣互發說의 理氣融合構造에 관한 연구」, 성균관대학교 박사학위논문, 2009, 24~25쪽 참조. 나대용 선생은 "사단은 仁義禮智의 性에서 直發하는 것"이며, 그것은 "일체의 외부세계의 분별이 사라지고 대상과 내가 하나 되는 상태를 의미한다"고 하면서, 이러한 '대상과 내가 하나되는 상태'를 '본래세계'라고 지칭한다.

43 『二程遺書』卷2上: "仁者, 以天地萬物為一體, 莫非己也."

44 『孟子』「告子上」: "惻隱之心仁也."

45 『退溪先生文集』卷16「答奇明彦[論四端七情第一書]」: "仁義禮智之性, 粹然在中, 而四者其端緒也." 사단의 감정을 알기 위해서 굳이 지하철 선로에 뛰어들어야 하는 것은 아님은 물론이다. 사단이 측은 · 수오 · 사양 · 시비지심만을 배타적으로 지칭한다고 믿는 학자는 없을 것이다. 사단이란 본성의 선함, 인의예지가 수연히 내 안에 존재함을 확인할 수 있는 수많은 '단서'들 가운데 몇 가지에 불과한 것이다. 맹자가 측은지심을 예로 든 것은 부정적 감정이 긍정적 감정보다 사람들에게 이해 · 각인되기 쉬울 것이기 때문이다. 「公孫丑上」6장의 聽者가 누구였는지 알 수는 없지만, 만일 顏淵과 같은 높은 수준에 있는 사람이었다면, 측은지심과 같은 부정적 감정을 가지고 예를 들지는 않았을 수도 있다.

46 슬픔 · 분노 · 증오 · 두려움과 같은 부정적 감정 없이는 기쁨 · 즐거움 · 안도감 같은 긍정적

의 성에서 발하는 사단은 본연적 감정이라고 지칭할 만하다. 애초에 퇴계가 사단과 칠정을 리와 기로 나누어 보면서 "정에 사단과 칠정의 구분이 있는 것이 성에 본연지성과 기질지성의 다름이 있는 것과 같다."[47]고 한 것은 바로 이와 같은 의미로 해석될 수 있다. 퇴계에게 있어서 사단은 본연지성에서 발한 본연의 감정이고 칠정은 기질지성에서 발한 기질의 감정인 것이다.[48] 퇴계가 사단을 말하면서 누차 순선(純善)을 강조한 이유가 여기에 있다.

사단이 발하는 것은 순수한 리이기 때문에 선하지 않음이 없다.[49]

자사가 말하는 천명의 성[天命之性], 맹자가 말하는 성선의 성[性善之性], 이 두 '성(性)'자가 가리키는 곳이 어디에 있습니까? 리기가 부여된 가운데에서 이 리의 원두본원처를 가리켜 말한 것이 아니겠습니까? 그 가리키는 바가 기에 있지 않고 리에 있기 때문에 순선(純善)하여 악함이 없는 것입니다.[50]

사단의 정은 리가 발함에 기가 따르는 것이니 저절로 순선(純善)하여 악함이 없습니다.[51]

감정을 느낄 수 없다. 그러한 점에서 필자는 '상대적'이라는 용어를 사용하고자 한다.

47 『退溪先生文集』 卷16 「答奇明彦[論四端七情第一書]」: "情之有四端七情之分, 猶性之有本性氣稟之異也."

48 본연·기질지성과 사단·칠정과의 관계에 대해서는 다른 기회에 별도의 논의가 필요할 것이다. 한편 이와 같은 견해는 나대용, 「理氣互發說의 理氣融合構造에 관한 연구」, 성균관대학교 박사학위논문, 2009에서 볼 수 있다.

49 『退溪先生文集』 卷16 「答奇明彦[論四端七情第一書]」: "四端之發, 純理故無不善."

50 같은 곳: "子思所謂天命之性, 孟子所謂性善之性, 此二性字所指而言者, 何在乎? 將非就理氣賦與之中, 而指此理原頭本然處言之乎? 由其所指者在理不在氣, 故可謂之純善無惡耳."

51 「聖學十圖」 第六心統性情圖: "四端之情, 理發而氣隨之, 自純善無惡."

사단은 본연의 감정으로서 저절로 순선한 것이므로 그것은 '리발(理發)'일 수밖에 없는 것이다. 고봉과의 논변에서 기발을 양보할 수 없던 것은 바로 이 사단=순선의 의미를 드러내고자 함이었다.

퇴계는 이러한 사단의 실현은 결코 도덕적 엘리트들에게만 국한된 것이 아니라 누구에게나 가능한 것이라 긍정한다. 사단의 감정은 기질이 청명한 성인(聖人)에게만 있는 것은 아니다. 퇴계는 말한다.

> 맑고 순수한 기를 부여받은 사람은 상지(上智)가 되고 …… 맑으면서도 잡박하고 탁하면서도 순수한 기를 부여받은 사람은 중인(中人)이 되며 …… 탁하고 잡박한 기를 부여받은 사람은 하우(下愚)가 된다. 그러나 리와 기는 서로를 끌어당겨 없는 곳이 없으니 비록 상지의 마음이라고 하더라도 형기에서 발하는 것이 없을 수 없다. 리의 소재는 상지라고 해서 더 넘치지 않고, 하우라 해서 모자라지 않다. 그러므로 비록 하우의 마음이라 하더라도 천리의 본연이 없을 수 없다. 그러므로 기질의 아름다움은 상지라 하더라도 뽐낼 것이 못되고, 천리의 근본은 하우라 하더라도 마땅히 스스로 다해야 할 것이다.[52]

기질의 청탁으로 인한 타고난 재주에 관계없이 인간은 누구나 타고난 본연성을 실현할 수 있다는 것이다. 여기에 인간에 대한 무한한 믿음과 긍정이 있다.

끝으로 퇴계가 사단과 칠정을 나눈 것이 사단칠정을 이원적 감정으로 나누기 위함이 아님은 언급해 두어야겠다. 퇴계의 의도는 사단이 중심이 되어야만 칠정이 조화롭게 발현될 수 있음을 밝히려 했던 것이다. 이것이 사단을 확충해야 한다는 의미이며, 그러기 위해서 사단에 리발이

---

52 『退溪先生續集』卷8「天命圖說」: "稟得其淸且粹者爲上智, …… 稟得其淸而駁濁而粹者爲中人, …… 稟得其濁且駁者爲下愚, …… 雖然, 理氣相須, 無乎不在, 則雖上智之心, 不能無形氣之所發; 理之所在, 不以智豐, 不以愚嗇, 則雖在下愚之心, 不得無天理之本然. 故氣質之美, 上智之所不敢自恃者也; 天理之本, 下愚之所當自盡者也."

라는 설명을 붙여 따로 떼어놓고 보아야 했던 것이다. 「성학십도(聖學十圖)」 제6심통성정도는 이 사실을 말해주고 있다. 하나의 성(性)에서 나와 사단이 중심이 되어 하나의 정으로 이어지는 그 상태가 가장 이상적인 상태임을 퇴계는 말하고 있는 것이다.

5. 맺음말

퇴계는 사단과 칠정을 단지 도덕에 합치하는 감정과 그렇지 않은 감정으로 분류하지 않고, 사단을 인간 내면의 본연성이 그대로 드러난 순선한 감정으로, 칠정을 자기중심성이 개입된 감정으로서, 기질의 청·탁, 내지는 우연한 계기로 선악이 갈라지는 감정으로 분류했다.

필자가 이해하는 한, 퇴계가 사단칠정론에서 말하고 싶었던 키워드는 사실 '리발(理發)'이 아니라 '순선(純善)'이었으리라 생각된다. 고봉의 끊임없는 반박과 리기불상리(理氣不相離)의 주자학적 원칙을 위배할 소지를 안고 있음에도 불구하고 퇴계가 사단과 칠정을 리와 기로 나누어 본 것은, 그렇게 함으로써 사단의 순선함이 온전히 드러날 수 있기 때문이었을 것이다. 사단칠정론의 리기론적 설명은 바로 사단이 순선한 인간 본연의 감정임을 논증하는 과정이었다.

유학의 본지는 인간이 본래적으로 타고난 성(性)을 이 세상에서 실현하는 데 있다. 그것이 『중용(中庸)』 수장(首章)의 종지요, 성즉리(性卽理)의 선언이 주장하는 바요, 만물일체위인(萬物一體爲仁), 천인합일(天人合一)·천인무간(天人無間)[53]의 의미다. 퇴계는 리발의 감정인 사단의 드러

---

[53] 天人無間이라는 용어는 원래 『二程遺書』에 나오는 明道의 말이다. 그러나 중국에서는 크게 유행하지 않았고, 牧隱 李穡이 그 사상을 강조한 이래 한국유학에서 널리 통용되었다. 이기동 선생은 한국유학의 가장 큰 특징이 하늘과 인간이 간극 없이 하나라고 하는 天人無間의 사상에 있다고 한다. 天人無間에 대한 자세한 내용은 이기동, 『이색: 한국성리학의 원천』, 성

나야만 그 본지가 실현됨을 주장한다. 그가 리를 대략 알 것이 아니라, 진지묘해(眞知妙解)할 것[54]을 절절히 강조했던 이유가 바로 여기에 있다.

그것은 또한 인간에게는 누구나 기질의 청탁여부에 관계없이 순선한 본연의 감정이 있으며 그것은 누구나가 실현할 수 있다고 하는 인간존재 자체에 대한 무한한 믿음이자 긍정이다. 퇴계가 사단을 리발로 설명한 것은 바로 이러한 인간존재의 본연에 대한 긍정의 의미까지도 내함하는 것이다.

지금까지 리기론적 해석을 최대한 배제하고 ─물론 전적으로 리기론을 언급하지 않을 수는 없었으나 ─ 퇴계의 사단칠정론에서 사단과 칠정, 그리고 사단의 순선함의 의미를 살펴보는 데 주력해 왔다. 그러나 이 연구가 완성되기 위해서는 명확한 리기론적 접근 또한 아울러 이루어져야 할 것이므로, 후일의 연구를 기약해 본다.

균관대학교출판부, 2005, 79~94쪽 참조.

54 『退溪先生文集』卷16 『答奇明彦[論四端七情第二書] 別紙』: "일찍이 옛날과 지금의 사람들의 학문과 도술에 차이가 있는 까닭을 생각해 보니, 단지 理자가 알기 어렵기 때문인 것 같다. 이른바 理자가 알기 어렵다는 것은 대략 아는 것이 어렵다는 것이 아니라, 진지묘해하여 궁극처에 이르는 것을 어렵다고 하는 것이다.[蓋嘗深思古今人學問道術之所以差者, 只爲理字難知故耳. 所謂理字難知者, 非略知之爲難, 眞知妙解, 到十分處爲難耳.]"

퇴계 "리발(理發)"설 재론(再論)
– '리(理)의 능동성(能動性)' 의심과 부정에 대한 반성

안재호(중앙대학교 철학과 부교수)

1. 이끄는 말

우선 본문의 제목이 '재론'인 이유는 첫째, 이 주제에 관해서 너무도 많은 학자들이 너무도 많은 글들을 썼기 때문이고 둘째, 필자도 이미 관련된 글을 발표했었기 때문이다.[1] 그러나 필자는 결코 오늘날 우리 학계의 추세에 따라 글을 쓰지는 않을 것이다. 그런 마음은 추호도 없다. 한국연구재단의 선정 과제들이 그렇듯이, 우리는 어떻게 해서든 새로운 것을 발굴(?)해야 한다. 연구하려는 주제가 새롭지 못하다면, 방법이나 해석이 새로워야 한다. 학자가 스스로 공부하고 연구해서 심득(心得)을 서술하는 것은 의미가 없는 작업이 되었다. 더구나 우리의 논문은 일반인들이 읽어서 이해할 수 있도록 작성되어야 한다. 서양인들까지도 이해하도록 설명할 수 있어야 한다. 어쩌면 이런 목표는 정당하기도 하고, 또한 꼭 필요할지도 모른다. 그러나 아무리 철학(인문학)의 해석에 100% 정답이 없다고는 해도 객관적 이해 아니, 적어도 개연성을 지닌 해석은

1　안재호, 「도덕정감은 독립적인가?-退高 四七理氣論辯의 의의」, 『동서철학연구』 제33호, 2004.09, 220~234쪽.

있을 것이다. 퇴계의 주장은 분명 그 스스로 의도한 바가 있을 것이다. 그것을 온전히 밝혀내고, 밝혀진 바에 근거하여 자신의 주장을 펼치는 것이 아마도 학문하는 기본일 것이다. '리발(理發)'을 말한다면 우선 퇴계의 그것을 말해야지, 자신이 이해한 '리발'을 퇴계의 그것이라고 주장해서는 안 될 것이다. 대만의 어떤 학자[2]는 맹자의 성선론을 서양인들이 전혀 이해하지 못해서 '인성향선론(人性向善論)'으로 설명하니 바로 이해했다며, 그것이 진실이라고 주장한다. 그것이 어떻게 맹자의 성선론이겠는가? 그 자신의 '인성향선론'일 뿐이다.

필자가 보기에, 우리 민족의 역대 철학사상가 중에서 세계적으로 자랑할 만한 이는 두 분이다. 한 분은 일심(一心) 사상으로 『대승기신론(大乘起信論)』을 관통한 원효(元曉)이고, 다른 한 분은 바로 '리발'을 강조한 퇴계(退溪)이다. 퇴계로 말하자면, 단지 우리 학계의 학자들만이 아니라 다른 나라의 여러 전문가가 그 학문적 성취를 인정하는 분이다. 그런데 주자학을 전공하는 학자들은 퇴계의 학문이 주자학의 마땅한 발전이라고 설명하고[3], 양명학을 전공한 학자들은 그것이 주자학을 극복하고 양명학 내지 맹자학과 결합하는 모습을 보인다고 주장한다.[4] 그것이 주자

---

2 國立臺灣大學의 傅佩榮이 박사학위논문에서부터 이렇게 주장하고 있다.

3 "이황은 주희의 철학을 깊이 있게 이해하였으며, 주희의 철학이 지닌 어떠한 모순에 대해서도 심도 있게 인식하였다. 동시에 한 걸음 더 나아가 그 모순을 해결하기 위한 적극적인 방법까지도 제시함으로써, 주희의 철학에 감추어져 있으면서 아직 충분히 드러나지 않았던 논리적 연결 고리를 드러내 주었다."(陳來, 안재호 옮김, 『송명성리학』, 서울: 예문서원, 1997, 475쪽.) 퇴계의 견해는 '리발'과 '사단'의 이해에 있어 주자학의 논리에 위배된다. 그러나 그는 좀 더 폭넓은 입장에서 유학의 근본정신, 즉 성선설을 통해 인간이 다른 동물과 다르다는 존엄성을 확보해주었다.(윤사순, 『퇴계 철학의 연구』, 서울: 고려대학교출판부, 1993, 123쪽.) 퇴계의 리발설은 體用이라는 관계를 통해 모순이 해결될 수도 있다.(최영진, 「퇴계 理사상의 체용론적 구조」, 『조선조 유학사상의 탐구』, 서울: 여강출판사, 1988, 120~122쪽.)

4 퇴계가 분명하게 자각하지는 못했지만 '心卽理'에 다가섰다.(楊祖漢, 「朝鮮朝前期理學的展開」) 주자학에 양명학의 성분을 보완했다.(Tu Wei-Ming, 「T'oegye's Creative Interpretation of Chu Hsi's Philosophy of Principle」, 『퇴계학보』 35집, 1982.) 퇴계학은 주자학과 양명학을 종합할 수 있는 근거를 마련할 수 있다.(傅偉勳, 「儒家心性論的現代化課題」, 『鵝湖』 116호, 民國 74년 2월.)

학의 발전이든 혹은 양명학과의 화해이든, 그 근거는 모두 '리발'이라는 주장에 있다. '리발'설은 비록 주자학의 체계에서 문제가 될 수 있지만, 유학의 근본정신 – 성선설을 통해 인간이 다른 동물과 다르다는 존엄성을 확보해줄 수 있는 주장이다. 다시 말해서, '리발'설은 도덕이성의 주체적 자발성을 강조함으로써 동물과 다른 점이 아주 조금밖에 없는 인간이 존엄성을 갖게 되는 근거를 확보해주는 주장인 것이다.[5]

그런데 근자에 몇몇 학자들이 주자학에 대한 일반적이지 않은 이해에 근거하고, 또 서양의 심리철학 인지과학 등에서 계발을 받아 퇴계 '리발'설의 가장 핵심적인 의미를 의심하거나 부정하는 논문을 발표하였다.[6] 필자는 결코 그분들의 작업이 의미 없는 것으로 생각하지 않는다. 그러나 반드시 한 번쯤 반성해야 하는 주장이라고는 생각한다. 이에 따라 본문은 우선 "허수아비 공격의 오류"를 범하지 않기 위해 두 분 주장의 논리를 가능한 한 상세하게 소개하고 그것에 어떤 논의의 여지가 있는지 하나하나 살핀 다음, 퇴계 '리발'설의 진정한 의미와 그것의 근거가 되는 이론들을 밝혀 보도록 하겠다. 이런 작업을 통해서 퇴계의 철학이 더욱 선명하게 재조명되기를 기대한다.

---

5 이런 유학의 정신은 맹자로부터 선명하게 드러난다. "人之所以異於禽獸者幾希; 庶民去之, 君子存之, 舜明於庶物, 察於人倫, 由仁義行, 非行仁義也."(『孟子』[楊伯峻譯註, 香港: 中華, 1992], 「離婁下」19)

6 필자가 논의의 대상으로 삼고자하는 논문은 다음의 두 편이다. 文錫胤, 「퇴계에서 理發과 理動, 理到의 의미에 대하여–理의 능동성 문제」, 『퇴계학보』 110집, 2001; 이승환, 「퇴계 리발설의 수반론적 해명–고봉과의 사단칠정 논변을 중심으로」, 『동양철학』 34집, 2010.12. 문석윤 교수의 경우 '理動'과 '理到'의 문제까지 분석하고 있지만, 본 논문에서는 '理發'에만 집중해서 '리의 능동성' 문제를 논의하도록 하겠다.

2. '리의 능동성' 의심에 대한 반성

문석윤 교수(이하 직함 생략)는 퇴계가 세상을 떠나던 1570년 고봉(高峰)에게 보낸 편지[7]에 근거해서 다음과 같이 판단했다. "퇴계는 분명히 어떤 시점 '이전에'는, 주자가 리에 대해 제시한 한 원칙 곧 '리는 무정의, 무계탁, 무조작하다'는 원칙을 고수하였다고 말하고 있다. …… 곧 리 무위(無爲)의 원칙이다. 이는 리를, 개별적이고 경험적인 실체들과는 다른 무형(無形)의 형이상학적 실체로 이해하는데 기인한다." "퇴계의 '이전' 입장은 리 무위 원칙에 따라 리의 능동성을 배제시키는 것이라고 하겠다." "문제는 발언의 시점이다. 퇴계의 이 말은 퇴계 생애의 마지막 해인 1570년 기고봉에게 보내는 편지에 기록되어 있는 것이다." 문석윤은 이 문제를 해석하는데 두 가지 가능성이 있다고 보았다. 우선 "퇴계 자신은 리발과 리동(理動)을 리의 능동성을 주장하는 명제로 이해하지 않았다는 것이다. 혹은 적어도 리의 무위의 원칙을 깨뜨리는 것으로 보지 않았다는 것이다." 두 번째 "이는 수사적 표현일 뿐으로, 퇴계는 실제로는 리의 능동성을 끊임없이 자신의 주요 주장으로 삼아왔다는 것이다. 다만 그것은 리 무위의 원칙을 어기는 것으로 이론적 부담을 가지고 있었다. 그는 그러한 이론적 부담으로 인해 사실은 몹시 괴로워하고 있었다." 그러나 "과연 퇴계의 말을 단지 수사적으로 받아들일 수 있는가 하는 점에서 석연치 않은 점이 있다."[8]

문석윤의 의심은 이렇게 해서 시작되었다. 문석윤의 말처럼, 1570년에 쓴 편지에서 "이전에"라고 쓰고 있으니, 분명 의심스러운 부분이 있다. 그러나 필자가 보기에, 단지 "이전에"라는 단어 하나에 근거해서 '리

---

7 『退溪先生文集』卷18「答奇明彦·別紙」, 30쪽: "前此滉所以堅執誤說者, 只知守朱子理 '無情意, 無計度, 無造作' 之說, 以爲我可以窮到物理之極處, 理豈能自至於極處, 故硬把物格之格·無不到之到, 皆作己格·己到看."

8 문석윤, 앞의 논문, 162~165쪽.

발'이라는 명제가 갖는 '리의 능동성'을 부정하는 것은 지나친 논리적 비약이다. 물론 문석윤이 단순하게 "이전에"라는 단어 하나에 근거해서 의심한 것만은 아니다. 그는 퇴계의 논리를 대단히 상세하게 분석했다. 분석하여 얻은 결론은 다음과 같다.

퇴계가 사단을 '리발'로 칠정을 '기발(氣發)'로 정의하는 것은 "그 둘 다 같은 감정의 레벨에 속한 심리적 사실로서, 리와 기의 합으로 성립된 것이지만, 사단은 그 자체로 선한 도덕적 감정이기에 '리에 근원하여 발생한 것'이라고 할 수 있으며, 칠정은 선할 수도 있고 악할 수도 있는 일반적인 감정이므로 '기에 근원하여 발생한 것'이라고 할 수 있다는 의미로 이해할 수 있을 것이다. 그에 따르면 이는 리기 불상리의 원칙을 훼손한 것도 아니요, (여기에서 직접 거론하지는 않았지만) 리 무위의 원칙을 훼손한 것도 아니다. …… 말하자면 퇴계는 리기 불상잡의 원칙을 강조한 것이다. 결국 사칠논변의 핵심적 쟁점은 리의 능동성을 인정하느냐 혹은 인정하지 않느냐 하는 데 있었던 것이 아니라, 리와 기의 불상리를 강조할 것이냐 불상잡을 강조할 것이냐 하는 데 있었다고 하겠다."[9]

"퇴계가 주로 관심을 기울인 문제는 현실 존재인 사단과 칠정의 근원을 물어 들어가 해명하는데 있었지 리의 자발성 혹은 능동성 문제에 있지 않았다. 즉 리의 자발성 혹은 능동성 문제는 직접적인 관심의 대상이 아니었다."[10]

필자가 보기에도 퇴계가 직접 관심을 가지고 주장하고자 한 것은 '사단'과 '칠정'의 구분이었고, 주자학의 각도에서 말한다면 '리기의 불상잡'을 강조하는 것이었다. 그러나 퇴계와 같이 '사단'과 '칠정'을 구분하고 '리기의 불상잡'을 강조하게 되면 궁극적으로 리의 주재성을 강조할 수

---

9 문석윤, 위의 논문, 170~171쪽.
10 문석윤, 위의 논문, 175쪽.

밖에 없고[11], 나아가 그것의 자발성과 능동성을 주장할 수밖에 없게 된다. 그래서 문석윤도 그런 측면을 고려했었다.

"리와 기의 명확한 구분에 리의 능동성이 전제되고 있다고 볼 수는 없을까? 필자는 그렇지 않다고 생각한다. 오히려 리의 능동성을 거부하는 것이 더 적합할 것이다. 매개 없는 능동성이란 어디까지나 기에 해당되는 개념이겠기 때문이다. 물론, 기와 명확히 구분된 리는 그 자체 어떤 실체적인 것으로 보다 쉽게 가상될 수 있고, 따라서 기의 능동성과 별도로 리 자체의 능동성을 논의할 수 있는 가능성이 더욱 열려 있는 것이 아닌가 하고 반문할 수도 있다. 그러나 그것은 아직은 어디까지나 가능성일 뿐, 기와 명확히 구분된 리가 실제로 능동성을 가지는가 아닌가 하는 것은 또 다른 하나의 문제인 것이다."[12]

안타깝게도 그것이 어떻게 "또 다른 하나의 문제"인지에 대해서 문석윤은 설명하지 않았다. 그리고 "매개 없는 능동성"이 어째서 기에만 해당한다고 주장하는 것일까? 이는 지나치게 주자학적 발상이다. 물론 퇴계도 주자학적 리기관을 완전히 극복하지 못했고 또 할 수도 없었겠지만, 적어도 심성론의 측면에서는 주자학이 아닌 근본 유학, 특히 맹자의 주장에 적극적으로 동의하고 있다. 리의 능동성은, 그러므로 반드시 주자학에서 탈출한, 주자학을 극복하고 맹자에게로 직접 나아가려는 퇴계의 노력인 것이다.

이런 노력의 의미를 제대로 파악하지 못하면 크게 잘못된 결론에 도

---

11 퇴계와 같이 구분하고 강조하는 것이 어떻게 '리의 주재성'을 확보하게 되는지는 본문에서 차례로 설명될 것이다. 기실, 문석윤도 리의 주재성에 대해서는 인식하고 있었다. "리는 현실 세계 속에 있지만 현실 세계와 다른 존재이기 때문에 현실 세계를 규제하는 객관적 이념으로서 작용할 수 있다. 그것은 현실 세계의 행위자들이 추구하여 실현하고 도달해야 할 객관적 이념이다."(문석윤, 위의 논문, 173쪽.) 이처럼 리가 현실 세계를 규제할 수 있다면, 그것이 어떻게 無爲의 원칙에 포함되는 것인지 반드시 설명해야 한다. 이런 어려움이 바로 주자학이 떨치지 못했던 문제이다. 퇴계의 주장은 바로 이점에서부터 출발한 것이다.

12 문석윤, 위의 논문, 179~180쪽.

달할 수도 있다. 안타깝지만 문석윤도 그런 잘못을 범한 것 같다. 그래서 그는 "리와 기의 불상잡 원칙과 불상리 원칙은 …… 상호 보완적인 것"이기 때문에 "퇴계와 고봉 사이의 이견은 사실은 그리 큰 것이 아님을 짐작할 수 있겠다"[13]고 말했다. 어떻게 그들의 이견이 "큰 것이 아닐" 수 있겠는가? 필자가 보기에, 문석윤의 이런 오해는 당시의 고봉과 마찬가지로 퇴계 '리발'과 그것이 근거한 유학의 근본정신에 대한 잘못된 이해에 근거한다. "리가 발하였으나 기가 따르지 않으면 그것은 현실화될 수는 없다고 퇴계는 말한다. 즉 리만으로 사단이 현실화될 수는 없다는 것이요, 따라서 리발 자체는 현실에서 일어난 어떤 사태가 아닌 것이다."[14] 사단이 현실화될 수 없다고 해서, 즉 구체적인 하나의 행위로 완성되지 않는다고 해서 그것이 현실에서 일어난 사태가 아니라고 말할 수 있는가? 보다 근본적으로, 기가 따르든 따르지 않든 이미 리가 발했다면, 리발의 명제는 현실적인 것이 되지 않는가? 문석윤은 퇴계의 말대로 "자상모순(自相矛盾)"[15]을 범하고 있다. 기실, 심성론(정에 관한 이론을 포함해서)에서 리의 능동성이 부정된다면, 주희와 똑같은 문제, 즉 성(性)이나 리(理)가 진정한 주재자가 될 수 없으며, 따라서 맹자가 말하는 인간의 주체성과 존엄성을 설명하는 데 어려움을 겪게 된다. 퇴계의 '리발'설은 바로 이런 정신을 계승하고 있는 것이다. 이런 정신은 도외시한 채, 오히려 퇴계는 "철저히 합리적 이성 정신에 투철하였으며 이성의 깊이에 철저하였을 뿐, 이성을 부정하고 그 너머에서 무엇을 찾으려하지는 않는다. 따라서 우리는 외견상 보이는 그의 리기론에서의 모순적 입장을 가능하다면 다른 방식으로 해명할 필요가 있는 것이다."[16]라고 주장

---

13 문석윤, 위의 논문, 174쪽.

14 문석윤, 위의 논문, 179쪽 각주39.

15 『退溪先生文集』卷16「答奇明彦」, 非四端七情分理氣辯, 11쪽 左.

16 문석윤, 위의 논문, 200쪽.

한다면, 논의의 경중이 완전히 뒤바뀐 꼴이 된다.[17] 게다가, 퇴계가 이성에 철저한 소위 '합리적인' 철학자였던 것과 '리발'의 능동성 문제는 직접적인 관계가 없다. 이는 일종의 '논점 일탈의 오류'라고 볼 수도 있다.

필자가 가장 이해하기 어려운 것은 문석윤의 최종적인 결론이다. 그는 이렇게 말했다. "결국 필자는 리의 능동성 문제는 퇴계에 의해 후대에 남겨진 문제라고 생각한다. 역으로 말한다면 그것은 퇴계학에서는 하나의 열려진 문제라는 것이다."[18] 이제까지 많은 편폭으로 리의 능동성을 의심하고 부정하다가 최종적인 결론에서 이렇게 열어놓는 이유는 무엇인가? 그것은 아마도 위에서 말한 유학의 근본정신(인간의 주체성과 존엄성 확보)에 대한 이해에 차이가 있기 때문으로 보인다. 우리는 반드시 '도대체 왜 리의 능동성 문제를 중시하고, 퇴계가 어째서 그것을 강조했는지' 깊이 생각해야 한다. 기실, 리의 능동성 문제를 후대에 남긴 것은 퇴계가 아니라 주희이다. 주희는 리의 본체 됨, 그 주재성을 말하면서도 '무위의 원칙'을 강조했다.

3. '리의 능동성' 부정에 대한 반성

이승환 교수(이하 직함 생략)는 일단 문석윤의 작업(혹은 의심)을 참신하고 의미 있는 것으로 평가하면서[19] 더욱 철저하게 이른바 퇴계의 '리발'이 갖는 '리의 능동성' 의미를 부정한다. 이승환이 보기에, "'리의 능동성'

---

17 문석윤은 퇴계의 투철한 합리적 이성을 강조한 근거로 다음의 편지(花潭의 문인 南彦經에게 보낸)를 예로 들었는데, 필자가 보기에 그것은 학문하는 기본적인 태도를 강조한 것에 불과하다. "大抵公前日爲學, 窮理太涉於幽深玄妙, 力行未免於矜持緊急, 强探助長, 病根已成, 適復加之以禍患, 馴致深重, 豈不可慮哉?"(『退溪先生文集』卷14「答南時甫彦經別幅」, 2쪽 右)

18 문석윤, 위의 논문, 200쪽.

19 이승환, 앞의 논문, 193쪽 각주4.

테제는 퇴계사상의 독창성을 드러내기보다 오히려 퇴계에 대한 이해를 가로막는 걸림돌이 된다." 그래서 "과거 450여 년간 퇴계의 '리발'을 '리의 능동성'으로 해석해오던 관행은 이제는 폐기되어야 할 오해임을 밝히는데 본 논문의 최종 목적이 있다."[20]

이런 목적을 달성하기 위해 이승환은 우선, 퇴계의 '리발'이 그다지 독창적이지 못하다는 것을 보이려고 주희의 '리발'과 그것이 사실은 "수반론(隨伴論)"이라는 관점을 상세하게 설명한다. 그가 보기에, "주자는 퇴계 못지않게 '리'의 발에 관한 수많은 언급을 남겼다."[21] 정말 그렇다. 주희는 분명 '리발'이라는 표현을 많이 했다. 그러나 문제는 그런 표현이 과연 퇴계가 주장하는 것과 같은 '능동성'을 의미하는가 아닌가에 있으며, 그런 표현이 도대체 주희의 철학 체계 안에서 어떤 의미를 갖는가에 있다. 이승환이 밝힌 것처럼, 주희에게 있어 '발'이란 능동성이 아니라 '예화'일 뿐이다. 이승환은 예를 들어, 『주자어류』권6 18조의 "존지어중위리, 득지어심위덕, 발현어행사위백행(存之於中謂理, 得之於心爲德, 發見於行事爲百行)."을 "[심] 안에 간직된 것을 '리'라 하고, '심'에 얻은 것이 덕이니, 행위와 사건에 발하여 갖가지 덕행이 된다."고 해석하면서 "'발하다'의 주어는 당연히 '리'"[22]라고 말했다. 기실, 주희의 말을 적확하게 번역하면 다음과 같이 될 것이다. "가운데[심] 그것을 보존함을 리라 부르고, 마음에서 그것을 얻는 것이 덕이며, 행위와 사건에서 (그것을) 드러내는 것이 (법도에 맞는) 여러 행위[훌륭한 행위]이다." 엄밀하게 말한다면 여기에서 "드러나는" 것은 '리'가 아니라 '성'이다. 그러나 '성'이 곧 '리'이니 그와 같은 해석도 받아들일 수 있다. 그러나 주희의 '발'은 결코 능동성이 아니라 "드러나는" 것일 뿐이다. 반면에 퇴계의 '발'은 이런 "드러냄"

---

20 이승환, 위의 논문, 195쪽.
21 이승환, 위의 논문, 195쪽.
22 이승환, 위의 논문, 203쪽.

이 아니라 '능동성'을 의미한다. 그래서 그의 주장이 독창적인 것이다. 이점은 앞으로 차차 밝혀질 것이다.

주희의 '리발'이 능동성이 아님을 밝히기 위해서 이승환은 다시 리와 기의 관계에 주목한다. 그래서 얻은 결론은 의존, 공변(共變), 환원불가능성이다. 그런데 이 "세 요소는 현대 심리철학(그리고 윤리학과 미학)에서 말하는 수반이론과 정확하게 일치한다."[23] 다시 말해서, 리에 대한 기의 관계는 심리적 속성의 물리적 속성에 대한 관계, 윤리적 속성의 윤리 외적 속성에 대한 관계처럼 수반된다는 것이다. 이승환은 수반이론을 Stanford Encyclopedia of Philosophy에 근거해서 "속성 B의 변동 없이는 속성 A에도 변동이 있을 수 없다면, 속성 A는 속성 B에 수반한다."[24]고 정의한다.

그런데 여기에는 두 가지 문제가 있다. 첫째, 주희의 리기 관계를 평면적으로만 이해했다. 주지하다시피 리기 관계에 관한 주희의 기본명제는 '불상리'와 '불상잡'이다. 그런데 후자는 이승환이 이해한 것처럼 현실적인 차원에서만이 아니라 논리적 차원 혹은 형이상학적 차원에서도 특히 그렇다. 이승환이 보기에, "주자의 태극 개념은 질료 세계[氣]에 깃들어 있는 궁극적 이유[所以然] 또는 법칙성[理]을 가리킨다." "따라서 주자의 '태극'은 질료적 세계를 떠나 독자적으로 존립하는 실체가 아니라 다만 각 존재에게 갖추어진 '리'일 따름"[25]이다. 그런데 인용한 문장은 각각 『주자어류』 권94의 22조와 8조로, 다음과 같이 해석되어야 한다. "태극은 달리 하나의 물건이 되지 않는다. 음양에 나아가면 음양에 있고 오행에 나아가면 오행에 있으며, 만물에 나아가면 만물에 있다. 단지 하나의 리일 뿐이다." "이른바 태극이란 단지 이기오행의 리일 뿐, 달리 물건이

---

23 이승환, 위의 논문, 198쪽.
24 이승환, 위의 논문, 201쪽.
25 이승환, 위의 논문, 196쪽.

있어 태극이 되는 것은 아니다."²⁶ 여기에서 말하려는 것은 태극이 언제 어디에도 존재함이지, 태극이 "질료 세계에 깃들어 있음"을 나타내려는 것이 아니다. 그러므로 적어도 논리적으로는 태극, 즉 리는 기에서 독립해 있는 것이다. "물건"이 되지 않는다거나 "물건"이 아니라고 말한 것은 현실적인 존재, 즉 형이하학적 존재가 아니라는 의미일 뿐으로, 현실적 입장에서 리와 기의 '불상리'를 강조한 것일 뿐이다. 그러므로 결코 형이상자인 태극 혹은 리가 어디에서나 기에 의존한다고 해석될 수 없다. 현실적인 차원[在物上看]에서는 리가 기에 "의부(依附)", "부착(附着)", "괘탑(掛搭)", "안돈(安頓)"하는 듯 보이지만, 논리적인 차원 혹은 형이상학적 차원[在理上看]에서는 전혀 그렇지 않고 오히려 기에 선재(先在)하는 독립된 실체임을 주희는 강력하게 주장했다.²⁷ 이런 주장은 단순히 현실 세계에서의 "환원불가능성"만을 말하는 것이 아님은 자명하다. 단지 "환원불가능성"만을 이야기한다면 이승환 자신이 "주자는 리기 이원론자라고 할 수 있다."²⁸고 한 말은 부정해야 할 것이다.

둘째, 수반이론에 대한 오해가 있는 것 같다. 우리가 통상적으로 이해하는 수반이론에서 "상위 단계의 모든 존재자는 무력하기 때문에, 수반이론은 실재의 상위단계에서 하위단계로 향하는 하향인과의 가능성을 부정한다."²⁹ 그런데 주희의 리기 관계는 어떤가? 최소한 리의 보편성과 절대성을 강조하기 때문에 단순한 수반 관계를 긍정하기 어렵다. 이승환도 그런 위험성을 인지하여 수반이론은 "사람들로 하여금 부수현상

---

26 "太極非是別爲一物, 卽陰陽而在陰陽, 卽五行而在五行, 卽萬物而在萬物, 只是一箇理而已."; "所謂太極者, 只二氣五行之理, 非別有物爲太極也."

27 『朱子大全』 卷46 「答劉叔文」(1), 24쪽: "所謂理與氣, 此決是二物. 但在物上看, 則二物渾淪, 不可分開各在一處, 然不害二物之各爲一物也. 若在理上看, 則雖未有物而已有物之理, 然亦但有其理而已, 未嘗實有是物也."

28 이승환, 위의 논문, 196쪽.

29 승계호, 「마음과 물질의 신비」.

론을 떠올리거나" "화용론적 효과를 초래하여" '하향인과'나 '심적 인과력'을 확보하기 어렵게 만들기 때문에, "올라타고 동반한다."라는 의미의 "승반(乘伴)" 개념을 사용해야 한다고 주장하기도 했다.[30] 이승환이 이미 "하향인과"나 "심적 인과력"을 염두에 둔다면, 당연히 수반이론을 포기해야 하는 것이 아닐까? 게다가 주희의 리기 관계를 수반이론으로 해석하는 데 있어서 이승환은 "인승마(人乘馬)"의 비유를 든다. 이 비유는 퇴계도 들었다. 그러나 퇴계의 비유는 주희와 다르다. 그 둘을 비교한다면, 퇴계가 어떻게 주희와 다르며 그래서 어떤 점이 독창적인지 인지할 수 있는데 이승환은 이런 비교를 전혀 염두에 두지 않는 것 같다. 기실, 주희의 비유는 이미 명대 초기, 특히 조단(曹端)에 의해 "죽은 사람이 말을 타는 것"으로 비판받았다.[31] 따라서 "마음 안에 간직된 도덕적 속성으로서 '리'는 감정이나 사려와 같은 심리적 사건이 객관적 준칙에 부합하도록 방향을 지시해주는 '합리적 성향'을 의미하고"[32] 주희도 그런 의도가 있었지만, 그의 이론체계는 그것을 온전히 실현할 수 없었다. '무위의 원칙'을 준수하는 한 방향을 지시해줄 수는 있어도 주도할 수는 없기 때문이다. 그래서 주희에게 있어 '리'는 '죽은 사람'인 것이다.

그런데 주희에 대한 이런 오해가 옳은 결론에 도달하게 했다. "주자의 '리발' 명제는 '리'의 능동성과 거리가 멀다."[33] 이 결론은 적확하다. 그래서 주자학은 혹자에 의하면 "타율도덕"이라고 평가받기도 한다.[34] 여기에서 다시 한 번 확인할 수 있듯이, '발'을 말했다고 해서 그 모두가 '능동성'을 주장하는 것은 아니다.

---

30 이승환, 위의 논문, 202쪽.

31 그 내용에 관해서는 陳來, 안재호 옮김, 『송명성리학』, 서울: 예문서원, 1997, 316~318쪽 참조.

32 이승환, 위의 논문, 203쪽.

33 이승환, 위의 논문, 205쪽.

34 모종삼의 유명한 지론이다.

주희의 '수반론'을 설명한 다음, 이승환은 퇴계의 '수반론'을 설명한다. 필자가 보기에, 만일 '수반론'으로 누군가의 도덕 정감론을 해석한다면 그것은 고봉일 수 있다.[35] 이 문제는 우리의 주제가 아니므로 여기에서는 생략하겠다. 이승환이 퇴계의 '리발'을 '수반론'으로 해석하는 핵심 근거는 퇴계의 수정 명제, 즉 "리가 발하여 기가 따르고[理發而氣隨]" "기가 발하여 리가 탄다[氣發而理乘]"라는 데 있다. 이에 대해 이승환은 세 가지 해석이 가능하다며 매우 상세한 분석을 하고 있다. 그러나 필자가 보기에는 너무도 당연한 작업을 어렵고 복잡하게 설명하려는 것에 불과하다. 어쨌든 그렇게 해서 얻은 이승환의 결론은 "퇴계의 '리발'이란 '리'가 독자적으로 '운동'하거나 '발동'한다는 뜻이 아니라, '심'에 구비된 도덕성향인 '리'가 기기(氣機)에 승반하여 '사단'이라는 도덕감정으로 실현(또는 예화)됨을 뜻할 뿐"[36]이라는 것이다.

필자가 보기에 이런 결론은 적절하지 못하며, 그 까닭은 기본적인 개념에 대한 이해에 차이가 있기 때문이다. 다음을 살펴보자. "수정 명제에 사용된 기수(氣隨)라는 문구는 애매하기 그지없는 표현이다. '리'가 수반기초인 기기(氣機)에 올라타고 실현된 것이 '사단'인데, '리가 발함에 기가 따른다.'라고 말한다면, 승반(乘伴)의 의미를 제대로 살리지 못하는 표현이 되고 만다. …… 승반 관계를 표현한다고 보기에는 영 마뜩찮은 구석이 있다."[37] 우선 퇴계의 '리발'을 수반이론으로 전제하고서 그것이 수반이론에 적절하지 못하다고 탄식하는 것은 '선결문제 요구의 오류'에 해당한다고 말할 수 있다. 그리고 사단이라는 도덕 정감은 다만 특정한

---

35 이 점에 관해서는 이승환도 동의한다. 그는 이렇게 말했다. "고봉은 '태극은 기기를 타고 동정한다.'라는 주자의 승반 이론을 그대로 수용하고 있음을 알 수 있다. 고봉의 이러한 입장을 '일원론적 승반론'이라고 부를 수 있을 것이다."(위의 논문, 225쪽.) 주희의 승반 이론을 그대로 수용하고 있는 것은 아니지만, 고봉만이 진정 승반 이론에 근거한다고 말할 수 있을 것이다.

36 이승환, 위의 논문, 231쪽.

37 이승환, 위의 논문, 215쪽.

계기 혹은 조건에 따라 정현(呈現)될 뿐이다. 사단은 결코 "'리'가 수반기초인 기기에 올라타고 실현된 것"이 아니다. 기본적으로, 퇴계에게 도덕 정감은 생리 욕구나 물리적 속성[氣]에 수반되는 것이 아니다. 이런 의미를 간과했기 때문에 "마뜩찮은" 것이다.

이런 "마뜩찮음" 때문에, 이승환은 단순한 수반, 승반 이론을 포기한 결론을 제시했다. 그것은 기(氣)에 대한 두 가지 해석에 근거한다. "퇴계의 수정명제에 사용된 기 개념은 '기'적 성향(즉 심리적 속성)을 의미함과 동시에 수반기초인 기기(즉, 물리적 속성)를 의미한다."[38] 이것의 근거로 이승환은 퇴계가 이굉중(李宏仲)에게 답하는 편지를 인용했다. "사단은 '리'가 발함에 '기'가 따르는 것이고, 칠정은 '기'가 발함에 '리'가 올라탄 것이다. '리'에 '기'라는 수반기초가 없으면 발출될 수 없고, '기'에 '리'가 타지 않으면 이욕에 빠져서 금수가 되고 만다."[39] 그런데 이런 해석은 문제가 있다. "리이무기지수, 즉주출래불성(理而無氣之隨, 則做出來不成)." 이 문장은 이렇게 직역할 수 있다. "리이지만 기의 따름이 없다면 해내도 이루지 못한다." 다시 말해서, 사단이라는 도덕 정감은 계기가 생기기만 하면 드러나지만 현실에서 구체적인 행위를 할 수 있는 물리적인 조건들이 뒤따르지 않으면 도덕 정감은 도덕실천으로 이어지지 못한다는 뜻이다. 결코 "'리'에 '기'라는 수반기초가 없으면 발출될 수 없는" 것이 아니다. 사단은 "수반기초"와 상관없이 언제나 자연스럽게 "발출된다." "수반기초"와 상관있는 부분은 사단이라는 도덕 정감이 현실 세계에서 구체적인 도덕실천으로 이어지는 여부에 있을 뿐이다.

필자가 보기에, 이승환의 이런 곡해는 또한 리와 기 개념의 적확한 의미 파악이 제대로 되지 않아서이기도 하다. 이승환은 리와 기 개념에 있

---

38 이승환, 위의 논문, 217쪽.

39 『退溪先生文集』卷36「答李宏仲問目」, 2쪽 右: "四端, 理發而氣隨之; 七情, 氣發而理乘之. 理而無氣之隨, 則做出來不成; 氣而無理之乘, 則陷利欲而爲禽獸."

어서 기를 "질료적 토대 즉 수반기초"[물리적 속성]와 "'기'적 성향(즉 욕구성향)"[심리적 속성][40]으로 구분했지만, 실제로는 기[41]만이 아니라 리 개념도 구분해야 한다. 이승환의 분석대로 기는 "질료"와 그 속성 혹은 조리(條理)까지 포함한다. 그리고 리는, 주희에 따르면 '소이연(所以然)'과 '소당연(所當然)'을 포괄한다. 그러나 리를 맹자의 용어로 바꾼다면 '생지위성(生之謂性)'과 '성선의 성'(사람이 사람 되는 근거), 혹은 '명(命)'(조리)과 '성'(형이상의 리)으로 구분할 수 있다.[42] 이를 오늘날의 개념으로 바꾸면, 전자는 본능적 생리 욕구[43]이고 후자는 인간만의 특성을 드러내는 도덕적 본성이다. 이렇게 볼 때 기의 속성(조리)은 곧 리에서의 조리와 같다. 리와 기의 관계는 이처럼 중층적이다.[44]

그러므로 사단이 "리발"이라고 말하는 것은 도덕적 본성이 특정한 계기, 예를 들어 아장아장 걷는 아이가 우물에 빠지는 것을 "얼핏 보았을 [乍見]" 때 그 자신이 측은히 여기는 도덕 정감으로 표현되는 현상을 형용한 것으로, 이때 "기수(氣隨)"란 그렇게 드러난 도덕 정감에 질료적 토대인 육체가 따른다는 사실만을 명기한 것이다. 그러므로 그 '따름'이 곧바로 도덕실천의 완성을 의미하는 것은 아니다. 그래서 비록 사단이 드러났다고 해도 도덕실천이라는 행위가 이루어지지 않을 수도 있다. 반면에 칠정이 "기발"이라고 말하는 것은 질료적 토대인 육체가 주도하여,

---

40 이승환, 위의 논문, 218쪽.

41 이승환 자신도 주희의 기를 아리스토텔레스의 질료와 비교하면서, 기가 '질료인'과 '운동인'을 함께 갖추고 있는 '스스로 운동하는 질료'라고 주장했다.(위의 논문, 201쪽 참조.) 그렇다면 질료적 토대인 기는 또한 자연스럽게 본능적인 성향, 즉 욕구성향도 지닌 것으로 이해할 수 있다.

42 칸트의 용어로 구분한다면, 인과법칙에 따르는 他然과 자유에 근거한 자율성이라고 부를 수 있을 것이다.

43 생리 욕구는 질료적 토대인 육체에 복속된 것이므로 같은 것으로 볼 수 있다.

44 퇴계와 고봉의 논변에서 구분하자면, 고봉은 조리가 훌륭하게 표현되면 그것이 곧 형상의 리라고 생각했고, 퇴계는 절대 그렇지 않아서 조리는 조리에 그칠 뿐 형상의 리가 아니라고 주장했다.

이에 따라 본능적인 생리 욕구(조리)가 일어났다는 의미이고, 이때 "리승(理乘)"이란 그렇게 일어난 생리 욕구에 도덕적 본성이 단지 원칙적으로 부착[依附]됨을 표시하는 것일 뿐이다. 그것은 중절(中節)할 수도 있고, 그렇지 않을 수도 있다. 칠정에 선악이 있다고 말하는 까닭이 여기에 있다. 칠정의 선악은 행위의 결과에 따라 판단된다. 그러나 사단이 선이라고 말하는 것은 결코 그 실현 여부에 의해 파악되는 것이 아니다. 그것은 순선한 도덕적 본성의 발현으로서의 사단, 즉 도덕 정감 자체가 선이라는 의미일 뿐이다. 절대 사단이 모두 구체적인 현실 세계에서 선으로 완성된다는 말이 아니다.

리와 기 개념 및 그 관계를 명확히 하지 않았기 때문에 이승환은 단지 주희의 "인승마"를 퇴계가 인용했다는 사실만으로 퇴계의 주장과 주희의 주장을 동일시하는 오류를 범했다. "퇴계는 '리'가 '기'를 타고서 유행하는 승반 관계를 인승마에 비유한 주자의 설명방식을 그대로 수용하여 자신의 입론을 전개하고 있다." 그런데 그는 또 "사람이 말에 올라탐에 말이 사람의 조종에 따르는 광경을 상상한다면"[45]이라고 말하기도 했다. 이런 측면이 바로 주희와 다른 퇴계의 "리발"인 것을 이승환은 인지하지 못했다. 주희는 단지 '무위의 리'가 '유위하는 기'에 타서 움직이는, 사실은 피동적인 움직임만을 설명했지만[46], 퇴계는 적극적으로 리의 '조종'을 강조했다. "말은 사람이 아니면 궤도를 잃는다."[47] 만일 퇴계가 '무위의 원칙'에 충실했다면 주희와 같이 단순한 '올라탐'만을 말했을 것이다. 그런데 퇴계는 '조종'을 말했다. 조종이란 무엇인가? 주재의 적극적인 표현이다. 주재하는 것이 어떻게 '무위의 원칙'을 고수하는 것으로, 능동적이

---

45 이승환, 위의 논문, 219쪽.

46 『朱子語類』卷94, 2376쪽: "太極理也, 動靜氣也. 氣行則理亦行, 二者相依而未嘗相離也. 太極猶人, 動靜猶馬, 馬所以載人, 人所以乘馬, 馬之一出一入, 人亦與之一出一入, 蓋一動一靜, 而太極之妙未嘗不在焉."

47 『退溪先生文集』卷16「答奇明彦」, 論四端七情第二書, 32쪽 左: "……馬非人失軌途."

지 않을 수 있다는 말인가? 능동성을 왜 꼭 현실 세계에서의 '물리적인 운동'으로만 이해해야 하는가? 어떻게 "'리의 능동성' 테제를 폐기할 때 퇴계의 도덕심리학(성향이론과 감정이론)은 상식과 논리에 맞는 합리적인 철학으로 정당한 대접을 받게 될 것"[48]이라고 주장할 수 있다는 말인가? 철학적 주장이 상식에 맞으면 쉽게 이해될 수는 있겠지만, 그것이 곧 어떤 이론체계의 합리성 여부를 판가름하는 기준이 되는 것은 아니다. 퇴계의 "리발"을 제대로 설명한 다음에야, 그것을 보완한(?) 자신의 '리발'을 말할 수 있을 것이다.

이렇게 곡해했기 때문에 퇴계의 "리발기수(理發氣隨)"와 "기발리승(氣發理乘)"을 적절하지 못하게 "연쇄 어린이 성추행범"의 예로 설명하는 것이다. 필자가 보기에 이런 예는 우리를 혼란스럽게 하기 쉽다. "성추행범은 처음에는 '리'적 성향이 약간 발동하기는 했으나[理發], '기'적 성향이 강하게 발동하여[氣發], '리'적 성향이 결국 '기'적 성향에게 압도 당해버린 것이다[理乘而氣强]. …… 감정의 차원에서 말하자면, 처음에 어린 여자아이를 범하려는 순간 '리'적 성향에서 연원하는 측은지심이 문득 일어나기는 했으나, 곧 '기'적 성향이 강하게 발동하여 '칠정' 중의 하나인 욕(欲)이 측은지심을 압도해버리게 된 것이다. …… 이처럼 퇴계의 리발기수, 기발리승 명제는 일상에서 맞닥뜨리는 갈등상황에서 인간이 느끼게 되는 감정과 그 도덕심리학적 내원(성향)에 대해 훌륭하게 설명해줄 수 있는 유용한 이론체계임을 알 수 있다."[49] 퇴계는 고심 끝에 '리발'과 '기발'을 통해 사단과 칠정이라는 도덕 정감과 일반 감정의 구분을 강조했는데, 이것을 이처럼 끔찍한 범죄자의 심리상태를 분석하는 체제로 이용하는 것은 매우 적절하지 못하다. 물론, 억지로 끌어당긴다면 그렇게 설명해볼 수도 있을 것이다. 그러나 우리는 반드시 사단과 칠정의 기

---

48 이승환, 위의 논문, 232쪽.

49 이승환, 위의 논문, 229~230쪽.

본적인 구조와 근원을 따지는 "리발"과 "기발"을 먼저 적확하게 이해해야 한다.

사단이 "리발기수"이고 칠정이 "기발리승"이라는 의미를 구체적인 예로 설명한다면, 다음과 같을 수 있다. 먼저 사단을 살펴보자면, 수재현장을 보면서 측은한 마음이 자신도 모르게 우쩍 일어났다[理發]. 그래서 나는 휴가를 내서 자원봉사할 수도 있고, 혹은 '측은하긴 해도 내 삶이 고단한데 무슨 봉사?'하면서 얼굴을 돌릴 수도 있다. 이 둘이 모두 "기수(氣隨)"이다. 사단이 순선하다는 말은 측은히 여기는 마음만을 가리키지 그것이 곧 도덕실천이라는 행위 자체를 보장한다는 의미는 아니다. 칠정에 대해 말하자면, 야구팬이 야구장에 가서 자신이 좋아하는 팀을 열심히 응원한다[氣發인 동시에 理乘]. 경기를 관람하는 중에 그는 치어리더들의 리드에 따라 열심히 응원하며 스트레스를 풀 수도 있고, 혹은 지나치게 흥분하여 마시던 물병을 집어 던지는 일도 있을 수 있다. 이것이 바로 '중절(中節)', 즉 법도에 적절한지 여부이다. 따라서 사단과 칠정 각각에 따라 성공적으로 행위를 완성하더라도 그 둘은 결코 같은 의미일 수 없다. 도덕 정감이 자연스럽게 드러남에, 그것에 따라 행동한 것은 분명 도덕적 선이다. 이는 단지 자신의 감정에 충실하여 스트레스를 푼 '좋음'과는 차원이 다른 것이다. 이와 같은 결과만 다른 것이 아니다. 사단에서는 자발성이 강조되고, 칠정은 법도에 맞는 것이 중요하다.

최종적으로 이승환은 "퇴계의 감정이론을 수반론적으로 재구성"한다. "'사단'이라는 도덕감정은 한 사람이 지닌 '리'적 성향이 특정한 시점 t에 L-type 신경섬유의 자극에 수반하여 예화된 것이다. '칠정'이라는 일반 감정은 한 사람이 지닌 '기'적 성향이 특정한 시점 t에 K-type 신경섬유의 자극에 수반하여 예화된 것이다."[50] 필자는 이승환이 어째서 앞에서 포기했던 수반론을 다시 최종적인 결론으로 주장하는지 이해하지 못하

---

50 이승환, 위의 논문, 227~228쪽.

겠다. 21세기를 사는 우리들의 상식에 부합하는 설명을 위해서인지 모르겠지만, "신경섬유"가 '기'에 속하는 것이 옳다면 이승환 자신이 고려했던 "하향인과"나 "심적 인과력"은 어떻게 확보할 수 있다는 것인가?

4. 반성의 핵심 근거

필자는 문석윤의 의심과 이승환의 부정이 기본적으로 주자학 체계에만 근거하고 그 이해도 편향되었던 반면, 사단과 칠정 자체의 의미 파악에는 소홀했기 때문이라고 생각한다. 이에 따라 아래에서 우리는 먼저 사단과 칠정의 의미와 주자학 체계의 문제를 살펴보고, 그런 다음 퇴계의 주장을 검토해보도록 하겠다.

우선 사단이란, 주지하다시피 맹자가 성선설의 근거로 제시한 개념으로, 인간이면 누구나 지니는 도덕 정감이다. 이 도덕 정감은 인간이 다른 동물과 구별되는 본성(형식적인 개념), 즉 인의예지와 같은 고유한 도덕성의 내용으로 절대선이다. 그러나 그것은 결코 교육 등에 의해 주입된 후천적인 것이 아니라 본능과 같이 선천적인 것이다. 다만, 본성은 잠재적인 것, 즉 '가능태'이지 '현실태'가 아니므로 사단이 늘 언제나 실현되는 것은 아니다. 그래서 그 단서로부터 잠재적 본성을 완전하게 실현하는 확충이 필요하다.[51] 반면에 칠정은 본래 『예기』 「예운(禮運)」편에 나오는 개념으로 일반 감정을 말한다. 「예운」편에서는 다만 규범의 필요성만 강조했지만[52], 『중용』에서는 그것을 넷으로 묶고 그 양태를 둘로 구분했다. 일반 감정이 발현하지 않은 상태를 '중'이라 해서 세상의 근본이

---

51 『孟子』「公孫丑上」6: "無惻隱之心, 非人也; …… 惻隱之心, 仁之端也; …… 人之有是四端也, 猶其有四體也. ……, 知皆擴而充之矣."

52 『禮記』「禮運」第九之二: "何謂人情? 喜怒哀懼愛惡欲. 七者, 弗學而能. …… 故聖人之所以治人七情, 脩十義, 講信脩睦, 尙辭讓, 去爭奪, 舍禮何以治之?"

라 말하고, 발현되었을 때 그것이 상황과 조건에 적절한 것을 '화'라 하여 반드시 따라야 할 도리라고 표현했다.[53] 감정이 드러나기 전에는 선이니 악이니 말할 수 없지만, 드러난 다음에는 과불급이 생기기 때문에 규범에 따라야 한다. 정리하자면, 맹자의 사단은 인간에게 내재되어 있는 도덕성의 내용을 드러내고 강조한 것이지만, 칠정이란 일반 감정으로 그것이 드러날 때 지나치거나 모자람이 있어서 적절한 규범에 따라야 함을 주장하기 위해 제시되었다. 사단은 도덕실천의 근거를 확보해주는 개념이고, 칠정은 도덕규범의 필요성과 그것의 준수가 어째서 필요한지 그 이유를 설명해주는 개념이다.

주자학 체계에서 우리의 논의와 직접 관련되는 내용은 리기와 심성정 등의 개념 및 그 관계이다. 우선 리기에 대해 말하자면, 리는 천지 만물의 생성원리이자 그 본질로서 소이연, 즉 존재의 근거와 소당연, 즉 당위적 원리를 의미한다. 그것은 형이상의 원리로 초월적이고 절대적이며, 현상으로써의 운동을 하지 않는 형이상학적 실체이고 절대선이다. 반면에 기는 구체적인 천지 만물 및 그 현상을 구성하는 재료이기 때문에, 형이하자이며 끊임없이 운동 변화하는 것으로 그 자체는 선악과 무관한 가치중립적인 것이다. 주희는 이 둘의 관계를 "불상리"와 "불상잡"으로 규정했다. 현실 세계의 구체적인 사물과 그 현상은 원리나 재료 한 가지로만 구성될 수 없다. 그것들은 반드시 리와 기의 결합으로 이루어진다(불상리). 그러나 형이상자인 리는 구체성을 필요로 하지 않기 때문에 기보다 논리적으로 앞서며[理先氣後], 따라서 그 둘은 결코 동일한 차원의 개념일 수 없다(불상잡).

심성론에 있어 주희는 기본적으로 정이(程頤)의 "성즉리"와 심성정 삼분(三分)을 계승했고, 장재(張載)의 "천지지성"과 "기질지성" 및 "심통성

---

53 『中庸』第一章: "喜怒哀樂之未發, 謂之中; 發而皆中節, 謂之和. 中也者, 天下之大本也; 和也者, 天下之達道也."

정"이라는 개념과 명제를 수용했다.[54] 우선 "성즉리"란 인간의 본성이 당위 원리인 리이고, 이것이 또한 천지 만물의 존재근거가 되기도 하므로 초월적이고 절대적이며 선이라는 뜻이다.[55] 윤리학적 측면에서 이 명제는 도덕원리의 확고부동한 정립을 의미한다. 그러나 현실 세계의 인간은 다른 사물들과 마찬가지로 리기의 결합으로 구성된다.[56] 따라서 현실적 인간 본성은 특정한 기질 안에 리가 들어있는 것으로, 이것이 바로 "기질지성"이다.[57] 기질지성은 각각의 사람이 서로 다른 기질을 타고나기 때문에 서로 상이하게 표현되며 선악의 구분이 있을 수 있다.[58] 그러나 본연(천지)지성과 기질지성이 전혀 다른 것은 아니다.[59] 현실적으로 리가 기에 부착되듯, 본연지성(도덕성)이 기질(자연성) 속에 들어있는 것이 바로 기질지성이기 때문이다.[60] 그리고 "심통성정"이란 기본적으로 심이 성과 정을 통섭하고 포괄한다는 의미인데,[61] 주희에게 있어 심성정은 분명하게 구분되는 개념이다.[62] 성은 절대선인 리이지만 심은 기에 속하는 것[氣之靈]이고 정은 리와 기의 결합으로 나타나서, 심은 몰가치하고 정은 선 혹은 악 모두로 표현될 수 있다.[63] 움직임이 있을 수 없는 절대적

---

54 물론, 주희가 장재의 개념과 명제를 그대로 수용한 것은 아니다. 그것에 대한 비교는 생략하겠다.

55 『朱子語類』卷5: "性卽理也, 在心喚做性, 在事喚做理. 心有善惡, 性無不善." 이때의 성은 천지지성이다.

56 同上: "人之所以生, 理與氣合而已."

57 『朱子大全』卷58「答徐子融」(3): "氣質之性, 只是此性墮在氣質之中, 故隨氣質而自爲一性."

58 『朱子語類』卷5: "若論氣質之性, 亦有不善."; 卷四: "性便是理. 人之所以有善有不善, 只緣氣質之禀各有淸濁."

59 『朱子大全』卷44「答方伯謨」(3): "大抵本然之性與氣質之性, 亦非判然兩物也."

60 同上, 卷58「答徐子融」(3): "氣質之性, 只是此性墮在氣質之中, 故隨氣質而自爲一性. …… 向使元無本然之性, 則此氣質之性, 又從何處得來耶?"

61 『朱子語類』卷98: "統猶兼也."

62 同上, 卷53: "惻隱是情, 惻隱之心是心, 仁是性."

63 同上, 卷5: "性無不善, 心所發爲情, 或有不善."

리인 성은 끊임없이 활동하는, 기에 속하는 심을 통해 드러나는데, 이것이 바로 정이다. 그래서 "정은 성에 근거하고, 성은 발현하여 정이 된다."[64] 성은 정의 내재 근거이고, 정은 성의 외적 표현이다. 성과 정은 맹자처럼 같은 것이 아니라, 불(성)과 연기(정)의 관계와 같이 구분되는 것이다.

주희가 보기에, 칠정뿐만 아니라 사단도 이미 발현된 정이다.[65] 바로 여기에서 문제가 생긴다. 도덕원리인 성은 절대선이다. 따라서 그것이 발현된 정 또한 선해야 한다. 사단은 그 실현 여부와 상관없이 그 자체로 리이고 선이지만, 칠정은 안으로 심의 통제를 받아야 하고 밖으로 규범에 따라야만 선할 수 있다. 그렇다면 ①사단과 칠정은 동일하게 도덕원리인 성으로부터 발현된 것인가? ②그것들의 선은 그 의미가 같은가? ③사단도 이미 발현된 정이라면 리와 기의 결합일 것이고, 그렇다면 그것의 절대선은 어떻게 보장될 수 있는가? 더구나 ④운동 변화하지 않는 리인 성은 기에 속하는 심을 통해 발현하는데, 그 자신이 움직이지(주재하지) 않으면서 어떻게 선을 보장할 수 있다는 것인가? 이런 문제들이 있었기 때문에 퇴계와 고봉으로부터 시작된 논변이 발생한 것이다.

퇴계는 고봉과 달리, 주로 원칙과 이상에 중점을 둔 리기의 "불상잡"에 근거하기도 하지만, 보다 근본적으로는 맹자로 대표되는 유학 자체의 기본입장(인간의 주체성과 존엄성을 강조하는)을 견지했다. 퇴계가 리기의 "불상잡"을 강조했다는 것은 앞서 두 분도 긍정했듯이, 도덕 정감과 일반 감정의 구분을 강력하게 주장했다는 뜻이다. 그러나 그것에만 국한한다면, '리의 능동성' 테제는 확인할 수 없다. 그래서 우리는 우선 맹자에 대한 퇴계의 인식을 검토하도록 하겠다. 필자가 보기에, 퇴계는 고봉과의 논변을 두 번째에서 이미 끝냈다. 부치지 않은 세 번째 편지가 있

---

64 『朱子大全』卷32「答張敬夫」: "情根於性, 性發爲情."
65 『朱子語類』卷53: "惻隱是情."; 同上, 卷5: "仁, 性也; 惻隱, 情也."

긴 하지만, 그 논리가 크게 바뀌지 않았음을 쉽게 알 수 있기 때문이다. 그 두 번째 편지에서 퇴계는 이렇게 말했다.

> 사단의 발현은 진실로 기가 없는 것이 아니라고 말한다. 그러나 맹자가 가리키는 것은 실제로 기에서 발현한 곳에 있지 않다. 만일 기를 겸해서 가리켰다면 이미 (그것은) 다시 사단을 말하는 것이 아니다.
> 사단은 비록 기를 탄다고 말하지만, 그러나 맹자가 가리키는 것은 기를 타는 곳에 있지 않고, 오직 순수한 리가 발현하는 곳에 있다. 그래서 인(仁)의 단서, 의(義)의 단서라고 말했다.[66]

주자학의 세계에서 사는 학자가 어찌 쉽게 주희의 이론체계를 극복할 수 있겠는가? 퇴계는 고봉의 반박을 주자학의 체계 안에서 극복하려 했다. 그래서 사단에도 기가 없는 것은 아니며, 기를 탄다고도 말했다. 그러나 그는 주희보다 유학의 기본정신에 더 집중했다. 그래서 끊임없이 맹자가 강조하는 것이 "순수한 리의 발현"임을 주장했다. 퇴계는 비록 스스로 분명하게 언급하지 않았지만, 사단이 인간을 인간이게 하는 근거의 표현임을 몽롱하게나마 인식했기 때문에 계속해서 맹자를, 맹자의 취지를 드러내려 했다. 맹자의 취지는 무엇이었던가? "사람이 금수와 다른 근거는 매우 적다. 일반인들은 그것을 버리지만 군자는 그것을 보존한다. …… 인의(仁義)로부터 실행하지 인의를 실행한 것이 아니다."[67] 사람이 사람인 근거는 인의 등의 도덕성에 있다. 그것은 외재하는 규범이 아니라 내재하는 것으로, 계기가 생기기만 하면 스스로 드러나는 도덕 원리이다. 그래서 맹자는 그것이 사단이라는 도덕 정감을 그 내용으로

---

66 『退溪先生文集』卷16 「答奇明彦」, 論四端七情第二書, 31쪽 右: "四端之發, 固曰非無氣. 然孟子之所指, 實不在發於氣處. 若曰兼指氣, 則已非復四端之謂矣."; 32쪽 左: "四端雖云乘氣, 然孟子所指不在乘氣處, 只在純理發處, 故曰仁之端 · 義之端."

67 각주5 참조.

한다고 주장했다. 그것은 "유자입정(孺子入井)"의 예에서 나타나듯, 어린 아이가 아장아장 걸어서 우물에 빠지는 것을 '유의하고 있다가 본 것'이 아니라 "얼핏 보았는데[乍見]" 자신도 모르게 "깜짝 놀라 측은하게 여기는 마음"이 표출되는 데서 보인다.[68] 이런 예는 본심의 직발(直發)을 나타낸다고 말할 수 있다. 물론, 맹자의 이런 체계는 주자학 안에서 설명하기 어렵다. 그래서 육구연은 주희의 학문을 "지리(支離)하다"라고 평가했다. 퇴계는 주자학을 신봉했기 때문에 참으로 난감했을 것이다. 그러나 계속해서 "맹자가 가리키는 것"이 "순수한 리의 발현"임을 강조했다. 우리는 이런 강조를, 주자학에 어긋나더라도 유학의 근본정신을 견지하려는 퇴계의 의지 표명이라고 해석할 수 있을 것이다.

　기실, 퇴계는 그다지 분명하게 주자학의 한계를 인식했던 것은 아닌 것 같다. 그러나 부지불식간에 주희를 떠나서 맹자에게로 나아갔다. 우리는 다음의 인용문에서 그 실례를 확인할 수 있다.

　옛사람은 사람이 말을 타고 출입하는 것으로써 리가 기를 타고 다니는 것을 비교했는데, 딱 좋다. 무릇 사람은 말이 아니면 출입하지 못하고, 말은 사람이 아니면 궤도를 잃는다. 사람과 말은 서로 필요로 해서 서로 떠나지 않는다. 사람은 이것을 가리켜 말함이 있는데, 혹자는 몽땅 가리켜서 그것이 다닌다고 말하니 사람과 말이 모두 그 가운데 있다. 사단과 칠정을 혼윤(渾淪)하게 말하는 것이 이것이다. 혹자는 사람이 다님을 가리켜 말하니 말을 함께 말하지는 않으나 말의 다님이 그 가운데 있다. 사단이 이것이다. 혹자는 말이 다님을 가리켜 말하니 사람을 함께 말하지는 않으나 사람의 다님이 그 가운데 있다. 칠정이 이것이다.[69]

68 『孟子』「公孫丑上」6: "所以謂人皆有不忍人之心者: 今人乍見孺子將入於井, 皆有怵惕惻隱之心; 非所以內交於孺子之父母也, 非所以要譽於鄕黨朋友也, 非惡其聲而然也."
69 『退溪先生文集』卷16「答奇明彦」, 論四端七情第二書, 32쪽 左~33쪽 右: "古人以人乘馬出入, 比理乘氣而行, 正好. 蓋人非馬不出入, 馬非人失軌途; 人馬相須不相離. 人有指說

여기에서 우리는 사단과 칠정에 대한 퇴계의 정확한 이해를 확인할 수 있다. 특히 밑줄 친 부분은 우리의 주제, 즉 '리의 능동성'과 직접 관련이 있다. "사람은 말이 아니면 출입하지 못한다." 리는 형이상학적 실체일 뿐, 현실적인 물건이 아니다. 그러므로 현실 세계에서의 운동은 리에 있어서 불가능하다. 만일 리에 대해서 현실 세계에서의 운동을 꼭 말해야 한다면, 그것은 기를 타고서야 가능하다. 너무도 당연한 말이 아닐 수 없다. 그러나 그렇다고 해서 퇴계의 리가 주희처럼 무기력하지는 않다. 위에서 인용한 퇴계의 설명을 따른다면, 그것은 분명하게 기를 조종하고 제어할 수 있다. "말은 사람이 아니면 궤도를 잃는다." 이렇게 주재성이 강조되는데, 능동적이지 않다고 말할 수 있는가? 주재하는 것이 피동적일 수 있다는 것인가? 어째서 '능동성'을 반드시 현실 세계에서의 움직임, 운동으로만 이해해야 하는가? 퇴계의 '리'는 현상적인 운동이라는 의미가 아니라 도덕주체성의 자발이라는 의미에서 능동적인 것이다. 사단으로 표현되는 '리'는, 퇴계가 보기에, 적어도 심성론적 의미에서라도 반드시 능동적인 것이어야 한다.

5. 맺는말

철학을 공부하고 연구하는 우리는 철학자인가? 우리 사회에서는 그것을 쉽게 용인하지만, 중국학자들만 해도 일반적으로 자신을 철학자가 아니라 "철학사 연구자[哲學史家]"라고 표현한다. 그들이 겸손하다는 말이 아니라, 그만큼 적확하게 개념을 사용한다고 생각된다. 적어도 필자는 자신이 철학자라고 생각하지는 않는다. 아니, 못한다. 자신의 이론

此者, 或泛指而言其行, 則人馬皆在其中, 四七渾淪而言者是也. 或指言人行, 則不須倂言馬, 而馬行在其中, 四端是也; 或指言馬行, 則不須倂言人, 而人行在其中, 七情是也."

체계가 정립되어야만 철학자라고 생각하며, 그래서 스스로는 아직 철학 특히 동양의 전통철학을 연구하는 학자라고만 인정한다. 그리고 전통철학을 연구할 때 우리는 '나의 이해'가 아니라 가능한 범위에서라도 '객관적 이해'를 먼저 얻도록 노력해야 한다. 그것에 어떤 문제가 있으면 있다고 적시하면 될 뿐, 미화시킬 이유가 없다. 옛사람들의 이론체계가 오늘날 우리들의 엄밀한 기준에 적합하기는 쉽지 않다고 하더라도, 또한 동정적으로 이해해준다고 하더라도. 그러나 이런 태도가 자신의 견해에 근거한, 혹은 오늘날의 상식에 맞추기 위한 변형을 용인할 수는 없다. 말 그대로 '객관적인' 이해와 평가가 이루어져야 할 것이다.

필자가 생각하기에, 사단과 칠정을 리와 기로 분석한다는 것 자체가 더 할 수 없이 주자학적 시도이다. 도덕 정감이든 일반 감정이든 결코 그런 분석틀을 사용해서 적절하게 해석될 수 없다고 느낀다. 그러나 어쩔 수 없이 해야 한다면, 퇴계처럼 하는 것이 "딱 좋을" 것이다. 우리의 도덕성은 저 높은 곳에서 위엄만 갖추고 동상처럼 굳어있는 것이 아니라 활발발(活潑潑)하게 살아있는 것이다. 그래서 사단과 같은 도덕 정감이 그 내용으로 표현되는 것이다. 퇴계는 이런 체계에 기초하는 유학의 근본정신에 투철했다. 그래서 자신도 모르게 그렇게나 존경해마지 않던 주희에서 벗어나 맹자에게로 나아갔다. 퇴계가 보기에, 사단은 반드시 칠정과 구분되어야 할 뿐 아니라, 도덕 본성의 자기 현현이어야 했고 그래서 그것을 주자학적으로 표현할 때 "리발"이라고 주장했다. 우리는 이런 그의 주장을 '리의 능동성' 확립이라고 정리한다.

필자는 이 글을 마치면서 맹자의 "부득이"라는 단어가 생각난다. 스스로 생각하기에도, 이런 글을 써서 공연히 남들로부터 나대기 좋아하는 사람으로 인식될 것 같다. 그러나 퇴계의 "리발"은 반드시 능동성으로 해석되어야만 퇴계학의 독창성이 제대로 유지될 수 있다고 생각한다. 그것에 대한 의심과 부정도 생각해볼 수는 있다. 그러나 최종적으로 그런 결론을 내릴 수는 없다. 이와 같은 필자의 "부득이"가 이렇게 이 글을 쓰게 하였다. 우리나라에서 동양철학, 특히 유학을 업으로 하는 학자라면 반드시 이 논의를 명확히 하여 우리 유학에서 거의 유일하게 독창적이라는 퇴계의 논점을 확실하게 견지해야 할 것이다.

2부

시대별 퇴계 이해
– 비판과 수용

이학(異學) 비판을 통해 본 '퇴계심학(退溪心學)'

추제협(계명대학교 철학과 조교수)

1. 정통학(正統學)과 이학(異學)

사상사에서 정통학(正統學)과 이학(異學, 異端)에 대한 논의는 학문적 정당성을 위한 필수적인 전제에 해당한다. 즉 자신의 학문적 정통성에 대한 수립은 곧 강력한 이학의 배척으로 나타나곤 하기 때문이다. 조선 건국 초기 정도전(鄭道傳, 1342~1398)이 강력한 배불론을 전개한 것은 그러한 점에서 주자학을 국학으로 세우기 위한 당연한 절차였다. 그후 주자학은 튼튼한 토대 위에서 절대적 권위를 행사할 수 있었고 여타의 사상들은 이학으로 지목되어 철저한 배격의 대상이 되었다. 그 배격의 논리는 당연히 주자학에 근거하고 있음은 물론이고, 이후 한국의 주자학 시대를 연 이황(李滉, 1501~1570)의 이학관도 여기에서 크게 벗어나지 않는다. 이렇게만 본다면 이때의 정통학과 이학의 문제는 결국 이데올로기의 산물에 지나지 않는다는 비난을 면하기 어려울 것으로 보인다. 그럼에도 필자가 이 문제에 다시 주목하고자 하는 것은 이황의 이학관을 통해 그가 세우고자 하는 정통학의 성격이 무엇인지를 간접적으로 확인할 수 있다고 보기 때문이다.

이황 철학의 정체성을 심학에서 찾고자 하는 노력은 그동안 비교적 많은 논의들이 있어 왔다.[1] 거기에는 공감과 비판이 공존하고 있다. 공감은 한국 철학의 독자성 확보라는 점에서 '주자리학(朱子理學)'에 대한 '퇴계심학(退溪心學)'의 차별성을 구체화하는 것으로 나타났다. 반면, 비판은 이에 대한 회의적인 관점에서 퇴계학은 여전히 리학의 측면에서 해명되어야 하며, 그럼에도 '퇴계심학'이라는 명칭이 가능한가에 대해서 이론의 여지를 남겨두고 있다. 이제 격렬했던 논쟁은 이 공감과 비판의 엇갈림 속에 잠시 숨을 고르고 있는 듯이 보인다. 그렇다면 이 문제의 본질에 좀 더 접근하기 위해서는 지금까지의 연구를 성찰하면서 더 많은 고심과 방법적 모색을 필요로 할 것이다.

이 글에서 다루고자 하는 이황의 이학관은 그런 점에서 그의 철학적 특징을 이해하는 데에도 일정 부분 기여할 수 있을 것으로 판단된다. 알다시피 이황은 주자학의 독존적 지위 속에 자신의 철학을 전개한다. 그러나 중국은 이미 명대에 이르면 주자학에서 양명학으로의 이행을 예고하고 있었고, 그 변화에 조선 또한 민감하게 반응하지 않을 수 없었다. 이황은 주희의 강력한 이학 배척론에 근거하여 비판의 시각을 유지하고 있었지만, 무엇보다 이러한 시각은 자신의 철학을 정립하기 위해서 피할 수 없는 선택이기도 했다. 다만 그는 주희처럼 이학에 대한 전방위적 비판을 가하기보다는 자신의 철학과 민감하게 부딪치는 부분에서만 비판의 날을 세우고 있다. 특히 양명학에 대한 강력한 비판은 당대의 사상적 분위기에도 그러했겠지만 자신의 철학과의 차별성을 분명히 하고자 하는 의도이기도 했을 것이다. 따라서 그의 이학관은 결국 자신의 철학

---

1 '퇴계심학'과 관련된 대표적인 연구 성과는 다음과 같다. 홍원식, 「퇴계학, 그 존재를 묻는다」, 『오늘의 동양사상』 4집, 예문동양사상연구원, 2001; 손영식, 「존재의 물음에 내몰린 퇴계학, 겨우 존재하는 리」, 『오늘의 동양사상』 11집, 예문동양사상연구원, 2004; 김기주, 「주희와 왕수인의 비교를 통해서 본 퇴계심학의 가능성」, 『철학연구』 94집, 대한철학회, 2005; 김세정, 「양명 심학과 퇴계 심학의 비교 연구 - 양명의 주자학 비판과 퇴계의 양명학 비판을 중심으로」, 『동서철학연구』 43집, 한국동서철학회, 2007.

적 특징을 드러내는 또 다른 표현이라고 할 수 있다.[2]

이황의 이학관에 대한 연구는 그동안 부분적으로 이루어졌고, 특히 양명학 비판에 대해서는 더 이상의 재론의 여지가 없을 정도로 그 비판의 수위와 내용이 비교적 분명하게 드러났다. 그러나 그의 이학관을 전체적으로 조망하지 않았을 뿐만[3] 아니라 정통학과의 관련성도 구체적으로 논의되지 않았다.

따라서 이 글은 선행연구를 바탕으로 이황의 이학관을 전체적으로 다루되 그 비판의 핵심과 의도를 파악하는 데 중점을 두고자 한다. 논의의 순서는 비판의 내용에 의한 구분과 그 경중(輕重)에 따른다. 즉 노장학과 나흠순, 서경덕의 철학이 하나로 묶일 수 있다면, 불교와 양명학이 하나로 묶일 수 있다. 비판의 강도도 전자보다는 후자에 더 무게가 실려 있다는 점에서 후자가 그가 세우고자 하는 정통학에 더 가까우면서도 그 간극을 넓혀야만 하는 관계임을 알 수 있다. 이러한 과정을 통해 그가 정립하고자 한 정통학의 성격은 무엇이며 그것이 근본적으로 주자리학에 대한 양명심학과는 다른 길에 '퇴계심학'을 정초할 수 있을지를 검토해 보고자 한다.

---

2 최재목은 "퇴계의 양명학 비판, 나아가서 이학 비판은 '자신의 독자적인 심학을 완성해 가는 과정에서 나타난 하나의 주요한 경계선 긋기'였다."라고 말했다. 최재목, 「퇴계의 양명학관에 대하여」, 『퇴계학보』113집, 퇴계학연구원, 2003, 43쪽.

3 이황의 이학관을 전체적으로 다룬 연구는 거의 없다. 대개 이단 또는 이학이라는 제목 아래에 양명학과 나흠순, 서경덕의 철학 비판에 국한되어 있다. 유명종, 「이퇴계의 이단비판을 통해서 본 이기설」, 『한국의 철학』6집, 경북대 퇴계연구소, 1977; 이운구, 「퇴계의 척이론 소고」, 『퇴계학논집』33집, 퇴계학연구원, 1982; 곽만연, 「주자와 퇴계의 이학관」, 『석당논총』32집, 동아대 석당학술원, 2002.

2. '인기위리(認氣爲理)'의 비판과 '존리(尊理)'의 강조

1) 노장학 비판: '허무(虛無)'와 '인기위리(認氣爲理)'의 비판

이황의 노장학에 대한 비판은 그리 많지도 또한 구체적이지도 않다. 그렇다고 해서 비판의 강도가 약한 것은 아니다. 그는 대개 불교와 함께 노장학을 늘 비판의 대상으로 올려놓고 있기 때문이다. 이점은 주희(朱熹, 1130~1200)도 다르지 않다. 다만 그는 불교의 폐단이 노장학보다 더 짙고 위험하다고 진단한다. 이를 달리 말하면 노장학은 부분적이긴 하지만 긍정의 요소를 내재하고 있다는 뜻이기도 하다. 이황이 이학의 서적을 원천적으로 차단했던 것[4]과 달리 주희는 "자신의 주관만 있다면 이를 읽는다고 무슨 해로움이 있겠는가?"[5]라고 말하는 데에서도 알 수 있다.

우선, 주희의 노장학 비판의 핵심을 간략히 정리해 보기로 한다. 주희는 노장학의 도본체론(道本體論, 도가 만물의 근원)이 비록 삼강오륜(三綱五倫)의 폐기를 조장하는 혐의가 있긴 하지만[6] 도의 형용에서는 매우 적절하고 취할 것이 있다고 긍정했다.[7] 그 긍정이란 도를 통한 존재하는 모든 것에 대한 평등한 시선을 말한다. 그런데 문제는 이러한 평등함을 구현하기 위한 기의 자발적 작용에 있었다. 주희가 보기에 기의 작용은 스스로 그러한 것이 아니라 반드시 그러한 이유가 있다고 믿었던 것이다.

---

4 金誠一(이하 생략), 『鶴峯先生文集續集』 권5 「退溪先生言行錄」: "學者但當讀書, 知得盡信得及, 如異端文字, 專然不知, 亦不妨也."

5 『朱子語類』 권97: "周謨曰, '平時慮爲異敎所汩, 未嘗讀莊老等書, 今欲讀之如何?', 曰, '自有所主, 則讀之何害, …….'"

6 『朱子語類』 권126: "佛老之學, 不待深辨而明. 只是廢三綱五常, 這一事已是極, 大罪名, 其他更不消說."

7 『朱子語類』 권33: "又曰, 程子說, '莊子說道體, 儘有妙處, 如云, '在谷滿谷, 在抗滿抗', 不是他無見處, 只是說得來作怪.' 大抵莊老見得些影, 便將來作弄矜詫."

가령, 『노자(老子)』에서 "무(無)는 천지의 시작을 일컫는 것이고, 유(有)는 만물의 어미를 일컫는 것이다."와 "천하 만물은 유에서 생기고 유는 무에서 생긴다."[8]에 대해, 노자는 유와 무를 비록 같은 것에 두 측면을 말한 것이지만 그 근본은 '무'에 있다고 본 반면, 주희는 바로 그러한 무에 대한 '유'의 경시를 문제 삼는다.[9] 즉 무와 유는 주자학에서 말하는 리와 기로 연결될 수 있고, 이를 체용일원(體用一源, 體[본체]와 用[작용]은 하나의 근원)에서 보면, "리 밖에 기가 없고 기 밖에 리가 없다"는 이른바 불리하면서도 리는 기의 소이(所以, 까닭)가 되는 것이다.

이황도 노장학을 바라보는 기본 입장은 주희와 크게 다르지 않다. 앞서 언급한 유무설에 대해서 그는 주희와 비슷한 입장에서 '허(虛)'와 '무(無)'를 '실(實)'과 '유(有)'에 연관하여 다음과 같이 주장한다.

주자는 "지극히 '허(虛)'한 가운데 지극히 '실(實)'한 것이 있다."라고 하였으니, 이것은 허하면서 실하다는 것을 말한 것이지 허가 없다는 말은 아니며, "지극한 '무(無)' 가운데 지극한 '유(有)'가 있다."라고 하였으니, 이것은 무하면서 유하다는 것을 말한 것이지 무가 없다는 말은 아닙니다. …… 이제 한갓 리(理)의 실상을 밝히고자 하여 마침내 이를 가지고 허가 아니라고 한다면, 주자(周子), 정자(程子), 장자(張子), 주자(朱子) 같은 대학자의 논의를 모두 폐기해야 옳겠습니까? 『주역(周易)』의 '형이상(形而上)'과 『중용』의 '무성무취(無聲無臭)'를 노장(老莊)의 허무의 설과 같은 것으로 귀결 짓겠습니까? 공은 '허'자의 폐단이 장차 학자들로 하여금 다투어 허무를 논하여 노불(老佛)의 지경에 빠지게 할 것을 염려하나, 나는 '허'자를 쓰지 않고 '실'자만을 고집하는 것이 또한 장차 학자들로 하여금 상상하고 헤아려서 실로 무위진인(無位

---

8 『老子』 1장: "有名天地之始, 無名萬物之母."; 『老子』 40장: "天下之物, 生於有, 有生於無."

9 조민환, 「주희의 노장관」, 『유교사상연구』 7집, 한국유교학회, 1994, 17~22쪽; 김형석, 「정주학파의 노장이단관」, 『한국철학논집』 18집, 한국철학사연구회, 2006, 498~502쪽.

眞人)이 번쩍번쩍하면서 거기에 있다고 생각할까 염려됩니다.[10]

이황은 '허'와 '무'라는 말을 단순히 노장의 설로 치부하여 배척하는 것은 잘못이라고 했다. 오히려 그 때문에 '실'과 '유'만을 고집한다면 이것이야말로 주자학의 본지를 흐리는 것으로 더욱 비판되어야 할 것이라고 말한다. 이걸 보면 그 역시 주희의 체용관계에 근거하여 허무 자체를 부정하기보다는 실유와 함께 이해하는 데 동의한 것이라고 할 수 있다.

다만 노자의 "허가 기를 낳을 수 있다[虛能生氣]"는 말을 해석하는 데에는 조금의 차이를 보인다. 장재는 허와 기를 체와 용으로 이해하여 이를 분리하여 말하는 것은 부당하다고 했고, 주희도 이와 비슷한 견해를 제시했다. 그런데 이황은 허를 리로 보는 것도 무방하다고 했다.[11] 이렇게 보면 리가 기를 낳을 수 있다는 말로, 주자학에서 말하는 '리생기(理生氣)'로 이해한 것이 된다.

흔히 리와 기의 체용적 이해, 그리고 리는 기의 소이라는 것은 이들이 서로 불리(不離, 혼륜으로 인식)와 부잡(不雜, 분별로 인식)의 관계에 있음을 의미한다. 주자학의 기본 전제에 해당하는 이 모순적 관계는, 따라서 그 편중에 따라 리의 성격을 달리 규정될 수 있게 한다. 즉 불리는 리의 무위로, 부잡은 리의 유위로 읽어낼 수 있는 여지를 준다고 할 수 있다.[12] 앞서 유무설의 비판에서 리가 기의 소이가 됨은 불리의 관계를 전제로

---

10 李滉(이하 생략), 『退溪先生文集』卷16「書, 答奇明彦」: "朱子謂至虛之中, 有至實者存, 則是謂虛而實耳, 非謂無虛也, 謂至無之中, 有至有者存, 則是謂無而有耳, 非謂無無也. …… 今徒欲明理之實, 而遂以理爲非虛, 則周, 程, 張, 朱諸大儒之論, 皆可廢耶? 大易之形而上, 中庸之無聲無臭, 其與老莊虛無之說, 同歸於亂道耶? 公慮虛字之弊, 將使學者, 胥爲虛無之論, 而淪於老佛之域, 滉亦慮不用虛字, 膠守實字, 又將使學者, 想像料度, 以爲實有無位眞人閃閃爍爍地在那裏看也."

11 『退溪先生文集』卷4「書, 答鄭子中, 別紙」: "虛能生氣之虛, 若作理字看, 則無害."

12 한형조,「리, 지상의 척도에 대하여」,『왜 동양철학인가』, 파주: 문학동네, 2000, 172~177쪽 참조.

한 것이었다면, 리생기는 바로 부잡의 관계를 전제로 한 리선기후(理先氣後)로, 이를 좀 더 적극적으로 해석하면 리의 우위를 표현하는 것으로 이해된다. 당연히 이황은 이 적극적 해석에 근거하여 리의 유위에 힘을 실어주고 있으며[13] 이를 노자의 말 속에서도 읽어내려고 했던 것으로 보인다.

이황의 노장학 비판 또한 이러한 맥락에서 이루어지고 있다. 즉 그는 앞서 "'허'가 '기'를 낳을 수 있다"는 말에서 노자는 '리'자를 알지 못하기 때문에 이를 어떻게 설명하겠느냐고 말하고 있다. 이는 노장의 폐단이 리를 알지 못하고 기만을 중시하는 데 있음을 지적한다.

> 리는 무위(無爲)하고 기는 유욕(有欲)이기 때문에 리를 실천하는 것을 위주로 하는 자는 기를 기르는 것이 그 가운데 있으니, 성현이 그런 사람이다. 기를 기르는 데 치우친 사람은 반드시 성(性)을 해치는 데 이르니, 노자(老子)와 장자(莊子)가 그런 사람이다.[14]

이황은 주자학이 리를 중시하면서 기를 기르는 학문이라면, 노장학은 기를 기르는 데 치중한 학문이라고 말한다. 여기서 전자는 기본적으로 리와 기가 불리의 관계에 있지만 리가 기보다 우위적 관점을 견지한다면, 후자는 허무를 숭상함으로써 실유를 잃어버려 리는 있으되 제대로의 역할을 하지 못하는 사리(死理)의 상황을 말한다. 따라서 그들에게는 이 허무가 본체이나 이는 주자학에서 말하는 본체인 성을 해치게 되

---

13 이황의 리 우위적, 즉 존리적 관점에 대해서는 다양한 연구들이 있었다. 최영진, 「퇴계의 이기론과 현실인식」, 『조선조 유학사상사의 양상』, 서울: 성균관대학교출판부, 2005; 이동희, 「퇴계 존리설의 과정철학적 의미」, 『조선조 주자학의 철학적 사유와 쟁점』, 서울: 성균관대학교출판부, 2006; 이상익, 「퇴계 성리학과 퇴계학의 본령」, 『영남성리학연구』, 서울: 심산, 2011.

14 『退溪先生文集』 卷12 「書, 與朴澤之」: "然理無爲而氣有欲, 故主於踐理者, 養氣在其中, 聖賢是也. 偏於養氣者, 必至於賊性, 老莊是也."

는 것이니, 기를 리로 인식하는 '인기위리(認氣爲理)'의 폐단이 매우 심함을 지적한 것이라고 하겠다.

2) 나흠순과 서경덕의 철학 비판: '리기비이물(理氣非二物)' 비판과 '존리(尊理)'의 강조

앞서 살펴본 이황의 노장관은 서경덕과 나흠순의 철학을 비판하는 데에도 비슷하게 나타난다. 우선 서경덕 철학의 핵심을 간략히 정리해 보기로 한다.

서경덕(徐敬德, 1489~1546)은 우주의 본체를 기(氣)로 보았다. 태허(太虛)의 기는 바로 이를 형용한 것으로 만물 생성의 시원이 된다.[15] 즉 이 기가 모여 만물이 되고 다시 흩어져 태허로 돌아가게 되는 것이다. 이때 기의 작용은 누구에 의해 이루어지는 것이 아닌 스스로 또는 필연적으로 그렇게 되는 것이다. 서경덕은 이를 '기자이(機自爾)'라고 표현하고,[16] 기 자체 운동성의 원리[條理]를 리라고 보았다. 당연히 이 리는 주자학의 궁극자인 태극이 아닌 기의 주재(主宰, 標準 또는 使之), 즉 소이연(所以然)으로만 존재할 뿐이다. 그래서 그는 "기 밖에 리가 없다."라고 하였고 "리는 기에 앞설 수 없다."라고도 하였던 것이다.[17]

이에 대한 이황의 평가는 그 사람됨은 중히 여길 만하지만 그의 학문적 경지는 깊지 않다는 말에 함축되어 있다. 이어 다음과 같이 비판한다.

---

15 徐敬德(이하 생략), 『花潭集』 卷2 「雜著, 原理氣」: "太虛湛然無形, 號之曰, 先天. 其大無外, 其先無始, 其來不可究, 其湛然虛靜, 氣之原也."

16 『花潭集』 卷2 「雜著, 原理氣」: "倐爾躍, 忽爾闢, 孰使之乎? 自能爾也. 亦自不得不爾是謂理之時也."

17 『花潭集』 卷2 「雜著, 理氣說」: "氣外無理, 理者氣之宰也. 所謂宰, 非自外來而宰之, 指其氣之用事, 能不失所以然之正者而謂之宰. 理不先於氣. 氣無始, 理固無始. 若曰, 理先於氣, 則是氣有始也."

일찍이 화담(花潭)의 학문에 대해 물으니, 선생이 "그의 의론을 보면 '기(氣)'를 논한 것은 지극히 정밀해 마지않으나, 리(理)에 대해서는 그다지 정밀하지 못하였다. 그래서 기를 주장하는 데 너무 치우치기도 하고, 혹은 기를 리로 알기도 하였다. 그러나 우리 동방에는 이보다 앞서 책을 지어 이렇게까지 한 사람이 없었으니, 리와 기를 밝히는 데에는 이 사람이 처음이다. 다만 그가 말할 때에 자부함이 너무 지나친 것을 보면, 아마 그가 터득한 경지가 깊지 못한 것 같다."라고 말하였다.[18]

이황은 리와 기를 밝게 드러낸 이로 서경덕이 처음이라고 그 의의를 인정했다. 다만 기에 대해 지극히 정밀했던 반면[19] 리에 대해서는 그렇지 못하다는 것이다. 그 이유는 인용문에서 부연하고 있듯이, 기에 너무 치중하여 기를 리로 인식했다는 데 있다. 이는 앞서 서술한 태허지기를 궁극자로 보는 데 근거하며 이황의 입장에서는 이를 받아들일 수 없었다. 서경덕을 비판했던 이이 또한 이 점에서는 다르지 않다. 다만 한 가지 다른 점이 있다면, 이이는 그럼에도 서경덕이 리기불리의 관계는 정확히 보았다고 했지만 이황은 반대로 그가 리기부잡의 관계를 인식하지 못했다고 한다.

지금 살피건대, 주자가 평소 리(理)와 기(氣)를 논한 허다한 말씀 가운데 한 번도 두 가지가 같은 것이라고 한 적이 없었고, 이 편지에 이르러서는 단도직

---

18 『退溪先生言行錄』卷5「類編, 論人物」: "嘗問花潭之學, 先生曰, '觀其議論, 論氣則精到無餘, 而於理則未甚透徹, 主氣太過, 或認氣爲理. 然吾東方, 前此未有論著, 至此者, 發明理氣, 始有此人耳. 但言語之際, 自負太過恐其所得未深也.'"

19 이황이 서경덕의 氣不滅論을 불교에 빠진 것이라고 비판했다. 『退溪先生文集』卷14「書, 答南時甫」: "因思花潭公所見, 於氣數一邊路熟, 其爲說未免認理爲氣, 亦或有指氣爲理者. 故今諸子亦或狃於其說, 必欲以氣爲亘古今常存不滅之物, 不知不覺之頃, 已陷於釋氏之見, 諸公固爲非矣." 이에 대해서는 이운구(앞의 논문, 37~38쪽), 곽만연(앞의 논문, 71쪽)이 자세히 다루었다.

입적으로 "리와 기는 결단코 두 가지이다."라고 하셨고, 또 "성이 비록 바야
흐로 기 가운데 있더라도 기는 기이고 성은 성이어서 서로 섞이지 않으니, 기
의 정한 것을 성으로 삼거나 성의 거친 것을 기로 삼아서는 안 된다."라고 하
셨다. 대개 공자와 주자(周子)의 뜻이 이미 저와 같고, 정자(程子)와 주자(朱
子)의 설이 또 이와 같으니, 이 말이 화담의 설과 같은가 다른가? 내가 어리
석고 고루하여 소견이 막혀서 성현을 독실하게 믿을 줄만 알아 본분에 개진
한 말씀을 따르기만 할 뿐 화담처럼 기기묘묘한 곳은 보지 못하였다. 그러나
시험 삼아 화담의 설을 가지고 성현의 설을 헤아려 보면 하나도 부합하는 곳
이 없다. 매양 생각건대, 화담이 일생 동안 이 일에 힘을 쏟아 스스로 '심오
한 이치를 궁구하고 현묘함을 극진히 하였다'라고 여겼지만, 결국 리란 글자
를 투철하게 알아내지 못하였다. 그래서 비록 죽을힘을 다하여 기이한 것을
말하고 묘한 것을 말하였으나, 거칠고 얕은 형기(形器) 한쪽에 떨어지는 것을
면하지 못하였으니 애석하다.[20]

물론 이황이 불리의 관계를 부정하는 것은 결코 아니다. 다만 리와 기
가 부잡의 관계에 있음을 잊지 말아야 그 본래의 역할과 의미를 분명히
알 수 있고, 그렇게 된다면 리는 기의 리가 될 수 없으며 태허지기가 궁
극자가 될 수도 없음을 이해하게 된다는 것이다. 결국 그가 보기에 서경
덕은 그 스스로 성인이 말하지 못한 것을 알았다고 자부했지만 그의 학
문은 거칠고 얕은 한 부분, 즉 기의 영역에만 머무르고 말았다고 평가했
다.

---

20 『退溪先生文集』卷41「雜著, 非理氣爲一物辯證」: "今按, 朱子平日論理氣許多說話, 皆未
嘗有二者爲一物之云, 至於此書, 則直謂之理氣決是二物, 又曰, 性雖方在氣中, 然氣自氣
性自性, 亦自不相夾雜, 不當以氣之精者爲性, 性之粗者爲氣. 夫以孔周之旨旣與彼, 程朱
之說又如此, 不知此與花潭說, 同耶異耶? 滉愚陋滯見, 但知篤信聖賢, 依本分平鋪說話, 不
能覰到花潭奇乎奇妙乎妙處. 然嘗試以花潭說, 揆諸聖賢說, 無一符合處. 每謂花潭一生用
力於此事, 自謂窮深極妙, 而終見得理字不透. 所以雖拚死力談奇說妙, 未免落在形器粗淺
一邊了, 爲可惜也."

여기서 이황은 이러한 서경덕의 철학이 있게 된 혐의를 나흠순에게 돌리며 그에 대한 비판도 이러한 맥락에서 이루어지고 있다. 알려진 바 대로, 나흠순(羅欽順, 1465~1547)은 주희의 리기론에 대한 수정을 시도 했다. 그가 보기에 주희는 리와 기가 부잡의 관계에 있음에 너무 치중 한 나머지 오히려 리와 기가 불리의 관계에 있음을 소홀히 했다고 비판 했다.[21] 그러면서 그는 서경덕과 비슷한 "리는 단지 기의 리일 뿐이다."[22] 라고 주장하게 된다. 물론 여기서 리는 주자학의 형이상학적 리도, 서경 덕처럼 태허지기를 전제로 한 것도 아니다. 이 리는 단지 "가면 오지 않 을 수 없고 오면 가지 않을 수 없는"[23] 운동 및 변화하는 기에 내재된 조 리의 의미로만 한정되어 있다. 따라서 그는 "이 물이 있고 이 리가 있다. …… 이 물이 없으면 이 리도 없다."[24]는 현상에 존재하는 만물을 통해 리와 기의 관계를 이해하고자 했던 것이다.

이러한 점에서 이황은 나흠순 역시 서경덕과 비슷한 오류를 범하고 있다고 비판했다. 즉 리와 기의 관계를 오독했다는 것이다.

나정암(羅整菴)이 이 학문에 대하여 한 점 엿본 것이 없지는 않으나 잘못 들 어간 곳이 바로 리(理)와 기(氣)가 둘이 아니라는 말에 있으니, 뒤의 학자들이 또 어찌 오류를 답습하여 서로 이끌고서 미혹한 지경에 들어가겠는가.[25]

---

21 羅欽順(이하 생략), 『困知記』 卷上 19장: "但伊川旣有此言(理一分殊), 又'以爲才稟於氣', 豈其所謂分之殊者, 專指氣而言之乎? 朱子嘗因學者問理與氣, 亦稱伊川此語, 說得好. 却 終以理氣爲二物. 愚所疑未定于一者, 正指此也."

22 『困知記(續)』 卷上 38장: "理只是氣之理, 當於氣之轉折處觀之."

23 『困知記(續)』 卷上 38장: "夫往而不能不來, 來而不能不往, 有莫知其所以然而然, 若有一 物主宰乎其間而使之然者, 此理之所以名也."

24 『困知記』 卷下 23장: "氣聚而生, 形而爲有, 有此物, 卽有此理. 氣散而死, 終歸於無. 無此 物, 卽無此理."

25 『退溪先生文集』 卷41 「雜著, 非理氣爲一物辯證」: "羅整菴於此學. 非無一斑之窺. 而誤入 處正在於理氣非二之說. 後之學者. 又豈可踵謬襲誤. 相率而入於迷昧之域耶."

인용문에서 "한 점 엿본 것이 없지 않다는 것"은 주희가 리와 기의 부잡에 치중해 있음을 지적한 말이다. 이황은 이를 적극적으로 해석했고, 나흠순은 이것이 주희가 제시한 리기론의 결함이라고 했으니 그 시작부터가 어긋난 것이다. 얻은 결과 또한 리와 기가 둘이 아닌 리를 기의 조리 정도로 치부했다. 이황이 보기에 그것은 주자학의 본지를 왜곡한 것으로 배척하지 않을 수 없었다. 그래서 그 비판을 선유들의 여러 말들을 전거로 리와 기가 하나일 수 없음을 힘써 강조한다.

가령, 공자(孔子)의 "태극이 있으니 이것이 양의를 낳는다."는 말과 주자(周子)의 "태극이 동하여 양을 낳고 정하여 음을 낳는다."는 말을 들어 리와 기가 본래 하나라면 어찌 태극이 음양을 낳겠는가라고 반문한다.[26] 또한 정호(程顥)가 "기 또한 도이며 도 또한 기"라는 말은 기를 떠나 도를 찾을 수 없고 도를 벗어난 기가 있을 수 없음을 말한 것이지 리와 기가 하나라는 말은 아니며 오히려 리와 기의 관계가 형이상(形而上), 형이하(形而下)로 분명한 분별이 있음을 지적했다고 말한다.[27]

이를 볼 때, 이황은 분명 주자학의 본지가 리기의 부잡 관계에 무게 중심이 있으며, 따라서 그 각각의 차별성을 분명히 하는 것이 무엇보다 중요하다고 생각했던 것으로 보인다. 물론 주자학에서 보면 리와 기는 불리와 부잡의 관계를 모두 아우르며 어느 하나에 편중되지 않는다. 주희의 의중에 따르면 오히려 불리에 가깝다.

그렇다면 이황의 다소 지나친 이러한 주장은 어디에 연유하는 것일

---

26 『退溪先生文集』卷41「雜著, 非理氣爲一物辯證」: "孔子曰, '易有太極, 是生兩儀', 周子曰, '太極動而生陽, 靜而生陰.' …… 今按, 孔子, 周子明言陰陽是太極所生, 若曰, 理氣本一物, 則太極卽是兩儀, 安有能生者乎? 曰眞, 曰精, 以其二物故, 曰妙合而凝, 如其一物, 寧有妙合而凝者乎?"

27 『退溪先生文集』卷41「雜著, 非理氣爲一物辯證」: "明道曰, '形而上爲道, 形而下爲器, 須著如此說. 器亦道, 道亦器.' 今按, 若理氣果是一物, 孔子何必以形而上下分道器? 明道何必曰, '須著如此說乎?' 明道又以其不可離器而索道, 故曰, 器亦道, 非謂器卽是道也, 以其不能外道而有器, 故曰, 道亦器, 非謂道卽是器也.[道器之分, 卽理氣之分, 故引以爲證.]"

까? 우리는 이황이 기대승과의 사단칠정논변에서 줄곧 순선한 사단의 보존과 칠정의 중절한 선을 확보하려고 노력했다는 사실을 기억한다.[28] 그는 이것이 무엇보다 리기가 부잡하되 리가 기보다 우위에 있어야 가능함을 역설했다.[29] 이 리의 우위를 흔히 '존리(尊理)', 또는 리귀기천(理貴氣賤)으로 표현하는데, 이는 리와 기를 가치론적으로 재해석하여 자신의 철학에 중요한 부분을 차지하고 있음을 보여주고 있는 것이다. 따라서 그가 서경덕과 나흠순을 비판하는 관점 또한 이러한 태도에 근거한 것이라고 봐야 한다.

3. '돈오(頓悟)'의 비판과 존덕성공부(尊德性工夫) 중시

1) 불교 비판: 돈오(頓悟)의 비판

조선 건국과 함께 시행된 강력한 배불론은 16세기에 이르면 어느 정도 고착화 단계에 접어든다. 그 사이에 보우(普雨)의 불교부흥책이나 서산(西山)의 유불조화론이 일시적으로 대두되기는 했지만 이때가 되면 이미 불교는 이학의 원흉으로 낙인찍히게 되며 더 이상의 민감한 문제로 부각되지 않는다. 이황 또한 강력한 배불론을 전개하지는 않은 채 선유들의 기본 입장을 그대로 공유하고 있다.[30] 즉 고려 멸망의 원인이자 이

---

28 이에 대해서는 다음 논문에서 자세히 다루었다. 추제협, 「근기 퇴계학의 형성에 관한 연구 – 성호 이익의 성리설을 중심으로」, 계명대학교 박사논문, 2012, 25~44쪽; 추제협, 「이황의 사단칠정론과 마음공부」, 『안동학연구』13집, 한국국학진흥원, 2014, 140~146쪽 참조.

29 李滉, 奇大升, 『兩先生四七理氣往復書』上篇 卷1: "夫四端情也, 七情亦情也, 均是情也, 何以有四七之異名耶? 來喩所謂, 所就以言之者不同, 是也. 盖理之與氣, 本相須以爲體, 相待以爲用. 固未有無理之氣, 亦未有無氣之理. 然而所就而言之不同, 則亦不容無別. 從古聖賢, 有論及二者, 何嘗必滾合爲一物, 而不分別言之耶?"

30 이황이 10대 중후반 여러 산사를 찾아 공부한 기록과 이익의 기록(이황이 이조년 사당에 대

학의 가장 큰 해로 불교를 지목하면서 그 뿌리를 제대로 제거하지 못하여 기회가 있을 때마다 세력이 성대해지곤 하며 아직도 그 폐단이 남아 세상 사람들을 미혹되게 한다고 하였다.[31]

그래서 그는 이 미혹됨을 극도로 경계하였다. 특히 유학자들은 이를 무엇보다 두려워해야 한다고 하면서 자신 또한 불경을 읽고 철저히 분석하고 싶지만 혹 여기에 빠져 들게 되지 않을까 하는 불안감을 드러냈다.[32] 그 불안감의 기저에는 분명 불교가 주자학과 공유하고 있는 면이 있음을 부인하기 어렵다. 특히 주자학과 선학의 관계에서 두 사상의 핵심적 명제인 '성즉리(性卽理)'와 '견성(見性)'은 '성의 자각'이라는 점에서 공유의 고리로 작용한다고 할 수 있다.

인간은 선천적으로 부여된 성이 있음을 아는 데에서부터 부처나 성인이 되는 조건은 이미 형성된 것이다. 그 성이 불교에서는 불성(佛性)이며 주자학에서는 성선(性善)의 차이일 뿐 만물이 공평하게 부여받았다는 점에서는 다르지 않다. 그 부여된 바를 인간은 자각하고 확충해 나가는 것이 필요할 뿐이며, 그런 점에서 누구나 부처나 성인이 될 수 있다는 가능성은 두 사상이 공유하고 있는 기반인 셈이다.[33] 그래서 이황은 주자

해 의론했지만 그 유상의 손에 염주를 가졌다 해서 그것으로 허물을 삼지 않았다는 내용)에 근거하여 불교에 이해가 있었고 비교적 관대한 태도를 가졌을 것이라는 추측이 있다. 임종진, 「주자와 퇴계의 성리사상 비교 - 張伯行의 『續近思錄』과 星湖 李瀷의 『李子粹語』를 중심으로」, 『퇴계학과 유교문화』 41집, 경북대 퇴계연구소, 2007, 24~25쪽 참조.

31 『退溪先生文集』 卷6 「疏, 戊辰六條疏」: "臣伏見東方異端之害, 佛氏爲甚, 而高麗氏以至於亡國. 雖以我朝之盛治, 猶未能絶其根柢, 往往投時而熾漫. 雖賴先王旋覺其非, 而汎掃去之, 餘波遺燼, 尙有存者."

32 『鶴峯先生續集』 卷5 「雜著, 退溪先生言行錄」: "先生於異端, 如淫聲美色, 猶恐絶之不嚴, 嘗曰, '我欲看佛經, 以覈其邪遁, 而恐如涉水者, 初欲試其淺深, 而竟有沒之虞耳. 學者但當讀聖賢書, 知得盡信得及, 如異端文字, 全然不知, 亦不妨也.'"

33 한형조는 '발견의 체계'를 "이루어져야 할 모든 것이 이미 자신 속에서, 본유를 통해 완성되어 있다"는 발상에 토대를 둔다고 전제하고 불교와 주자학은 성의 '발견'이라는 공유기반을 가지고 있다고 말한다. 한형조, 『조선 유학의 거장들』, 파주: 문학동네, 2008, 28~39쪽, 「1554년 금강산, 청년 율곡과 어느 노승의 대화」 참조.

학에 깊이 경도되었더라도 여기에 미치면 빠져들게 됨을 부인하지 않았던 것이다. 때문에 그는 그 같음에 현혹되기보다는 우리 유학만이 가진 차별성에 관심을 가져야 한다고 강조한다.[34] 당연히 비판의 논조도 그 다름에 맞춰지리라는 것은 예상할 수 있다.

주희는 노장학과 함께 불교의 가장 큰 폐단을 삼강오륜의 폐기에 두었다.[35] 이러한 폐기로 인해 구축된 논리는 모든 것을 '공(空)'으로 만드니 그것은 노장이 범한 실유를 저버린 것과 다르지 않다고 했다. 또한 존재를 모두 심으로 회귀시킴으로써 분별이 사라지게 되는데 도대체 그러한 작용시성(作用是性, 마음의 작용)을 믿을 수 없다고 거부한다. 특히 선학은 그 마음에 불성이 있으니 이를 인식하는 것이 바로 부처가 되는 길이라고 하니 이를 극구 비판했다.

이황의 불교 비판도 기본적으로 이러한 주희의 입장에 서 있다. 다만 그는 불교의 이론에 대한 철저한 분석을 통한 전면적인 비판을 가하기보다는 앞서 언급한 공유 기반을 전제하면서 그 차별성을 몇 가지로 한정하여 논의하고 있다. 우선 그는 불교와 주자학이 성의 인식에서부터 시작한다는 점에서는 같으나 불교에서 보는 성은 기라는 점이 다름을 다음과 같이 말한다.

석씨(釋氏)는 성(性)이 리(理)인 것을 알지 못하여 정령(精靈) 신식(神識)을 성으로 보았다. 그래서 죽어서도 없어지지 않고 갔다가 다시 온다고 하였으니 어찌 이러한 이치가 있겠는가?[36]

---

34 『退溪先生文集』卷10「書, 答盧伊齋」: "明道先生云, '釋氏於吾儒, 句句同, 事事同, 然而不同.' 今雖固知其有同, 然如我輩當尋箇不同處, 堅定脚跟."

35 주희의 불교 비판에 대해서는 다음 논문을 참조했다. 김미영, 「주희의 불교비판과 공부론 연구」, 고려대학교 박사논문, 1998, 146~166쪽; 한형조, 「인간 존재의 우주적 의미와 책임에 대하여」, 『왜 조선유학인가』, 파주: 문학동네, 2008, 214~224쪽.

36 『退溪先生文集』卷24「書, 答鄭子中」: "釋氏不知性之爲理, 而以所謂精靈神識者當之. 謂死而不亡而復來, 則安有是理耶."

'성즉리'는 성리학의 기본 명제로 이황이 생각하기에 불교와의 차별성을 가장 분명하게 드러낼 수 있는 것이라고 보았다. 주자학에서 성은 바로 천리로 만물에 부여된 것이다. 반면 성에 대한 불교의 입장은 인용문에서처럼 정령과 신식으로 말하고 있듯이 마음의 작용으로 본다.[37] 이것이 죽어도 없어지지 않는 영원불멸한 것이라고 했다. 주자학에서 볼 때 절대적 이치로써 늘 존재하는 것은 리이지 기가 아니다. 따라서 기를 성으로 인식하고 리를 부정하는 것은 리의 보편적 실재에 대한 부정으로, 이러한 이치는 있을 수 없다는 것이다. 더욱이 그것으로 인해 불멸하여 윤회의 근거가 된다는 것은 이치에 합당하지 않다고 했다. 그런 점에서 불교의 견성성불에 대한 이황의 입장은 이중적이다. 즉 자신의 마음에 성을 자각해야 한다는 논리는 부정하지 않았지만 그 성이 천리가 아닌 마음의 작용이라는 점은 인정하지 않았다.

더불어 이황은 견성성불이 함축하고 있는 방법적 측면에서 더욱 강도 높게 비판한다. 마음에 있는 불성을 자각한다면 부처가 될 수 있다는 주장에서, 문제는 부처가 되기 위해서 어떠한 노력이나 교육이 필요하지 않다는 데 있다. 즉 주자학은 철저한 수양을 통해 내 마음의 성을 확충해 가야 성인에 이를 수 있다고 본 반면, 불교 특히 선학은 일시의 자각에 의해 깨달음에 이를 수 있다는 점에서 목표에 이르는 방법적 차이가 있다는 것이다. 이황은 바로 이러한 점에서 선학에서 말하는 '돈오(頓悟)'의 방법이 주자학의 방법이 아님을 강조한다.[38] 그러면서 주자학의 공부법과 대비하여 다음과 같이 비판하고 있다.

---

37 한정길은 '작용시성'의 의미를 세 가지로 정의하고 있다. ①성 그 자체는 불성으로 변함이 없다. ②성은 오묘한 작용을 지닌다. ③성의 구체적인 작용은 심의 지각작용이며 또 일상사를 운용할 수 있다. 한정길, 「주자의 불교비판 – 作用是性說과 識心說에 대한 비판을 중심으로」, 『동방학지』 116집, 연세대 국학연구원, 2002, 12~14쪽 참조.

38 『退溪先生文集』 卷14 「書, 答南時甫」: "但悟之一字, 力主言之, 此則蔥嶺帶來頓超家法, 吾家宗旨, 未聞有此."

텅빈 마음으로 리를 살피고 먼저 자기의 의견을 정해버리는 일이 없게 할 것이며 차츰 차츰 쌓아가서 완전히 성숙하게 되는 것이니 시간으로써 효과를 따지지 말아야 한다. 얻지 않고서 그만 둘 수 없으니 일생 동안의 공부로 해야 하는 것이다. 그 리가 무르익어 자세히 이해할 수 있게 되고, '경(敬)'으로 전일함에 이르러 이를 모두 깊이 나아간 뒤라야 스스로 얻을 수 있을 뿐이다. 어찌 한번 뛰어 갑자기 깨달아 그 자리에서 부처를 이루는 자가 어둡고 분간할 수 없는 곳에서 어렴풋이 영상을 보고서는 문득 큰 일이 이미 끝났다고 하는 것과 같을 수 있겠는가?[39]

이황은 이러한 '돈오'의 방법이 온전한 깨달음이 될 수 없다고 말한다.[40] 그 이유는 진정한 깨달음이란 '경'을 통한 마음을 전일하게 한 상태에서 개별 사물에 나아가 궁리하고 오랜 숙련의 과정을 거쳐 그것이 깊이를 더할 때 얻을 수 있는 것이기 때문이다. 특히 그는 진적역구(眞積力久), 즉 "차츰 차츰 쌓아가서 완전히 성숙하게 되는" 오랜 공부의 과정을 무엇보다 중요시 했다. 또한 선학에서 경전공부가 방해가 된다고 배척한 것에 대해, 그는 이러한 지나친 선수행이 오히려 몽매하게 만들어 자기가 마치 깨달음에 이른 착각을 일으키게 한다고 보았다. 이러한 폐단을 막기 위해 독서궁리공부는 버릴 수 없는 것이라고 했다.

---

39 『退溪先生文集』卷14「書, 答李叔獻」: "虛心觀理, 勿先執定於己見, 積漸純熟, 未可責效於時月. 弗得弗措, 直以爲終身事業. 其理至於融會, 敬至於專一, 皆深造之餘自得之耳. 豈若一超頓悟, 立地成佛者之略見影象於怳惚冥昧之際, 而便謂一大事已了耶."

40 이황의 불교 비판은 주로 선수행과 돈오에 맞춰져 있다. 서수생, 「퇴율의 불교관」, 『퇴계학과 유교문화』 15집, 경북대 퇴계연구소, 1987, 36~38쪽; 정혜정, 「불교적 조명에 의한 퇴계와 율곡의 공부론 비교」, 『종교교육학연구』 16집, 한국종교교육학회, 2003, 190~192쪽; 오지섭, 「16세기 조선 성리학파의 불교인식 -퇴계와 율곡을 중심으로」, 『종교연구』 36집, 한국종교학회, 2004, 45~46쪽.

2) 양명학 비판: 본심(本心)의 비판과 존덕성공부(尊德性工夫) 중시

익히 알려져 있다시피 이황은 양명학에 대해서 누구보다도 강하게 비판했다. 그는 "양명의 학술이 매우 편벽되어 그 마음이 강하고 사나와 제 마음대로 하며 그 언변이 장황하고 시끄러워서 사람들로 하여금 현혹하게 하여 자기의 본심을 잃어버리게 하니 인의를 해치고 천하를 어지럽게 하는 것이 이 사람이 아닐 수 없다."[41]라고 하며 한탄했다. 그래서인지 앞서 다룬 사상보다 상대적으로 많은 부분을 할애하여 꽤 구체적인 비판을 가하고 있다.

그 비판의 내용은 「전습록변(傳習錄辨)」에서 확인할 수 있는데, 모두 4조목으로 나누어 논했다. 즉 『대학(大學)』의 '신민(新民)'에 대한 '친민(親民)'의 주장, 제자인 서애(徐愛)의 지선(至善)에 대한 왕수인(王守仁, 1472~1528)의 대답에서 궁리공부에 대한 부정, 그리고 심즉리설(心卽理說)과 치양지설(致良知說), 지행합일(知行合一)적 지행론이 그것이다.[42] 여기서 특히 심즉리설과 치양지설, 지행합일에 대한 비판은 양명학이 주자학과 차별성을 드러내는 대표적인 주장이라는 점에서 이황의 비판에 대한 초점은 적절하다고 하겠다.

이 세 주장에 대한 이황의 비판을 직접 들어 보면, 우선 심즉리설과 치양지설에 대해 그는 "양명은 다만 외물이 마음의 누가 되는 것을 근심하여, 사람의 떳떳한 마음과 만물의 법칙의 참되고 지극한 이치가 곧 내 마음에 본래 갖추어진 이치이며, 강학하고 궁리하는 것이 바로 본심의 체(體)를 밝히고 본심의 용(用)을 통달하게 하는 것임을 알지 못하였다. 그리하여 도리어 사사물물(事事物物)을 일체 쓸어 없애고 모두 본심에 끌

---

41 『退溪先生文集』卷41「白沙詩敎傳習錄抄傳,因書其後」: "陽明者, 學術頗戌, 其心强狠自用, 其辭張皇震耀, 使人眩惑而喪其所守, 賊仁義亂天下, 未必非此人也."

42 홍원식, 「서애 유성룡의 양명학에 대한 관심과 퇴계심학의 전개」, 『양명학』 31호, 한국양명학회, 2012, 150~151쪽 참조.

어들여 뒤섞어 말하려 하니, 이것이 석씨(釋氏)의 견해와 무엇이 다른가. 그런데도 때로 조금씩 석씨를 공격하는 말을 하여 자기 학문이 석씨에게서 나오지 않았음을 스스로 밝히고 있으니, 이 역시 자기를 속이고 남을 속이는 것이 아니겠는가?"[43]라고 비판한다. 또한 지행합일적 지행론에 대해서 그는 "양명이 저 형기의 하는 바를 끌어대어 의리의 지행에 대한 설을 밝히려 한 것은 대단히 옳지 않다. 그러므로 의리의 지행을 합하여 말하면 참으로 서로 필요하고 병행하여 한쪽이 없어서는 안 되지만, 나누어 말하면 지를 행이라 할 수 없는 것은 행을 지라 할 수 없는 것과 같으니, 어찌 합하여 하나라고 할 수 있겠는가?"[44]라고 비판한다.

이 두 비판의 핵심을 간략히 정리하면 다음과 같다.[45] 전자에서 마음과 리는 분리되며 개별 사물에 나아가 그 존재 원리를 궁구하는 것은 곧 내 마음의 리를 인식하고 밝히는 과정인데 이를 모두 마음으로 귀속시킨다면 내 마음의 리를 인식할 방법이 없다는 지적이다. 후자에서 지행의 문제는 본능적인 차원과 달리 도덕적 차원에서는 앎의 단계가 선행되어야 실천이 있을 수 있는데 이를 원래 하나라고 한다면 그 당위성은 인정되나 이러한 실천의 기준은 무엇인가 하는 지적이다.

이러한 비판의 이면에는 왕수인이 주장한 도덕 본체인 리의 선험적 인식이 과연 가능한가에 대한 이황의 회의가 전제되어 있다. 그가 생각하기에 현실의 복잡다단함과 한 치 앞도 예측할 수 없는 인간의 모습들,

---

43 『退溪先生文集』卷41「雜著, 傳習錄辯」: "陽明徒患外物之爲心累, 不知民彝物則眞至之理, 卽吾心本具之理, 講學窮理, 正所以明本心之體, 達本心之用. 顧乃欲事事物物一切掃除, 皆攬入本心衮說了, 此與釋氏之見何異? 而時出言稱攻釋氏, 以自明其學之不出於釋氏, 是不亦自欺以誣人乎?"

44 『退溪先生文集』卷41「雜著, 傳習錄辯」: "陽明乃欲引彼形氣之所爲, 以明此義理知行之說則大不可. 故義理之知行, 合而言之, 固相須竝行而不可缺一, 分而言之, 知不可謂之行, 猶行不可謂之知也, 豈可合而爲一乎?"

45 이황의 양명학 비판을 다룬 「전습록변」에 대한 분석은 다음 논문에서 자세히 하고 있다. 김용재, 「퇴계의 양명학 비판에 대한 고찰」, 『양명학』 3집, 한국양명학회, 1999, 31~55쪽; 최재목, 앞의 논문, 24~36쪽; 김세정, 앞의 논문, 300~309쪽.

그로 인한 인간사의 수많은 폐해들을 보면, 이러한 상황에 접하여 마음의 리가 적절히 구현되기에는 분명 한계가 있다는 것이다.[46] 그리고 그는 이 근본적인 원인을 그들의 학문적 종지인 '본심(本心)'에서 찾고 있다.

양명의 견해는 오로지 본심에 있어 조금이라도 밖으로 사물에 관련될까 두려워하였다. 그러므로 다만 본심에 나아가 지행을 하나로 인식하여 혼합하여 말한 것이다. 만일 그의 주장대로 오로지 본심만 일삼고 사물에 관여하지 않는다면, 마음이 실로 호색을 좋아하면 비록 장가들지 않고 인륜을 폐하더라도 호색을 좋아한다고 말할 수 있는가? 마음이 실로 악취를 싫어하면 비록 불결한 것을 몸에 뒤집어쓰더라도 악취를 싫어한다고 말할 수 있는가? 양명도 자신의 주장이 편벽됨을 알고 있었다.[47]

즉, 이황은 왕수인이 궁리공부를 폐지하거나 지행합일을 주장하는 것은 모두 본심을 학문의 종지로 삼았기 때문이라고 본다. 인간이 선험적으로 가진 지선한 이 본심은 회복과 실현의 대상일 뿐이다. 사욕의 발동은 그러한 본심이 가려질 때, 또는 제대로 된 성찰이 이루어지지 않거

---

46 김경호는 이황이 "마음에 이치가 본래적으로 담겨져 있다고 일상생활로부터 만사만물의 일은 다단해서 그 맥락이 때에 따라 다르기 때문에 하나의 원리로서만 설명될 수 없는 현실적 한계"를 지적했다고 했다(김경호, 「양명 심즉리에 대한 조선유학의 응전」, 『동양철학연구』 50집, 동양철학연구회, 2007, 172쪽). 한편 주광호는 양명이 말한 심즉리의 리가 도덕적 영역에 한정된 개념이라고 할지라도 외부사물에 대한 탐구를 배제했기에 "오륜처럼 인간관계에서 필수적으로 지켜야 할 기본적인 도덕의 문제를 배제하는 결과를 맞게 된다."라고 했으며, 또한 "인간의 인식과 의식의 흐름에는 탈도덕적인 혹은 비도덕적인 영역이 있음"을 부인할 수 없다고 했다.(주광호, 「명유와 조선유의 왕양명 공부론 비판」, 『퇴계학보』 121집, 퇴계학연구원, 2007, 132~133쪽.)

47 『退溪先生文集』 卷41 「雜著, 傳習錄辯」: "陽明之見, 專在本心, 怕有一毫外涉於事物. 故只就本心上認知行爲一, 而袞合說去. 若如其說, 專事本心而不涉事物, 則心苟好好色, 雖不娶廢倫, 亦可謂好好色乎? 心苟惡惡臭, 雖不潔蒙身, 亦可謂惡惡臭乎? 陽明亦自知其說之偏."

나 게을리 했을 때 발생한다. 이황은 이러한 사욕의 발동을 문제 삼으면서 이것이 사물에 나아가 리를 탐구하는 궁리공부를 하지 않고 오히려 이를 마음의 누로 여겨 본심에 집착한 폐단이라고 지적한다. 이러한 점에서 이황은 앞서 언급한 양명학의 대표적인 학설, 즉 심즉리설과 치양지설이 불교의 견해와 다를 바 없다고 말하면서 그 이유로 깨달음의 방법인 '돈오'를 들고 있다.

"육상산의 학문을 어째서 이단이라고 합니까?"라고 물으니 "불자들은 천리를 끊고 발부를 훼손시킨다. 지금 상산은 이러한 일은 하지 않지만 한 번에 깨닫는 돈오의 학문을 한다. 궁리는 정신을 피곤하게 한다고 해서 문학공부를 하지 않는다. 불립문자, 견성성불을 주장하는 석씨와 무엇이 다른가? 이것이 상산이 우리의 도와 다른 점이다. 그런데 유가와 불가의 차이는 터럭 같은 차이에서 나누어지니, 우리 도의 공이 얕게 되면 반드시 불가에 귀의하게 된다."라고 답했다.[48]

이황은 바로 이러한 본심의 중시와 치양지 하는 것이 불교에서 말하는 견성성불과 돈오의 방법과 다르지 않다고 비판한다. 그가 생각하기에 깨달음이란 개별 사물에 나아가 리를 궁구하고 이를 준거로 내 마음과 합일하는 심여리일(心與理一)의 경지에 이르는 것이라고 믿었다. 그런 점에서 불교가 돈오의 방법을 통해 사람들을 현혹시켜 누구나 부처가 될 수 있다고 하는 것이나 양명학이 내 마음의 본심을 알면 누구나 성인이 될 수 있다는 것은 같은 맥락에서 이해될 수밖에 없었던 것이다.

다만 좀 더 생각해 볼 것은 이러한 비판의 주체나 대상이 모두 주자학

---

48 李德弘, 『艮齋先生續集』 卷3 「心經質疑」: "問, '象山之學, 何故謂之異端?' 答曰, '爲佛者, 絶滅天理, 虧毁髮膚. 今象山非有此事, 只是爲一超頓悟之學. 以窮理爲疲精神, 不做問學工夫. 與釋氏不立文字見性成佛, 何異? 此象山所以異於吾道也. 然儒釋之間判於毫釐, 吾道之功淺, 則定歸於釋矣.'"

을 뿌리로 하고 있다는 사실이다. 양명학이 본심을 학문의 종지로 삼은 것은 주자학의 폐단에 대한 자신의 독자적인 이론 체계를 구축하기 위한 언명이었다. 그 또한 주자학에 대한 새로운 해석의 길을 개척한 것이라고 한다면, 이황이 양명학을 비판하는 것은 단순히 주자학의 수호라기보다는 자신의 정통학을 세우기 위한 방편에서이다. 이런 점에서 왕수인이 주자학을 비판하면서 제기한 문제, 즉 도문학공부에 대한 천착과 대안으로 제시된 마음의 문제, 그리고 이를 위한 치양지의 공부론까지, 이 사이에 자신의 철학이 자리하고 있듯 이황의 철학 또한 양명학을 비판하면서 제기한 문제 사이에 묘하게 자리하고 있다고 봐야 한다.

주자가 만년에 문하의 제자들이 대부분 문의(文義)에 얽매이는 것을 보고 자못 본체(本體)를 가리켜 보여서 중점을 존덕성(尊德性)의 논의로 돌렸다. 그러나 이것이 어찌 도문학(道問學)의 공부를 완전히 폐하고 사물의 이치를 무시하기를 양명이 말한 것처럼 하려는 것이겠는가? 그러나 양명이 이를 끌어들여 스스로 주자의 말에 붙이고자 하니 그 또한 잘못이다. 하물며 대학에 들어가는 사람은 소학을 먼저 하게 하고 격물을 하려는 사람은 함양에 힘쓰게 하니, 이것이 참으로 주자의 본의이고 『대학혹문』과 「답오회숙서」에 보인다. 이와 같은 것들이 매우 많고 간곡히 반복할 뿐만이 아니라 재삼 유의하였거늘, 어찌 일찍이 사람들로 하여금 헛된 바깥만을 좇아 본원을 잊게 하였겠는가? 그 가운데 간혹 구이지학으로 흐른 자들은 바로 말학들 스스로 그르친 것일 뿐이다. 이제 단지 그 말폐를 걱정한다면서 그 본래의 바름은 무함하고 이미 정을 배반하고 사로 갔으면서도 다시 바로잡으려고 하니, 이 어찌 도를 아는 군자가 할 짓이겠는가?[49]

---

49 『退溪先生文集』 卷41 「雜著, 白沙詩敎傳習錄抄傳, 因書其後」: "朱子晚年, 見門弟子多繳繞於文義, 果頗指示本體, 而有歸重於尊德性之論, 然是豈欲全廢道問學之功, 泯事物之理, 如陽明所云者哉? 而陽明乃欲引此以自附於朱說, 其亦誤矣. 況入大學者先小學, 欲格物者務涵養, 此固朱子之本意, 而見於大學或問與答吳晦叔書. 若此類甚多, 不啻丁寧反

이황에게 인간의 마음은 무엇보다 중요한 문제였다. 연이은 사화로 인해 좌절된 도학 이상의 실현은 오로지 학문의 성숙과 덕성의 함양으로 이루어질 수 있음을 자각한다. 이러한 인식은 결국 끊임없는 수신과 실천이 자신의 중요한 문제의식으로 작용했을 것이고 이는 인간 심성에 드리워진 악의 근원을 어떻게 제거하여 근원적 선에 합일시킬 수 있는가를 고민하게 되었던 것으로 보인다. 그런 점에서 주자학의 세계에 가득한 도덕의 색채는 인간을 인간답게 여길 수 없는 만물 속의 하나로 인식되게 만든다. 거기에서 인간을 꺼내어 세계 위에 정위시키기 위한 노력은 분명 주자학에 대한 새로운 정통학의 수립이며, 이황은 바로 이러한 목적에서 심학을 들고 나온다. 따라서 그에게 마음은 단순히 기도, 리도 아닌 리기의 합[心合理氣]으로 새롭게 정의되면서 리가 발현된 본체로서의 마음을 지니고자 하는 노력은 존덕성의 마음공부를 중시하는 경향을 띠게 되는 것은 너무나 당연한 귀결이라고 할 수 있다.

다만 여기서 왕수인의 심학과의 거리를 염두에 두지 않을 수 없었다. 이황의 철학은 주자학의 거리만큼 양명학과도 가까웠기 때문이다. 그는 이를 의식하고 있었고 가능한 한 양명학과의 거리를 넓혀 놓으려고 했던 것으로 보인다. 그 하나로 불교의 폐단과 맞물려 있는 독서궁리공부의 부정에 대해 비판한 것이며, 다른 하나는 양명학의 마음공부가 불교의 돈오와 가까우며 주자학의 본령인 정좌와는 거리가 멀다고 비판한 것이다.[50] 특히 후자는 양명학과 미묘한 차이를 드러낼 수 있는 것으로, 여기서 이황이 말한 정좌에 주목할 필요가 있다.

정좌설(靜坐說)은 일찍이 주돈이(周敦頤, 1017~1073)에 의해 언급되었고 주희의 스승인 이동(李侗, 1093~1163)에게서 구체적으로 나타난다.

復, 三致意焉, 何嘗使人逐虛外而忘本原哉? 其或流於口耳者, 乃末學之自誤耳. 今特患其末弊, 而厚誣其本正, 已復背正趨邪而欲矯之, 此豈知道君子之所爲哉?"

50 『退溪先生文集』卷41「雜著, 抄醫閭先生集, 附白沙, 陽明抄後, 復書其末」: "至於陽明, 似禪非禪, 亦不專主於靜, 而其害正甚矣."

이동의 '정좌체인설(靜坐體認說, 또는 未發體認說)'은 고요히 앉아 마음의 미발 상태에서 천리를 함양하는 방법으로, 마음의 전일한 상태를 구하는 것을 말한다.[51] 이황은 유독 이 정좌설에 대해 매우 호의적인 태도를 보였다.[52] 그는 무엇보다 이것이 주자학과 선학이 동일한 것 같으면서도 다름을 알 수 있는 것이라고 했다.

내가 생각건대 정좌의 학문은 이정 선생에게서 시작되었는데 선으로 의심받는다. 그러나 연평과 주자의 경우는 심학의 본원이지 선이 아니다. 백사와 의려의 경우에는 일을 싫어하고 안정을 구하여 선에 빠졌다. 그러나 의려는 백사에 비하여 비교적 실한 데 가까우며 바르다. 양명의 경우는 선인 듯하면서도 선이 아니며, 전적으로 정을 주로 하는 것도 아니지만 바른 도를 심하게 해친다. 그러므로 지금 백사(白沙)와 양명을 「연평답문」 후에 기록하고, 그 뒤에 의려(醫閭)로써 끝을 맺어 정학은 잘못되기 쉬우니 소홀히 해서는 안 된다는 것을 드러내었다.[53]

이황은 정좌설이 혹 선학으로 오인될 수 있기에 매우 조심해야 한다고 당부한다. 그러면서도 이것은 심학의 본원이지 선이 아니며 주자학적 심학이지 양명의 심학이 아님을 강조한다. 다만 구체적으로 그것이

---

51 『延平答問』71: "與劉平甫書云, '學問之道, 不在於多言. 但默坐澄心, 體認天理. 若見雖一毫私欲之發, 亦自退聽矣. 久久用力於此, 庶幾漸明, 講學始有力也.'"

52 『退溪先生言行錄』卷1 「敎育」: "嘗曰, '延平使學者, 見喜怒哀樂未發時氣象, 大抵延平之學, 皆在於此.' 又曰, '延平之學已到得通透灑落處, 故氣象如氷壺秋月.'" 이에 대한 자세한 논의는 다음 논문 참조. 안영상, 「퇴계가 도산에 은거하며 연평을 이었던 길」, 『퇴계학』 15집, 안동대 퇴계학연구소, 2005, 57~60쪽.

53 『退溪先生文集』卷41 「雜著, 抄醫閭先生集, 附白沙, 陽明抄後, 復書其末」: "滉按, 靜坐之學, 發於二程先生, 而其說疑於禪. 然在延平朱子, 則爲心學之本原而非禪也. 如白沙醫閭, 則爲厭事求定而入於禪. 然醫閭比之白沙, 又較近實而正. 至於陽明, 似禪非禪, 亦不專主於靜, 而其害正甚矣. 今故錄白沙, 陽明於延平答問後, 而終之以醫閭, 以見靜學之易差而不可忽也."

무엇인지는 말하지 않았다. 우리는 인용문에서 언급한 진헌장(陳獻章, 1428~1500)과 하흠(賀欽, 1437~1510)을 통해 이를 간접적으로 추측해 볼 수밖에 없다.

명대 심학자 진헌장과 그의 제자 하흠은 모두 선학의 기미가 있다고 비판받았지만 이황은 그들이 정좌를 위주로 한 주정(主靜)의 학문을 하면서 궁리공부를 아울러 겸했다는 점에서 긍정적으로 바라본다.[54] 그 중에서도 하흠을 더욱 높인 것은 진헌장이 중도에 독서궁리를 폐한 것에 반해 그는 이를 끝까지 견지했기 때문이라고 한다.[55] 이를 보면 여기서 정좌설이란 '경'을 통한 마음의 전일한 상태에서 천리를 체인하는 것인 만큼, 여기에 독서궁리를 내함 시킴으로써 올바른 학문의 본원을 보여 줄 수 있다고 믿었다.[56] 이황이 말한 심학은 바로 이를 말한 것이다. 그런 점에서 이는 분명 주자학과 양명학의 공부법과 일정한 차이가 있다. 즉 주자학은 정좌를 말하고 있기는 하지만 적극적으로 수용하지 않은 반면, 양명학은 정을 주로 하는 것도 아닌 데다 독서궁리공부까지 인정하지 않았다는 점이 그러하다. 그렇다면 선학과는 어떤 차이가 있는가?

한번 동하고 한번 정하는 것이 서로 근본이 된다는 것을 얻어 알고는 조금도 중단함을 용납하지 않는다면 비록 정(靜)자에 힘을 쓰더라도 원래 사물(死物)이 되지 않아서 지정(至靜)의 사이에도 저절로 동(動)의 단서가 있게 될 것입

---

54 『退溪先生文集』卷41「雜著, 白沙詩敎傳習錄抄傳, 因書其後」: "然白沙猶未純爲禪, 而有近於吾學. 故自言'其爲學之初, 聖賢之書, 無所不講, 杜門累年, 而吾此心與此理, 未湊泊脗合. 於是舍繁求約, 靜坐久之, 然後見心體呈露, 日用應酬, 隨吾所欲, 體認物理, 稽諸聖訓, 各有頭緖來歷, 始渙然自信云.' 此其不盡廢書訓, 不盡鑠物理, 大槩不甚畔去."

55 하흠은 진헌장의 기본 노선인 '주정'을 그대로 계승하면서도 독서를 폐기하지 않았다고 한다. 안영상, 「백사학과 양명학의 비교를 통해 본 조선후기 성리학의 특징」, 『동양철학연구』 50집, 동양철학연구회, 2007, 221~222쪽.

56 『退溪先生言行錄』卷1「讀書」: "先生曰, '延平黙坐澄心體認天理之說, 最關於學者, 讀書窮理之法.'"

니다. 진실로 일을 멀리하고 사물을 끊고서 눈을 감고 똑바로 앉아 정에만 치우치는 것을 말함이 아닙니다.[57]

이황은 정의 함양과 동의 성찰을 겸하고 있기에 비록 주정의 공부를 하더라도 사물이 되지 않아 지정(至靜) 가운데 스스로 동(動)의 단서가 있게 된다고 말한다. 마치 물이 차면 흘러넘치는 것과 같다. 그래서 그는 남언경(南彦經, 1528~1594)과 같이 정을 위주로 하여 선적에 빠진 이들에게 정경상수(靜敬相須), 즉 정과 경은 서로 필요로 하는 수양을 하면 정을 주로 하되 정에 치우치지 않게 된다고 했다. 이렇듯 이황의 양명학 비판은 자신의 심학을 정립하기 위한 철저한 배척에 의해 이루어진 것이라고 할 수 있다. 그 이유는 말할 것도 없이 자신의 심학이 양명의 심학과 그 입론의 양상이 다름을 관철시켜야 했기 때문이다.

4. 이황의 이학(異學) 비판과 '퇴계심학(退溪心學)'

이제 우리는 앞서 살펴본 이황의 이학 비판을 정리하면서 그 비판의 초점과 방향을 확인하여 퇴계학의 특징이 무엇인지에 대한 답을 찾아보기로 한다. 먼저 이학은 그 비판의 성격에 따라 두 가지로 분류하여 살펴봤다.

첫째, 노장학과 서경덕, 나흠순의 철학은 리기론의 입장에서 모두 '인기위리'의 폐단이 있음을 지적했다. 노장학은 '무'를 본체로 하며 서경덕과 나흠순의 철학은 리와 기가 불리의 관계에 있으면서 리는 기의 조리에 지나지 않음을 주장한다. 이는 모두 기를 리로 인식하는 '인기위리'의

---

57 『退溪先生文集』卷42「記, 靜齋記」: "但見得一動一靜, 互爲其根, 不容間斷之意, 則雖下靜字, 元非死物, 至靜之中, 自有動之端焉. 固非遠事絶物, 閉目兀坐而偏於靜之謂."

폐단에서 비롯된 것이며 리와 기는 부잡관계에서 리 우위적, 즉 존리의 관점에서 이해되어야 한다고 강조했다.

둘째, 불교와 양명학은 공부론의 입장에서 모두 '돈오'의 폐단이 있음을 지적했다. 불교, 특히 선학은 견성성불에서 성의 '발견'이라는 점은 공감할 수 있지만 그 성이 기이며 인식 방법이 돈오에 있다는 점에서 부정했다. 양명학 또한 본심을 학문의 종지로 삼고 이에 천착한다는 점에서 선학과 다르지 않다고 보았다. 특히 학문의 본령에 이르기 위해서는 인고의 시간을 통한 절실한 공부가 필요하고 여기에 독서궁리공부는 필수적으로 요청되는데, 이를 부정한다는 점에서 자신이 추구하는 심학의 본원과는 거리가 있음을 강조했다.

그렇다면 이러한 이학 비판을 통해 확인된 몇 가지 사실, 즉 '존리'의 강조, 존덕성과 도문학의 병존, 더 나아가 정좌체인설을 통한 존덕성의 마음공부 중시는 이황의 정통학을 무엇으로 규정할 수 있는가?

이황은 몸의 주재인 심을 리와 기의 합으로 보았고 이 심은 바로 리와 기를 통섭한다. 그런데 이러한 마음은 리와 기 중 어느 것이 주가 되는가에 따라 마음의 상태가 달라진다고 했다.[58] 만약 리가 주가 되어 기를 통솔한다면 마음이 고요하고 생각이 전일하게 되어 순선하지만 그렇지 않고 기가 리를 이기면 마음이 어지럽고 사악함이 일어나기 쉽다. 이를 사단과 칠정에 연결하여 이해하면, 전자는 사단이 되고 후자는 칠정이 된다.

이황은 이 중 칠정의 마음이 고민이었다. 칠정은 형기와 결부되어 악으로 흐를 가능성이 늘 내재해 있기에 사단과 철저한 분리를 원했다. 그러나 칠정 또한 본선이기에 당연히 선으로의 길을 생각하지 않을 수 없

---

58 『退溪先生言行錄』 卷1 「金誠一錄」: "夫人合理氣而爲心, 理爲主而率其氣, 則心靜而慮一, 自無閒思慮, 理不能爲主而爲氣所勝, 則此心紛綸膠擾, 無所底極, 邪無妄念, 交至疊臻."

었다. 물론 이 선은 사단의 선과는 다른 중절한 선이다.[59] 이 중절한 선을 위해서는 기가 주된 상황에서 그 기를 주재해야 하는데, 그러려면 리가 무위하여 죽은 사물처럼 이해되어서는 곤란하다. 따라서 리는 바로 유위한 리, 즉 기로 인한 악의 가능성을 제어할 수 있는 리가 되어야만 하며 '리발(理發)'은 바로 이러한 맥락에서 제출된 것이다.[60] 이 리는 바로 내 마음에 존재하는 '심중지리(心中之理)'로 인간의 도덕적 순수성의 발현이다. 결국 이황의 관심은 늘 리가 발현된 본체로서의 마음을 가진 인간이 되기를 바라는 데 있었던 것이다.

이렇게 이황의 존리설은 리발설과 연결되어 강조된다. 따라서 단순히 논리적 선후의 리 우위적 입장이 아닌 마음에서 발생하는 선과 악의 문제에서 리는 철저하게 기보다 우위를 점해야 한다고 보았던 것이다.[61] 이제 문제는 이러한 상태, 즉 리가 기를 통제 하에 늘 유지할 수 있는 방법이 필요한데, 이것이 기본적으로 마음공부를 요청하게 되며 이황은 여기서 존덕성의 마음공부를 상대적으로 중시하게 되었다.

그리고 이 마음공부로 이황은 경공부(敬工夫)를 강조한다. '경'은 흔히 마음의 자각과 각성 상태를 의미하며, 마음이 늘 깨어있어 악의 기미가 나타나는 것을 제어하거나 외물의 유혹에 자신을 경계하는 것을 말한다. 이러한 '경'은 미발시(未發時, 사려나 동작이 발하지 않은 때)에는 심체

---

59 안영상은 정에 두 개의 선을 상정하는 것이 이황의 진정한 의도라고 지적하며 이를 '절대적 선'과 '상대적 선'이라고 말할 수 있다고 했다. 그러나 기대승의 반론에 이를 포기했다고 한다.(안영상, 「최근의 퇴계 논의에 대한 몇 가지 생각」, 『오늘의 동양사상』 12집, 예문동양사상연구원, 2005, 56~57쪽) 한편 추제협은 이러한 관점을 받아들여 오히려 이러한 의도가 칠정의 중절 문제에 결부되면서 더욱 중요하게 부각되며 '리발'은 그 해결책으로 제시되고 있다고 주장했다.(추제협, 앞의 논문, 26~34쪽)

60 '리발설'에 대해서는 여전히 논란의 여지가 있다. 다만 최근에 리발설을 이황 철학의 핵심으로 보아 적극적으로 평가하려는 경향이 있다. 조남호, 「이황 철학의 새로운 해석」, 『철학사상』 21집, 서울대 철학사상연구소, 2005; 김경호, 「퇴계와 율곡에 대한 재해석 - 율곡의 퇴계 비판을 중심으로」, 『퇴계학과 한국문화』 41집, 경북대 퇴계연구소, 2007; 안재호, 「퇴계 '리발설' 재론 - '리의 능동성' 의심과 부정에 대한 반성」, 『유교사상연구』 45집, 한국유교학회, 2011.

61 이상익, 앞의 논문, 61~69쪽.

의 본령을 순수하게 보존하는 존양공부(存養工夫)에, 이발시(已發時, 사려나 동작이 발한 때)에는 의리를 밝혀 물욕을 물리치는 성찰공부(省察工夫)에 모두 일관되게 적용된다. 다만 그는 미발의 존양공부를 더 긴요한 것이라고 했는데, 그 이유는 미발 때의 전일함이 지켜지면 이것이 이발 때에까지 자연스럽게 이어져 외적인 행동도 다스릴 수 있다고 믿었기 때문이다. 이동의 정좌체인설은 이러한 맥락에서 강조한 것이며, 독서궁리공부는 여기에 내함된다.

이상의 내용에서 확인할 수 있는 존리설 또는 리발설과 존덕성의 마음공부 중시는 퇴계학의 특징이라고 해도 무방할 듯하다. 그렇다면 우리는 이러한 퇴계학의 특징을 '퇴계심학'으로 정초할 수 있을지에 대해 필자의 생각을 간략히 언급하는 것으로 이 글을 마무리하고자 한다.

앞서 첫머리에 언급한 비판의 가장 중요한 것 중 하나가 '퇴계심학'이라는 명칭의 합당성에 대한 문제였다. 즉 양명심학과 같이 이황의 철학체계에서 심이 최고의 원리나 우주의 본체가 될 수 없다는 것이다. 그에게는 주자학의 형이상학적 체계가 그대로 남아있으며 따라서 그의 체계속에 본체는 리가 되어야 한다는 주장이다.[62] 이는 퇴계심학이라는 용어가 양명심학과 대등하게 이해될 수 없음을 말하는 것이다.

다만 이러한 지적이 양명심학으로 '심학'의 의미를 한정하지 않는다면 그리 문제되지 않는다고 생각한다. 16세기 전후 유학사의 심학은 위기지학의 다른 표현이며 이 당시 조선 유학 내부에서 심학은 실천적 주자학을 가리키는 일반적인 명칭에 지나지 않았다고 한다.[63] 만약 그렇다면 이 심학이란 명칭은 다소 유연하게 사용해도 무리가 없을 듯하고 이황에게도 예외는 아닐 것이다. 그리고 무엇보다 앞서 살펴본 그의 철학적 특

---

62 김세정, 앞의 논문, 314~320쪽.

63 정도원, 「"주자학의 심학화" 가설에 대한 재검토」, 『퇴계 이황과 16세기 유학』, 서울: 문사철, 2010, 154~160쪽.

징이 이를 뒷받침한다.

결론적으로 양명심학이나 '퇴계심학'은 모두 주자학이라는 하나의 출발점에서 인간론을 중심으로 서로 다른 길을 걸어간 철학이라고 할 수 있다. 즉 주자학을 새로운 체계로 구성했는가, 아니면 기존의 체계를 재구성했는가 하는 점이다. 양명학은 전자의 급진적인 방법을, 퇴계학은 후자의 온건한 방법을 선택했다. 따라서 두 철학의 차별성 또한 이 분기점에서 찾아야 한다.[64] 이러한 점에서 퇴계학을 '퇴계심학'으로 정초할 수 있다면 그 사상적 의미 또한 이 가운데에서 찾을 수 있다고 본다.

---

64 홍원식, 「퇴계심학과 양명심학」, 『제4회 하곡학 국제학술대회 발표집』, 한국양명학회, 2007, 527~529쪽.

퇴계의 명대 유학 비평과
퇴계학의 실천지향적 성격

강경현(성균관대학교 유학동양한국철학과 조교수)

1. 들어가기

양명(陽明) 왕수인(王守仁, 1472~1528)으로 대표되는 일련의 명대 (1368~1644) 학자들이 주자(朱子, 名 熹, 1130~1200) 철학에 대한 비판적 논의를 진행하였던 이유가 주자 철학에서 발생하는 심(心)과 리(理)의 이원화 문제를 해결하기 위한 것이었다는 분석은 이미 많은 학자들을 통해 이루어졌다.[1] 그리고 일반적으로 심과 리(理)의 괴리에 대한 우려는 '유학적 이상에 입각한 행위' 실천의 문제의식에서 기인하는 것으로 해석된다.[2] 양명을 통해 선명하게 제기된 이러한 의제는 명대 유학 전반에서 "실천"에 대한 중시를 읽어내는 시각[3]과 맥을 같이한다. 물론 명대 유

1　구스모토 마사쓰구, 김병화·이혜경 옮김, 『송명유학사상사』, 서울: 예문서원, 2005, 385~389쪽; 모종삼, 김기주 옮김, 『심체와 성체(1)』, 서울: 소명출판, 2012, 112~113쪽 참조. 특히 양명의 문제제기에 대해서는 진래, 전병욱 옮김, 『양명철학』, 서울: 예문서원, 2003, 50~51쪽 참조.

2　박길수, 「명초 정주학파의 심학화 경향과 사상적 의의」, 『동양철학』 제39집, 한국동양철학회, 2013, 56~57쪽 참조.

3　錢穆, 『陽明學述要』, 北京: 九州出版社, 2010, 21~23쪽 참조.

학의 이와 같은 흐름에 주목하는 것은 전통적으로 유학 내부에서 실천과 관련한 주제들이 지속적으로 논의되었던 맥락에서 크게 벗어나있지 않다. 자신들의 이상 실현을 목표로 하는 유학은 언제나 유학적 이상에 입각한 행위의 실천 가능성을 높이기 위해 고민해왔으며, 명대 유학 역시 그러한 배경 위에서 해석될 수 있다.

한편 조선(1392~1910)에서 처음으로 주자 철학에 대한 총괄적 해석의 시야를 제시한 퇴계(退溪) 이황(李滉, 1501~1570) 역시 심과 리(理)의 일치를 통한 유학적 이상의 실현을 추구하였다.[4] 퇴계는 이와 같은 자신의 학문적 목표를 이루기 위한 이론을 구축함과 동시에 백사(白沙) 진헌장(陳獻章, 1428~1500)과 양명으로 대표되는 주자 철학에 대한 비판적 해석자들[5]의 글을 읽고 뚜렷한 비평을 가하였다. 이는 퇴계가 주자 철학 본령에 입각함으로써 유학적 이상의 온전한 실현이 가능하다고 판단하고 있었음을 의미한다. 실제로 퇴계는 백사와 양명의 일부 문헌을 접한 뒤 그들의 주장이 유학적 이상 실현에 적지 않은, 혹은 심각한 방해 요소를 내포하고 있음을 지적하면서, 자신이 이해하고 있는 주자 철학이 유학적 이상에 입각한 행위의 실천 가능성을 높이는 데 가장 실효성이 있다는 주장을 펼친다.

퇴계의 이러한 입장을 읽어낼 수 있는 백사와 의려(醫閭) 하흠(賀欽, 1437~1510), 양명에 대한 일련의 비평문들[6]은 모두 1550년대 초 퇴계

---

4 『退溪先生文集』 권25 「答鄭子中別紙」(1561): "道體流行於日用應酬之間, 無有頃刻停息, 故必有事而勿忘, 不容毫髮安排, 故須勿正與助長. 然後心與理一, 而道體之在我, 無虧欠, 無壅遏矣." 퇴계 글의 작성 시기는 정석태 編著, 『退溪先生年表月日條錄』1~4, 退溪學硏究院, 2001~2006 참조.

5 백사를 주자 철학에 대한 비판적 해석자로 평가하는 것에 대해서는 최재목, 「明代 理學의 心學的 轉換: 陳白沙·湛甘泉의 心學」, 『孔子學』 제2집, 한국공자학회, 1996, 41~49쪽 참조. 참고로 백사와 濂溪 周敦頤, 明道 程顥, 伊川 程頤, 象山 陸九淵의 연관성에 대해 주목한 서술은 陳榮捷, 「白沙之動的哲學與創作」, 『王陽明與禪』, 台北: 臺灣學生書局, 1984, 72쪽 참조.

6 「白沙詩敎辯」, 「白沙詩敎·傳習錄抄傳, 因書其後」, 「抄醫閭先生集, 附白沙·陽明抄後, 復

가 『백사시교(白沙詩教)』,[7]와 『전습록(傳習錄)』, 『의려선생집(醫閭先生集)』 등에 대한 독서[8]를 진행하면서 작성한 것으로,[9] 해당 글에서는 상산(象山) 육구연(陸九淵, 1139~1192), 백사, 의려, 양명이 거론되고 있다. 퇴계는 이들에 대해 "선학(禪學)", "선(禪)", "석씨(釋氏)"와 유사한 점이 있다고 평가하는데, 퇴계가 이해한 선학의 특성은 "본심만을 종지로 삼으면서",[10] "돈오"를 추구하며,[11] "인륜을 멸하고 사물(事物)을 끊고자 하는 것"[12]으로 "일[事]을 싫어하고 안정[定]을 구하"[13]는 모습을 보이는 것이

書其末」, 「傳習錄論辯」 이 네 편의 글은 모두 『退溪先生文集』 권41 雜著에 실려 있다.

7 이 책은 甘泉 湛若水(1466~1560)가 편찬한 『白沙子古詩教解』(1521)를 가리키는 듯하다. 『白沙子古詩教解』는 담약수가 스승 백사의 문집에서 시와 문장을 발췌하여 해설을 덧붙인 책이다. 신민야, 〈《白沙子古詩教解》의 白沙詩 해석에 대한 正反 양면 고찰〉, 『中國文化研究』 제1집, 중국문화연구학회, 2002 참조.

8 『退溪先生文集別集』 권1, 「韓士炯【胤明】往天磨山讀書, 留一帖求拙跡, 偶書所感寄贈.」(1554) 참조. 이 시를 통해서 『延平答問』, 『讀書錄』, 『白沙詩教』, 『醫閭先生集』, 『傳習錄』, 『困知記』 등에 대한 퇴계의 독서가 이 시기를 전후로 하여 이루어졌음을 확인할 수 있다.

9 『退溪先生年譜』 권2, 四十五年丙寅【先生六十六歲】 條의 주석에 다음의 내용이 보인다. "先生又嘗患中國學術之差, 白沙·陽明諸說盛行於世, 程·朱相傳之統日就湮晦, 未嘗不深憂隱歎, 乃於『白沙詩教』·陽明『傳習錄』等書皆有論辯, 以正其失云." 기존 연구에 따르면 「抄醫閭先生集附白沙陽明抄後復書其末」은 1553년에 작성되었으며 「白沙詩教辯」과 「白沙詩教傳習錄抄傳因書其後」 역시 같은 시기에 쓰였을 것으로 간주되는데(최재목, 『퇴계 심학과 왕양명』, 서울: 새문사, 2009, 80쪽 참조), 이 글에서는 연보 주석의 내용을 참조하여 「傳習錄論辯」 역시 이 시기에 작성되었을 것으로 추정한다.

10 『退溪先生文集』 권41 「白沙詩教傳習錄抄傳因書其後」(1553추정): "陳白沙·王陽明之學皆出於象山, 而以本心爲宗, 蓋皆禪學也."; 『退溪先生文集』 권41 「傳習錄論辯」(1566/1553 전후): "陽明徒患外物之爲心累, 不知民彝物則眞至之理即吾心本具之理, 講學窮理正所以明本心之體達本心之用, 顧乃欲事事物物一切掃除, 皆攬入本心袞說了, 此與釋氏之見何異?"

11 『退溪先生文集』 권41 「白沙詩教辯」(1553추정): "滉按, 草廬此言亦禪家頓悟之機, 聖門無此法."

12 『退溪先生文集』 권41 「白沙詩教傳習錄抄傳因書其後」(1553추정): "其初, 亦只爲厭事物之爲心害而欲去之, 顧不欲滅倫絶物如釋氏所爲, 於是創爲心卽理也之說, 謂天下之理只在於吾內, 而不在於事物, 學者但當務存此心, 而不當一毫求理於外之事物. 然則所謂事物者, 雖如五倫之重, 有亦可無亦可, 剗而去之亦可也, 是庸有異於釋氏之教乎哉."

13 『退溪先生文集』 권41 「抄醫閭先生集附白沙陽明抄後復書其末」(1553): "爲厭事求定而入於禪."

다. 기본적으로 퇴계는 주자 철학에 입각하여 선학을 부정적인 시선으로 바라보며 상산, 백사, 의려, 양명에 대해 선학과 유사한 사유를 가진 학자들로 분류하여 계보화함으로써[14] 이들과 자신을 선명히 대비시킨다.[15]

이 글에서는 퇴계가 백사, 의려, 양명 계열의 사유에 대해 진행한 비평을 검토하고 그러한 비평이 진행될 수 있었던 바탕에 자리하고 있는 퇴계의 학문적 성격을 읽어내고자 한다. 구체적으로 퇴계가 유학적 이상에 입각한 행위의 실천 가능성을 중심으로 백사, 의려, 양명의 사유에 대응하였으며, 실천의 문제를 기준으로 하여 자신이 해석한 주자 철학과 그들의 주장을 차별화하고 있음을 보이고자 한다.

2. 퇴계 이황의 명대 유학 비평

명대 유학에 대한 퇴계의 수용과 검토 및 대응은 다각도에서 이루어진다. 퇴계는 명 초기 편찬된 『성리대전』과 『사서대전』에 대해 정밀한 독서를 하였으며, 방석(方石) 사탁(謝鐸, 1435~1510)의 『이락연원속록(伊洛淵源續錄)』[16]과 월호(月湖) 양렴(楊廉, 1452~1525)의 『황명리학명신언행록(皇明理學名臣言行錄)』[17] 등을 구해본 뒤 조선에서의 간행에도 관여한다.[18]

---

14 상산, 백사, 의려, 양명을 계보화한 것에 대한 비판적 입장은 최재목, 『퇴계 심학과 왕양명』, 서울: 새문사, 2009, 107~108쪽 참조.

15 퇴계의 주자 이후 학술사에 대한 주자 중심의 계보적 인식과 상산 중심의 인식은 그의 『宋季元明理學通錄』 구성에서도 확인할 수 있다.

16 『伊洛淵源續錄』은 羅從彦, 李侗과 朱熹, 張栻, 呂祖謙을 시작으로 16명의 宋代 학자를 싣고 있다.

17 『皇明理學名臣言行錄』은 薛宣, 吳與弼, 陳眞晟, 陳獻章, 胡居仁을 비롯한 15명의 명대 학자를 싣고 있다.

18 『退溪先生續集』 권8 「伊洛淵源錄跋」(1562); 『龜巖先生文集』別集 권1 「皇明理學名臣言行錄跋」(1562) 참조.

이러한 사실을 참작한다면, 퇴계가 명대에 구성된 주자 철학의 계보에 대한 시야들, 곧 명 건국 이후 15세기까지 명대 학자에 대한 다양한 계보적 이해 가운데 일부를 접하고 있었음을 짐작해볼 수 있다.[19] 특히 『황명리학명신언행록』의 견해에 대해서 퇴계는 의려와 황돈(篁墩) 정민정(程敏政, 1446~1499)은 누락되고 강재(康齋) 오여필(吳與弼, 1391~1469)과 백사는 실려 있는 것에 이의를 제기하는 등[20] 개별 학자에 대한 나름대로의 입장을 지니고 있었던 것까지 확인된다.[21] 그 외에도 월천(月川) 조단(曹端, 1376~1434), 경헌(敬軒) 설선(薛瑄, 1389~1464), 정암(整庵) 나흠순(羅欽順, 1465~1547) 관련 언급들 역시 발견된다.[22] 그리고 앞서 언급한 백사와 의려, 양명에 대한 비평이 있다.

퇴계학과 명대 유학의 상관관계를 살펴보는 것은 이상의 학자와 문헌들에 대한 총괄적 검토를 통해 이루어져야 할 것이다. 그 첫 단계로 이글에서는 퇴계의 시선이 선명하게 드러나 있는 백사, 의려, 양명에 대한

---

19 이는 명대 초기 편찬된 『元史』「列傳」「儒學列傳」 부분에 대한 이해를 통해서도 발견해낼 수 있을 것이다. 퇴계는 『宋季元明理學通錄』의 '元諸子'를 구성하면서 『元史』의 해당 부분을 적극 활용한다. 『宋季元明理學通錄』 참조.

20 『退溪先生文集』 권19「答黃仲擧」(1559): "『理學錄』諸人所評皆當, 深喜所見於鄙抱, 不約而相符契, 幸甚幸甚. 但考他書, 吳康齋晩節, 與家弟訟鬩, 有識甚加嗤薄之, 不知其事之如何? 若果爾, 此亦不得爲全人, 誠可謂造詣之難, 而爲千古學道者之至戒也. 白沙亦有失節於貂璫之譏, 此則恐出於吹毛之口, 然觀其學術, 專是禪虛, 得非緣虛甚, 不免有制行之疎處耶. 未可知也. 鄙意數公外, 又有章楓山差强人意, 如何如何? 醫閭・篁墩之不錄誠不可知, 而楊月湖所造因其贊語可以槪見, 則凡所去取盡出於天下之公議, 何可必也?"

21 퇴계의 의려와 황돈에 대한 우호적인 평가는 『醫閭先生集』과 「心經附註」에 대한 독서를 통해 이루어진다. 『退溪先生文集』 권2「閒居, 次趙士敬・具景瑞・金舜擧・權景受諸人唱酬韻」(1551)과 『退溪先生文集別集』 권1「韓士炯【胤明】往天磨山讀書, 留一帖求拙跡, 偶書所感寄贈」(1554) 참조. 특히 『醫閭先生集』 독서 후 1553년, 「抄醫閭先生集附白沙陽明抄後復書其末」(『退溪先生文集』 권41)을 작성하면서 백사보다 의려를 높게 평가한다. 다만 황돈에 대해서는 1566년 「心經後論」(『退溪先生文集』 권41) 작성 과정 속에서 비판적 평가가 반영된다.

22 敬齋 胡居仁(1434~1484) 관련 언급은 『居業錄』을 구해보려는 했던 기록만이 문집의 書簡에서 발견된다. 『退溪先生文集』 권22「答李剛而」(1564): "『居業錄』外, 如『魯齋論』・『遺書』・『外書』・『分類』皆所無者, 如蒙印寄, 幸亦大矣."

그의 견해를 검토하고자 한다.[23]

1) 백사와 의려에 대한 비평

퇴계가 백사와 의려의 글을 접한 것은 1550년 전후이다. 퇴계는 백사의 시문이 정리되어 있는 『백사시교』와 의려의 문집인 『의려선생집』을 읽고 해당 문헌에 대한 길지 않은 선명한 평가를 남긴다. 아울러 이들에 대한 총평 성격의 시문도 작성한다. 1554년 12월의 일이다.

쇠퇴한 기풍에 우뚝 선 이 진백사,
그 이름 남쪽 끝에 걸려 중화를 움직였다네.
어찌 우리 유가의 계책 중시하지 않아,
결국 마침내 서방 천축국의 사특함(불교)으로 돌아가는가?
－이상은 『백사시교』이다.

의려 나고 자람 오랑캐 후예들 땅에서였는데,
스승 따라 한번 변하여 용감히 물러나 숨었다네.
하물며 푸름, 쪽에서 나올 수 있거늘,
선에서 벗어나 우리 유가로 돌아옴에 더욱 단정하고 엄숙하였다네.

---

23 퇴계가 명대 유학자 가운데 비교적 깊이 있게 논평한 학자는 이상의 세 사람이다. 이와 관련하여 퇴계와 백사 혹은 의려의 관계를 다룬 기존 연구는 다음이 있다. 몽배원, 문지성 번역, 「이퇴계(李退溪)와 진백사(陳白沙)의 심학사상(心學思想) 비교」, 『退溪學報』 제65집, 退溪學研究院, 1990; 안영상, 「백사학과 양명학의 비교를 통해 본 조선중기 성리학의 특징」, 『東洋哲學研究』 제50집, 동양철학연구회, 2007; 최재목, 『퇴계 심학과 왕양명』. 몽배원은 퇴계와 백사가 공통적으로 心의 涵養을 목표로 하면서도 "退溪는 경험의 누적과 지식의 확장을 통한 도덕적 주체의식의 배양을 보다 중시한 반면 白沙는 主體精神에 입각한 자아수립 내지는 自我覺悟를 보다 강조"(43쪽)했다고 하였다. 안영상은 '主靜'과 '讀書窮理'를 기준으로 程朱學, 白沙學, 陽明學, 花潭學, 退溪學 사이의 관계를 살펴보았다. 또한 최재목은 퇴계에게서 발견되는 이들과의 차이점이 敬에 대한 중시라고 보았다.

-이상은 『의려선생집』이다.[24]

백사와 의려의 사승관계 역시 파악하고 있었던 퇴계는 스승인 백사에 대해서는 부정적인 평가를 내렸지만 제자 의려에 대해서는 보다 긍정적이었다. 위 인용문에도 드러나 있듯이 퇴계에게서 백사 비판의 핵심은 불교, 특히 선불교와의 유사성에 있다. 「백사시교변」에서도 퇴계는 백사가 동의한 초려(草廬) 오징(吳澄, 1249~1333)의 "귀에 대고 가르치면 글자 하나 모르는 평범한 사람이라도 신묘한 경지에 나아가게 할 수 있다."라는 말에 대하여, "선가의 돈오의 기틀"이라는 평가를 내린다.[25] 더 이상의 자세한 설명이 이어지지 않기에 보다 정확한 비판 지점을 읽어내기는 어렵지만, 백사가 초려의 말을 인용한 앞뒤 맥락을 고려하면,[26] 문자와 독서를 넘어선 갑작스러운 깨달음과 비전 전수의 경지에 대한 긍정을 비판한 것이라고 볼 수 있다.

이러한 측면은 백사가 "본심을 종지"로 삼아 "선가의 방법"을 "오입처(悟入處: 깨달아 들어가는 곳)"로 선택한 것에 대한 비판으로 이어진다.[27] 퇴계는 이 지점이 제자 의려가 스승 백사에 대해 문제제기한 곳이라고 이

---

24 『退溪先生文集別集』 권1 「韓士炯【胤明】往天磨山讀書, 留一帖求拙跡, 偶書所感寄贈」 (1554): "屹立頹波陳白沙, 名懸南極動中華, 如何不重吾家計, 極處終歸西竺邪. 右, 『白沙詩敎』. 醫閭生長裔戎方, 一變因師勇退藏, 況是靑能自蓋出, 逃禪歸於儘端莊. 右, 『醫閭先生集』." 번역은 이황, 이장우 · 장세후 옮김, 『퇴계시 풀이』6, 경산: 영남대학교출판부, 2011, 530~531쪽 참조.

25 『退溪先生文集』 권41 「白沙詩敎辯」(1553추정): "吳草廬亦云, 提耳而誨之, 可使不識一字之凡夫立造神妙. 滉按, 草廬此言亦禪家頓悟之機, 聖門無此法."

26 『陳獻章集』 권2 「與胡僉憲提學」: "以此知讀書非難, 領悟作者之意, 執其機而用之, 不泥於故紙之難也. 況此經鄭玄默所注穴法處, 謂不得師傅口授, 終無自悟之理. 吳草廬亦云, 提耳而誨之, 可使不識一字之凡夫立造神妙. 如其言, 盡讀堪輿家書, 不若得其人而問之之易了."

27 『退溪先生文集』 권41 「白沙詩敎傳習錄抄傳因書其後」(1553추정): "滉謹按, 陳白沙 · 王陽明之學皆出於象山, 而以本心爲宗, 蓋皆禪學也. 然白沙猶未純爲禪, 而有近於吾學. …… 但其悟入處終是禪家伎倆, 故雖自謂非禪, 而其言往往顯是禪語."

해했을 것이다.[28] 그럼에도 백사를 여전히 주자 철학의 범주에서 벗어나 있지 않다고 보았던 것은 그가 독서궁리 공부를 완전히 폐기하지는 않았기 때문이다.[29] 다만 이러한 측면은 백사보다 의려에게서 보다 명확하다고 퇴계는 보았다.[30] 여기에서 말하는 독서궁리 공부란 유학 경전에 대한 독서이며, 유학 경전에 담겨있는 오륜과 인륜에 대한 긍정을 의미한다. 이러한 시선 위에서 백사에 대한 퇴계의 비판은 정좌 공부를 지나치게 강조한 측면에 초점이 맞추어지는데, 이와 같은 비판에서는 의려 역시 자유로울 수 없었다.

내가 살피건대, 정좌의 학문은 두 정선생에게서 발단되었는데, 그 언설이 선으로 의심된다. 그러나 연평과 주자에게서는 (정좌의 학문이) 심학의 본원이 되지만 선은 아니다. 백사와 의려 같은 사람은 일[事]을 싫어하고 안정[定]을 구하였기 때문에 선에 들어갔지만, 의려는 백사에 견주면 비교적 진실하고 바르다.[31]

정좌 공부가 이정 이후 신유학의 마음공부 방법으로 긍정되었다는 사실은 확실하지만, 이것은 자칫 선불교의 공부 방법으로 오인되기 쉽다고 퇴계는 판단하고 있었다. 정좌로의 치중이 초래하는 문제는 바로 "일

---

28 『退溪先生文集』권41「白沙詩教傳習錄抄傳因書其後」(1553추정): "其高弟賀克恭亦謂其師有過高之意, 後學從其善而改其差, 可也."

29 『退溪先生文集』권41「白沙詩教傳習錄抄傳因書其後」(1553추정): "此其不盡廢書訓, 不盡鑠物理, 大槩不甚畔去."

30 의려에 대한 퇴계의 긍정적인 평가는, 완성된 원고는 아니지만 『宋季元明理學通錄』권11에 인용된 의려의 글을 통해서도 확인할 수 있다.

31 『退溪先生文集』권41「抄醫閭先生集附白沙陽明抄後復書其末」(1553): "滉按, 靜坐之學發於二程先生, 而其說疑於禪. 然在延平·朱子, 則爲心學之本原而非禪也. 如白沙·醫閭, 則爲厭事求定而入於禪, 然醫閭比之白沙, 又較近實而正."

[事]을 싫어하고 안정[定][32]을 구하"는 것이다.[33] 물론 송대 신유학자들의 정좌 공부에 대해서 "불가에서 선정에 드는 것과는 매우 다르"며, "이들이 말하는 정좌는 지각과 의식을 없애는 것이 아니라, 열어둔 채로 마음의 주재능력을 키우고, 입정(入定)보다는 사색을 통해 사물의 이치를 궁구하고, 사려를 억제하기보다는 사려가 저절로 사라지게 하고, 사려가 떠오르면 그 사려에 집중해 판단하는 등의 일체 정신 활동"[34]이라고 설명하기도 한다. 퇴계 역시 백사의 정좌 공부에 대한 회고적 진술[35]을 통해 그의 정좌가 아무런 일도 처리하지 않고 몸과 마음의 안정 상태만을 추구하는 것은 아님을 알고 있었으며, 나아가 정좌 공부가 유학적 이상을 실현하는 데 일정부분 기여하는 측면을 인정하였다. 그럼에도 불구하고 여전히 퇴계는 정좌에 치중하는 것에는 어떠한 일의 실행을 방해하는 요소가 다분히 포함되어 있다고 보았다. 그것은 정좌로의 치중이 유학적 이상 실현의 현장에 애초에 나아가지도 않게 한다는 것이었다. 이와 같은 퇴계의 비평이 겨냥하고 있는 지점은 유학적 이상에 입각한 행위, 구체적으로 유학적 인륜 질서에 부합하는 행위의 실천 가능성을 낮

---

32 "厭事求定"에서 "定"의 의미에 대해서 이 글에서는 "靜"과 유사하게 해석하였다. 곧 마음의 평정 상태라고 본 것이다. 이는 퇴계가 다른 서간에서 "厭事求靜"이라는 말을 사용하고 있기 때문이기도 하며, 후대 權悳(1693~1747)의 「理學通錄開刊始末」에서는 동일한 구절을 "厭事求靜"이라고 인용하고 있기 때문이기도 하다. 해당 구절들은 다음과 같다. 『退溪先生文集』 권28 「答金惇敍【丁巳】(1557)」: "彼莊列之徒徒知厭事求靜, 而欲以坐忘, 爲道之極致, 殊不知心貫動靜該事物, 作意忘之, 愈見紛拏, 至其痛絶而力滅之, 則流遁邪放, 馳騖於汗漫廣莫之域, 豈非坐忘便是坐馳也歟."; 『慕山遺稿』 권5 「理學通錄開刊始末」: "書「白沙傳習錄後」言白沙之學出於象山, 書「醫閭集末」言白沙 · 醫閭之厭事求靜而入於禪."

33 물론 이것은 퇴계의 시각에 따른 백사와 의려에 대한 평가이다. 명대 유학의 특징을 실천에 대한 중시에서 찾는 입장에서 백사와 의려는 이와는 상반된 평가를 받는다. 특히 백사에 대해 내려진 퇴계와 상반된 평가는 陳榮捷, 「白沙之動的哲學與創作」 참조.

34 최석기, 『조선 선비의 마음공부 정좌』, 서울: 보고사, 2014, 35쪽 참조.

35 『退溪先生文集』 권41 「白沙詩教傳習錄抄傳因書其後」(1553추정): "然白沙猶未純爲禪, 而有近於吾學. 故自言其爲學之初, 聖賢之書無所不講, 杜門累年, 而吾此心與此理未湊泊脗合, 於是舍繁求約, 靜坐久之, 然後見心體呈露, 日用應酬, 隨吾所欲, 體認物理, 稽諸聖訓, 各有頭緖來歷, 始渙然自信云."

추는 것이라고 하겠다. 달리 말해 퇴계는 유학적 이상에 입각한 행위의 실천 완수를 목표로 삼은 위에서 백사와 의려에게서 발견되는 정좌 중시 경향에 대해 비판하였다고 할 수 있다.

2. 양명에 대한 비평

양명 철학을 접할 수 있는 대표적 문헌인 『전습록』에 대한 퇴계의 독서가 얼마나 온전하게 이루어졌는지에 대해서는 논란의 여지가 있지만,[36] 양명에 대한 퇴계의 비판은 선명하고 강력했다.[37] 그 선명함은 유학적 이상에 입각한 행위의 실천, 곧 인륜 질서 실천 문제로 귀결된다는 점에 있으며, 그 강력함으로 인해 퇴계의 비판 이후 조선 유학에서 양명 철학이 갖는 위상은 적어도 표면적으로는 매우 낮아졌다.[38]

퇴계는 상산과 백사, 양명을 모두 선학과도 같이 본심을 종지로 삼는 유사한 계열의 학문이라고 생각했다. 그리고 유학적 이상에 입각한 행위의 실천을 완수해내지 못하는 것이 이러한 학문들의 공통적인 문제라고 보았다. 다만 백사와 의려의 문제가 정좌에 치중함으로써 발생하는 것이라면, 양명의 문제는 우선적으로 오륜을 포함하는 "사물(事物)"의 실제로 있음을 인정하지 않기 때문에 생겨나는 것이라고 진단하였다.

물론 퇴계는 양명이 외부 사물의 리(理)를 구하는 것을 경시하면서 심이 곧 리(理)라는 주장을 하게 된 이유가 외부 사물이 심에 부정적 영향

---

36 최재목, 『퇴계 심학과 왕양명』, 서울: 새문사, 2009, 94~95쪽 참조.
37 퇴계의 양명에 대한 비판과 관련한 기존 연구는 적지 않다. 기존 연구에 대한 자세한 사항은 추제협, 「異學 비판을 통해 본 '退溪心學'」, 『東洋哲學』 제40집, 韓國東洋哲學會, 2014 참조.
38 한정길, 「조선조 관료 지식인의 양명학관 연구(2)」, 『陽明學』 제43집, 한국양명학회, 2016, 76쪽.

을 끼칠 수 있음에 대한 염려 때문이라는 점을 인지하고 있었다. 이는 외부 사물과의 관계맺음으로 인해 발생할 수 있는 사욕에 대한 문제의식 차원에서 양명의 견해를 이해한 것이라고 할 수 있다. 그러나 퇴계는 양명이 문제시한 외부 사물에는 심에 부정적 영향을 끼치는 것이 아닌, 오륜과도 같이 유학적 이상을 추구할 터전으로서의 외부 사물 역시 포함되어 있다고 보았다. 외부 사물이 심에 부정적인 영향을 끼칠 가능성으로 인해 그것 자체를 부정적으로 보는 양명의 사유는 외부 사물을 애초부터 제거하여 차단함으로써 인륜을 없애버리는 왜곡된 방향으로 나아가게 된다는 점을 지적한 것이다. 이러한 문제에 대해서 퇴계는 선이 가지고 있는 병폐와 유사한 것이라고 보았으며, 이를 "궁리의 학문을 배격"하는 것이라고 비판하였다.[39]

다른 한편으로 퇴계는 궁리의 학문 이면에 이미 정좌,[40] 존덕성 및 함양[41] 등과 연관된 공부가 자리하고 있음을 간과해서는 안 된다고 보았다.[42] 이 문제와 관련해서는 「전습록논변」의 논의를 참조할 수 있다.[43] 먼

---

39 『退溪先生文集』 권41 「白沙詩敎傳習錄抄傳因書其後」(1553추정): "至如陽明者, 學術頗乖, 其心强狠自用, 其辯張皇震耀, 使人眩惑而喪其所守, 賊仁義亂天下, 未必非此人也. 詳其所以至此者, 其初, 亦只爲厭事物之爲心害而欲去之, 顧不欲滅倫絶物如釋氏所爲. …… 然則所謂事物者, 雖如五倫之重, 有亦可無亦可, 剗而去之亦可也, 是庸有異於釋氏之敎乎哉. …… 欲排窮理之學, 則斥朱說於洪水猛獸之災, 欲除繁文之弊, 則以始皇焚書爲得孔子刪述之意."

40 『退溪先生文集』 권41 「抄醫閭先生集附白沙陽明抄後復書其末」(1553): "滉按, 靜坐之學發於二程先生, 而其說疑於禪. 然在延平·朱子, 則爲心學之本原而非禪也."

41 『退溪先生文集』 권41 「白沙詩敎傳習錄抄傳因書其後」(1553추정): "又按, 朱子晚年見門弟子多繳繞於文義, 果頗指示本體, 而有歸重於尊德性之論. 然是豈欲全廢道問學之功, 泯事物之理, 如陽明所云者哉, 而陽明乃欲引此以自附於朱說, 其亦誤矣. 況入大學者先小學, 欲格物者務涵養, 此固朱子之本意, 而見於『大學或問』與「答吳晦叔書」."

42 물론 퇴계의 이러한 답변은 양명이 주자 철학에 대한 비판 지점으로 존덕성 공부의 결여와 도문학 공부로의 치중을 거론하였기 때문이라고 볼 수 있다.

43 「傳習錄論辯」에는 『傳習錄』의 네 구절에 대한 소개와 퇴계의 비평이 담겨 있다. 이에 대해서는 "親民說에 대한 비판" 하나, "至善을 추구하는 방법에 대한 비판" 둘, "知行合一說에 대한 비판" 하나로 구분할 수 있다. 이 글에서는 그 가운데 세 번째와 네 번째 논의 사항만을 다룬다. 분류 제목은 최재목, 『퇴계 심학과 왕양명』, 서울: 새문사, 96~100쪽 참조.

저 퇴계가 인용한 『전습록』의 내용을 간추리면 다음과 같다. "지선(至善) 또한 반드시 사물에서 합당한 것을 구해야만 비로소 지선입니다."라고 제자가 양명에게 의문을 표하자, 그는 "만약에 단지 그와 같은 의절(儀節)에서 합당함을 구한 것을 지선이라고 한다면, 바로 연극배우가 따뜻하게 해드리고 시원하게 해드리며 봉양하는 여러 의절들을 합당하게 연출한 것도 지선이라고 말할 수 있을 것이다."라고 대답한다.[44] 이에 대해 퇴계는 다음과 같이 변론한다.

심에 근본을 두지 않고 다만 밖에서 의절을 강구하는 것은 참으로 연극배우와 다를 것이 없겠지만, 백성의 떳떳한 마음과 사물의 준칙은 하늘이 내려주신 참되고 지극한 이치가 아님이 없다는 것을 듣지 못하였는가? 또한 주자가 "경(敬)을 위주로 하여 그 근본을 세우고, 이치를 궁구하여서 그 앎을 지극하게 한다."라고 한 것을 듣지 못하였는가? 심이 경을 위주로 하고 사물의 참되고 지극한 이치를 궁구하여, 마음이 이의(理義)를 깨달아 눈앞에 온전한 소가 없는 것과 같이 되면, 내외가 밝아지고 정조(精粗)가 일치된다. 이를 통해 성의 · 정심 · 수신하여 일가와 나라에까지 미루어가고 천하에 이른다면, 성대하여 막을 수 없을 것이다. 이와 같은 것도 연극배우라고 할 수 있겠는가?[45]

양명은 합당한 의절의 수행을 곧바로 지선이라고 여긴다면, 형식적으로 해당 의절을 따르기만 하더라도 그 행위를 지선의 행위로 간주하게 될 것을 염려하였다. 퇴계는 이에 대해 경을 통해 답변한다. 그에 따

---

44 『傳習錄』 권上, 「徐愛錄」 4조목 참조. 이는 「傳習錄論辯」의 세 번째 논의 사항에 인용되어 있다.

45 『退溪先生文集』 권41 「傳習錄論辯」(1566/1553전후): "不本諸心而但外講儀節者, 誠無異於扮戲子, 獨不聞民彝物則, 莫非天夷眞至之理乎? 亦不聞朱子所謂'主敬以立其本, 窮理以致其知'乎? 心主於敬, 而究事物眞至之理, 心喩於理義, 目中無全牛, 內外融徹, 精粗一致. 由是而誠意 · 正心 · 修身, 推之家國, 達之天下, 沛乎不可禦. 若是者, 亦可謂扮戲子乎?"

르면, 경을 통해 근본이 세워진 상태의 사람은 형식적으로 의절을 따르기만 할 리가 없다. 퇴계가 생각하기에 경 공부가 근본이 되어 강학하고 궁리한다면 양명의 우려는 해소될 수 있으며, 경 공부가 근본이 된 강학과 궁리는 궁극적으로 (양명도 동의할 유학의 학문적 목표인) 본심의 체(體)를 밝히고 용(用)을 온전히 실현하는 효과적인 방법이라는 것이다.[46]

「전습록논변」의 마지막 부분에서 퇴계는 행위 실천에 관한 핵심 주제인 지행 문제를 다룬다. 양명이 제출한 지행합일설이 실천 완수를 목표로 한다는 점을 염두에 둔다면, 「전습록논변」의 이 부분은 "유학적 이상에 입각한 행위의 실천"이라는 동일한 목적 아래 그 방법의 실효성 차원에서 퇴계가 양명에 대해 비판을 진행한 것이라고 이해할 수 있다. 이는 양명과 제자의 지행합일 관련 논의 소재가 효이며, 퇴계 역시 인륜을 언급하고 있는 것에서 확인할 수 있다.[47] 퇴계에 의하면, 양명 지행합일설의 결정적인 문제점은 형기 차원의 호오와 의리 차원의 지행을 동일한 구조로 파악하고, 그러한 지행에 대해 외부 사물을 배제한 인간 내부 본심의 층위에서 해명함으로써, "학(學)"과 "면(勉)"을 통한 의리 차원의 실천, 곧 인륜 질서에 부합하는 행위 구현에 실패할 가능성이 높다는 데 있다. 유학의 지행 문제는 인륜 질서 구축을 목표로 하는 의리적 지행의 문제이며, 이 의리적 지행은 거경이 전제된 외부 사물에 대한 궁리를 거쳐야만 완수될 수 있다는 것이다.[48]

46　『退溪先生文集』 권41 「傳習錄論辯」(1566/1553전후): "陽明徒患外物之爲心累, 不知民彝物則眞至之理即吾心本具之理, 講學窮理正所以明本心之體達本心之用, 顧乃欲事事物物一切掃除, 皆攬入本心袞說了, 此與釋氏之見何異?"

47　『退溪先生文集』 권41 「傳習錄論辯」(1566/1553전후): "徐愛問知行合一之說曰, '人有知父當孝兄當弟者, 卻不能孝不能弟, 是知與行分明是兩件.'"; "若如其說, 專事本心而不涉事物, 則心苟好好色, 雖不娶廢倫, 亦可謂好好色乎? 心苟惡惡臭, 雖不潔蒙身, 亦可謂惡惡臭乎?"

48　『退溪先生文集』 권41 「傳習錄論辯」(1566/1553전후): "人之心發於形氣者, 則不學而自知, 不勉而自能, 好惡所在, 表裏如一. 故才見好色, 即知其好而心誠好之, 才聞惡臭, 即知其惡而心實惡之, 雖曰行寓於知, 猶之可也. 至於義理則不然也. 不學則不知, 不勉則不能,

퇴계는 형식적 의절 수행을 유학의 이상적 행위 실천으로 오인할 가
능성이 거경을 통해 차단될 수 있다고 보았으며, 이에 기반을 하여 오륜
과 인륜으로 대표되는 유학적 이상 실천 터전으로서의 외부 사물을 인정
하고, 그러한 외부 상황들에서의 옳음을 찾는 궁리를 통해 궁극적으로
유학적 이상에 입각한 행위가 실천으로 이어질 수 있다고 보았다. 퇴계
는 매우 충실한 주자 철학의 해석자로서 거경궁리 공부론 체계를 재확인
함으로써 양명의 이론에 대해 비평을 가하였다.

3. 퇴계학의 실천지향적 성격

16세기 조선에서 주자 철학을 수용하는 데 있어 주도적인 역할을 담
당했던 인물로 꼽히는 퇴계는 충실한 주자 철학 계승자의 면모를 가지고
있다. 이에 대해 퇴계 스스로 자임하기도 하였으며, 그의 사유와 행적을
통해서도 확인 가능하다. 그러나 12세기 남송에서 체계화된 주자의 철
학이 16세기 조선에서 동일한 형태로 구현되었기보다는 어느 정도 변형
되고 재해석되었을 가능성이 높다. 실제로 기존 연구를 통해 주자 철학
과는 다른 퇴계학의 고유성이 여러 층위에서 검토되었으며, 이는 주자
철학 해석자로서 퇴계의 위상을 확보하는 데 핵심적인 역할을 하였다.

이러한 관점에서 퇴계학을 바라보았을 때, 그동안 지속적으로 강조되
었으면서도 여전히 다양한 주장이 존재하는 지점은 바로 그의 "리(理)"에
대한 해석이다. 일반적으로 "능동성"이라는 말로 표현되는 퇴계 리(理)
개념의 성격을 검토한 후, 그러한 리(理)에 담긴 함의와 백사, 의려, 양명

其行於外者, 未必誠於內. …… 且聖賢之學, 本諸心而貫事物, 故好善則不但心好之, 必遂
其善於行事, 如好好色而求必得之也, 惡惡則不但心惡之, 必去其惡於行事, 如惡惡臭而務
決去之也."

에 대한 비평에 흐르고 있는 일관된 문제의식을 살펴보도록 하겠다.

1) 천명(天命)으로서의 리(理)

퇴계 리(理) 개념의 특성은 유학의 전통적 개념인 천명과 긴밀하게 결합되어 해석된다는 것이다. 주자 철학의 핵심인 리(理)는 다양한 함의를 가지고 있는데, 그 가운데 퇴계의 리(理)에서는 천명의 의미가 강조된다. 이러한 해석의 근저에는 퇴계의 리(理)가 특정한 능력과 힘을 갖고 있다는 사유가 깔려 있다.[49] 바로 리(理)가 가지고 있는 능력과 힘을 천명으로 표현했다는 것이다.

퇴계학의 리(理)에서 천명에 대한 중시를 읽어내는 것은 퇴계가 1553년 전후 작성한 천명을 주제로 하는 그림을 통해 확인 가능하다. 천명을 주제로 하는 그림, 즉 「천명도(天命圖)」 작성을 처음으로 시도했던 학자는 추만(秋巒) 정지운(鄭之雲, 1509~1561)이지만, 추만의 「천명도」를 접한 퇴계는 그의 천명 이해가 자신과 상이하다는 사실을 발견한다. 이에 퇴계는 자신의 천명 이해에 입각한 「천명도」로 새롭게 수정한 뒤, 개정 사항들에 대한 구체적인 근거를 「천명도설후서(天命圖說後叙)」라는 글을 통해 밝힌다.

「천명도」(문집본 「천명신도」)와 「천명도설후서」를 통해 발견되는 퇴계의

---

49 퇴계의 理가 특정한 능력과 힘을 갖고 있다는 해석과 이를 통해 天, 上帝와 理를 연결시켜 이해한 기존 연구는 다음과 같다. 이상은, 『退溪의 生涯와 學問』, 서울: 瑞文堂, 1973; 유정동, 「退溪의 哲學思想 研究」, 『東洋哲學의 基礎的 研究』, 成均館大學校出版部, 1986; 배종호, 「退溪의 宇宙觀」, 『退溪學研究』 제1집, 단국대 퇴계학연구소, 1987; 김형효, 「퇴계 성리학의 자연 신학적 해석」, 『退溪의 사상과 그 현대적 의미』, 韓光文化社, 1997; 이광호, 「上帝觀을 중심으로 본 儒學과 基督敎의 만남」, 『儒敎思想研究』 제19집, 한국유교학회, 2003; 이종우, 「退溪 李滉의 理와 上帝의 관계에 대한 연구」, 『철학』 제82집, 한국철학회, 2005; 김형찬, 「내성외왕(內聖外王)을 향한 두 가지 길」, 『철학연구』 제34집, 고려대학교 철학연구소, 2007; 이향준, 「理發說의 은유적 해명」, 『철학』 제91집, 한국철학회, 2007; 김기현, 「퇴계의 敬사상: 畏敬의 삶의 정신」, 『退溪學報』 제122집, 退溪學研究院, 2007.

천명 이해의 내용은 크게 두 측면에서 살펴볼 수 있다. 이는 추만 「천명도」에 대한 퇴계의 개정 사항에 초점을 맞추어 살펴보았을 때 뚜렷이 발견되는 것으로 하나는 "천명의 방향성"[50]이고 다른 하나는 "천명의 의미"[51]이다. 유학의 전통 개념인 천명에 담겨있는 인륜적 색채와 하늘의 명령이라는 이미지를 감안한다면, "천명의 방향성"에 대한 수정을 통해서는 저 위에서 도덕 명령을 내리는 어떤 것의 존재가 주장되며, "천명의 의미"에 대한 재정의를 통해서는 그 어떤 것이 바로 현실세계에 개입하고 있는 도덕 가치로서의 리(理)임이 주장된다. 즉 리(理)에서 천명의 의미를 강하게 읽어낸다면, 「천명도」를 통해 표출된 천명으로서의 리(理)는 "어디에선가부터 내려오는 도덕 명령이라는 형태로 현실세계에 개입하는 도덕 가치"라고 할 수 있다. 이것이 퇴계학에서 강조된 리(理)의 의미이자 그 리(理)가 가지고 있는 위상 및 능력의 내용이다. 여기서 현실세계로의 개입이란, 도덕 가치가 그 자체로 구체적인 현실에서의 실현을 지향함을 뜻한다.

이 지점에서 함께 고려해야 하는 것은 천명으로서의 리(理)가 유학의 전통적 탐구 영역인 천인(天人) 관계에 대한 하나의 답변으로 제시된 것이라는 점이다. 달리 말해 퇴계 「천명도」에서 표현되고 있는 리(理), 즉 천명의 의미를 가진 리(理)의 현실세계로의 개입은 인간, 구체적으로 인간 심성을 통해 이루어지는 것을 뜻한다. 이로써 퇴계학에서 리(理)는 인간에게 도덕 명령을 내리는 명령자로서의 위상을 가진 천명지성(天命之

---

50 「退溪先生文集」권41「天命圖說後叙」(1553): "自北面南而分前後左右, 仍以後子爲下前午爲上者,「河」・「洛」以下皆然也. 其所以然者, 陽氣始生於下, 而漸長以極於上, 北方, 陽氣之始生也, 彼「圖」・「書」率以陰陽消長爲主, 而以陽爲重, 則由北而始於下, 固當然也. 至於「太極圖」, 則異於是, 原理氣而發化機, 示上天命物之道, 故始於上而究於下. 其所以然者, 天之位固在於上, 而降衷之命不可謂由下而上故也. 今之爲圖, 一依濂溪之舊, 安得於此而獨違其旨乎. 當初, 靜而因「河」・「洛」之例, 由下而始, 改而從濂溪之例, 滉之罪也."

51 「退溪先生文集」권41「天命圖說後叙」(1553): "蓋「太極圖」始於太極, 次陰陽五行而後, 有妙凝之圈. 妙凝之圈卽斯圖所揭天命之圈是也."

性)으로 전환되며,[52] 동시에 인간은 도덕 명령으로서의 리(理)의 개입을 수용하여 그에 따라 행위를 해야만 하는 지위에 놓인다.

퇴계학의 리(理)에 대한 논의는 여기에서 그치지 않는다. 바로 도덕 명령을 내리는 명령자의 위상을 가진 리(理)의 작용이 인간 자신에게서 경험 가능한 특정한 현상으로 해석되는 것이다. 퇴계 「천명도」에서 리(理)는 인간 내면에서 도덕 가치의 작용으로 발견되며, 동시에 하늘의 명령과도 같은 권위를 가진 특정한 모습으로 영향력을 갖는다. 이것이 바로 천명지성이 인간 감정 층위에서 실현된 사단(四端)이다. 뿐만 아니라 퇴계에게서 그러한 리(理)는 구체적인 삶 속에서 도덕 행위 실천으로의 요구를 동반한 채, 해당 상황에서의 올바름으로 구현되어 알려진다. 이것이 격물(格物)의 공효인 물격(物格)에 대한 퇴계의 해석이다. 나아가 퇴계는 "직분(職分)"이라는 말을 매개로 이와 같은 리(理)의 작용이 현실에서의 실현을 지향하면서 인간을 도덕 행위로 어떻게 이끄는지 설명하며, 이를 토대로 인간의 도덕 행위 실천의 당위성을 주장한다.[53] 퇴계에게서 천명으로서의 리(理)는 도덕 가치의 실현이 인간에게 직분과도 같은 의무로 주어져 있다는 의미까지 포함하며, 이를 실현하고자 하는 인간은 그러한 자신의 직분을 완수해내기 위해 의무적 행위를 실천한다는 사유가 정립된다. 천명의 의미가 강조된 리(理)는 인간 내면에서 감지되는 일종의 도덕적 의무감의 근거이고, 그 의무감은 도덕 행위 실천의 추동력인 것이다.

현실에서의 유학적 이상 실현을 목표로 하는 퇴계학에서 천명의 의미

---

52 『退溪先生文集』 권41 「天命圖說後叙」(1553): "天命之圈卽周子所謂無極二五妙合而凝者也, 而子思則就理氣妙合之中, 獨指無極之理而言, 故直以是爲性焉耳."

53 『退溪先生文集』 권38 「答申啓叔沃○壬戌」(1562): "有所受職分者, 苟無修爲之事, 則天命不行矣, 故子思之言天命, 自率性・修道・存養・省察, 以至於中和之極功而後已, 卽此圖所本之意也. 況圖中因稟賦之偏正, 而明人物之貴賤, 若只存賦予而闕修爲, 是有體而無用, 君有命而臣廢職, 何以見人之貴於物乎?"

가 강조된 리(理)는 하늘의 명령과도 같은 지엄한 도덕 명령을 지속적으로 내리고 있는 것으로 해석된다. 그리고 인간은 그 도덕 명령의 수행을 자신의 직분으로 받아들이면서 유학적 이상에 입각한 행위의 실천을 위해 노력하는 삶을 살아가야 한다. 이러한 측면에서 백사와 의려, 양명을 향했던 퇴계의 비평은 도덕적 의무감의 근거인 천명으로서의 리(理)에 대한 고려가 누락되어 있다는 것이고, 이는 그들의 사유에 유학적 이상에 입각한 행위를 실천하고자 하는 추동력으로서의 의무감이 결여되어 있다는 것으로 해석할 수 있다.

2) 천명으로서의 리(理)와 인간의 관계

주자학적 리(理)에서 천명의 의미를 한층 강조함으로써 퇴계는 공부(工夫)가 '인간'과 '천명으로서의 리(理)'의 관계 속에서 도출되는 인간의 행위임을 역설한다. 인간은 누구나 도덕 가치를 완수해내기 위하여 현실 속에서 그 도덕 가치의 실현을 하늘의 명령에 따르듯이 추구해야 하며, 여기에 동반되는 평상시 노력이 바로 공부인 것이다. 퇴계는 그 토대적 공부로 경(敬)을 제시한다.[54]

퇴계의 경이 천명으로서의 리(理)와 인간의 관계 위에서 정립되는 것에 대해 기존 연구에서는 상제(上帝)에 대한 외경(畏敬)의 강조에 주목한다.[55] 또한 퇴계에게서 경 공부의 핵심은 천명이 자신에게 갖추어져 있음을 아는 것이다.[56] 천명이 나에게 갖추어져 있음에 대한 앎과 천명에

---

54 『退溪先生文集』 권41 「天命圖說後敍」에 수록된 「天命新圖」에 적혀있는 工夫 관련 단어는 '敬', '存養', '省察'이다.

55 퇴계의 敬에서 외경을 강조한 대표적 연구는 다음과 같다. 李相殷, 『退溪의 生涯와 學問』, 서울: 예문서원, 1999; 김형효, 「퇴계 성리학의 자연 신학적 해석」, 성남: 한국정신문화연구원, 1997; 김기현, 「퇴계의 敬사상: 畏敬의 삶의 정신」, 『退溪學報』 제122집, 退溪學硏究院, 2007; 최재목, 『퇴계 심학과 왕양명』, 서울: 새문사, 2009.

56 『退溪先生文集』 권41 「天命圖說後敍」(1553): "學者於此, 誠能知天命之備於己, 尊德性而

대한 외경의 방법으로 경이 제시된 것이라고 할 수 있는데, 이는 1553 년 「천명도설후서」가 작성된 시점에서부터 1568년『성학십도(聖學十圖)』 가 완성되는 시기[57]까지 공통적으로 발견된다.

퇴계의 백사, 의려에 대한 비판은 정좌 치중에 대한 문제제기였으며, 양명에 대한 비판 내용은 주자 철학에서 존덕성 공부가 간과되지 않았다 는 입장을 전제로 한 외부 사물로의 궁리 결여에 대한 우려였다. 그리고 백사와 의려의 정좌 치중에 대한 비판의 핵심은 "일[事]을 싫어하고 안정 [定]을 구하"는 것이었다. 물론 정좌 자체에 대해서 퇴계는 정시(靜時)의 심 상태를 체험하고 유지하는 방법으로서 승인하며, 그 근거로 "주정(主 靜)"－정시(靜時)의 심 상태를 위주로 하는 것－을 중시했던 신유학의 전 통적 사유 계보를 제시한다.[58] 그러나 퇴계는 이러한 주정의 의미에 치 우쳐서는 안 된다는 점을 확실히 한다. 그럴 경우 "정(靜)에 빠져 사물(事 物)을 끊어버려", "천리를 없애고 인륜을 끊어버리는" 데까지 나아가게 된다는 것이다.[59] 이러한 맥락에서 퇴계는 "일용수작(日用酬酢)과 동정어

致信順, 則良貴不喪, 人極在是, 而參天地贊化育之功, 皆可以至之矣."

57 『退溪先生文集』 권7 「進聖學十圖箚」(1568): "畏敬不離乎日用, 而中和位育之功可致. 德行 不外乎彛倫, 而天人合一之妙斯得矣."; 「夙興夜寐箴圖」에 대한 퇴계의 설명. "以上五圖, 原 於心性, 而要在勉日用, 崇敬畏."

58 『退溪先生文集』 권41 「抄醫閭先生集附白沙陽明抄後復書其末」(1553): "按, 靜坐之說, 明 道嘗舉以告上蔡, 而伊川每見人靜坐, 亦嘆其善學. 但伊川又謂才說靜, 便入於釋氏之說, 不用'靜'字, 只用'敬'字, 則已慮靜之爲有偏矣. 惟明道他日復謂性靜者可以爲學, 則夫朱子 獨言明道敎人靜坐者, 豈非靜在明道則屢言之, 在伊川則雖言之, 而復不以爲然乎. 要之, 明道言靜卽'敬'字之義, 伊川恐學者未悟, 故加別白焉. 其後如龜山, 如豫章, 如延平一派, 皆於靜中觀喜怒哀樂未發氣象, 而上蔡亦謂多著靜不妨, 此豈非明道之敎乎. 至和靖始終 一箇'敬'字做去, 豈非伊川之敎乎."

59 『退溪先生文集』 권42 「靜齋記」(1556): "且聖人之主靜, 所以一天下之動, 非謂其泯然無用 也, 學者之求靜, 所以立萬用之本, 非欲其漠然不應也. 故主靜而能御動者, 聖賢之所以爲 中和也, 耽靜而絶事物者, 佛老之所以爲偏僻也. 中和之極, 位天地而育萬物, 偏僻之極, 滅天理而殄人倫. 故程·朱門下, 屢以是警切於學者, 而門人之賢者, 往往亦流入於虛無寂 滅而不自返, 何哉? 知靜之汨於動, 而遂乃厭動而求靜, 則未免遺粗而索精, 去器而探道, 不知不覺而陷溺於此, 所謂差之毫釐, 謬以千里者, 甚可畏也. 時甫之爲人, 恬靜端愨, 其 爲學不枝蔓而能親切, 吾知其無是患也. 然其意豐豐乎以靜爲先, 則義理之微, 蠶絲牛毛之

묵(動靜語默)의 때를 벗어나지 않는" 공부를 가장 효과적인 공부라고 여겼다.[60] 퇴계는 주정과 정좌에 치우치는 경우, 유학적 이상에 입각한 행위 실천의 상황 그 자체로 나아가지 않게 될 소지가 있는 점에 대해 문제시하였던 것이다.

이는 결국 동시(動時)와 정시(靜時)가 실제 삶에서는 하나의 심의 두 양상을 가리키기에 동정(動靜)에 일관하는 하나의 공부를 정립해야 했던 사유, 즉 주자 철학에서의 경 공부를 중시하는 사유에 기반을 둔 것으로 해석된다. 그렇다면 퇴계의 정좌 공부 승인은 어떻게 이해할 수 있는 것인가? 이는 정시(靜時) 심 상태에 대한 퇴계의 설명을 살펴봄으로써 가능하다.

나 황이 「정재기(靜齋記)」를 적어 남시보에게 부치면서 별도로 다음과 같이 적었다. "전에 논한 '정시기미용사(靜時氣未用事), 고리득자재(故理得自在)'라는 것, 이것의 의미는 맹자의 성선론과 같으니, 본원(本源)까지 지극히 궁구하여 말한 것이다. 기가 움직여 악(惡)으로 흘러간다는 것에 이르러도, 리(理)가 어찌 한 순간이라도 쉬겠는가? 다만 기에 의해 가려졌기 때문에 리(理)가 환히 투철하고 주장(主張)하거나 발휘(發揮)할 수 없을 뿐이다. 그러하다면 리(理)는 정(靜)에는 있지만 동(動)에는 없는 것이 아니며, 기 역시 정(靜)에는 없지만 동(動)에는 있는 것이 아님이 명백하다. ……"[61]

辨, 惡保其必能無差耶?"

60 『退溪先生文集』권43 「延平答問跋」(1554): "夫晦菴夫子, 未見先生之前, 猶出入釋‧老之間, 及後見先生, 爲學始就平實, 而卒得夫千載道統之傳. 是則凡晦菴之折衷羣書, 大明斯道於天下者, 皆自先生發之, 而其授受心法之妙, 備載此書. 今驟讀其言, 平淡質慤, 若無甚異, 而其旨意精深浩博, 不可涯涘. 推其極也, 可謂明竝日月, 幽參造化, 而其用功親切之處, 常不離於日用酬酢動靜語默之際. 此先生靜坐求中之說, 所以卓然不淪於禪學而大本達道靡不該貫者也."

61 『退溪先生文集』권42 「靜齋記」(1556): "滉旣述「靜齋記」, 寄時甫, 別有小簡曰, '向所論靜時氣未用事, 故理得自在, 此意與孟子性善之論同, 乃亦是極本窮源而言也. 及夫氣動而流於惡也, 理亦何嘗有一刻停息? 但爲氣之所蔽, 故理不得昭融透徹, 主張發揮爾. 然則理非靜

"정시기미용사(靜時氣未用事), 고리득자재(故理得自在)"는 "정시(靜時)에는 기가 주도하지 못하기 때문에 리(理)가 그 자체로 있을 수 있다."라고 해석되며, 이것은 정시(靜時)의 심 상태를 리기(理氣) 개념으로 해명한 것이라고 할 수 있다. 즉 기가 주도하지 못하는 상황을 리(理)가 그 자체로 있을 수 있는 상황이라고 이해함으로써, 정시(靜時)의 심 상태를 리(理)가 심에 본연의 모습 그대로 갖추어져 있는 상태라고 설명한 것이다. 나아가 이것이 맹자의 성선론과 동일한 의미라고 하였으니, 여기서의 리(理)는 선한 성을 가리킨다고 할 수 있다. 곧 정시(靜時)의 심에는 리(理)가 본연의 모습 그대로 갖추어져 있는데, 이것은 주자 철학의 대전제인 성선, 즉 선한 성이 기 혹은 형기와 같은 요소에 방해받지 않고 있는 상태를 의미한다.

물론 퇴계는 주자 철학의 경 공부가 동시(動時)와 정시(靜時)의 공부를 아우른 것임을 잘 이해하고 있었다. 그러나 동시에 경 공부에 있어 정(靜)이 근본이 된다는 주자의 말에 찬동하였다.[62] 이를 위의 설명과 함께 이해한다면, 주자 철학의 경 공부가 정을 근본으로 한다는 것은 퇴계가 보기에 선한 성이 자신의 원 모습을 유지하고 있는 심의 정시(靜時) 상태를 근본이자 기준으로 삼아야 한다는 뜻이다. 그렇게 할 수 있다면, 특정한 일을 직면한 순간에 정시(靜時)의 심 상태에 입각하여 그 일을 처리하게 된다는 것이다. 나아가 이러한 정시(靜時)의 심 상태를 퇴계는 리(理)가 주장(主張)하거나 발휘(發揮)하는 상황이라고 설명하였다. 이를 다

有而動無, 氣亦非靜無而動有, 明矣云云.'"

62 『退溪先生文集』 권42 「靜齋記」(1556): "竊嘗思之, 以爲靜而存養, 動而省察, 固學者所共知也, 而吾所謂靜與彼之虛無寂滅者絶不同. 此則非人人之所能知也. 故其用功也, 每淪於禪寂. 若或患是然也, 遂欲舍靜養, 而專用力於動察, 則又非所以爲全體大用之學. 故學以不偏爲貴. 『河』·『洛』以下, 論此理多矣, 而莫備於朱子與南軒論中和之書. 其言有曰, '言靜則溺於虛無, 此固當慮. 若以天理觀之, 動之不能無靜, 猶靜之不能無動也, 靜之不能無養, 猶動之不可不察也. 但見得一動一靜互爲其根, 不容間斷之意, 則雖下靜字, 元非死物, 至靜之中, 自有動之端焉. 固非遠事絶物, 閉目兀坐而偏於靜之謂, 而終之曰, '敬字工夫通貫動靜, 而必以靜爲本.'"

시 선한 성이라는 측면에서 바라본다면, 정시(靜時)의 심 상태에서도 도덕 가치로서의 선한 성은 주장(主張)하거나 발휘(發揮)하고 있다고, 곧 선함으로의 지향을 드러내고 있다고 본 것이다. 결국 퇴계는 경 공부를 중시하면서, 정시(靜時)의 심 상태에 주목하였고, 이를 선한 성이 원 모습을 그대로 유지하고 있는 심의 상태가 동정을 일관하는 경 공부의 근본과 기준이 된다는 것으로 이해한 것이다. 그리고 이에 대해 본원의 차원에서 리(理)가 주장하거나 발휘하는 상황이라고 함으로써 천명으로서의 리(理)와 경의 친연성을 알 수 있도록 한다.

퇴계학에서 강조된 천명의 의미를 가진 리(理)에 입각하여 경 공부를 바라본다면, 이는 인간 자신에게 도덕적 가치 실현이 명령처럼 직분으로 주어져 있음을 아는 것이고, 자신의 내면으로 향하는 시선에 따라 그 도덕 가치에 대해 외경함으로써 집중하는 것이다. 퇴계의 경을 천명으로서의 리(理)와 긴밀하게 해석함으로써 경 공부는 천명과 인간의 관계 속에서 인간이 지녀야 하는 외경의 자세를 뜻하게 되고, 이를 통해 그 천명의 내용인 선한 성에 항상 집중하여 자각하고 민감하게 따름을 통해 도덕 명령 완수에 대한 의무감을 유지하는 것이라는 의미를 갖게 된다. 이러한 경은 정시(靜時) 심 상태를 근본으로 한다는 사유를 내포하고 있으면서도, 실제로는 동시(動時)와 정시(靜時)를 일관하는 하나의 공부이다.[63] 언제나 도덕 명령을 내리고 있는 리(理)에 대한 주목과 따름을 통해, 하늘의 명령과도 같은 그 도덕 명령 완수의 의무감을 삶의 모든 영역에서 유지하는 공부인 것이다.

그렇다면 백사와 의려가 정좌에 치중함으로써 유학적 이상 실현의 현장에 나아가지도 않으려 한다는 퇴계의 비판은 그들이 구체적인 상황에 뛰어들어 해당 상황의 옳음을 찾아 실천해야 한다는 의무감의 결여에

---

63 『退溪先生文集』권19「答黃仲擧」(1559): "未發則爲戒愼恐懼之地, 已發則爲體察精察之時, 而所謂喚醒與提起照管之功, 則通貫乎未發已發之間而不容間斷者, 卽所謂敬也."

서 비롯한 문제를 겨냥한 것이고, 이는 곧 그러한 의무감의 근거인 천명으로서의 리(理)의 존재를 간과하였거나 혹은 알지 못하였기 때문에 발생한 것이라는 판단에 바탕을 둔 것이다. 달리 말해 퇴계는 천명으로서의 리(理)의 존재를 인정한 위에서 그로부터 기인한 유학의 이상에 입각한 행위 실천으로의 명령이 동인으로 작동함으로써 실제 행위의 실천 가능성을 높일 수 있다고 보았고, 그러한 의도 아래 경을 강조하면서 정좌 중시 입장을 비판하였다. 설혹 정좌에 대한 중시가 "자득(自得)"과 "자연(自然)"에 근거한 자발적이고 주체적인 도덕 실천을 주장한 것으로 해석[64]되거나 "천리체인(天理體認)"의 층위에서 도덕 실천의 정당성을 확보하고자 한 것으로 해명[65]될 수 있다고 하더라도, 퇴계의 시선에 따르면 여전히 그들의 주장은 개체 차원의 판단에 의해 임의대로 유학적 이상 실현의 현장에 나아가지 않을 가능성을 항상 내포하고 있는 것이다.

양명에 대한 퇴계의 비평 역시 위와 같은 차원에서 이해할 수 있다. 퇴계는 양명이 주자 철학에 대해서 도문학 공부에 치우쳐 존덕성 공부를 경시했다고 비판하였으며, 이를 바탕을 하여 외부 사물에 대한 공부를 제거하고 본심 차원의 공부만을 남겨둔 것이라고 평가한다. 존덕성에 대한 주자 철학에서의 표준적인 설명은 "내가 하늘에서 받은 올바른 리(理)를 공경히 받들어 지키는 것"[66]인데, 여기에서 공경히 받들어 지켜야 하는 것으로서의 덕성은 곧 퇴계학에서 천명으로서의 리(理)이자, 천명지성이라고 해석될 수 있다. 또한 퇴계는 이러한 덕성을 공경히 받들어 지키는 방법으로 소학(小學) 공부에 해당하는, 그리고 본원 함양의 공

---

64 안영상, 「백사학과 양명학의 비교를 통해 본 조선중기 성리학의 특징」, 『동양철학연구』 제50집, 동양철학연구회, 198쪽; 손흥철, 「白沙 陳獻章의 自得의 修養論」, 『南冥學』 제20집, 남명학연구원, 2015, 388쪽.

65 김영민, 「리(理)의 재정위(再定位)와 심(心)의 재정의(再定義): 담약수(湛若水)의 철학」, 『철학』 제85집, 한국철학회, 2005, 70~73쪽.

66 『中庸章句』 27장에 대한 朱子의 주석: "尊者, 恭敬奉持之意, 德性者, 吾所受於天之正理."

효를 가져오는 경 공부가 주자 철학에 이미 확고하게 체계화되어 있었음을 말한다.[67] 바로 이 본원 함양의 의미를 퇴계학에서는, 하늘의 명령과도 같은 도덕 명령을 완수해야만 한다는 의무감을 삶의 모든 영역에서 유지하는 것이라고 해석할 수 있는 것이다.[68]

퇴계가 본 양명은 주자 철학에서 토대 공부로 제시하고 있는 경의 함의를 간과하거나 혹은 파악하지 못한 상태에서 공부론에 대한 비판을 진행하였다. 그러나 퇴계에게서 인간의 유학적 이상 실천 행위는 유학적 이상 실천으로의 명령과 그에 따른 의무적 수행이 천명으로서의 리(理)를 통해 해명됨으로써 가능한 것이었다. 이러한 입장에 따라 퇴계는 앞서 살펴보았듯이 행위자의 단독적인 호오에 준하여 구체적 도덕행위의 내용을 결정할 수 있다고 주장한 양명에 대해서 비판적 입장을 개진했다. 이는 행위자의 호오에 따른 행위가 자의적일 가능성에 대한 염려라고 할 수 있는데, 그러한 우려 이면에는 - 강학과 궁리를 통해 알고 실천할 수 있는 - 유학적 의리에 대한 확신이 자리하고 있다. 바로 이 유학적 의리에 대한 확신의 근거 가운데 하나로 퇴계는 천명으로서의 리

---

67 『退溪先生文集』 권41 「白沙詩敎傳習錄抄傳因書其後」(1553추정): "又按, 朱子晚年見門弟子多繳繞於文義, 果頗指示本體, 而有歸重於尊德性之論. 然是豈欲全廢道問學之功, 泯事物之理如陽明所云者哉, 而陽明乃欲引此以自附於朱說, 其亦誤矣. 況入大學者先小學, 欲格物者務涵養, 此固朱子之本意, 而見於 『大學或問』 與 「答吳晦叔」 書. 若此類甚多, 不啻丁寧反復三致意焉, 何嘗使人逐虛外而忘本原哉."

68 퇴계는 本源을 涵養할 수 있는 방법으로서 靜時에는 戒愼恐懼 공부를 언급하면서도 動時와 靜時를 일관하는 하나의 방식으로 "主一"을 제시한다. 그리고 퇴계는 가장 요긴하고 절실한 방법으로 "외적인 행동을 다스려서 마음을 기르는 것"과 그것의 구체적 실제 공부인 "三省", "三貴", "四勿"을 중시한다. 이는 전형적인 주자학적 경 공부라고 할 수 있다. 이와 같은 퇴계의 입장은 다음의 글 참조. 『退溪先生文集』 권16 「答奇明彦」(1559): "本原之地下功, 況方此求之, 而未審其可否. 今承俯詢, 敢擧以取正焉. 聞之, 心爲萬事之本, 性是萬善之原. 故先儒論學必以收放心養德性爲最初下手處, 乃所以成就本原之地以爲凝道廣業之基, 而其下功之要, 何俟於他求哉? 亦曰'主一無適'也, 曰'戒愼恐懼'也. 主一之功通乎動靜, 戒懼之境專在未發, 二者不可闕一. 二者不可闕一, 而制於外以養其中尤爲緊切. 故'三省'·'三貴'·'四勿'之類, 皆就應接處言之, 是亦涵養本原之意也. 苟不如是, 而一以心地工夫爲主, 則鮮不墮於釋氏之見矣."

(理)의 존재를 긍정하고, 그러한 리(理)의 존재를 인정함으로써 도출되는 도덕 실천으로의 필연적 이행을 강조한다. 유학적 이상에 입각한 행위의 실천은 하늘의 명령에 준하는 유학적 이상 실천으로의 명령을 통해서만이 실행될 수 있다고 퇴계는 본 것이며, 그러한 명령에 대해 인간이 일종의 도덕적 의무감을 삶의 전 영역에서 견지하고 있음으로써 실천으로의 추동력이 확보될 수 있다고 본 것이다. 이를 간과하였기에 양명은 의무감 견지 노력에 대한 중시 대신, 오히려 행위자의 단독적 호오에 대한 중시로 흘러갔던 것이다. 이러한 양명의 이론은 축적되고 공유되어 온 의리에 따라 강학과 궁리 공부하는 것을 중시하는 주자 철학의 입장과도 충돌하며, 거기에서 더 나아가 천명의 의미를 근간으로 하는 리(理)가 실제 삶의 현장 속에서 구체적인 형태로 구현된다는 퇴계의 사유와도 충돌한다.

3) 천명으로서의 리(理)의 실현

유학적 이상을 실현하기 위해서, 그리고 유학적 이상에 입각한 구체적인 행위를 실천하기 위해서 요구되는 조건은 비단 인간 내면의 도덕 명령에서 비롯한 의무감을 견지하는 것만이 아니다. 오히려 보다 중요한 것은 그 도덕 명령이 구현된 실제 내용이며, 구체적인 상황에 적합한 도덕 행위의 실제 내용이다. 유학적 이상에 입각한 행위의 실천 가능성을 높이기 위해 퇴계는 천명으로서의 리(理)와 그 리(理)의 명령에 따른 도덕 행위 실천을 준비하는 행위자의 관계에 입각한 경 공부를 제시하였다. 퇴계는 여기에 그치지 않고 실제 구체적인 상황에서 그러한 천명의 의미를 가진 리(理)가 도덕 행위 실천을 담보하는 데 어떠한 역할을 하는지에 대해서도 상세히 검토하였다. 그것은 퇴계학 이해에 관건이라고 여겨지는 "리발(理發)"과 더불어 1570년 최종 제출된 "리자도(理自到)"에 대한 분석을 연속성 상에서 진행함으로써 확인할 수 있다.

앞서 살펴보았듯이 퇴계가 강조한 리(理)는 구체적인 실제 삶 속에서 유학적 이상에 부합하는 도덕 행위를 실천하는 인간이 견지해야 하는 태도를 설정하는 데 이론적 기초를 제공한다. 그와 동시에 퇴계에게서 그 리(理)는 실제 삶의 현장에서 유학적 이상으로 구현되려는 지향을 갖고 있으며, 동시에 그것은 인간에게 자체의 능력으로 알려지는데, 인간은 이에 따라 실천함으로써 그 이상을 실현한다. 이러한 리(理)에서 천명의 의미를 강하게 읽어내는 것은 퇴계학의 독창성을 드러내주는 발언이라고 간주되는 "리발(理發)"과 "리자도(理自到)"를 통해 퇴계학의 리(理)가 실제 삶의 현장에서 어떠한 형태로 개입한다는 것인지 알 수 있도록 한다.

먼저 사단(四端)을 이발(理發)이라고 퇴계가 분석한 것을 살펴보면, 이는 유학적 이상 실현을 지향하는 리(理)가 인간의 감정으로 드러난 것이다. 리발(理發)이라 해명된 사단을 퇴계의 천명 이해에 따라 본다면, 유학적 이상 실현의 전 과정 속에서 천명으로서의 리(理)는 인간을 유학적 이상에 입각한 구체적인 행위의 실천으로 이끌며, 그러한 일련의 과정 속에서 인의예지(仁義禮智)를 내용으로 하는 리(理)가 의무감과 더불어 인간의 감정에서 구체화된 것이 바로 사단이다. 퇴계의 리발(理發)에서 리(理)의 능력이 천명으로서의 리(理)를 통해 해명된다면, 퇴계에게서 사단으로 드러난 리(理)에는 그것이 인간으로 하여금 구체적인 삶에서 사단의 추동을 받아 도덕 행위를 실천하도록 요구한다는 의미까지 담기게 된다. 인간의 도덕 행위 출발점이자 원동력으로서의 사단은 도덕 행위를 실천하라는 명령의 맥락 속에서 인간에게 주어지며, 인간은 자신의 의도와는 무관하게 자신에게서 발견되는 사단이라는 도덕적 반응을 바라보면서 그에 입각한 행위 실천의 명령을 의무감과 함께 수용적 자세로 받아들이게 된다는 것이다.

다음으로 격물 공부의 공효로서 이해되는 물격 상태에 대한 퇴계의 분석은 인간이 격물하는 것에 따라 "물리(物理)의 극처(極處)가 스스로 이른다."라는 것이며,[69] 이것이 바로 "리자도(理自到)"의 의미이다.[70] 독서 궁리를 통해, 실천해야 하는 도덕 행위의 구체적인 내용을 알고자 준비한 인간에게 그 도덕 실천 내용으로서의 리(理)는 실질적 도덕 행위 내용으로 알려진다는 것이다. 퇴계의 천명 이해를 바탕으로 본다면, 구체적인 도덕 행위 내용은 천명의 의미가 강조된 리(理)가 삶의 특정한 상황 속에서 구체화된 것으로, 인간에게는 이것이 도덕 실천의 명령으로 인해 발생한 의무감을 동반하여 알려진다. 인간은 바로 이 의무감을 가지고 자신에게 알려진 그 도덕 실천 내용에 따라 실천하게 되며, 이 의무감을 견지한 인간에 의해 유학적 이상에 입각한 행위는 완성되고 유학적 이상은 실현된다는 것이다.

리발(理發)과 리자도(理自到)라는 해석이 제출된 사단과 격물 공부, 물격 공효 논의에서 퇴계의 백사, 의려, 양명 비판과 관련하여 주목할 수 있는 것은 바로 그것들에 담겨있는 현장성이다.[71] 퇴계는 우물로 들어가려는 어린 아이를 목도하는 순간 인간에게 발생하는 자연스러우면서도 필연적인, 그리고 어느 정도 일반적인 감정인 사단은 물론이고, 구체적

---

69 『退溪先生文集』 권18 「答奇明彦」(1570): "然則方其言格物也, 則固是言我窮至物理之極處, 及其言物格也, 則豈不可謂物理之極處, 隨吾所窮而無不到乎? 是知無情造作者, 此理本然之體也, 其隨寓發見而無不到者, 此理至神之用也. 向也但有見於本體之無爲, 而不知妙用之能顯行, 殆若認理爲死物, 其去道不亦遠甚矣乎? 今賴高明提諭之勤, 得去妄見, 而得新意長新格, 深以爲幸."

70 『退溪先生文集』 권18 「答奇明彦」(1570): "'物格'與'物理之極處無不到'之說, 謹聞命矣. 前此滉所以堅執誤說者, 只知守朱子'理無情意無計度無造作'之說, 以爲我可以窮到物理之極處, 理豈能自至於極處. 故硬把物格之格 · 無不到之到, 皆作己格己到看. 往在都中, 雖蒙提諭理到之說, 亦嘗反復紬思, 猶未解惑. 近金而精傳示左右所考出朱先生語及理到處三四條, 然後乃始恐怕己見之差誤. 於是, 盡底裏濯去舊見, 虛心細意, 先尋簡理所以能自到者如何."

71 물론 퇴계 역시 유학적 이상을 실현함에 있어 주자 철학에서 강조하는 유학의 축적되고 공유되어 온 의리에 대한 공부, 즉 독서궁리를 필수적인 것으로 본다. 다만 이 글에서는 그의 理自到에서 도덕 행위 실천의 현장성의 의미가 강하게 해석될 수 있는 측면에 주목한다. 이는 격물에 대한 주자의 설명 가운데 '卽物'의 의미를 통해 해명될 수 있다. 이와 관련된 논의는 다음을 참조할 수 있다. 陳來, 이종란 외 옮김, 『주희의 철학』, 서울: 예문서원, 2002, 332~338쪽.

인 옳음의 내용의 알려짐, 즉 물격 공효 역시 실제 구체적인 상황을 맞 닥트린 바로 그 실천 행위 현장에서 발생한다는 점에 주목한다. 퇴계의 리발(理發)과 리자도(理自到)는 인간의 도덕 행위 실천의 현장에서 천명 으로서의 리(理)가 작동하고 있는 모습을 표현한 것이라고 해석 가능한 것이다. 도덕 실천 현장이 강조된 퇴계의 서술에는 천명으로서의 리(理) 가 인간의 감정과 실천 현장의 층위에서 어떠한 형태로 자신의 능력을 표출하는지에 대한 해명이 담겨있다. 이것이 도덕 실천의 실현을 목표 로 하여 인간에게 지속적으로 여러 층위에서 자신의 존재를 드러내고 있 는 천명으로서의 리(理)이며, 퇴계학의 실천지향적 성격은 이러한 리(理) 의 자기 전개적 특성에 근거하여 제시된다.

　이와 달리 퇴계에 의해 해석된 백사, 의려, 양명은 천명으로서의 리 (理)가 실현될 수 있는 인간의 도덕 행위 실천의 현장 그 자체에 나아가 지 않으려는 경향을 갖고 있다. 퇴계에게서 인간의 도덕 행위가 유학적 이상에 입각한 행위임을 고려한다면, 이들의 이러한 경향은 오륜과 인 륜으로 구체화되는 유학의 이상 실현의 장소로서의 삶의 현장에 대한 거 부라고도 읽히게 된다. 천명으로서의 리(理)에 입각하여 해석된 퇴계의 리발(理發), 리자도(理自到) 이론은 구체적 삶에서 행위자로서의 인간을 도덕 실천으로 인도하는 리(理), 그리고 격물 공부를 한 인간에게 알려진 리(理), 즉 도덕의 내용에 따라 의무감을 견지한 채 실천하는 인간에 대 한 해명으로 해석될 수 있다. 이러한 해석이 가능하다면, 명대 유학 가 운데 백사, 의려, 양명으로 이어지는 일련의 흐름에 대한 퇴계의 비평 이면에는 천명으로서의 리(理)를 근간으로 하는 자신의 실천지향적 이론 이 자리하고 있다는 설명 역시 가능하다.

4. 나가기

이 글은 퇴계학의 리(理)가 천명(天命)의 의미를 강하게 띠고 있으며, 이 천명으로서의 리(理)를 중심으로 체계화된 퇴계의 학문은 기본적으로 구체적인 현실에서 유학적 이상에 입각한 행위를 실천하고자 하는 의지적 사유 속에서 제시된 것이라는 점에 초점을 맞추었다. 또 일부 명대 유학자들의 관점에 대한 퇴계의 비평이 이러한 지향에 입각하여 진행된 것임을 보이고자 하였다.

구체적으로 퇴계는 백사와 의려에 대한 비평을 통해, 정좌 공부를 함으로써 도달할 수 있는 정시(靜時) 심 상태를 일부 긍정하면서도 그러한 정시(靜時) 심 상태만을 추구하였을 때 발생하게 되는, 아무런 일도 처리하지 않고 몸과 마음의 안정 상태만을 추구하는 폐단을 지적하였다. 이는 퇴계학이 정시(靜時) 심 상태에서 발견되는 천명으로서의 리(理)의 작용, 곧 도덕 명령에 대한 항상된 주목과 민감한 따름을 근본적인 공부로 삼으면서도 궁극적으로는 실제 일을 처리하는 순간에 그 도덕 명령으로 인해 발생한 의무감에 집중하면서 해당 상황에 걸맞은 도덕 행위를 반드시 실천해내고자 하는 목표를 설정하고 있는 데서 기인한 것이다. 한편 퇴계는 양명에 대한 비평을 통해서 그가 간주했던 것처럼 주자 철학에 존덕성 공부가 결여된 것이 아니며, 동시(動時)와 정시(靜時)를 아우르는 공부를 통해 도덕 행위로의 의무감을 유지하는 상태에서, 도덕 행위의 실천을 실제 삶의 현장에 나아가 추구해야 함을 주장하였다. 물론 의무감을 견지한 채 삶의 현장에 나아갔더라도, 도덕행위는 행위자의 단독적인 호오를 따라 행해지는 것이 아니라, 인륜으로 대표되는 외부 사물의 존재를 인정하고, 축적되고 공유되어온 명백한 의리가 실려 있는 유학 경전에 대한 강학과 궁리 공부를 한 것에 준하여 실천될 수 있다고 보았다.

이와 같은 구도에서는 인간 내면에서 발견되는 천명으로서의 리(理)가 자신에게 갖추어져 있음에 대한 앎과 외경을 통해 도덕 실천의 토대가 갖추어진다. 이러한 토대 위에서 퇴계는 현실에서 유학적 이상이 실현되는 것은 유학적 이상에 입각한 구체적인 도덕 행위를 실천함으로써 가능하다는 점 역시 간과하지 않았다. 퇴계에게서 천명으로서의 리(理)가 궁극적으로는 구체적인 상황에서 올바름으로서의 리(理)와 동일한 것이지만, 분명 그곳에는 구체적 옳음으로 구현된 리(理)에 따라 수행하는 인간의 행위가 필요하다. 이러한 인간의 도덕 행위는 하늘의 명령에 대한 순종이라는 이미지로까지 표현될 수 있는 강력한 의무감이 동반되어야만 현실 속에서 실천될 수 있다고 퇴계는 보았다.[72] 때문에 도덕 행위가 행해지는 현장에서 리(理)가 그 자체의 능력에 의해 구체적인 상황에서의 올바름으로 인간에게 알려진다는 점을 긍정하였지만, 한편으로는 올바름의 기원에 자리하고 있는 리(理), 곧 천명으로서의 리(理)에 대해 외경의 자세를 취함으로써 감지되고 유지되는 도덕 실천으로의 의무감을 삶의 전 영역에서 민감하게 자각하고 있는 것을 우선시했던 것이다.

퇴계의 백사, 의려, 양명으로 이어지는 이론들에 대한 차별화 시도는 리(理)에 대한 자신의 이해에 기반을 하며, 그 핵심은 천명으로서의 리(理)에서 도출되는 유학적 이상 실천으로의 명령과 그에 따르는 의무감에 대한 성찰에서 발견된다. 이러한 해석은 백사, 의려, 양명의 입장에서 퇴계의 비평을 다시 검토하는 것을 통해, 한편으로는 각 이론들이 실

---

72 이와 관련하여 최근 한 연구의 다음과 같은 서술을 참조할 수 있다. "퇴계의 理는 천명일 뿐만 아니라 仁한 우주의 마음이기도 하다. 그래서 칸트는 도덕법이 일으키는 이성감정을 敬畏心이라고 했지만, 퇴계의 理가 일으키는 이성감정에는 敬과 함께 四端이 포함된다. 사단은 仁한 우주의 마음이 인간에게 일으키는 덕성의 마음이다." (양명수, 「퇴계 사상에서 理의 능동성의 의미」, 『退溪學報』 제138집, 退溪學研究院, 2015, 67쪽). 즉 퇴계의 理를 해석함에 있어 그것에 담겨있는 仁의 의미가 함께 고려되어야 한다는 것이다. 다만 이 글에서는 仁義禮智를 내용으로 하는 理에 대해서 퇴계가 天命의 의미를 강조하여 재해석하였으며, 이 강조가 곧 백사, 의려, 양명으로 대표되는 명대 유학의 한 갈래에 대한 비평의 근거가 되었음을 밝히고자 하였다. 아울러 의무감으로부터 촉발된 도덕 행위 실천일지라도 그 행위의 완수를 통해 도달하게 되는 어떠한 경지에 대해서는 별도의 맥락에서 다루어질 수 있음을 밝혀둔다.

제 행위로 행위자들을 얼마나 효과적으로 이끌어갈 수 있는지, 실효성의 측면에서 재평가하는 것을 통해 보다 선명한 현재적 의의를 획득하게 될 것이다.

퇴계의 양명학 비판과 조선유학의 성립

김형찬(고려대학교 철학과 교수)

1. 머리말

국가의 권력이 주로 무력에 의존해서 획득되고 유지되던 시대에 문치국가(文治國家)로서 조선의 장기 지속은 매우 이례적인 일이었다. 그 요인을 밝히기 위해서 정치, 사회, 역사, 철학 등 여러 방면에서 접근할 수 있겠지만, 그 중에서도 철학 또는 이념의 역할에 관심을 가진다면, 특히 14세기 말~15세기 초 조선의 건국 시기에 활약했던 정도전, 조준, 권근 등과 16세기에 조선유학의 발전에 결정적 역할을 했던 이황, 기대승, 이이 등 지식인 관료들에게 주목해야 할 것이다.

조선은 그 건국 과정에서 지식인들이 주도적인 역할을 하였다는 의미에서, 지식인들에 의해 기획된 국가였다고 해도 과언이 아니다.[1] 고려 말의 국내 현실과 동아시아 국제질서의 변동을 보면서 일군의 지식인

---

[1] 조선 건국과정에서 지식인들의 역할에 관해서는 마르티나 도이힐러, 이훈상 옮김, 『한국의 유교화 과정』, 서울: 너머북스, 2013; 김백철, 『법치국가 조선의 탄생』, 서울: 이학사, 2017 참조.

들은 새로운 사회를 꿈꾸었고, 사실상의 무혈 혁명에 성공한 뒤에는 그들이 꿈꿨던 나라를 실제로 만들어 갔다.[2] 당시 지식인들이 국가 건설의 토대로 삼았던 철학은 중국에서 수입된 주자학[3]이었다. 조선의 건국 시기는 그것을 국가 이념으로 삼고 조선에 적용하여 국가 체제를 구축하면서 주자학에 기반한 이상국가를 만들어 가는 과정이었다. 그러한 점에서 이 시기는 중국 주자학을 수용하고 현실에 적용하는 단계였다고 평가할 수 있다.

철학 분야에서 더 주목을 받아온 시기는 16세기였다. 이 시기는 퇴계 이황(退溪 李滉, 1501~1570)과 율곡 이이(栗谷 李珥, 1536~1584)가 활동했던 시기였고, 그들은 이후에 조선의 지식인사회와 정치권력을 분점하는 양대 세력의 종주가 되었다. 특히 이들이 직접 참여했던 '사단칠정논쟁(四端七情論爭)'은 조선의 학자들이 리기심성론(理氣心性論) 관련 논의에 특별히 관심을 기울이게 하는 데 결정적인 계기가 되었고, 이는 조선 유학의 주요한 특징이 되었다.

그런데 퇴계와 율곡, 그리고 이후 조선유학자들이 리기심성론 논의에 집중하게 되는 보다 근본적인 원인을 찾는다면, 그것은 건국 이래로 그들이 추구해 온 주자학에 대한 반성적 성찰과 그에 대한 대안 혹은 보완책 모색이라는, 당시 조선 지식인 사회의 과제에 주목해야 할 것이다. 당시는 이미 건국 후 150여 년, 5세대가 지나면서 혁명세력이 기득권 집단으로 견고하게 자리를 굳혀가고 그들의 건국이념이었던 주자학의

---

2 혁명과 건국 초의 국가체제 형성에 적극 기여했던 정도전의 피살을 경계로 하여 그 이전과 이후에 참여 지식인의 성격과 그 이론적 성향이 변화되었다고 볼 수 있다. 그 변화의 양상에 관해서는 도현철, 『고려말 사대부의 정치사상 연구』, 서울: 일조각, 1999; 도현철, 『조선전기 정치사상사』, 서울: 태학사, 2013 참조.

3 여말 선초에 유입된 중국 유학은 북송성리학, 원대 성리학, 정주학 등의 성격이 복합되어 있었으므로, 하나의 명칭으로 규정하기 어렵다. 하지만 이 글에서는 양명학과의 관계 속에서 논의를 분명하게 전개하기 위해서 고려말 이래 조선에서 주류를 이룬 중국 유학을 '주자학'이라고 통칭한다.

이상이 퇴색해 가던 시기였다. 이 무렵 중국에서는 주자학을 비판하며 성장한 양명학이 유행하고 있었고, 조선 지식인들의 철학적·이념적 반성은 그러한 양명학의 영향과 무관할 수 없었다.[4] 그러나 조선에서 양명학은 강렬한 비판에 직면하였고, 조선유학은 양명학을 배제하고 이기심성론 논의에 주력하면서 독특한 학문적 기틀을 구축하는 방향으로 나아갔다.

그러한 논의 과정의 중심에는 양명학 비판에 결정적 역할을 한 퇴계가 있었다. 퇴계는 양명학의 학문적 성과를 수용하는 대신에, 양명학에 대한 비판을 통해 양명학의 주자학 비판에 적극 대응하며 주자학을 보완하는 길을 택하였다. 그런데 사단칠정논쟁 및 그 이후 퇴계학파와 율곡학파의 논쟁에서 확인할 수 있듯이, 주자학을 보완 혹은 강화하기 위해 퇴계가 제시한 생각들은 격렬한 논쟁을 유발하였으며, 조선의 많은 지식인들이 그의 생각에 찬성 혹은 반대의 입장으로 그 논의에 참여하면서, 이후 300여 년간 조선사회를 이끌어 가게 되는 조선유학이 구축되었다.

이 글에서는 퇴계가 양명학을 비판하며 주자학의 토대 위에서 그 문제의식을 포용해 냄으로써, 양명학이 조선에서 뿌리 내릴 여지가 근본적으로 사라지게 되었으며, 이를 통해 이기심성론의 심화를 특징으로 하는 조선 유학이 성립하고 발전하는 계기가 만들어졌다는 것을 밝히고자 한다.

---

4 물론 이 시기에 조선 지식인들의 철학적·이념적 반성은 주자학을 중심으로 하여 이루어졌고, 그 과정에서 주자학에 대한 이해와 해석이 심화되며 조선유학의 발전이 이루어졌다. 다만, 본고에서는 당시 중국에서 유행했던 양명학의 직간접적 영향에 주목하며, 그 주요한 사례로서 퇴계에 초점을 맞춘다.

2. 퇴계의 양명 비판

퇴계가 양명학에 대해 특별히 관심을 기울였던 것은 53세 무렵이었던 듯하다. 이 시기에 퇴계는 중국 명대(明代) 학자인 진헌장(陳獻章, 호는 白沙, 1428~1500)과 그의 제자인 하흠(賀欽, 호는 醫閭, 1437~1510), 그리고 왕수인(王守仁, 호는 陽明, 1472~1528) 등 명대 학자들의 학문에 관심을 가지고 검토하였고 제자들과도 그에 관해 의견을 나누었다.[5]

퇴계는 이 세 사람이 모두 선학(禪學) 또는 불교에 기울었다고 비판하였지만, 그들에 대한 평가에는 조금씩 차이가 있다. 진백사의 학문은 왕양명의 학문과 마찬가지로 육상산에게서 나와서 "본심(本心)을 으뜸으로 삼으니 두 사람의 학문 모두가 선학"이지만, 그래도 진백사는 "(성현의) 서책의 가르침을 다 폐하지는 않았고 사물의 이치[物理]를 완전히 버리지는 않았으므로, (성현의 가르침에 대해) 심하게 등을 돌리고 떠난 것은 아니"라고 평하였다.[6]

---

5 1553년 6월, 퇴계는 홍인우의 요청에 따라 왕수인의 『전습록』을 그에게 빌려주었고, 11~12월 경에는 "『醫閭先生集』을 抄해서 진헌장과 왕수인의 글을 抄한 것을 뒤에다 붙이고, 그 끝에 글(「抄醫閭先生集附白沙陽明抄後復書其末」)을 더하여, 靜坐之學이 자칫 禪學에 흐르게 됨을 경계하였다."고 한다.(정석태 편, 『退溪先生年表月日條錄』(2), 서울: 퇴계학연구원, 2001, 185쪽, 217쪽) 진헌장과 왕수인의 저술에 대한 비판적 입장을 밝힌 「白沙詩敎辯」과 「傳習錄論辯」도 이 무렵에, 아니면 53~66세 사이에 집필된 것으로 추정된다. 퇴계의 연보 중 66세에 「心經後論」을 지었다는 기사 뒤에 언급된 다음 구절을 근거로 하여 그 두 글이 66세에 쓰인 것으로 간주되기도 한다. (정순목, 『퇴계정전』, 서울: 지식산업사, 1992, 330~331쪽) 그러나 이 구절은 퇴계가 心學의 연원을 천명하고 이단을 배척하기 위해 「심경후론」을 지었다는 것을 말하면서, 그러한 취지의 글을 퇴계가 이전에도 쓴 것이 있다는 사실을 밝힌 것이다. 그 내용은 아래와 같다. "四十五年丙寅. 先生六十六歲. ○ 「심경후론」을 지었다. …… 선생은 또한 일찍이 중국의 학술이 잘못됨을 근심하였으니, 백사나 양명 등의 설이 세상에 성행하고 정자와 주자가 서로 전한 학문의 계통은 날로 사그라져 감에 일찍이 깊이 우려하고 조용히 한탄하였다. 이에 백사의 『詩敎』, 양명의 『傳習錄』 등의 글에 대해 모두 논변한 것이 있으니, 이로써 그 잘못을 바로잡은 것이라고 하겠다.[作心經後論. …… 先生又嘗患中國學術之差, 白沙陽明諸說, 盛行於世, 程朱相傳之統, 日就湮晦, 未嘗不深憂隱歎. 乃於白沙詩敎陽明傳習錄等書, 皆有論辯, 以正其失云.]"(『退溪集』('한국문집총간' 본), 「退溪先生年譜」, 31:230d, ('한국문집총간' 제31권 230쪽 하단 좌측; 이하 '한국문집총간' 본의 인용은 이 형식을 따름)

6 李滉, 『退溪集』, 「白沙詩敎傳習錄抄傳因書其後」, 30:419b-c.

하의려에 관해서는, 그가 스승 진백사에 대해 "선생님은 지나치게 높은 뜻을 가지고 계셨다"[7]라고 한 말을 예로 들면서, 자기 스승의 문제점을 인식하고 있었다고 보았고, 또한 "의려는 백사에 비해 비교적 진실하고 바름에 가깝다"[8]라고 평가하였다.

하지만 왕양명에 대한 퇴계의 평가는 다음과 같이 매우 냉혹하다.

양명에 이르면 선학(禪學)과 비슷하면서도 선학이 아니고 또한 정좌(靜坐)만을 주장하는 것도 아니어서 그 올바름을 해치는 것이 심하다.[9]

양명의 경우는 학술이 매우 잘못되었다. 그 마음은 강하고 사나우며 자신이 옳다고 믿는 데다가, 그 말이 장황하고 화려하여 사람들을 현혹시켜서 자신들이 지키던 바를 잃게 하니 인의(仁義)를 해치고 천하를 어지럽힐 자가 반드시 이 사람이 아니라고는 하지 못할 것이다.[10]

양명의 문제점에 대해 퇴계가 지적한 것은 크게 두 방향이었다. 우선 하나는 '심즉리(心卽理; 마음이 곧 리이다)'라는 말을 만들어 내서는, 자신의 마음만을 보존하고자 하고 사물이 마음에 해가 될 것을 두려워하였는데, 이는 결국 인륜을 해치고 사물과 단절함이 불교와 다를 게 없다는 것이다. 다른 하나는 그러한 자신의 생각을 가지고 성현의 가르침과 비교하면서 둘을 합치거나, 아니면 자신의 생각으로 경전의 가르침을 수정하여 자신의 그릇된 견해를 따르도록 하였다는 것이다. 퇴계는 그 대표적인 예로, 주자가 만년에 궁리(窮理)의 공부를 버리고 양명 자신의 생

---

7 李滉, 『退溪集』, 「白沙詩敎傳習錄抄傳因書其後」, 30:419c.
8 李滉, 『退溪集』, 「抄醫閭先生集附白沙陽明抄後復書其末」, 30:420b.
9 李滉, 『退溪集』, 「抄醫閭先生集附白沙陽明抄後復書其末」, 30:420b.
10 李滉, 『退溪集』, 「白沙詩敎傳習錄抄傳因書其後」, 30:419c.

각과 같아졌다고 주장하면서 제시한 양명의 '주자만년정론(朱子晚年定論)'을 들었다.[11]

3. 궁리와 실천의 관계

유학에서 진리에 대한 이지적(理智的) 탐구와 도덕적 자질의 수양은 병행되어야 하는 것으로 여겨져 왔다. 진리를 탐구하려면 경건하게 그 탐구에 집중하기 위한 자세가 준비되어야 하고, 그러한 바탕 위에서 진리에 대한 이지적 탐구를 통해 지적·인격적 성취를 이루어야 한다는 것이다. 그러한 공부 방법은 궁리(窮理)와 함양(涵養) 또는 도문학(道問學)과 존덕성(尊德性) 공부의 병행이라는 형식으로 제시되었다.

양명이 주자학에 대해 제기한 문제는 주자의 학문이 궁리 또는 도문학에 지나치게 치중한다는 것이었고, 그것은 바로 육상산도 지적했던 것이었다. 양명은 주자가 만년에 그러한 문제점을 스스로 인식하여 궁리 공부의 무용성(無用性)을 인정하고 존덕성을 공부의 핵심으로 삼았다며 이를 '주자만년정론'이라고 설파하였다. 양명의 주자만년정론설과 그것을 주장하기 위해 그가 편찬한 『주자만년정론』에 대해서는 반론도 적지 않다. 양명이 『주자만년정론』으로 편찬한 주자의 글들 중 상당수가 만년의 글이 아니거나 집필 시기가 불확실하며, 양명이 주자의 권위를 빌려 자신의 주장을 합리화하려 했다는 것이다. 그러나 양명 자신이 주자의 학문을 깊이 존경하고 따랐다는 사실을 고려한다면, 그가 자신의 관점에 지나치게 몰입하여 주자에 대한 평가에 과도하게 자신의 입장을 개입시켰다고 할 수는 있겠지만, 단지 주자의 권위를 이용하기 위해

---

11   李滉, 『退溪集』, 「白沙詩敎傳習錄抄傳因書其後」, 30:419c−420b.

의도적으로 주자의 학설을 왜곡했다고 평가하기는 어려울 것이다.[12]

퇴계는 이러한 양명의 주장에 대해 주자가 궁리 공부를 버리고 존덕성 공부로 돌아간 것이 아니라, 주자의 학문 자체가 본래 도문학과 존덕성, 궁리와 함양의 공부를 병행하는 것이라고 반박하였다. 물론 주자가 당시에 자신의 제자들이 글의 뜻에만 얽매이는 것을 보고는 본체(本體)에 주목하고 존덕성 공부를 중시하도록 여러 차례 충고하였다는 사실에 대해서는 퇴계도 인정하였다. 퇴계는 그러한 폐단이 피상적으로 학문을 하는 말학(末學)의 그릇됨이라고 지적하며 진정한 주자학과 구분하였지만, 주자 당시의 남송(南宋)이든 퇴계 당대의 조선이든 그렇게 글자 뜻에 얽매이고 피상적으로 경전의 구절만 되뇌는 주자학도들이 적지 않았던 것은 사실이었다. 주자가 그러한 폐단을 인식하고 제자들에게 존덕성과 도문학의 공부를 병행할 것을 강조했던 사실과는 별개로, 주자학 자체가 덕성 함양보다는 이론적 탐구에 치중하게 하는 학문적 경향을 지니고 있었던 것은 사실이고 그러한 폐단은 퇴계 당시의 조선에서도 지속되고 있었다.[13] 그리고 주자학의 그러한 이론 편향적 경향성은 바로 상산이나 양명의 주자학 비판이 사람들의 호응을 받았던 주요 원인 중 하나였다.

그러나 퇴계는 주자학이 본래 존덕성과 도문학을 별개로 보거나, 도문학에 치중하는 것이 아니라고 설명하였다. 그는 "대학에 들어가는 자는 먼저 소학을 공부하고, 격물(格物)을 하고자 하는 자는 함양(涵養)에

12　양명은 「朱子晚年定論 序」의 마지막 부분에 다음과 같은 말을 덧붙였다. "나는 이제 나의 설이 주자와 어긋나지 않음을 스스로 다행으로 여기게 되었으며, 또한 주자가 나보다 먼저 나와 같은 마음을 얻었음을 기뻐한다.[予旣自幸其說之不繆於朱子, 又喜朱子之先得我心之同然.]" 왕수인, 『王文成公全書』1, 北京: 中華書局, 2015, 158쪽.

13　李滉, 『退溪集』, 「白沙詩敎傳習錄抄傳因書其後」, 30:420a-b. 尊德性과 道問學의 관계와 그에 대한 퇴계의 입장에 대한 상세한 논의는 Kim Hyoungchan, "Toegye's Philosophy as Practical Ethics: A System of Learning, Cultivation, and Practice of Being Human", *Korea Journal*, Vol. 47 No.3, Korean National Commission for UNESCO, 2007 참조.

힘써야 한다"[14]는 것이 주자의 본의라고 주장하였다. 그는 "경(敬)에 주력하여 그 근본을 세우고, 리(理)를 궁구하여 그 앎을 완성한다"는 주자의 말을 인용하며 함양과 궁리의 공부가 이루어지는 과정을 다음과 같이 설명하였다.

마음이 경(敬)에 주력하여 사물의 진실로 지극한 이치를 궁구하면, 마음이 리(理)와 의(義)를 깨달아 눈 앞에 온전한 모습의 소가 사라지며[15] 안과 밖이 두루 통하고 정밀함과 거칢이 하나로 합치한다. 이로부터 성의(誠意), 정심(正心), 수신(修身)이 이루어져서 가정과 국가에 나아가고 천하에 이르니 그 세찬 흐름을 막을 수가 없다.[16]

이렇게 함양과 궁리의 공부는 병행되어 실천으로 자연스럽게 이어진다는 것이다. 그러한 의미에서 퇴계는 지(知)와 행(行)의 관계를 다음과 같이 설명하였다.

성현의 학문은 마음에 근본하여 사물에 관통한다. 그러므로 선을 좋아하면 다만 마음으로만 그것을 좋아하는 것이 아니라 반드시 일에 행함에 그 선을 이룸이 마치 아름다운 여인을 좋아해서 구하여 반드시 그것을 얻어 내는 것과 같다. 악을 미워하면 다만 마음으로 그것을 미워하는 것이 아니라, 반드시 일을 행함에 그 악을 제거함이 마치 악취를 미워해서 힘써 결단코 그것을 제거해 내는 것과 같다.[17]

---

14 李滉, 『退溪集』, 「白沙詩敎傳習錄抄傳因書其後」, 30:420a.

15 莊子의 解牛 비유를 가리킨다. 莊子, 『莊子』, 「養生主」.

16 李滉, 『退溪集』, 「傳習錄論辯」, 30:417c.

17 李滉, 『退溪集』, 「傳習錄論辯」, 30:418c.

그런데 학문이 이렇게 사물에까지 관통하여 실천으로 자연스럽게 혹은 강렬하게 이루어지는 것은 성현(聖賢)의 경우이다. 양명이 천하에 마음 밖의 일, 마음 밖의 리(理)는 없다면서, 마음에 사욕(私欲)의 가려짐이 없는 것이 곧 천리(天理)이며, 그것이 곧 심즉리(心卽理)라고 주장하는 데[18] 대해, 퇴계는 궁리공부를 실천공부로 돌려서 뒤섞어버렸다고 비판하였다.[19] 그러한 의미에서 퇴계는 궁리공부와 실천공부를 엄연히 구분하였다.

퇴계가 보기에 양명의 공부는 궁리와 실천이 뒤섞여 있었다. 양명은 지행합일(知行合一)을 주장하며 궁리 공부가 실천에 선행해야 한다는 주자의 입장을 비판하지만, 퇴계는 양명의 주장처럼 그렇게 지행합일이 가능한 공부는 마음이 형기(形氣)와 관련된 일이라고 지적한다. 달리 말하자면 그것은 감각적인 반응에 해당된다. 아름다운 여인을 보면 보는 순간 아름답다는 것을 인식하며 이미 그것을 좋아하고, 악취를 맡으면 맡는 순간 악취라는 것을 인식하며 이미 그것을 싫어한다는 것이다. 그러나 퇴계는 의리(義理)와 관련된 일은 다르다고 지적한다. 의리에 관한 일은 노력해서 공부하지 않으면 그렇게 반응할 수 없고, 따라서 궁리 공부가 반드시 필요하다는 것이다.

퇴계가 지적한 것처럼 실제로 선을 보고도 선인줄 모르는 사람이 있고, 선을 알면서도 마음으로는 그 선을 좋아하지 않는 사람도 있다. 불선(不善)의 경우도 마찬가지이다. 선악, 의리 등의 도덕적 가치에 대해 "배우지 않으면 알지 못하고, 노력하지 않으면 실천하지 못하는" 경우가 적지 않고, "겉으로 드러나는 행위가 반드시 마음 속의 진정은 아닌"[20] 경우도 많이 있다. 퇴계의 이러한 설명은 성현의 단계에 이르지 못한 일

---

18 李滉, 『退溪集』, 「傳習錄論辯」, 30:416d-417a.

19 李滉, 『退溪集』, 「傳習錄論辯」, 30:417b.

20 李滉, 『退溪集』, 「傳習錄論辯」, 30:418b.

반인들에 해당한다고 할 수 있다.

그러나 그러한 공부의 완성 단계, 또는 그러한 공부의 목표는 성현들처럼 "마음에 근본하여 사물에 관통"하는 즉, 마음으로부터 도덕 감정이 자연스럽게 표출되어 실천으로 구현되는 것이다. 맹자가 예로 들었던, 어린아이가 우물 안으로 들어가는 것을 보는 순간 측은지심(惻隱之心)이라는 도덕 감정이 분출하는 그런 현상이 무의식적으로 마음으로부터 신체 반응으로 나와야 하는 것이다.

요컨대, 퇴계는 마음이 형기에 대해 발현되는 경우와 의리에 대해 발현되는 경우를 구분하고, 전자의 경우는 배우지 않고 노력하지 않아도 누구나 할 수 있고 후자의 경우는 배우고 노력해야만 할 수 있다고 하였지만, 그러한 공부와 노력의 목표는 의리에 대해서도 마치 형기에 대한 것과 마찬가지로 마음이 진심으로 의리에 따라 반응하여 자연스럽게 실천으로 이어지도록 하는 것이다. 이렇게 보면 공부의 과정에서는 궁리공부와 실천공부를 구분해야 할지라도, 궁극적으로는 인식된 혹은 자각된 리(理)가 실천으로 자연스럽게 이어지는 것이 그 공부의 목표이며, 그 목표에서는 퇴계와 양명과 다르다고 할 수 없다. 다만, 그 차이는 리에 대한 인식 혹은 자각에서 실천에 이르는 과정에 대한 설명 방식과, 그러한 실천을 이루어 내도록 하는 실질적 추동력을 무엇이라고 보는가에 있었다.

4. 리(理)의 체용(體用)

퇴계는 64세에 이구(李球, 호는 蓮坊, ?~1573)의 「심무체용론(心無體用論)」을 읽고, 그 문제점을 비판하며 「심무체용변(心無體用辯)」을 썼다. 이 글에서 퇴계는 이연방의 글에 대해 비판하며 체용설(體用說)을 펼쳤고, 그 주된 내용은 심(心)의 체용과 리(理)의 체용에 대한 설명이었다.

심의 체용에 관하여, 퇴계는 "심은 하나일 뿐이데, 그 체를 가리켜 말하는 경우도 있고 그 용을 가리켜 말하는 경우도 있다"라는 정자(程子)의 말을 인용하면서, 이연방이 심의 체용 외에 체용이 없는 심의 단계를 설정하여 심의 근본으로 삼은 데 대해 비판하였다. 심의 체용을 인정한다면 그 이전에 별도로 체용이 없는 심의 단계가 있을 수는 없다는 것이었다.[21]

퇴계는 또한 도리(道理)의 체용에 관해서 다음과 같이 말하였다.

도리에 동(動)함도 있고 정(靜)함도 있으므로, 그 정함을 가리킨 것이 체이고 동함을 가리킨 것이 용이다. 그렇다면 도리의 동정의 실상이 곧 도리의 체용의 실상이다.[22]

이 말 역시, 도리의 정과 동을 각각 체와 용으로 보는 것 외에, 체 · 용이 없는 단계를 도리의 근본으로 설정한 이연방의 설을 반박한 것이었다. 이 글을 쓸 당시에 퇴계는 이미 도리에 체용이 있다고 이해하고 있었고, 그에 대한 확신을 가지고 이연방을 비판한 것이라고 볼 수 있다. 그런데 이로부터 6년이 지난 70세(1570년10월15일경)에 기대승에게 보낸 편지에서 퇴계는 리(理)의 용을 그제서야 이해한 듯이 다음과 같이 썼다.

이전에 내가 잘못된 설을 고집했던 까닭은 다만 "리(理)는 감정 · 의지도 없고 계산하거나 헤아림도 없고 조작함도 없다.[無情意 無計度 無造作.]"라는 주자의 설만을 고수하여, "내가 물리(物理)의 지극한 곳(極處)에 궁구하여 이를 수 있지 리가 어찌 지극한 곳에 스스로 이를 수 있겠는가"라고 생각하였기 때문입니다. 그리하여 물격(物格)의 격(格, 이르다)이나 무부도(無不到, 이르지

---

21 李滉, 「心無體用辯」, 『退溪集』, 30:413a.
22 李滉, 「心無體用辯」, 『退溪集』, 30:413a-b.

않음이 없다)의 到(이르다)를 모두 내가 격(格)하고 내가 도(到)하는 것으로만 보았습니다. …… 그러나 (주자는) 또한 말하기를 "리에는 반드시 작용(用)이 있는데 어찌 이 마음[心]의 작용[用]을 또 말할 필요가 있겠는가?"라고 하였습니다. 그 (理의) 작용은 비록 사람의 마음 밖에 있는 것이 아니지만 그 작용이 오묘하기 때문에 실제로 리의 발현은 사람 마음이 이르는 바에 따라 이르지 않음이 없고 다하지 않음이 없다는 것입니다. (그러하니) 다만 내가 사물의 리에 궁구하여 이름[格物]이 지극하지 못함을 걱정할 뿐 리(理)가 스스로 이를[自到] 수 없음을 걱정하지 않습니다. 그러므로 격물(格物)이라는 말은 진실로 "내가 사물의 리의 지극한 곳에 궁구하여 이른다"는 것을 의미하는 것이니, 물격(物格)이라는 말이 어찌 "사물의 리(理)가 지극한 곳에 나의 궁구함에 따라 이르지 않음이 없다"라고 해석될 수 없겠습니까? 이로써 감정·의지와 조작이 없다는 이것은 리의 본연(本然)의 본체[體]이고, 그 궁구함에 따라 발현되어 이르지 않음이 없다는 이것은 리의 '지극히 신묘(神妙)한 작용[用]'임을 알 수 있습니다. 이전에는 다만 (理의) 본체의 작위 없음[無作爲]만 알았을 뿐, 그 묘한 작용이 현상으로 드러날[顯行] 수 있음을 알지 못하여, 거의 리를 죽은 것[死物]으로 여기듯 하였으니 진리[道]와 동떨어짐이 그 얼마나 심하였겠습니까?[23]

위의 인용문을 보면, 퇴계 자신이 이전에 잘못 생각했었다고 하는 것은, 리는 작용할 수 없기 때문에 '내가 물리(物理)의 지극한 곳[極處]에 궁

---

23 李滉, 『退溪集』 「答奇明彦—別紙」, 29:466c-467b: "前此滉所以堅執誤說者, 只知守朱子理無情意·無計度·無造作之說, 以爲我可以窮到物理之極處, 理豈能自至於極處. 故硬把物格之格, 無不到之到, 皆作己格己看看. …… 然而又曰, 理必有用, 何必又說是心之用乎, 則其用雖不外乎人心, 而其所以爲用之妙, 實是理之發見者, 隨人心所至, 而無所不到, 無所不盡. 但恐吾之格物有未至, 不患理不能自到也. 然則方其言格物也, 則固是言我窮至物理之極處, 及其言物格也, 則豈不可謂物理之極處, 隨吾所窮而無不到乎. 是知無情意造作者, 此理本然之體也, 其隨寓發見而無不到者, 此理至神之用也. 向也, 但有見於本體之無爲, 而不知妙用之能顯行. 殆若認理爲死物, 其去道不亦遠甚矣乎."

구하여 이를 수 있지 리가 어찌 지극한 곳에 스스로 이를 수 있겠는가'
라고 여겼다는 것이다. 그런데, "리에는 반드시 작용[用]이 있는데 어찌
이 마음[心]의 작용[用]을 또 말할 필요가 있겠는가?"라는 주자의 말을 보
고, "그 (理의) 작용은 비록 사람의 마음 밖에 있는 것이 아니지만 그 작
용이 오묘하기 때문에 실제로 리의 발현은 사람 마음이 이르는 바에 따
라 이르지 않음이 없고 다하지 않음이 없다."라고 생각을 바꾸게 되었다
는 것이다.

퇴계가 보았다는 주자의 말은 『주자어류(朱子語類)』 중 제자인 여도(呂
燾)의 질문에 답한 것이다. 여도는 "리(理)는 비록 만물에 흩어져 있지만,
그 작용[用]의 미묘함은 실제로 한 사람의 마음을 벗어나지 않는다"라는
『혹문(或問)』의 구절을 들며, "이 때의 작용은 마음의 작용이 아닙니까?"
라고 의문을 제기하였다. 이에 대해 주자는 다음과 같이 답하였다.

리에 반드시 작용이 있는데[理必有用] 하필이면 또 그것이 마음의 작용이라
고 이야기하겠는가! 마음의 본체[體]는 이 리를 갖추고 있으며, 리는 적용되
지 않는 것이 없고 모든 사물에 있으나, 그 작용은 실제로 사람의 마음을 벗
어나지 않는다. …… 리의 본체는 사물에 있으나 그 작용은 마음에 있다.[24]

리에는 본체와 작용[體用]이 있는데, 리의 본체는 사물에 있으나 그 작
용은 마음 안에 있다는 것이다. 리라는 하나의 존재의 본체와 작용이 서
로 다른 공간에 있을 수 있느냐고 의문을 가진다면, 그 리가 형이상학적
존재라는 것을 상기해야 할 것이다. 리는 사람의 마음과 만물에 다 갖추

---

24 『朱子語類』 제97조목: "問: '或問云: 心雖主乎一身, 而其體之虛靈, 足以管乎天下之理; 理
雖散在萬物, 而其用之微妙, 實不外乎一人之心.' 不知用是心之用否?" 曰: "理必有用, 何
必又說是心之用! 夫心之體具乎是理, 而理則無所不該, 而無一物不在, 然其用實不外乎人
心. 蓋理雖在物, 而用實在心也." 又云: "理遍在天地萬物之間, 而心則管之; 心既管之, 則
其用實不外乎此心矣. 然則理之體在物, 而其用在心也." 次早, 先生云: "此是以身爲主, 以
物爲客, 故如此說. 要之, 理在物與在吾身, 只一般." 燾."

어져 있지만, 도덕적 판단이나 호오(好惡)와 같은 리의 '작용'은 사람의 마음 안에서 이루어진다는 것이다. 다시 말하자면, 인식−판단의 대상인 외부의 사물 안에 리가 있고, 인식−판단 주체로서의 사람의 마음은 그 대상인 사물 안의 리를 인식하거나 혹은 그 리를 기준으로 판단을 하게 된다. 물론 마음의 인식−판단 능력은 마음 안에 내재되어 있는 리(본성)로부터 비롯되고, 그러한 인식−판단 능력으로 외물의 리를 인식함으로써 개인의 가치판단이 보편적 이치에 어긋나지 않도록 한다. 그렇게 인식하고 판단하는 작용은 사람의 마음 안에서 이루어지지만, 인식되거나 혹은 판단의 기준으로서의 역할을 하는 '작용'은 리 자체의 '작용'이라고 보아야 한다는 것이다.[25]

그런데 리에 체용이 있다는 것은 퇴계가 이미 「심무체용변」(1564)을 썼던 당시에 분명하게 주장한 것이었다. 그렇다면 퇴계가 이제야(1570) 깨닫게 되었다는 것은, 격물(格物) 또는 물격(物格)의 과정에서 마음이 물리(物理)를 인식할 때 사물의 리가 단순히 인식 대상으로서 피동적으로 인식되는 것이 아니라 리의 작용이 기능하는 것이며, 그러한 리의 작용이 마음 안의 일이라는 것이다. 그리고 여기서 퇴계는 그러한 리의 작용은 리가 스스로 이르는 것[理自到]이라는 새로운 주장을 제기하였다. 퇴계의 두 글 사이에는 약 6년의 시간이 있었다. 그 사이에 퇴계가 리의 체용에 관해 더 깊이 고민했던 이유, 그리고 그가 고민 끝에 사망하기 약 50일 전에 제기한 리자도설(理自到說)의 의미에 대해, 앞 장에서 살폈던 퇴계의『전습록』비판과 연관하여 검토해 볼 필요가 있다.

---

25 理의 형이상학적 '작용'의 의미에 관한 상세한 설명은 김형찬,『율곡이 묻고 퇴계가 답하다』, 서울: 바다출판사, 2018, 123~143쪽 참조.

5. 의리의 인식과 실천

양명의 경우에 마음이 곧 리[心卽理]라는 것은 마음에서 사심(私心)만 제거하면 그 마음이 곧 리에 해당한다는 것이다.[26] 사심만 제거하면 그 마음이 바로 순선한 리이므로 "부모를 보면 자연히 효도할 줄 알고 형을 보면 자연히 공경할 줄 알며, 어린아이가 우물에 빠지는 것을 보면 자연히 측은할 줄 안다"[27]고 그는 주장한다. 물론 모든 사람이 다 그렇게 한다는 것은 아니다. "보통 사람은 사사로운 뜻이 장애가 됨이 없을 수 없기 때문에 치지격물(致知格物) 공부를 해서 사사로움을 이기고 리를 회복해야"[28] 한다. 그렇게 되면, 그 마음은 선을 볼 경우에 선을 알아보는 동시에 이미 선을 좋아하며, 악을 볼 경우에는 악을 알아보는 동시에 이미 악을 미워하게 된다는 것이다.

양명은 그러한 관점에서 주자가 마음과 리를 둘로 나눈다고 비판하였다.[29] 주자는 본성이 곧 리(理)이고 마음은 기(氣)이며, 리로서의 본성이 기인 마음 안에 있다고 보았으므로, 그것은 마음과 리를 둘로 나누어서 보는 것이라는 지적이었다. 주자의 격물설(格物說)에 따르면, 마음은 내재하고 있는 본성[리]에서 비롯되는 허령한 지각 능력으로 외부 사물의 리를 인식한다. 물론 그렇게 인식된 외물들의 리가 마음 안의 리[본성]와 본질적으로 동일한 것임을 깨달을[豁然貫通] 때, 마음은 그렇게 인식된 보편적인 리에 따라 판단하고 행동하도록 할 수 있다.

그런데 다른 한편으로, 그 마음은 리[본성; 仁義禮智]를 내재해고 있기 때문에 상황에 따라서 본능적으로 도덕 감정을 발현한다. 그렇다면, 격

---

26 王守仁, 『傳習錄』, 제94조목.
27 王守仁, 『傳習錄』, 제8조목.
28 王守仁, 『傳習錄』, 제8조목.
29 王守仁, 『傳習錄』, 제33조목.

물(格物)을 통해 인식된 리에 따라 의식적으로 이루어지는 판단-행동과, 본능적으로 마음의 본성으로부터 발현되는 도덕 감정 사이에는 간극이 상존한다. 성인의 경우에는 전자도 자연스럽게 자발적으로 이루어지는 것이어서 후자와 다르지 않을 것이라고 추측할 수 있다. 하지만, 일반인의 경우에 전자는 주자가 말하는 격물치지(格物致知)의 궁리(窮理) 공부가 전제되어야 하는 것인 데 반해, 후자는 맹자가 말한 사단의 발현으로서 궁리 공부를 필요로 하지 않는 것이라는 점에서 분명한 차이가 있다. 퇴계는 마음이 형기(形氣)에 대해서는 자연히 반응하는 것과 달리 의리(義理)에 대해서는 공부하고 노력하지 않으면 올바로 반응할 수 없다며 양명의 지행합일설을 비판한 바 있었다.[30] 하지만 맹자의 말처럼 사단(四端)이라는 도덕 감정이 발현하는 것은 공부도 노력도 없이 이루어지는 것이고, 퇴계는 고봉과의 사단칠정논쟁시에 그것을 '리의 발현[理之發]' 또는 '리가 발현하되 기라 그것을 따른다[理發而氣隨之]'라고 주장하게 된다. 그는 평소에 미발시(未發時)의 공부를 해 두어서, 일상에서 외물의 자극이 왔을 때 도덕 감정이 본능처럼 반사적으로 발현하도록 해야 한다고 생각하였고, 이 때 본능으로서 도덕 본성인 리에 집중하면 될 뿐, 그 외에 매개체로서의 기의 역할에 대해서는 별달리 주목할 필요가 없다고 여겼다.

양명의 설에 따르면, 사심(私心)만 제거하면 마음이 곧 천리(天理)이므로 천리인 그 마음은 천리의 기준에 따라 선악을 판단하고, 동시에 선을 좋아하고 악을 미워하는 감정을 발현한다. 마음은 그 자체가 보편적 규범이자 그 규범에 따라 도덕 감정을 발현하는 주체이다. 그 마음을 방해하는 것은 오직 사심이고 그 사심을 제거하면 사람의 마음은 곧 도덕 규범인 동시에 도덕 감정의 주체가 된다는 것이다. 퇴계가 양명을 비판하면서 궁리 공부를 실천 공부 및 그 효과와 뒤섞어서 논한다고 비판했던

---

30 李滉, 『退溪集』, 「傳習錄論辯」, 30:418a-b.

것은[31] 바로 이 때문이었다. 양명의 관점에서는 리[=마음]에 관한 논의를 판단-행위 주체에 관한 논의와 구분하지 않으며, 구분해서도 안 된다. 여기서 어느 관점이 옳으냐 하는 것은 사실의 타당성이나 논리적 정합성보다, 어느 쪽이 도덕적 감정의 발현 및 도덕적 판단-행위를 설득하고 이끌어내는 데 더 효과적이냐 하는 것으로 결정될 것이다.

사심을 제거하고 천리와 일치하도록 하는 것은 유가에서 공부·수양의 기본적 방법이자 목표이다. 사심은 인욕(人欲) 또는 사욕(私欲)으로 표현되기도 한다. 자연에는 만물들이 조화롭게 공존하는 보편적 원리이자 규범이 있고 그 구성원으로서의 사람들은 그 원리-규범에 따라 살아가야 한다. 그런데 그러한 이상적 삶을 방해하는 것은 개체들의 이기적인 사적 욕망들이다. 그러한 개체적 관점의 욕망을 배제하고 개체의 관심과 지향을 자연 혹은 우주 차원의 공적 질서와 합치하도록 하는 것이 주자학과 양명학을 포함한 유가의 목표이며, 그것을 성취한 자가 바로 유가의 성인(聖人)이다. '인욕을 막고 천리를 보존한다[遏人欲存天理]' 또는 '인욕을 없애고 천리를 보존한다[滅人欲存天理]'라는 명제는 바로 그러한 공부를 의미한다.

퇴계가 『근사록(近思錄)』이나 '사서(四書)' 못지않게 좋은 책이라고 높이 평가하며 제자들을 가르치는 교재로 삼기도 했던 『심경부주(心經附註)』는 바로 그러한 마음의 수양 방법을 담은 책이었다. 그것은 "마음을 기르는 데 욕심을 적게 하는 것보다 더 좋은 방법은 없다"[32]는 맹자의 말에 따라, 마음을 어지럽히는 개인의 기호와 욕구를 제거함으로써 천리(天理)에 다가가도록 하는[33] 마음 수양의 방법을 모아 편찬한 책이었다. 그것

---

31 李滉, 『退溪集』, 「傳習錄論辯」, 30:417b.

32 眞德秀, 『心經』, 대전: 학민문화사, 1995, 272~273쪽: "孟子曰養心莫善於寡欲."

33 眞德秀, 『心經』, 대전: 학민문화사, 1995, 272~273쪽: "程子曰人於天理昏者, 只爲嗜欲亂著他."

은 바로 개체로서 사람 마음의 판단 기준을 보편적 진리[天理]의 수준으로 맞추는 공부를 위한 것이었다.

그러나 주자학의 기반 위에 서 있는 퇴계의 입장에서는 사욕을 아무리 제거해도 천리는 마음 안에 성으로, 그리고 마음 밖에 사물의 리로서 나뉘어 있고, 격물궁리의 공부를 통해서 인식하는 과정을 필요로 한다. 이 경우에 도덕 감정의 발현과 가치 판단의 주체로서의 마음은 도덕규범 자체와 구분된다. 그러한 의미에서 격물궁리(格物窮理)는 주자학에서 빼놓을 수 없는 공부이다. 사물에 다가가서 사물들의 리를 탐구하여 그것이 내 마음 속의 리와 동일한 보편적 이치임을 깨닫는다[豁然貫通]고 해도, 그 리를 구현하는 주체로서의 마음과 구현되어야 할 원리/규범으로서의 리는 구분된다. 마음이 미발시(未發時)에 충분한 공부와 수양을 통해, 발현되는 순간 마음이 마치 리 자체인 듯이 발현되는 것으로 이해할 수도 있겠지만, 퇴계는 그러한 설명에 만족하지 않은 듯하다.

6. 퇴계 심학의 기제(機制)

퇴계는 고봉과 사단칠정에 대해 논하면서, 마음에 리(理)[본성]가 있고 그 리가 온전히 발현하도록 하는 데 기(氣)인 마음이 리[본성]의 대리 혹은 매개의 역할을 할 수는 있지만 발현하는 주체는 근본적으로 리[본성]라고 주장하였다. 그는 그것을 "리가 발현한다[理發]"라는 명제로 설명하려 했지만, 고봉조차도 퇴계가 말하는 '리발(理發)'을 기가 리에 순종해서 발현[氣之順理而發]하는 것으로 이해하였다.[34] 격물(格物)−물격(物格)의 경우에도 인식 주체인 마음이 인식 대상인 사물의 리를 인식하는 것으로

---

34 '理發'에 대한 퇴계와 고봉의 이해의 차이에 관한 보다 상세한 설명은 김형찬, 『율곡이 묻고 퇴계가 답하다』, 서울: 바다출판사, 2018, 112∼113쪽 참조.

이해한다면, 리[본성]를 갖춘 마음이 사물의 리를 인식한다는 것이 되고, 그렇게 인식한 리를 가지고 기인 마음이 판단-행위를 하는 것이 된다. 마음이 리를 인식하는 과정과 그것을 실천하는 과정이 구분되는 한 육왕학에서 비판하는, 지리한 공부의 단계에 머무는 시간과 노력이 필요하게 된다. 이는 인식과 실천, 지(知)와 행(行) 사이의 간극이 여전히 존재한다는 것을 의미한다. 이에 퇴계는 리자도설(理自到說)을 제기하며 격물-물격의 과정에서 리를 '인식되는 주체'로서 볼 수 있음을 주장하였지만, 고봉의 명확한 답변은 받지 못하였다.

양명은 인식-실천의 주체와 그 기준으로서의 보편적 이치를 일치시킴으로써 인식과 실천의 간극을 메우고 그 이치에 따른 판단-행위의 자발성을 이끌어 낼 수 있다는 논리를 만들어냈다. 퇴계는 이러한 양명의 방법이 보편적 이치의 탐구와 개체적 실천을 혼동하고, 일상세계로부터 도피하여 지나친 주관화로 빠질 우려가 있다고 생각한 듯하다. 하지만 양명이 지적한 문제점, 즉 인식과 실천의 분리는 해결해야 할 과제였다. 도덕본성이 도덕감정으로 발현될 때, 그 자발성을 리 자체로부터 끌어낼 수 있다면, 그리고 마음이 외물의 리를 인식할 때 그 리에 대한 마음의 인식을 리 자체의 드러남으로 설명할 수 있다면, 진리의 인식과 실천은 모두 리 자체의 능동적 구현으로 설명되고, 리 자체가 마음이라는 기, 신체라는 기를 이용해서 그 자체를 드러내고 구현하는 것이 된다. 퇴계가 사단칠정논쟁 과정에서 제기한 '리발(理發)', 그리고 생애 거의 마지막까지 고민 끝에 제기한 '리자도(理自到)' 등의 논의는 이러한 퇴계의 문제의식을 담고 있다.

퇴계의 학문에 '심학(心學)'이라는 용어를 적용하는 것이 타당한가 혹은 퇴계의 '심학'을 양명의 '심학'과 어떻게 구분해야 하는가에 대해 적잖은 논란이 있지만,[35] 문제의 관건은 마음이 도덕적 인식/실천을 하는 과

---

35 퇴계의 心學에 관한 논란에 대해서는 필자의 논문("Toegye's Philosophy as Practical

정의 기제(機制, mechanism)에 있다. 마음이 보편적 원리로서의 리를 인식하고 그 기준에 따라 판단하고 행위한다면, 인식 혹은 실천의 주체와 그러한 인식/실천의 기준 사이에는 분명히 메울 수 없는 간극이 있다. 그런데 퇴계는 마음이 아닌 리를 인식/판단/실천의 주체로 보는 관점의 전환을 제시한 것이다. 퇴계의 설명에 따르면, 마음이 외물의 리를 인식하기 위해 전심전력으로 노력하다 보면 어느 순간 주관적인 혹은 사적인 마음에 의해 왜곡되지 않은 보편적 이치로서의 리가 인식되는데, 이 때 인식하는 주체로서의 마음보다 '인식되는 주체'로서의 리의 역할에 주목해야 한다는 것이다. 그것은 인간이 인식/판단/행위할 때 그 주체로서 마음의 역할도 중요하지만, 간과해서는 안 될 것은 실제로 인식되어 판단과 행위의 준거로서 '역할'을 하는 리(理)라는 입장이다.

퇴계가 양명의 심학에 비판적이었던 중요한 이유 중 하나가 '(나의) 마음이 곧 리[心即理]'라고 간주하는 양명의 방식이 일상세계를 외면하고 지나친 주관화에 빠질 수 있다는 것이었다는 점을 고려한다면, 이상과 같은 퇴계의 심학이 가지는 의의를 이해할 수 있을 것이다. 유학 또는 성리학의 공부는 궁극적으로 사욕을 제거함으로써 개인의 마음의 판단 기준이 보편적 이치와 일치하도록 하는 것[遏人欲存天理]을 지향한다. 양명도 사욕을 완전히 제거하면 그 마음이 곧 리라고 주장하였다. 그러나 현실에서 개체로서 살아가는 인간이 개인의 마음에서 사욕을 완전히 제거하는 것은 사실상 거의 불가능에 가까운 일이며, 또한 일순간 사욕이 완전히 제거되었다고 해도 매 순간 사욕은 다시 고개를 들기 마련이다. 그래서 퇴계는 양명의 공부방식이 사욕의 발흥을 두려워하여 아예 일상세계를 외면하고 주관화에 빠지게 된다고 보았다. 이에 인식되어 판단―

Ethics", *Korea Journal*, Vol.47 No.3, Korea National Commission for UNESCO, 2007)에서 간략하게 정리한 바 있다. 근래에 이 문제에 관한 논의를 정리한 글로 김세정, 『한국 성리학 속의 심학』, 서울: 예문서원, 2015, 79~91쪽을 참고할 만하다.

행위의 기준으로서의 역할을 하는 리를 개인의 마음의 관점이 아니라 리 자체의 관점에서 바라봄으로써, 순수하고 완전한 도덕적 기준으로서의 리가 인간의 마음을 통해 그 자체의 도덕적 가치를 구현해 나가는, 리와 마음의 이상적 메커니즘을 구상하였던 듯하다. 마음은 보편적 이치로서의 리가 인식되고 판단과 행위의 준거로서 역할을 하도록 전심전력으로 노력을 다 하지만, 그 모든 과정은 리가 주체로서 그 자체를 드러내고 구현하는 것으로 이해되어야 한다는 것이다. 이는 한 개인의 신체적 혹은 기질적 영역 안에 있는 마음의 사적·주관적 편향을 궁극적으로 넘어서는 방안이라고 볼 수 있다. 물론 이것은 자연과 일치하는 수준의 도덕적 가치 기준이 인간의 마음을 통해 인식되고 실천되는 가장 이상적인 과정을 그려낸 것이라는 점에서, 그 수준에 이르기 위한 부단한 공부와 수양은 여전히 과제로 남겨진다.

이처럼 퇴계는 마음에 대한 논의를 리 자체에 대한 논의로 전환시킴으로써 심학의 방향을 새롭게 제시하면서 그러한 논의를 공론화하였고, 퇴계의 논리에 동의하든 반대하든, 진리의 인식과 실천의 과정에서 리와 마음의 역할에 대한 문제는 조선유학의 중심에 놓게 되었다. 물론, 처음에 대부분의 학자들은 퇴계의 생각을 이해할 수도, 그에게 동의할 수도 없었을 것이다. 그것은 어쩌면 주자학이 아닐 수도 있었기 때문이다. 하지만 조선의 많은 학자들이 고봉, 율곡처럼 그에 동의할 수 없었기에 그 논의에 뛰어들었고, 그러한 논의를 진행하면서 주자학 공부의 목적을 다시 성찰하였으며, 이론적 논의는 수양—실천의 문제와 떨어질 수 없게 되었다. 그러한 논의 과정에서 양명의 마음 중심의 심학은 설 자리를 잃었고, 리 중심의 퇴계 심학이 논란의 중심이 되었다. 더욱이 실제로 조선의 건국과 운영을 담당한 주체들로서 지식인 관료들의 논의는 단지 이론적 논의에 그치지 않고 사회의 운영과 연관된 속에서 진행되었고, 그러한 과정을 통해서 조선유학이 성립 발전하였다.

7. 맺음말

조선에서 건국의 이념이 된 유학은 16세기를 거치면서 중국 성리학의 수용 단계를 넘어서 철학이론과 통치이념이 결합되어 현실에서 기능하는 명실상부한 '조선유학'으로서 자리잡게 된다. 그리고 그러한 조선유학은 이후 300백여 년간 조선의 문치(文治)를 구현하는 기반이 되었다. 한국철학사에서 그러한 전기를 이룬 대표적인 학자로 퇴계와 율곡을 드는 데 별다른 이견은 없을 것이다.

그런데, 한국철학사에서 이 두 사람을 높이 평가하는 것은 주로 사단칠정논쟁과 연관된 리기심성론에서의 역할이다. 이 글에서 논자가 관심을 기울인 것은 이 시기에 이러한 논의가 왜 일어났는가 하는 것이었고, 그 과정에서 당시 명나라에서 유행하던 양명학의 직간접적 영향과 그에 대한 대응에 주목하였다. 이러한 문제의식을 가지고 접근할 때 가장 눈에 띄는 것은 퇴계이다. 퇴계는 바로 이 시기 사단칠정논쟁을 야기한 학자이고, 또한 양명의 『전습록』에 대한 비판을 통해 양명학이 조선에 뿌리를 내리지 못하도록 하는 데 결정적 역할을 한 인물로 평가된다.

물론 남겨진 기록으로 보면 퇴계는 양명의 학문을 격렬하게 비판하였고, 이후 양명학은 이단으로 규정되어 조선유학의 전개에서 사실상 배제되었다. 그러나 중국에서 그렇게 많은 사람들의 지지를 받았던 양명학이, 단지 몇몇 학자가 비판하고 배척했다고 해서 조선유학의 전개에서 배제되었다고 본다면, 그것은 쉽게 납득할 만한 설명은 아니다. 양명의 주자학 비판이 전혀 근거 없는 것이 아니었다면, 조선 지식인 사회에서도 어떤 방식으로든 그에 대한 대응이 필요했을 것이고, 논자는 퇴계의 글들 속에서 그러한 대응의 양상을 찾아보고자 하였다. 그리고 그로 인해 조선유학이 중국의 주자학과 다른 특색을 가지게 되고, 또한 그것이 바로 양명학이 조선유학의 주된 논의 안에서 설 자리를 찾지 못하게 하는 데 중요한 역할을 했으리라는 가설을 세웠다.

논자는 그러한 관점에서 퇴계에게 주목하였고, 퇴계의 리발설(理發說), 리자도설(理自到說) 등이 바로 양명학의 주자학 비판을 능동적으로 극복하려는 문제의식 속에서 이루어진 성과라는 결론에 도달하였다. 퇴계는 양명의 지행합일설(知行合一說)이 형기(形氣)에 관한 일에 대해서는 적용될 수 있으나 의리(義理)에 관한 일에 대해서는 적용될 수 없다고 비판하였다. 하지만 실제로 유학에서 지향하는 것은 의리에 관해서도 형기에 대한 것과 마찬가지로 본능적·자발적으로 도덕적 감정·판단·행위가 이루어지도록 하는 것이었고, 맹자가 도덕감정의 자연 발현의 예로 제시했던 유자입정(孺子入井)의 상황이 바로 그러한 것이었다. 퇴계는 도덕 감정·판단·행위의 자발성을 리(理)의 '역할'[發 또는 自到]로 설명함으로써 양명의 비판을 주자학의 기반 위에서 능동적으로 수용하고 극복하려 하였고, 이는 마음 중심의 양명 심학을 리 중심의 퇴계 심학으로 대체하는 효과를 가져올 수 있었다. 이러한 시도에 대해 조선 지식인들이 반대 혹은 찬성의 의견으로 논의에 참여하게 되면서 조선유학은 주자학을 보완하고 양명학을 넘어서는 방향으로 전개될 수 있었다.

비교사적(比較史的)으로 본 근세(近世) 일본(日本)의 퇴계학(退溪學) 수용의 두 방향

이효원(인하대학교 한국어문학과 조교수)

1. 문제 제기

퇴계(退溪)에 대한 연구는 철학, 사상에서 시작해서 문학, 정치, 교육 등 다방면에 걸쳐 수많은 연구가 이루어졌다. 이는 국내에만 국한되는 것이 아니라 중국, 일본은 물론 영미권에서까지 퇴계에 대한 연구는 지속적으로 이루어지고 있다.[1] 본고에서 다루고자하는 주제인 근세 일본

---

1 여기에 대해서는 성해준,「退溪學の國際的研究動向考察-日本における退溪學への關心を中心として-」,『日本思想史研究』제42호, 2010에 잘 정리되어 있다. 한편, 일본에서는 阿部吉雄의 선구적인 연구 이래 九州大學을 중심으로 '九州退溪學研究會'가 결성되어 활발한 연구가 이루어져 왔으며, 그 전통은 19세기까지 거슬러 올라간다고 한다. 구마모토 실학파(熊本實學派)의 비조라 할 수 있는 오쓰카 타이야(大塚退野, 1678~1750)가 소장하고 있었던 주자와 퇴계의 방대한 장서가 히라도(平戶)의 구스모토(楠本) 가문에 소장되어 있었다. 히라도 번의 儒官 구스모토 탄잔(楠本端山, 1828~1883)과 구스모토 세키스이(楠本碩水) 형제 및 탄잔의 아들로 세키스이에게 배운 구스모토 카이잔(楠本海山, 1873~1921) 등은 이를 계승하여 조선과 일본에서 간행된 퇴계의 서적 대부분을 갖추었으며, 퇴계를 거쳐 일본으로 전해진 주자학을 몸소 체득하여 도통을 전한다는 사명감을 가지고 있었다. 楠本家의 3대인 구스모토 마사쓰구(楠本正繼, 1896~1963)는 규슈대학 중국철학사 연구실의 교수로 재임하였으며, 쿠스모토 가의 장서는 현재 규슈대학도서관과 고쿠시칸대학 도서관에 소장되어 있다. 쿠스모토 교수의 퇴계학 연구의 맥은 '九州退溪學會'의 岡田武彦, 佐藤仁, 海老田輝已, 福田殖, 疋田啓祐, 難波征男, 柴田篤 교수 등으로 계승되었으며, 30여 년에 걸쳐 부산퇴계학연구원과 더불어 활발한 교류 및 연구가 이루어졌다. 양국의 교류는 2017년을 마지막으로 막을 내리게 되었다.(성해준,「退溪의 和親宥和의 對日觀」, 한국일본어문학회 학술대회논문집, 2016 참조) 본

유학과 퇴계학의 관계에 대해서도 근대 초기부터 이미 많은 연구가 이루어졌다.[2] 그 가운데 특히 잘 알려져 있는 것이 아베 요시오(阿部吉雄, 1905~1978)의 『일본주자학과 조선(日本朱子學と朝鮮)』[3]이다. 그는 퇴계의 저술이 일본 근세 유학의 발전에 어떤 영향을 미쳤는지를 치밀한 문헌 고증을 통해 밝히고 있다. 퇴계학으로 대변되는 유교의 수용으로 도쿠가와 막부는 300여 년 동안 안정된 치세를 누릴 수 있었으며, 메이지 유신의 원동력 또한 퇴계학에 그 연원이 있다고 하였다. 그러나 다른 한편으로 아베 요시오에게서 보이는 '제국의식'[4] 또한 간과할 수 없는 문제이다. 이노우에 아쓰시(井上厚史)는 현대 일본의 조선사 연구가 혼미에 빠져 있다고 진단하며 그 이유로 선행 연구로서 의존하고 있는 아베 요시오의 선구적인 연구 자체에 문제가 내장해 있다고 지적하였다. 그리고 아베 요시오의 연구 계보를 거슬러 올라가면, 엔도 류키치(遠藤隆吉, 1874~1946), 다카하시 도오루(高橋亨, 1878~1967), 마쓰다 코(松田甲, 1864~1945)가 있으며 이들의 식민사학적인 연구 시각이 후대에 무비판적으로 계승되고 있다고 하였다. 이들은 주자학을 전근대적 사상으로 간주하고 일본유학의 전사(前史)로서 퇴계학을 위치시키거나, 다른 한편으로 일선융화(日鮮融化)의 상징으로 퇴계학을 현창하기도 했다.

고는 2016년 이 유서 깊은 교류회에서 발표한 원고를 수정, 가필한 것이다.

2 강해수, 「근대일본의 이퇴계 연구」, 『퇴계학논집』 제2호, 영남퇴계학연구원, 2008; 井上厚史, 「일본의 이퇴계 연구의 동향」, 『퇴계학논집』 제6호, 영남퇴계학연구원, 2010에서 메이지 시기부터 현대에 이르기까지 일본에서 이루어진 퇴계학 관련 논고를 비판적으로 검토하였다.

3 阿部吉雄, 『日本朱子學と朝鮮』, 東京大學出版會, 1965.

4 제국의식은 제국을 형성한 국가가 자신들이 지배한 약소민족에 대해 우월의식을 가지고 자신들의 입장에서 타자를 해석하고 우월감을 확인함으로써 지배를 정당화하려는 의식을 말한다. 이러한 제국의식은 제국주의가 끝났다고 해서 사라지지 않는다. 현재에도 일본인들의 제국의식은 일본 내부에 잠재해 있다. 위안부 문제, 역사교과서 문제, 야스쿠니 참배, 재일한국인 참정권 문제, 독도 문제, 보통국가 주장 등에서 이를 확인할 수 있다.(전성곤, 『일본인류학과 동아시아』, 파주: 한국학술정보, 2009, 19~20쪽) 후술하겠지만 근래 일본에서 활발하게 이루어지고 있는 동아시아 교류사 연구에서도 이와 같은 제국의식이 드러난다. 이는 주자학 내지는 유교문명에 대한 일본의 편견과도 일정하게 관련이 있다.

아베 요시오를 비롯한 일본 학자들의 퇴계학 내지는 주자학에 대한 착종된 시각은, 유교문명에 기대있으면서도 다른 한편으로 서구문명을 선취하여 '탈아(脫亞)'하려는 욕망이 교차하고 있었던 역사적 상황과도 부합한다. 이들에게 주자학은 도쿠가와 시대를 지탱해온 사상이기는 하지만 서구 정치사상과 비교할 때 후진적인 사상이었으며 근대국가 성립 과정에서 청산하고 극복해야 할 대상으로 인식될 수밖에 없었다. 마찬가지로 퇴계학 역시 주자학을 심화·완성했다고는 하지만 여전히 주자학의 틀을 벗어나지 못했다는 점에서 전근대적 사상으로 평가될 수밖에 없었던 것이다.

이러한 평가에는 조선유학과 일본유학의 동질성이 전제되어 있다. 조선에서 퇴계학이 성립하고 향유되었던 것과 동일한 방식으로 일본에서 수용되고 계승되었다는 것이다. 그러나 양국의 정치사회적 이질성을 고려한다면 퇴계학이 원형 그대로 일본에서 수용되고 사회적·정치적으로 동일한 역할을 담당했다고 보기는 힘들 것이다. 일본유학과 조선유학이 어쩌면 근본적인 지점에서 이질성을 지닐 수 있다는 점에 유의할 필요가 있는 것이다. 본고에서는 이러한 문제의식 아래, 조선유학과 대별되는 일본유학의 특질을 염두에 두고 퇴계학이 일본에서 수용되는 양상을 검토하고자 한다. 이와 더불어 퇴계학(주자학)에 내장된 사상적 계기가 서세동점이라는 문명사적 전환기 속에서 어떤 역할을 담당했는지에도 관심을 기울이고자 한다.

2. 근대 일본의 퇴계학 수용의 논리

본격적인 논의에 들어가기 전에 서론에서 언급한바, 식민지시기 일본 학자들이 퇴계학을 어떻게 인식하고 있었는지 좀 더 구체적으로 살펴보도록 하자.

교육칙어의 기초자로 유명한 모토다 나가자네(元田永孚, 1818~1891)가 메이지 천황의 진강(進講) 자리에서, 정주(程朱)의 학문이 퇴계에 전해졌고 오쓰카 타이야 선생이 퇴계의『주자서절요(朱子書節要)』를 읽고 초연히 얻은 바가 있으며 자신이 타이야의 학문을 계승하여 천황에게 바친다는 발언을 한 사실은 잘 알려져 있다. 조선과 일본이 정주학의 학맥을 공유하고 있다는 점, 조선유학의 태두인 퇴계의 학문이 모토다 나가자네를 거쳐 조선과 일본에서 공히 황국신민을 길러내는 교육의 기본 원리가 되었다는 점은 식민지시기 일본 연구자들에게는 내선융화의 상징적 사례로 삼기에 적당한 '서사'였다.[5] 이를 통해 주자에서 퇴계로 이어져 내려오는 '왕도유학(王道儒學)'을 '황도유학(皇道儒學)'으로 수렴하면서 조선에서 실시된 교육칙어의 보편성과 당위성을 확보할 수 있었던 것이다.[6] 그럼에도 불구하고 일본유학자는 주자나 퇴계의 학설을 그대로 준신하지 않고 '국체(國體)'에 비추어 활용해서 황위(皇威)의 선양에 공헌하였다[7]는 것이 마쓰다 코를 비롯한 당시 일본학자의 시각이었다. 퇴계는 주자의 계보를 잇는 뛰어난 학자지만 독창성은 결여되어 있으며 일본유학의 전사(前史)로 존재한다는 것이다.

　이러한 논리의 근저에는 퇴계학, 혹은 조선유학에 대한 두 가지 선입견 내지는 편견이 존재한다고 생각된다.

　첫째, 주자학이 '명리지학(名利之學)'이라는 시각이다. 다카하시 도오

---

5 難波征男,「이퇴계와 일본의 유학」,『퇴계학논총7』, 경북대학교퇴계연구소, 1997; 강해수,「근대일본의 이퇴계 연구」,『퇴계학논집』제2호, 영남퇴계학연구원, 2008; 성해준,「退溪와 日本과의 遭遇에 關한 考察」,『퇴계학논집』제6집, 영남퇴계학연구원, 2010에 의하면, 元田永孚의 발언은 松田甲의『日鮮史話』에 인용되어 있지만, 元田永孚의 다른 어떤 자료에서도 이와 유사한 발언을 찾아볼 수 없다고 한다. 강해수는 永孚의 이 발언이 松田甲에 의해 과장되었거나 조작되었을 것이라 하였다(강해수, 위의 논문, 363~365쪽). 아베 요시오 역시 松田甲가 인용한 말이 '元田家文書'에는 존재하지 않는다는 점을 지적하였다(성해준, 위의 논문, 25쪽).

6 강해수, 위의 논문, 11~12쪽.

7 강해수, 앞의 논문, 11쪽.

루는 중국과 조선의 유학은 과거제도에 의해 관학화되어 있다는 점에서 학문적 순수성을 잃었다고 지적하였다. 이로 인해 유학은 지배계층의 전유물이 되었고 유학은 '관리지학(官吏之學)'이 되었다는 것이다. 조선이 중국의 폐단을 답습하고 있음은 말할 것도 없다.[8] 권력 쟁투를 위한 도구로 유학을 이용하여 망국을 초래했다는 식민사학의 극단적 당쟁론은 이런 논리에서 도출되었다. 에도시대 내내 중국이나 조선과 같은 차원에서의 과거제 및 관료제가 존재한 적이 없었던 일본의 사회역사적 현실에서 비롯된 자의적인 평가라 여겨진다.

둘째, 주자학은 '사색주의(思索主義)'나 '정적주의(靜寂主義)'(井上哲次郎)라는 생각이 당시 일본 학자들에게는 일반적이었다. 동경제국대학의 엔도 류키치는 『지나사상발달사(支那思想發達史)』에서 이렇게 말한다.

(조선은-인용자) 토지는 중국에 가깝고, 운행도 편리해서 중국과의 교류도 오래 되었고, 모든 방면에 있어서 중국 문화를 수입하는 것이 편리했다. 그런데 왜 한 명의 소라이(徂徠)도, 한 명의 진사이(仁齋)도 없는 것인가? 이천여 해라는 긴 세월을 통하여, 조선인의 사상은 어디를 방황해 온 것일까? 어쩌면 그들의 정신은 더디고 진보적이지 않은 것일까? …… 홀연히 이퇴계가 태어났다. 그 이전의 역사에 비추어도, 후세에 비추어도 탁월하며, 조선의 맑은 기가 응집하는 곳을 대표하는 인물이며, 진실로 지나(支那)의 유교철학을 완성한 인물이다. 조선 사상이 찬란히 발한 것을 나는 진실로 이퇴계에 의해 보는 것이다.[9]

이 대목에는 조선과 중국을 바라보는 두 가지 시선이 중첩되어 있다.

---

8 高橋亨, 「李退溪(5)」, 『斯文』 第22編 第3號(斯文會, 1940.3), 27쪽; 강해수, 앞의 논문, 18쪽 참조.

9 遠藤隆吉, 『支那思想發達史』, 東京: 富山房, 1903, 640쪽. 井上厚史, 앞의 논문에서 재인용.

조선은 중국과 이웃하고 있으면서 오랜 세월에 걸쳐 문화적 혜택을 누렸음에도 학문적 진보를 이룩하지 못한 반면, 일본에서는 이토 진사이(伊藤仁齋), 오규 소라이(荻生徂徠) 등의 고학파(古學派)가 등장해 정적이고 사색적인 주자학을 비판하고 현실에 기반한 활동주의를 주창했다.[10] 이에 비해 조선은 근대에 이르기까지 주자학만을 고집했으니 학문적·사상적으로 정체되어 있다는 것이다. 또 퇴계를 평가하면서 중국의 유학을 완성한 인물이라고 했다. 이 말 속에는 중국의 주자학은 어딘가 불완전하고 체계성이 없는데 조선의 퇴계에 이르러 학문적 정합성이 부여됐다는 의미가 내포되어 있다. 요컨대 퇴계는 중국의 주자학을 수입하여 완성했지만 여전히 주자학의 단계에 머물렀는데 비해 일본유학은 주자학을 비판함으로써 고학(古學)으로 나아갔다는 것이다. 이와 같은 평가의 근저에는 청일전쟁 승리 후 사상적·학문적 차원에서까지 중국을 대신하여 아시아의 맹주를 자처하고자 했던 일본의 '제국의식'이 깔려 있는 것으로 보인다.

정리하자면 근대 일본 학자는 퇴계로 대변되는 조선유학을 다음과 같이 파악하고 있었다. 조선유학은 사상적으로 정체되어 있고 고루하며 오랜 기간 관료주의의 도구로 이용됨으로써 세속화되었다. 퇴계가 중국유학(주자학)을 계승하여 최고 수준으로 심화시켰음에도 그것은 사변적이고 관념적 차원의 학문이기에 명백한 한계가 있을 수밖에 없다. 주자학이 이를 극복하고 새로운 단계로 도약하기 위해서는 '황도유학'으로 나아가는 길 밖에 없는데, 이는 야마자키 안사이(山崎闇齋, 1618~1682)와 같은 일본 주자학자에 의해서만 가능했다. 더욱이 일본에서는 주자학에 비판적인 학문, 즉 고학이 등장하여 사상적 다양성과 역동성을 보이면서 '주자학에서 고학으로' 학술사의 발전을 이룩한 데 비해, 중국과 조선은 여전히 주자학에 머물러 있다는 것이다. 이러한 시각에는 중

---

10 井上哲次郎 외, 『哲學大事典』 제1권(1909)을 참조.

국·조선의 주자학은 중세적이고 일본의 주자학·고학은 근대적이라는 선입견이 깔려 있다.

문제는 이와 같은 인식이 전후에도 그대로 계승되었고 현대 동아시아 연구의 일각에서도 여전히 답습되고 있다는 점이다.[11] 서구적 근대를 선취하고 학문의 차원에서까지 아시아의 맹주를 자처했던 근대 일본의 제국의식이 유교문명에 대한 오해와 편견을 재생산하고 있는 것이다. 또 일본유학이 중국·조선과 외형은 비슷해 보이지만 근본적인 지점에서 이질성을 지니고 있다는 사실에 충분히 주의를 기울이지 않았다는 점도 지적할 필요가 있다. 그렇다면 동아시아 유교문명의 특질은 무엇이며, 일본유학과는 어떤 점에서 유사성과 이질성을 보이는가? 이와 관련하여 식민지시기 퇴계학 연구는 어떤 점을 간과하고 있는가? 에도시대에 이루어진 퇴계학 수용의 상반된 두 사례를 통해 이러한 물음에 약간의 답을 구해보고자 한다.

----

11 전후 일본 사상사학의 좌표축을 세운 丸山眞男 역시 井上哲次郎의 구도를 그대로 계승하고 있다. 그는 『日本政治思想史研究』에서 일본 근세 사상사가 朱子學(闇齋學) – 仁齋學(古義學) – 徂徠學으로 발전해왔다는 주장을 서구 정치사상사를 기준으로 삼아 논증하였다. 헤겔(Hegel)의 중국정체론을 전제로 삼은 丸山眞男의 연구는 철저하게 발전사관의 입장에서 서구적 근대를 일본이 도달해야 할 목적지로 삼고 있다. 문제는 丸山眞男가 수립한 이 구도가 여러 각도에서 비판되었음에도 불구하고 여전히 일본 학계에서 그 영향력이 적지 않다는 점이다.
근래 한중일과 베트남까지 시야에 넣은 夫馬進의 동아시아 교류사 연구도 여전히 이와 같은 구도에 입각해 있다. 夫馬進은 조선에서 일본으로 유학이 전파되었다는 종래의 학설을 인정하면서도 그러한 흐름은 18세기 중반까지였다고 선을 긋는다. 18세기 중반 이후에는 오히려 통신사가 일본의 선진적인 학문을 접하고 몹시 놀랐으며 이를 수용하기 위해 노심초사했다고 주장하였다. 夫馬進이 이른바 일본의 선진적인 학문이란 바로 古義學과 徂徠學을 가리킨다. 18세기 무렵 知의 흐름이 '중국-조선-일본'에서 '일본-조선-중국'으로 변화했다는 것이다.(夫馬進, 『조선연행사와 조선통신사』, 서울: 성균관대학교출판부, 2019) 여기에는 주자학은 후진적 학문이고 古學이 선진적 학문이라는 구도가 전제되어 있다. 이러한 주장은 궁극적으로 전근대 동아시아에는 중국과 일본의 양대 세력이 존재했고 조선은 그 틈바구니에서 근대에 이르기까지 역사의 주체로 존재한 적이 없었다는 점을 강조하려는 것으로 보인다. 80년대 일본 사학계에서 제기된 이른바 '日本型華夷秩序論' 역시 유사한 논리라 할 수 있다. 여기에 대해서는 이효원, 「夫馬進의 『조선연행사와 조선통신사』에 대한 비판적 검토」, 『한국한문학연구』 75, 한국한문학회, 2019에 자세하다.

3. 퇴계학의 비판적 수용과 일본유학: 야마자키 안사이 (山崎闇齋)의 역학(易學)

야마자키 안사이(山崎闇齋)가 퇴계를 존숭했다는 사실은 아베 요시오의 실증적 연구에 의해 일찍부터 알려져 있었다. 아베 요시오에 의하면 안사이는 주자의 학설이나 이론을 아는 것 보다 주자의 전인격, 인간상에 가까이 가는 것이 중요하다고 생각했다. 주자학을 단순히 이론이나 학설로 보지 않고 주자의 전 영혼과 인격을 있는 그대로 구체적으로 보고 자신의 수양에 도움이 되게 하는 학풍을 일으켰다는 점에서 퇴계와 무척 닮아 있다고 아베 요시오는 평가했다.[12] 이러한 평가만 본다면 안사이와 퇴계는 확실히 학문적 친연성이 있으며 안사이는 퇴계를 준신한 것으로 보인다. 그렇지만 안사이 당대에 이미 퇴계학은 비판적 검토를 거치면서 수용되고 있었다. 대표적인 것이 주자의『계몽전의(啓蒙傳疑)』와 관련한 논의이다.

전근대 한일교류의 실상을 잘 보여주는 자료로 근래 주목받고 있는 필담창화집에는 일본 학자들이 퇴계에 관해 묻는 장면이 많이 등장한다. 1682년 사행 때 처음『자성록(自省錄)』에 관한 물음이 나온 이래 18세기를 거쳐 1811년 최후의 통신사행에 이르기까지 일본학자들의 퇴계에 대한 관심은 끊이지 않았다.[13] 질문은 대부분 퇴계의 신변이나 학문에 관한 것이었다. 그런데 1711년 신묘사행의 필담창화집에는 아오치 슌신(青地浚新, 1675~1744)[14]이 퇴계의 학문에 대해 비판적 견해를 제기

---

12 아베 요시오, 앞의 책, 113쪽.

13 여기에 대해서는 구지현,「필담창화집에 보이는 퇴계 관련 필담의 의미」,『서강인문논총』44집, 서강대 인문과학연구소, 2015에서 통시적으로 정리하였다. 본고는 1711년 신묘사행 때 이루어진 퇴계 관련 필담을 대상으로 일본유학의 특질을 고려한 위에 좀 더 면밀하게 분석하고자 한다.

14 이름은 테이슈쿠(貞叔)이고 別號는 레이칸(禮幹)이다. 金澤藩(지금의 石川縣 일대)에 출사하였다. 山崎闇齋의 제자 하구로 요센(羽黒養潛, 1629~1702)에게 유학을 배웠다.

하는 주목할 만한 편지가 수록되어 있다. 슌신은 통신사 서기 남성중(南聖重, 1655~?)에게 보낸 편지에서 퇴계가 주자의 『역학계몽(易學啓蒙)』에 대해 주해를 단 『계몽전의』를 지으면서 주자의 견해에 의문을 표했다고 하며, 과연 그 의문이 정당한 것인지 질문을 던졌다. 퇴계는 주자가 『역학계몽』에서 점치는 법을 설명할 때 어떤 때는 '변효(變爻)'를 사용하고 어떤 때는 '불변효(不變爻)'를 사용하는 등 일관성이 없다는 점에 의문을 가졌는데, 명나라의 학자 한방기(韓邦奇, 1479~1555)가 지은 『역학계몽의견(易學啓蒙意見)』에서도 자신과 똑같은 의문이 보인다고 하며 조심스레 의문을 제기했다. 슌신은 편지에 퇴계의 견해를 제시한 후 다음과 같이 말하였다.

양시교(楊時喬)의 『주역전서(周易全書)』 또한 별도로 점치는 예를 제시했는데, 한방기의 설과 유사한 것이 많으니 지금 기록하지 않습니다. 다만, 양시교와 한방기와 같은 사람들은 이론(異論)을 세우기를 좋아하여 스스로 일가를 이루었기에, 말을 다시 변론하고 싶지 않습니다. 이선생의 학문은 순정하고 박아하여 한결 같이 주자의 학문을 종지로 삼습니다. 지금 『역학계몽』에 대하여 사효(四爻), 오효(五爻)가 변하면 불변효로 점을 친다는데 의심을 가진 것은 어째서입니까? 제가 보기에는 주자의 설이 밝고 뚜렷하여 병통이 없으니 당시에 문변(問辨)하는 자가 없었던 것입니다. 귀국에 퇴계의 학문을 전하는 자들 가운데 필히 그 사이에서 서로 발명(發明)한 사람이 많을 것이니 감히 그 설을 듣고 의심나는 바를 묻고자 합니다. 저희 나라의 안사이(闇齋) 야마자키(山崎)씨는 "퇴계의 의심이 한방기의 설과 유사하니 아마도 상고(詳考)하지 않은 데서 잃은 것이다"라고 하였습니다.[15]

---

15 『鷄林唱和集』卷5, 15~16쪽: "楊氏『周易全書』亦別建占例, 多類韓說, 今不記. 但楊, 韓之徒, 好創異論, 自立一家, 言不欲復辯論也. 李先生之學醇正博雅, 一宗朱子之學. 今於『啓蒙』, 有疑四爻五爻變以不變爻占之說者何哉? 以愚觀之, 朱子之說自分曉不病, 當時無問辨之者. 貴國傳退溪之學者, 必多其間有相發明者, 敢聞其說, 以質所疑. 弊邦先儒闇齋山

이어지는 글에서 순신은『주역』과 관련해서 자못 장황한 설명을 덧붙이면서 퇴계의 말에 의문을 제기하였다.[16] 또 역학(易學)과 관련된 주희의 학설과 주희의 저서인『시괘고오(蓍卦考誤)』를 거론하면서 "주자의 점치는 예(例)는 의심할 바가 없다"고 거듭 강조하였다.[17]

순신의 이 질문을 통해 다음 두 가지를 확인할 수 있다.

첫째, 안사이 학파 내부에서 퇴계학에 관한 진지한 토론이 있었다는 점이다. 야마자키 안사이의 생존 당시에 안사이에 의해서 이미 비판적 관점이 제기되었고, 이후 안사이학파의 문사들 사이에서 퇴계의 학문, 특히 역학과 관련한 비판적 검토가 이루어졌던 것으로 보인다. 같은 시기 안사이학파에 속하는 미야케 칸란(三宅觀瀾, 1674~1718)[18] 역시 통신사를 만나 나눈 필담에서 "제가 퇴계의『계몽전의』를 읽어보니 논하는 바가 번잡하여 옛날의 깨끗하고 조용하고 정밀한 기상을 잃었습니다. 특히 〈시책일도(蓍策一圖)〉는 더욱 견강부회하여 조잡함에 이르렀다고 항상 의심하고 있습니다"[19]라고 하여 순신과 유사한 지적을 하고 있음을 볼 때, 학파 내부에서 이러한 문제의식을 공유하고 있었음을 짐작할 수 있다.[20]

崎氏謂'退溪之疑, 與韓說相類, 恐失于考之未詳也.'"

16 『鷄林唱和集』卷5, 17쪽: "以少爲主, 亦豈非『易』中達義乎? 然以占不變爻, 而致疑於此, 則亦爻不變者, 不占而止乎? 不疑於彼, 而疑于此何哉? 況若四爻五爻變, 雖占不變爻, 而之卦則旣是變乎?"

17 『鷄林唱和集』卷5, 18쪽: "朱子嘗論五爻變曰'筮法以少爲卦主', 又曰『易』自是占其變, 若都變了, 只一爻不變, 則反以不變者爲主. 或都不變, 則不變者, 又反是變也.' 又『蓍卦考誤』議筆談, 不動則『易』不能占之誤矣. 以是觀之, 則朱子占例, 似無可疑者."

18 京都의 유학자 미야케 도에츠(三宅道悅)의 아들로, 大阪 카이토쿠도(懷德堂)를 세운 미야케 세키안(三宅石庵, 1665~1730)의 형이다. 아사미 케이사이(淺見絅齋, 1652~1711)에게 배우다가 키노시타 준안 문하에 들어갔다. 1697년 水戶藩(지금의 茨城縣 일대) 藩主 도쿠가와 미쓰쿠니(德川光圀)에게 출사하여『大日本史』편찬사업에 참여하였다.

19 『支機閑談』, 20쪽: "僕讀退溪『啓蒙傳疑』, 常疑所說煩雜, 失古潔靜精微氣象, 〈蓍策一圖〉尤涉牽强紛錯."

20 三宅觀瀾은 闇齋의 高弟인 淺見絅齋의 제자로, 통신사와의 필담에서 闇齋를 퇴계와 동일한

둘째, 퇴계가 주자의 학설을 소극적이지만 비판적으로 검토하여 스스로 납득이 되지 않는 지점을 탐구하고 후대에 의문으로 남겨두었던 것에 비해, 안사이학파에서는 오히려 주자를 준신(遵信)하는 경향을 보인다는 점이다. "주자를 배워서 잘못된다면 주자와 더불어 잘못되는 것이니 무슨 유감이 있겠는가"라고 할 정도로 주자학에 대해 거의 종교적 신념에 가까운 존경심을 품고 있었던[21] 안사이의 학문 경향이 후대에도 이어지고 있는 것으로 볼 수 있다.

그렇다면 거슬러 올라가서 안사이는 퇴계학의 어떤 점을 문제라 생각했던 것일까? 안사이는 평생에 걸쳐 『역경(易經)』 연구에 심혈을 기울였다. 1655년 교토에서 처음 사숙(私塾)을 열었을 때도 『소학(小學)』, 사서(四書), 『근사록(近思錄)』과 더불어 『역경본의(易經本義)』, 『정씨역전(程氏易傳)』을 함께 강의했다. 하지만 1677년 『주역연의(周易衍義)』를 저술하여 자신의 견해를 확립했을 때는 『정씨역전』보다 『역경본의』에 기울어 있었던 것으로 보인다. 그 견해란 『역경』은 복서(卜筮)에 관한 책이기에 의리(義理)를 중시하는 『정씨역전』은 『역경』을 이해하는데 불필요하다는 것이다.[22] 그는 "복희의 역(易)이 역도(易道)의 완전한 것이다. 세 성인(聖人)의 역은 각각 그것을 잘 이해하여 각각의 전례(典禮)를 행한 것이다"[23]라고 하여 복희의 역과 문왕(文王)·주공(周公)·공자(孔子)의 역을 구별하였다. 복희가 창안한 팔괘에 역의 본질이 있으며 세 성인의 역은 그

위상으로 평가하려는 의도를 내비치고 있다. 觀瀾의 필담창화집에 보이는 퇴계학 비판에 대해서는 장원철, 「퇴계와 일본유학-퇴계와 山崎闇齋의 영향 관계에 대한 하나의 관견」, 『퇴계학논총』, 퇴계학부산연구원, 제12집, 2006을 참조할 수 있다.

21 丸山眞男, 김석근 옮김, 『日本政治思想史研究』, 서울: 통나무, 2005, 144쪽.

22 田尻祐一郎, 엄석인 옮김, 『야마자키 안사이-일본적 주자학의 원형』, 서울:성균관대학출판부, 2006, 206쪽. 이하 안사이의 『역경』 연구에 대해서는 이 책의 204~210쪽을 참조하였다.

23 "伏羲之易, 易道之大全也. 三聖之易, 各觀其會通, 以行其典禮者也."(『周易衍義』; 田尻祐一郎, 위의 책, 206쪽에서 재인용.)

속에 담겨 있는 사상(事象)의 도리를 간파하여 상법(常法)을 이끌어냈다는 것이다.[24] 그리고 후대에 역의 본질을 복서로 이해한 이로 주자와 설선(薛瑄)을 들었다. 이들은 괘사나 효사를 있는 그대로 받아들이고 윤리나 의리의 관점에서 억지로 해석하지 않았다는 것이다. 다시 말해 안사이는 괘와 효의 상징 그 자체가 자연의 계시로서 의미를 가지며, 인간적인 작위(作爲)를 초월한 것이라 생각했던 것이다. 안사이가 보기에 퇴계가 주자의 『역경』 해석에 대해 가진 의문은 역의 상징을 이해하지 못한 데에서 비롯된 것이다. 그래서 "퇴계의 고찰이 상세하지 못하다"고 다소 강한 어조로 비판한 것이다.

그렇다면 퇴계가 『역경』의 본의를 파악하지 못한 것은 무슨 이유 때문이라고 안사이는 생각했을까? 안사이가 1677년 편찬한 『홍범전서(洪範全書)』의 서문에서 그 실마리를 찾을 수 있다.

> 황하(黃河)에서 그림이 나오고 낙수(洛水)에서 글이 나왔으니, 복희가 그림을 본받아 역(易)을 만들고, 대우(大禹)가 글을 본받아 홍범(洪範)을 지었다. …… 이 도(道)는 조선에도 마땅히 전해진 것이었지만, 이퇴계는 그 전한 것이 없어졌음을 탄식하였다. 옛날 일본이 개국할 때 이자나기노미코토와 이자나미노미코토가 천신(天神)이 만든 점의 가르침을 받들고 음양의 이치를 좇아서 이륜(彝倫)의 시작을 바르게 하였다. 대개 우주에는 오직 하나의 리(理)가 있을 뿐이다. 신(神)과 성인(聖人)의 나타남은 해 뜨는 곳과 해 지는 곳이 다르다고 할지라도, 그 도는 스스로 신묘하게 합치하는 것이 있으니, 이것이 사람들이 경건하게 생각을 다해야 하는 곳이다.[25]

---

24 田尻祐一郞, 앞의 책, 207쪽.

25 "河出圖, 洛出書, 伏羲則圖作易, 大禹則書敍範. …… 斯道也, 朝鮮之所宜傳, 而李退溪嘆失其傳也. 我倭開國之古, 伊弉諾尊, 伊弉冊尊, 奉天神卜合之敎, 順陰陽之理, 正彝倫之始. 蓋宇宙唯一理, 則神聖之生, 雖日出處, 日沒處之異, 然其道自妙契者存焉. 是吾人所當敬以致思也."(田尻祐一郞, 앞의 책, 205쪽에서 재인용.)

'하도(河圖)'와 '낙서(洛書)'는 문명의 시작을 상징하는 전설이다. 이때 만물의 이치를 관장하는 도가 생겨나게 되는데, 그것이 조선에는 전하지 않지만 일본에는 전해지고 있다는 것이다. 그 근거로 안사이는 『일본서기(日本書紀)』의 신화에 등장하는 남녀 신 이자나기와 이자나미를 들고 있다. 이 두 신이 교섭하여 일본 천황가의 조상신 아마테라스 오미카미(天照大神)가 생겨났다는 신화가 있다. 따라서 이 두 신은 우주가 생겨나는 근원, 곧 '우주유일리(宇宙唯一理)'를 상징한다. 안사이는 문명의 시작, 우주의 시원의 자취가 일본의 신화에 남아 있다고 말하는 것이다. 요컨대 일본에는 전해지고 있는 문명의 시원(始原)이 조선에는 전하지 않으며, 이로 인해 퇴계가 역의 상징을 충분히 이해하지 못하게 되었다고 생각한 듯하다. 안사이가 말한 퇴계의 『역경』 이해에 대한 비판의 근거가 일본의 신화에 있다는 점은 주목을 요한다. 동아시아 문명의 발상지로 알려진 황하에 얽힌 전설을 일본의 신화와 등치시킴으로써 인류 문명의 시원이 일본 민족의 시원으로 축소되었기 때문이다.

여기서 앞서 아베 요시오 등이 퇴계학과 안사이학의 차이점으로 제시했던 황도유학의 특질을 발견할 수 있다. '내선융화'의 근거를 찾으면서도 일본유학의 우수성을 증명해야 했던 근대 일본의 유학 연구자들이 주자학의 진보된 형태로써 강조했던 황도유학은, 이처럼 동아시아 문명의 발상을 일국적 범위로 축소하는 방향으로 나아간 것이다. 전국시대의 군사조직에 준하는 세습무사에 의한 지배체제가 공고하게 남아 있고 유학자가 정치적 주체가 될 수 있는 길이 제한적이었던 상황에서 이와 같은 선택은 어쩌면 불가피했을 수도 있다. 중국과 조선에서 유학이 차지했던 체제교학으로서의 중요성에 비해 근세 일본에서 유학은 무사 계층의 교양이나 통치의 실무에 도움이 되는 한에서만 긍정되었다. 따라서 국가[幕府]를 넘어서는 보편적 가치에 육박해 가는 본래적 의미에서의 유교는 일본에서는 불필요했다고 할 수 있다.

유교문명은 춘추전국시대라는 중국의 특수한 역사적 상황에서 발생하였지만 오랜 세월 동아시아의 통치원리로 기능하면서 인류보편적 윤리정신을 그 속에 담지하게 된다. 그것은 군주의 폭력적 권력 행사에 대한 비판과 억제, 통치에서의 공공성의 추구, 민중의 복리에 대한 관심, 국제관계에서의 평화와 공존의 추구 등으로 요약할 수 있다.[26] 유자(儒者), 곧 사대부(士大夫)는 국가를 위해 복무하는 관료로서의 성격을 지니고 있으나 이념적으로는 국가를 넘어서서 보편적 차원에서 사고하는 지점이 있는 것이다. 유자가 유교적 지식과 수양을 통해 얻은 개인의 도덕적 권위를 바탕으로 정치의 주체로서 조정에서 국가대사, 천하대사에 대해 발언할 수 있을 때 비로소 보편적 사유가 가능해진다. 이들 사대부는 군주와 함께 정치에 참여하는 '천하공치(天下共治)'의 담당자로 자부했다. 이들을 공정하게 선발하는 제도가 과거제였으며 유자는 상서(上書), 강학(講學) 등을 통해 정치에 적극적으로 발언했고, 때로는 죽음을 불사하면서 간언하였다. 정의를 위해 죽음을 불사하는 데에서 오는 경외감은 이들에게 도덕적 권위를 부여하였고, 이것을 무기로 군주의 폭력성과 정치적 자의성을 억제하였다. 따라서 유교정치에서 군신간의 관계는 기본적으로 '군신의합(君臣義合)'으로, 맹목적 충성이 아닌 의(義)라는 보편적 가치를 실현하는 한에서만 유지될 수 있다.[27]

유자의 도덕적 권위로 군주를 견제한다는 유교정치의 이상에 가장 가까이 다가간 것은 조선유학이라 할 수 있다. 16세기 무렵 사림이라 불리는 계층이 정치 일선에 본격적으로 진출하면서 기성체제와 충돌을 일으켰고 이는 사화(士禍)로 귀결되었다. 퇴계가 생애의 대부분을 은거하

---

26 김상준, 『맹자의 땀, 성왕의 피—중층근대와 동아시아 유교문명』, 파주: 아카넷, 2011, 16쪽. 이하 유교정치에 대한 논의는 김상준의 논의 외에 미야지마 히로시 · 배항섭 편, 『동아시아는 몇 시인가?』, 서울: 너머북스, 2015의 "사무라이의 '士化': 메이지유신과 '사대부적 정치문화'"(박훈) 참조.

27 박훈은 이와 같은 정치문화를 '사대부적 정치문화'로 규정하였다. 본고의 논의도 이 논문에서 시사 받은 바가 크다.

며 심성론에 몰두한 것도 사화라는 극단적인 상황을 원리적 차원에서 해소하려는 현실적 문제의식의 귀결이었지, 이른바 '사색주의'나 관념주의가 아니라는 점을 이해할 필요가 있다.[28] 사대부가 이상적으로 바라보는 인정(仁政)과 애민(愛民)의 정치로부터 멀어져가는 상황에서 퇴계는 사대부 자신의 근본적 성찰을 철학적 차원에서 제시하고자 한 것이다.[29] 여러 차례 몰아친 사화에도 불구하고 17~18세기에 걸쳐 조선에서는 사대부가 정치의 주역이 된 '사대부적 정치문화'가 활발하게 전개되었다. 정연한 학문체계로 이루어진 사승 관계를 기반으로 학파와 당파가 당론을 가지고 경쟁하는 상황이 지속되었다. 퇴계학이 그 한 축을 담당했음은 물론이다. 경쟁의 과잉은 소모적인 당쟁을 초래하기도 했지만, 한편으로 서울은 물론 전국에 분포되어 있는 유생들이 서원을 통해 중앙정치에 대해 적극 발언하고 공론을 형성하는 이른바 전국정치가 이루어지기도 했으며, 이를 배경으로 언관들이 왕과 조정을 신랄하게 비판할 수 있었다.[30]

그렇다면 안사이의 경우 어느 정도 유교정치의 이상에 다가갔던 것일까? 그가 탕(湯)과 무(武)의 방벌(放伐)에 관해서 자신의 의견을 밝힌 글을 보면 그는 방벌, 곧 혁명을 '권도(權道)'로써 긍정하고 있다. 주나라 문왕이 주왕에게 핍박을 받으면서도 은나라를 섬긴 것을 '경(經)'으로, 탕왕과 무왕의 경우를 '권(權)'으로 평가했다.[31] 이처럼 경과 권의 구도에서 혁명을 긍정하기는 했지만, 사실 권도라 할지라도 혁명은 없는 것이 좋

---

28 이와 관련하여 퇴계학이 鄭逑, 許穆을 거쳐 李瀷으로 이어져 실학의 기반이 되었다는 점도 간과할 수 없는 사실이다.(임형택, 「퇴계학의 계승 양상과 실학」, 『국학연구』 제23집, 2013을 참조)

29 임형택, 위의 논문, 24쪽.

30 박훈, 앞의 논문, 285~286쪽. 일본에서 이와 같은 사대부적 정치문화가 나타난 것은 막말유신기였다.

31 안사이의 湯武革命論에 대해서는 田尻祐一郎, 앞의 책, 284~288쪽을 참조.

다는 것이 안사이의 본심이었다. 그래서 역성혁명이 끊임없었던 중국에
비해 아마테라스 오미카미의 자손이 단절되지 않고 내려온 일본이 더 우
월하다고 생각했다.[32] 여기서 일본유학자로서 안사이가 처한 곤혹스러
운 상황이 드러난다. 추상적인 차원에서의 혁명은 긍정할 수 있지만, 현
실에서는 결코 일어나서는 안되는 일이라는 것이다. 어째서 이런 애매
모호한 판단을 내릴 수밖에 없는 것일까. 이 문제는 신하의 처지에서 군
주에 대해 어떻게 처신해야 할 것인가 하는 문제에 대한 안사이의 생각
을 살펴본 후 논해보도록 하자.

안사이는 주왕에 의해 유폐된 문왕의 심경을 읊은 한유(韓愈)의 「구유
조(拘幽操)」를 거론하면서, 문왕이 극한 상황에 처해서도 폭군인 주를 원
망하지 않고 신하로서의 부족함을 책망하는 것이야말로 지극한 덕이라
칭송하며 깊이 공감하였다. 또 춘추시대 위나라의 충신인 사어(史魚)가
위영공에게 간신을 물리치고 현신(賢臣)인 거백옥(蘧伯玉)을 등용하라고
간언해서 받아들여지지 않자 유언을 통해 위영공의 마음을 돌리게 한 것
이 '세상에 드물게 보는 충'이라 하여 극찬하였다. 주자가 사어(史魚)에
대해 나라에 도가 없는 데도 간언한 것은 강직하기는 하나 현명한 처신
이라고는 할 수 없다고 하여 부분적으로 인정한 것과는 대비된다. 안사
이는 나라에 도가 행해지건 아니건 진심을 다해 간언하는 것이 신하의
도리라 생각했다. 그래서 『예기(禮記)』에서 '세 번 간언하여 받아들여지
지 않으면 떠난다'고 한 것에 대해서도 안사이는 '세 번은 횟수를 말하는
것이 아니라 마음을 다하여 간곡하게 간언한다는 뜻이다'라고 해석하였
다.[33] 신하는 주군을 떠나서는 안 되며 어떤 경우에도 죽음을 불사하고
간언해야 한다는 것이다.

앞서 동아시아의 유교 전통에서 유자는 죽음으로 군주에게 저항함으

---

32 田尻祐一郎, 앞의 책, 295쪽.
33 田尻祐一郎, 앞의 책, 291쪽.

로써 도덕적 권위를 확보할 수 있다고 하였다. 안사이의 경우도 죽음으로써 간언해야 한다고 하였다. 양자에는 아무런 차이가 없는 것일까? 그렇지 않다. 안사이의 경우에는 '의(義)'가 빠져 있다. 세습무사에 의한 지배체제가 공고한 일본에서 '군신의합'이라는 이념은 성립할 수 없기 때문이다. 번사(藩士)는 번주(藩主)에게 번주는 막부의 쇼군에게 충성을 바치는 연쇄적인 지배와 복종의 질서 속에서, 이를 넘어서는 윤리를 추구하고 그것을 근거로 상급자를 비판하는 것은 반역으로 간주될 수 있다. 안사이가 탕무의 혁명을 대하면서 느꼈던 곤혹스러움도 여기에서 비롯된 것이 아닐까.

거칠게 말하자면 안사이의 유학에는 동아시아의 유교전통에서 마땅히 보여야 할 보편적 윤리성이 희미하거나 보이지 않는다. 이에 비해 근대 일본 학자가 '사색주의', '정적주의'라고 폄하한 주자학 내지는 퇴계학이 오히려 왕실과 국가를 넘어서는 보편적 사유의 지평을 열어보이고 있는 것이다. 아베 요시오를 비롯한 근대 일본 학자들은 동아시아 유교문명 속에서 일본유학이 지니는 특질을 염두에 두지 않았거나 무시하고, 일본을 기준으로 삼아 동아시아 유교를 재단했던 것이다.[34]

그렇다면 일본유학에서는 동아시아 유교문명의 특질이 전혀 발현되지 못했던 것일까? 꼭 그렇지만은 않다. 다음 장에서는 막말(幕末)의 사상가 요코이 쇼난(橫井小楠, 1809~1869)을 통해 이 점에 대해 검토해본다.

---

34 현실 정치에의 출구가 막혀 있는 상황에서 일본유학은 이론적·방법론적 탐구에 몰두할 수밖에 없었고 그 결과 고학과 같은 비주자학적인 학문이 등장할 수 있었던 것이지 '주자학에서 고학으로' 사상적 발전이 이루어진 것은 아니다. 물론 소라이도 고학을 통해 개혁책을 제시하는 등 현실 정치에 참여하였다. 그러나 도덕적 권위에 의거한 체제에 대한 날선 비판은 거의 보이지 않는다. 오히려 쇼군의 도덕적 제약을 완화하고 막부의 권위를 강화하는 쪽으로 경사되어 있다.

4. 유교적 근대의 가능성: 요코이 쇼난(橫井小楠)의 경세론(經世論)

퇴계학 내지는 조선유학을 다른 방향에서 계승한 사례로 요코이 쇼난(橫井小楠)을 들 수 있다. 퇴계를 비판적으로 수용하는 과정에서 일본유학의 특질을 잘 드러낸 사례가 안사이였다면, 쇼난은 퇴계학(조선유학)의 래디컬한 면을 끝까지 파고들어 전통적인 유교사상의 틀을 벗어나는 근대적 사유의 일단을 펼쳐 보였다고 할 수 있다. 이 장에서는 쇼난의 경세론(經世論)을 중심으로 이러한 면모를 살펴보고자 한다.

아베 요시오는 쇼난이 '주자 – 퇴계 – 야마자키 안사이 – 오쓰카 타이야 – 모토다 나가자네·요코이 쇼난'으로 이어지는 일본 퇴계학 계보의 마지막 자리를 차지하고 있다고 평가하였다. 쇼난과 오쓰카 타이야, 모타다 나가자네는 구마모토 실학파(熊本實學派)[35]의 일원이었다. 구마모토 실학파는 구마모토 번(熊本藩)의 번교(藩校)인 시습관(時習館)의 학문이 시문(詩文) 중심인 것을 비판하며 경세제민의 학문을 주장한 것으로 잘 알려져 있다. 쇼난은 교육칙어의 기초를 세운 모토다 나가자네와는 사상적 동지였으며 이들 두 사람은 공히 오쓰카 타이야를 자신들의 사상적 연원으로 현창하였다. 그런데 아베 요시오는 쇼난이 퇴계학의 계보에 있다고 하면서도 정작 퇴계 학문의 무엇을 계승했는가에 대해서는 별로 언급하지 않았다. 쇼난이 젊은 시절 음주 사건으로 근신하던 중 퇴계의 글을 읽고 수신(修身)에 뜻을 두게 되었다는 사실은 잘 알려져 있다. 또 쇼난이 명나라 설선 이래 유일하게 퇴계가 주자의 학문을 잘 계승하였다고 하며 '고금절무(古今絶無)의 진유(眞儒)'라 칭송한 점도 많이 언급

---

35 여기서 말하는 實學은 본래적 의미에서의 朱子學을 말한다. 조선후기에 등장한, 주자학의 관념성을 비판하며 실제적, 실용적 학문을 추구하는 조선적 맥락에서의 '實學'과는 다르다. 조선과 일본에서 공히 비슷한 시기에 개혁적 성향의 유학자들이 實學을 제창했으나 그 의미와 방향성이 정반대라는 사실은 양국 유학의 역사성을 보여준다는 측면에서 흥미롭다고 하겠다.

된다. 사실 이러한 언급 외에 쇼난이 구체적으로 퇴계학의 어떤 점을 계승했는지는 구체적으로 밝혀진 바가 없다. 야마자키 안사이의 경우와 마찬가지로 근대 연구자들이 만들어낸 '내선융화', '국체의 체현자'라는 서사의 일부로 쇼난 또한 동원된 것이 아닌가 의심된다. 그렇다면 쇼난의 사상은 퇴계학과는 전혀 무관한 것일까? 그렇지 않다면 퇴계학의 어떤 부분을 계기로 자신의 사유를 심화시켜 나갔을까? 어떤 부분에서 일본유학의 한계를 돌파해 나간 것일까?

쇼난은 막말의 혼란기를 헤쳐 나가는데 있어서 유학, 특히 주자학의 본래 모습을 회복하는 것이 가장 절실하다고 생각했다.[36] 앞서 안사이의 경우에서 볼 수 있듯이 에도시대 초기 일본에 수입된 유교(주자학)는 일본의 사회적·정치적 토양에 뿌리를 내리면서 래디컬한 면모가 약화되었다. 유교가 원래 가지고 있는 정치적 이상주의, 보편적 도의성, 권력에의 비판성과 같은 요소가 깎여 나가거나 왜소화된 것이다. 이는 무사에 의한 세습 지배체제가 워낙 강고했기 때문이다. 조선의 사대부나 중국의 신사(紳士)는 향리에 근거지를 두고 조정에 출사했다. 따라서 자신의 의견이 관철되지 않으면 조정을 떠나 돌아갈 곳이 있었다. 이에 비해 근세 일본의 무사는 병농(兵農) 분리로 인해 자립적인 경제 기반을 가지지 못하였다. 주군과 부하는 세습적 주종관계로 맺어져 있었으며, 부하는 생계를 꾸리고 가문을 유지하기 위해서 주군에게 절대적으로 복종하는 수밖에 없었다. 이러한 연쇄적인 주종관계에 의해 근세 일본사회는 지탱되고 있었다. 그래서 '군신의합(君臣義合)'과 같은 유교적 정치사상의

---

36 이러한 생각은 막말에 닥친 난관을 退野學을 통해 대응하고자 한 것에서도 잘 드러난다. 退野가 퇴계의 『자성록』에 감발 받아 주자학의 깊은 경지에 도달하게 되었다는 점을 지적한 것으로 볼 때 쇼난이 일본의 운명을 주자학에 맡기게 된 데에 退溪學의 영향이 결코 적지 않았다는 점을 지적할 수 있다. 그는 퇴계가 노년에 이르러서도 나라를 걱정하고 군주를 사랑하는 정성이 지극하여 진정한 유학자라 높이 평가했으며, 제자에게 준 글에서 퇴계의 『자성록』을 인용하여 심성 수양의 단계에 그치지 말고 몸으로 체인할 것을 주문하기도 하였다. 이상은 성해준, 앞의 논문, 2016에 자세하다.

가장 긴요한 점이 관철될 수 없었던 것이다. 세습 지배체제와 충돌하지 않도록 만들어진 일본유학은 상급자에게 무조건 복종하는 것이 '충(忠)'이라는 식의 보잘 것 없는 가르침으로 전락하였다.[37] 막부는 유교를 체제교학으로 채택했으나 세습무사에 의한 지배체제라는 사회적 제약으로 인해 전면적인 유교화로 나아갈 수 없었던 것이다.

쇼난은 미국의 개항 요구와 더불어 닥친 혼돈 속에서, 왜소화되어 있던 유학을 회복함으로써 돌파구를 찾으려 했다는 점에서 이례적인 인물이라 할 수 있다. 그는 당대에 왕도정치가 실종된 것이 혼란의 원인이라 보았다. 당시 일본의 주자학자들은 대개 존왕양이(尊王攘夷)를 부르짖으며 막부는 패자(覇者)로, 천황은 왕자(王者)로 규정하고 있었다. 천황이 덕(德)을 갖추고 인정(仁政)을 베푸는 것과는 상관없이 천황이 정통 왕조이기 때문에 왕자라는 논리다. 그러나 쇼난은 천황이건 막부건 왕도정치를 행하는 쪽이 왕자라 생각했다. 그러나 그가 보기에 일본에는 왕도정치가 행해지지 않고 있었다. 왕도정치란 무엇인가? 앞장에서 설명했듯이 유교정치는 사대부가 정치의 주체가 되어 행하는 도덕정치라 할 수 있다. 군주에 대한 날선 비판, 백성의 안정된 삶과 공공성의 확보, 대외관계에서의 평화주의가 그 핵심을 이룬다. 그런데 막부의 정책을 주도하는 이들은 대부분 무사였으며 유학자는 문서를 작성하거나 자문역에 한정된 주변적인 존재로 정치나 민생 개혁의 최전선에 나서지 못하였다.[38] 이런 상황에서 쇼난은 자신이 속한 구마모토 번에서부터 유교적 이상 정치를 펼치고자 하였다.

---

37 松浦玲, 『横井小楠−儒學的正義とは何か』, 東京: 朝日新聞社, 2010, 331쪽. 이하 요코이 쇼난의 경세론과 관련해서는 松浦玲의 논의를 참조하였다.

38 물론 막부 將軍의 최측근으로 활약했던 新井白石이나 낮은 지위에도 불구하고 막부의 정책에 상당한 영향을 미쳤던 荻生徂徠와 같은 유학자도 존재한다. 그러나 이들의 정치 활동은 조선과 중국의 유학자의 그것과는 반대 방향이었다. 군주에 대한 도덕적 제약을 강화하기보다 완화하는 쪽을 주장했다. 그리고 등용한 주군이 물러나면 대부분 실각하고 만다는 점에서 그 영향력 또한 제한적이다.

그가 가장 먼저 실시한 것은 번정(藩政)의 개혁이었다. 그는 당대 번이 세습무사의 녹봉을 주기 위해 인민을 수탈하는 기관으로 존재하는 것은 잘못이라 생각했다. 번주와 가신들은 유교정치의 이상을 따라 인민에게 봉사하는 정치운동집단이 되어야 한다. 번주는 정치적, 도덕적으로 가장 뛰어난 인물이어야 하며 가신단의 선두에 서서 지휘할 수 있는 능력을 갖추어야 한다고 주장했다. 말하자면 '무사(武士)'를 본래 유교에서 말하는 '사(士)'로 전환시켜야 한다는 것이다.[39] 군주와 관료집단이 궁극적으로 백성의 안녕을 위해 존재해야 한다는 발상은 당대 일본사회에서는 생소한 것이어서 당연히 반발이 뒤따랐지만, 쇼난은 서양 세력의 진출에 맞서 일본이 살아남을 수 있는 길은 유교정치의 실현에 있다는 생각을 굽히지 않았다. 쇼난의 경세론은 정치의 대상을 번에서 민(民)으로 전환했다는 점에서 의의를 가진다. 유교적 민본주의라고 할 수 있는 이러한 발상은 조선이나 중국의 유학에서는 낯설지 않은 개념이다. 쇼난은 일본에서 드물게 유교 정치론을 깊이 파고든 결과 이러한 결론에 도달한 듯하다. 쇼난이 대통령제, 의회제와 같은 서구의 정치제도를 긍정적으로 받아들일 수 있었던 사상적 배경에는 민본주의와 같은 유교적 보편성에 대한 이해와 실천이 전제되어 있는 것으로 여겨진다.[40]

대외관계에 있어서도 쇼난은 일본의 무사적 · 패도적 습성을 버리고 왕도적 입장에서 교류해야 한다고 주장하였다.[41] 그는 페리 함대가 내항

---

39 松浦玲, 앞의 책, 335쪽.

40 조선을 건국하는데 주도적 역할을 한 사대부는 『大學衍義』를 근거로 군주의 수신과 민본주의를 내용으로 하는 이른바 '帝王之學'을 끊임없이 요구했다. 그런데 '제왕지학'은 퇴계에 이르러 만인에게 적용되는 보편적 가르침으로 재해석된다. 퇴계는 道學의 차원에서 볼 때 군주와 백성이 다르지 않다고 하며 군주 역시 백성과 마찬가지로 '民生日用彝倫之敎'를 실행하는 것을 기본으로 삼을 것을 주문하였다(井上厚史, 위의 논문, 2011, 20~26쪽). 두 인물이 살았던 시대와 각자가 처한 역사적 상황은 다르지만 퇴계와 쇼난은 유교 정치론의 보편적 속성을 끝까지 밀고 나가서 당대의 통념을 뛰어넘는 새로운 사유의 지평을 열었다는 점에서 공통점을 지닌다.

41 쇼난의 이와 같은 주장은 退溪의 對日觀과도 일정하게 연결되는 지점이 있다. 퇴계는 당시

하기 반년 전인 1853년 1월 '문무일도설(文武一道說)'이라는 글을 통해 외국과의 통교에 대한 입장을 밝힌다. 외국에서 교역을 요청해오면 '무(武)'가 아닌 '문(文)' 우위의 유교적 원리에 의거해서 응대해야 한다고 주장하였다. 물론 상대가 무력을 사용하면 그것을 억제할 힘은 필요하지만, 무력의 사용은 '문'의 원리, 즉 도의(道義)에 기반해야 된다는 것이 쇼난의 남다른 발상이었다. 그가 보기에 '무'의 원리는 상대가 약자일 경우 명분도 없이 추궁하고, 상대가 강할 경우에는 도리를 주장하는 것이 아니라 바로 굴복해버린다는 것이다. 또 상대방의 요구에 대해서도 마찬가지로 도리에 기반해서 판단해야 한다. 도리에 맞다면 받아들이고 아니라면 거절한다. 거절하기 위해 무력이 필요하기에 항상 대비를 해야하지만 가장 우선해야 하는 것은 상대의 요구가 이치에 맞는가 맞지 않은가를 판단하는 일이라 하였다.[42] 페리 내항 이전에 일본에서 이와 같은 주장을 하는 사람은 쇼난이 유일했다는 점은 앞서 언급한 무사 세습체제 하에 만들어진 일본유학의 특질을 잘 보여준다.[43] 페리 내항 이후 '문무일도설'의 연장에서 쇼난은 유도(有道)의 나라와는 교류하고 무도(無

왜구의 약탈과 삼포왜란(1510), 사량진 왜란(1544) 등으로 인해 일본과의 강화요청에 부정적인 기류가 강했던 상황에서 『甲辰乞勿絶倭使疏(1545년 7월)』를 올려 일본과 교역을 재개할 것을 주장하였다. 일본과의 외교에 맹목적인 힘의 사용을 피하고 權과 勢를 적절히 활용하여 평화를 유지할 것을 주문하였다. 즉, 일본과 왜구를 구별하여 인식함으로써, 왜구는 군사적으로 응징하되 일본에 대해서는 문화적 감화를 기본원칙으로 삼자는 것이다. 일본을 교화의 대상으로 간주하는 이러한 시각은, 조선이 '華'이고 일본이 '夷'라는 중세적 華夷觀이라 할 수 있다. 그러나 힘이 아닌 道義에 입각해서 외교 관계를 맺어야 한다는 외교의 기본원칙을 천명하고 있다는 점에서 쇼난의 외교론과 공명하는 지점이 있다. 앞 장에서 언급한 바, 평화적 대외관계 지향이라는 유교문명의 특질을 두 사람에게서 공히 확인할 수 있다. 퇴계의 對日觀에 대해서는 성해준, 앞의 논문, 2016에서 상세히 분석하고 있어 참조가 된다.

42 松浦玲, 앞의 책, 340~341쪽.

43 이것이 일본유학의 후진성을 말하는 것은 결코 아니다. 중국의 경우 조공책봉 체제의 자장에 갇혀 서양 세력과의 교류에 융통성을 발휘하기 어려웠다. 조선은 유교적 이념이 지나치게 강하여 실리적인 차원에서 대응하지 못한 면이 있다. 동아시아 유교가 보편적 원리를 내장하고 있음에도 불구하고 각국의 사회역사적 맥락에 따라 다르게 발현된다는 점을 분명히 인식할 필요가 있다.

道)의 나라는 거절한다는 '유도무도론(有道無道論)'을 전개했다. 역시 도리에 기반한 교류를 주장하는 논리이다. 어떤 나라가 유도의 나라인가? 미국의 경우 함선을 앞세워 개항을 요구하는 방식은 무도하다. 그러나 미국의 정치제도를 살펴보면 대통령제는 고대 중국의 선양(禪讓)과 유사하고, 경제적으로는 인민의 삶이 풍요로우니 이것으로 보건대 유도의 나라이다. 그러나 아시아를 침략하고 자신에게 유리한 조약을 강제로 맺게 강요하는 것은 무도하다. 이런 것을 스스로 시정할 수 있는 고도의 정치학을 저들은 가지고 있지 않다. 이런 점을 볼 때 유교야말로 훌륭한 가르침이다. 일본에서 유교적 이상을 실현해서 세계를 감화시켜 나가야 한다.[44] 쇼난은 이렇게 생각하였다.

이러한 발상은 전통적 화이관념에서 벗어나서 보편적 도의에 의거해 국가 간의 평등한 교제를 승인한다는 점에서 근대적 면모를 지닌다. 서양 문명이 물밀 듯 들어오던 시기에 끝까지 유교를 버리지 않고 유교 안에 내장한 래디컬한 지점을 최대한 밀고 나가 유교의 틀을 뛰어넘는 데까지 이른 것이다. 후카자와 유키치(福澤諭吉)를 비롯한 대다수 일본 지식인들은 서양 문명을 접한 후 바로 유교 문명을 버리고 그 자리에 서구 문명을 대체해 넣었다. 수백 년의 세월을 거치며 사회운영의 기본 원리로 정착되었던 유교를 철저하게 부정하고 버린 위에 새로운 문명에 편입되고자 한 것이 탈아입구(脫亞入歐)의 논리이다. 쇼난이 우려했던 대로 문보다 무의 이념이 우위에 있던 일본은 상대가 자신보다 압도적으로 강하다는 것을 안 순간 저항을 포기하고 상대방을 따라하는 방향으로 선회해 버렸다. 미국의 패도에 왕도가 아닌 패도로 대응하고 재빨리 상대의 패도에 편승해버린 것이다.[45] 그리고 중국을 대신하여 아시아의 맹주를 자처하는 대일본제국의 건설로 나아간다. 쇼난의 논리로 보자면 일본

---

44 松浦玲, 앞의 책, 348~349쪽 참조.

45 松浦玲, 앞의 책, 343쪽.

의 제국주의는 왕도가 아닌 패도이다. 중국 제국이 수천 년 아시아의 제국으로 군림할 수 있었던 '제국의 원리'가 일본에는 결여되어 있는 것이다.[46] 탈아입구의 논리에서 볼 때 쇼난의 왕도정치론은 고루하고 시대착오적으로 보일지도 모르지만, 그 안에는 정의(正義)에 입각한 국가 간의 평등한 교류와 민중의 자유와 권리를 보장하는 요소가 내장되어 있다. 근대 일본이 쇼난이 기대한 대로 도의에 기반한 대외정책을 펼쳐 조선·중국과 연대하여 서구에 대항했다면 동아시아는 아마도 지금과는 다른 형태의 근대를 맞이했을지도 모를 것이다.

5. 결론

이상으로 야마지키 안사이와 요코이 쇼난의 사례를 통해 퇴계학이 일본에 수용되는 과정을 검토하고 일본의 근대전환기에 퇴계학이 어떤 역할을 했는지 살펴보았다.

---

46 한나 아렌트는 세계제국이 영속성을 획득할 수 있는 것은 국민국가와 같은 정치형태가 아니라 본질적으로 법에 기초한 정치형태이기 때문이라고 하였다. 세계제국에는 제국 전체를 담당하는 정치제도를 구체적으로 나타내는 만인에게 동등하고 유효한 입법이라는 권위가 존재하기 때문이다. 그것에 의해 정복 후 매우 이질적인 민족 집단도 하나로 통합될 수 있는 것이다. 그러나 영토·민족·국가를 역사적으로 공유하고 있는 것에 근거하는 국민국가는 정복을 한 경우 이질적인 주민을 동화시키고 동의를 강제하는 수밖에 없다. 정의와 법에 대한 자기 자신의 기준을 그들에게 적용시킬 수 없다. 그래서 정복을 행하면 항상 압제에 빠질 위험성이 있다고 지적하였다(한나 아렌트, 이진우·박미애 역, 『전체주의의 기원』(1), 파주: 한길사, 2006, 270~271쪽 참조). 요컨대 세계제국은 정복을 통해 획득한 영토에 거주하는 민족이나 국가를 지배할 보편적 원리를 가지고 있었다. 이러한 원리 하에 통합된 제국 각지의 주민은 고유의 민족성이나 종교·언어·정치체제·경제활동까지 독자적으로 유지하였다. 반면 국민국가는 그러한 원리를 가지고 있지 않기에 구성원을 강제적으로 동질화하려 한다. 결국 국민국가가 다른 민족이나 국가를 지배할 때는 '제국'이 아닌 '제국주의'로 귀결될 수밖에 없는 것이다(가라타니 고진, 『세계사의 구조』, 서울: 도서출판b, 2012, 324~327쪽 참조). 전근대 동아시아에서는 유교문명이 이른바 조공책봉 질서를 유지하게 했던 제국의 원리라 할 수 있다. 반면, '脫亞'를 통해 동아시아 제국을 건설하고자 했던 일본에는 이것이 부재했기에 식민지 조선을 일본에 동화시키는 쪽으로 나아갈 수밖에 없었다.

퇴계학(주자학)은 식민지시기 학자들의 주장처럼 고루하고 정체되어 있는 사상이 아니다. 중국에서 발생하였지만 동아시아의 주류적 정치체제로 받아들여지는 과정에서 각국이 처한 역사적 단계와 정치사회적 특성에 따라 그 기능을 달리하였다. 가령 본고에서 검토한 안사이의 경우, 퇴계학을 비판적으로 수용하는 과정에서 래디컬한 지점이 왜소화되었으며, 그 이면에 세습무사 지배체제라는 일본 특유의 정치사회적 배경이 존재하는 점을 확인할 수 있었다. 반면, 쇼난은 유교정신의 회복을 주장하고 유교적 도의에 기반해 서구적 근대를 주체적으로 수용하고자 했지만, 결국 실패하고 말았다.

　　쇼난이 정쟁에 휘말려 정사총재직(政事總裁職)에서 물러나 실각하게 되면서 메이지 정부의 정치와 외교도 도의성(道義性)이 점차 사라져 가는 방향으로 흘러갔다. 패도론이 대세를 형성하면서 일본은 마침내 청나라와 전쟁을 벌이기에 이른다. 전쟁에서 승리 후 조선에서의 지배력을 확대하고 나아가 무력으로 아시아의 맹주가 되고자 했다. 그리고 다른 한편으로 학문과 사상의 차원에서도 아시아의 맹주가 되고자 해서 중국유학과 조선유학을 폄하하고 황도유학을 제창하는 작업이 이루어졌다. 퇴계학 역시 이러한 차원에서 재발견되었던 것이다. 요컨대 근대 일본은 '문(문명)'과 '무(무위)' 양면에서 중국의 자리를 대신하여 아시아를 선도하는 '제국'이 되고자 했다. 그러나 거기에는 수천 년 동안 동아시아를 하나로 묶어 주었던 유교문명의 정수가 빠져 있었다. 통합을 위한 '제국의 원리'가 부재한 것이다. 따라서 제국처럼 행동했지만 결국 국민국가의 확장에 지나지 않았다. 타민족의 자율성을 억압하고 일본에 동화시키고자 한 것에서 단적으로 드러난다.

　　오늘날 세계는 근대 국민국가의 형태를 간직하면서도 중세적 제국의 판도로 통합되어가는 양상을 보인다. 봉합이 아닌 진정한 의미의 통합에는 구성원 모두가 동의할 수 있는 추상적이고 보편적 원리가 필요하다. 동아시아에서 제국의 질서를 지탱했던 원리는 유교이다. 이것을 오늘날 어떻게 고차원적으로 회복할 것인가? 서구적 근대화에 성공했으나 제국의 유산을 계승하는 데는 실패한 일본, 중세적 원리에는 누구보다 충실하였으나 근대에는 연착한 한국, 그리고 압도적 군사력과 경제력으로 동아시아 질서 재편의 중심에 있는 중국, 모두가 고민해야 할 지점이라 생각된다.

3부

현재와 미래 속의 퇴계
– 교육과 전승

퇴계(退溪) 이황(李滉)의 도덕교육론

지준호(서울교육대학교 윤리교육과 교수)

1. 서론

한국 성리학의 태두인 퇴계(退溪) 이황(李滉)은 『성학십도』를 통하여 성리학의 본체와 공부의 전 과정을 그림 열 폭에 정리하여 설명하고 있는데,[1] 이는 그의 교육적 의도와 관심이 반영된 것이며,[2] 인격 수양을 통하여 도덕적으로 완전한 성인이 되도록 하는 교육적 지향은 우리의 '정신문화 수립'[3]에 시사하는 바가 많다. 따라서 경(敬)사상의 교육철학을 전개한 퇴계의 도덕교육론을 『성학십도』를 중심으로 살펴보는 것은 기초적인 접근으로서의 의미를 담고 있다.

퇴계의 도덕교육 관련 선행 연구는 주로 교육사상가 또는 교육실천가

---

1 『성학십도』 구조에 관하여는 한형조, 「퇴계의 『성학십도』: 주자학의 이념과 성학의 설계도」, 『남명학연구』 16, 2003 참조.

2 "『성학십도』에는 철학적 개념이 포착되는 올바른 학습의 성격을 분명하게 제시하는 선생의 입장에서 학문을 대하는 학생을 위한 성격이 담겨 있다." 최광만, 「『성학십도』의 구조 분석」, 『교육사학연구』 12, 2002.

3 조춘엽, 「퇴계 이황의 문화관―『성학십도』를 중심으로」, 『한국철학논집』 16, 2005.

로서의 입장에서 분석,[4] 현대적 시사점에 관한 재조명,[5] 그리고 퇴계에 집중되어 있지는 않지만 전통 한국사상과 전통적 교육방법에서 현대 교육에 활용할 재료를 발굴하려는 시도,[6] 동몽교육과 관련된 전반적인 내용 연구,[7] 동몽 교재 목록 작업[8] 등의 다양한 측면에서 진행되고 있다.[9]

퇴계의 도덕교육론에 관한 선행적 연구는 매우 광범위하여, 본 연구에서는 주로 『성학십도』를 중심으로 하는 교육관련 저술을 분석 대상으로 한정하였으며, 원전 판본은 한국문집총간 『퇴계선생문집』 영인표점본 (1989)을 저본으로 하였으며, 원전 번역에 있어서는 한국고전번역원 제

4 李海英, 「李滉의 修養論-『聖學十圖』와 경을 중심으로」, 『퇴계학』 7, 1995; 김낙진, 「퇴계 이황의 성리학과 도덕교육론」, 『한국초등도덕교육학회 하계학술발표논문집』, 2011; 신창호, 「퇴계교육철학과 전통교육-『성학십도』를 중심으로」, 『교육철학』 50, 2013; 오지환, 「퇴계 『성학십도』의 도덕철학적 기반」, 『동서철학연구』 76, 2015; 이치역, 「퇴계의 마음공부」, 『동양철학연구』 81, 2015; 신창호·심승우·지준호·이승철, 「퇴계 『언행록』의 사제관계에서 탐색한 학습법과 그 현대적 이해」, 『한국철학논집』 56, 2018 등.

5 엄석석, 「퇴계의 자연인식과 도덕적 지향」, 『퇴계학보』 111, 2002; 최정묵, 「퇴계의 도덕철학-선의 가능근거와 그 실현의 문제를 중심으로」, 『전통사상과 현대사회』, 충남대학교 유학연구소, 2005; 권상우, 「퇴계의 마음치료와 도덕교육」, 『퇴계학과 유교문화』 51, 2012; 장윤수·팽백림, 「道德性 회복을 위한 敬의 倫理思想-퇴계 이황의 사상을 중심으로」, 『동양예학』 26, 2012; 김혁수·장윤수, 「퇴계사상을 활용한 어린이 철학교육」, 『초등도덕교육』 44, 2014 등.

6 장승희, 「전통윤리의 교육방법에 관한 연구: 조선시대 서당교육을 중심으로」, 『도덕윤리과교육』 14, 2002; 김성기, 「인성교육 특성화 교육프로그램 개발을 위한 전통유학 교육관의 반성적 고찰」, 『동양철학연구』 39, 2004; 김용재, 「조선시대의 유교교육-유교사상의 지식교육과 전인교육을 중심으로」, 『한국사상과 문화』 26, 2004; 도민재, 「전통사회 소학 교육과 청소년 예절교육의 방향」, 『유교사상연구』 32, 2008; 지준호, 「공자 '화이부동'의 윤리적 함의와 현대적 가치」, 『동양고전연구』 41, 2010 등.

7 이희재, 「조선시대 유교의 동몽 교육」, 『공자학』 16, 2009; 정순목, 『한국유학교육자료집해 (Ⅰ)』, 학문사, 1983; 여영기, 「15~16세기 동몽훈도 연구」, 『교육사학연구』 21(1), 2011; 이욱, 「18세기 가학 전승과 문중서당」, 『국학연구』 18, 2011; 박연호, 「조선후기 동몽교육과정의 변화」, 『교육사학연구』 2-3, 1990 등.

8 정순목, 『조선시대의 교육명저순례』, 배영사, 1985; 류점숙, 「조선 후기 동몽 교재의 내용분석」, 경북대학교 대학원 박사학위논문, 1991; 지정행, 『조선시대 유학의 아동관과 교육적 함의』, 한국정신문화연구원 한국학대학원 박사학위논문, 2009; 정순우, 『서당의 사회사』, 태학사, 2013 등.

9 한편, 퇴계의 「이산원규」 등의 학령 및 교규 검토는 도덕 교육이 서원에 적용된 실제 모습을 가늠할 수 있는 부분이기도 하다.

공 한국고전종합DB를 활용하였다.[10]

퇴계의 성리학을 "구인성성(求仁成聖)의 위기지학(爲己之學)"이라고 칭하듯이, 그가 추구한 인간다움의 본질과 그것을 성취하는 길잡이로서의 경(敬)사상은 우리의 도덕교육에 시사하는 바가 지대하다.

2. 도덕교육의 목적

『성학십도』에서 표방하는 교육의 목적은 성인(聖人)이 되는데 있으며, 성인이 되기 위한 학문을 공부하는 데 있다. 비록, 『성학십도』 편찬의 목적이 "옛 제왕(帝王)들의 공송(工誦)과 기명(器銘)의 끼친 뜻"[11]을 피력하고, "성학(聖學)을 권도(勸導)하고 군덕(君德)을 보양하여 요순(堯舜)처럼 융성한 데 이르도록 하는데 있다."[12]고 하더라도, 도덕으로 표방되는 인간다움에 대한 성찰은 궁극적으로는 인륜에 기본을 두는 삶의 목적이라는 측면에서 군왕이나 일반사람 모두는 동일하다.[13] 따라서 교육의 대상은 당시 어린 임금인 선조(宣祖) 한 사람에게만 국한되지 않으며, 퇴계 자신은 물론 우리 모두가 그 대상이 된다.

유학(儒學)의 학문적 목표는 성찰적이며 실천적인 도덕인이 되고자 하는데 있으며, 수기(修己)와 치인(治人)이라는 논리구조를 통하여 사람과 사람 사이의 올바른 관계 형성과 도덕적 개인이 공동체의 발전에 기여하

---

10 『성학십도』는 『退溪先生文集』 卷之七(箚, 進聖學十圖箚 幷圖)"에 수록되어 있는바, 상소를 올리게 된 까닭을 설명한 箚子文은 『進聖學十圖箚』로 표기하고, 나머지 10개의 도설에 관하여는 번호를 붙여 『第五白鹿洞規圖』 등으로 간략히 표기한다.

11 「進聖學十圖箚」: "惟有昔之賢人君子, 明聖學而得心法, 有圖有說, 以示人入道之門, 積德之基者, 見行於世, 昭如日星. 玆敢欲乞以是進陳於左右, 以代古昔帝王工誦器銘之遺意."

12 「進聖學十圖箚」: "則是勸導聖學, 輔養宸德, 以期至於堯舜之隆."

13 「第五白鹿洞規圖」: "帝王之學, 其規矩禁防之具, 雖與凡學者有不能盡同者. 然本之彝倫, 而窮理力行, 以求得夫心法切要處, 未嘗不同也."

고자 하는 이상향을 그린다. 이러한 점은 현대의 도덕교육이 표방하는 목적과도 궁극적으로 그 궤를 같이 한다. 즉, 군자(君子)의 인격을 갖추기 위한 노력의 과정은 교육 그 자체로 이해될 수 있다. 군자와 성인은 비록 도덕적 경지에 있어서 다소의 차이가 있다고 할 수는 있으나,[14] 모두 자기완성을 목적으로 삼기 때문에 학문에 있어서 위인지학(爲人之學)이 아닌 위기지학(爲己之學)을 추구한다. 또한, 군자와 성인이 되기 위한 구인(求仁)의 측면에서 "인(仁)이라는 본성이 어떻게 측은지심으로 드러나 사람을 사랑하고 물(物)을 이롭게 할 수 있는가 하는 것은 결국 심(心)의 체(體)와 용(用)을 포괄하는 개념으로서의 '심덕(心德)'의 성취에 달려 있다."[15] 따라서 구인(求仁)을 통한 궁극적인 이상향인 성인에 이르는 학문인 성학(聖學)은 이러한 의미에서 인학(仁學)으로 이해할 수 있다.[16]

성학(聖學)의 목적이 성인(聖人)이 되는데 있다는 것은, 역으로 성인이 되려면 성학을 배우고 익히는 것을 목적으로 하여야 한다는 말이 된다. 그렇다면, 구체적인 인학(仁學)으로서의 성학(聖學)은 무엇인가? 성학은 바로 구인(求仁)이며 그 내용은 『서명』을 통해서 알 수 있다.[17] 즉, 『서명』의 주된 내용은 이일분수(理一分殊)와 관련된 천지와 부모를 섬기는 도리에 관한 것이지만,[18] 직접적으로는 생명 사랑의 측면에서 인(仁)을 구하

---

14 물론 최고의 이상적 인간상은 聖人이라고 할 수 있다. 이상익은 유교의 忠恕論과 관련하여 유교의 정체성은 '大同, 聖人, 忠'보다는 오히려 '小康, 君子, 恕'에 있다는 점을 논하고 있다. 이상익, 「유교의 충서론과 자유주의」, 한국철학회, 『철학』 80, 2004 참조.

15 한국철학사연구회, 『한국철학사상사』, 심산, 2003, 193쪽.

16 「第七仁說圖」: "朱子曰: 仁者, 天地生物之心, 而人之所得以爲心. …… 專言則未發是體, 已發是用; 偏言則仁是體, 惻隱是用. …… 此孔門之敎, 所以必使學者汲汲於求仁也. …… 此心, 何心也? 在天地則块然生物之心, 在人則溫然愛人利物之心, 包四德而貫四端者也."

17 「第二西銘圖」: "蓋聖學在於求仁, 須深體此意, 方見得與天地萬物爲一體. 眞實如此處, 爲仁之功, 始親切有味, 免於莽蕩無交涉之患, 又無認物爲己之病, 而心德全矣."

18 「第二西銘圖」: "朱子曰 …… 觀其推親親之厚, 以大無我之公; 因事親之誠, 以明事天之道, 蓋無適而非所謂分立而推理一也."

여 심덕(心德)을 온전하게 하는 데에 있다."[19]

또한, 퇴계는 '심통성정(心統性情)'과 관련한 "정밀하고 오로지하며[惟情惟一] 치우침이 없이 떳떳한 도리를 잡는[允執厥中]" 것이 심법(心法)이자 성학(聖學) 자체라고 이해하고 있다.

미발(未發) 상태에서 존양(存養)하는 공부가 깊고 이발(已發) 상태에서 성찰하는 습성이 익숙하여 참을 쌓고 오래 힘써 그치지 아니하면, 이른바 "정밀하고 오로지하며[惟情惟一] 치우침이 없이 떳떳한 도리를 잡는[允執厥中]" 성학(聖學)과 "체(體)를 보존하고 용(用)을 응(應)하는" 심법을 다른 데에서 구할 필요 없이 모두 여기에서 얻게 될 것입니다.[20]

이상에서 살펴보았듯이, "『성학십도』의 전체 주제는 인간의 본성을 회복하기 위해 인륜과 도덕의 원리를 밝혀나가는 데 있다. 퇴계는 본성[仁義禮智]을 완전히 실현함으로써 하늘의 이치와 합일된 경지에 이른 사람을 성인이라고 말하고, 이러한 성인의 경지는 성학의 궁극적인 목표요 성인은 곧 모든 인간이 지향해야 하는 이상적 인간상임을 주장하였다."[21] 즉, 위기지학(爲己之學)을 기초로 구인(求仁)의 방법과 내용을 통하여 실천적인 도덕인이 되고자 하는 유학의 교육은 현 시대 도덕교육의 원론적 의미를 담고 있다. 퇴계는 서원(書院)의 설립목적을 "선현 존숭과 도학 강론"[22]이라 하여, 성현을 본받는 것[法聖賢]을 교육목적으로 분명히 하고 있으며, "서원을 세워서 선비를 양성하는 것은 국가에서 학문을

---

19 「第二西銘圖」: "不愧屋漏爲無忝, 存心養性爲匪懈."

20 「第六心統性情圖」: "未發而存養之功深, 已發而省察之習熟, 眞積力久而不已焉, 則所謂精一執中之聖學, 存體應用之心法, 皆可不待外求而得之於此矣."

21 윤사순, 『성학십도-논사단칠정서』, 을유문화사, 1987, 89쪽.

22 『退溪先生文集』卷之十二, 書, 「擬與豐基郡守論書院事」: "夫書院何爲而設也, 其不爲尊賢講道而設乎."

숭상하고 학교를 일으켜 인재를 새로 길러 내는 뜻을 받드는 것이니, 누군들 마음을 다하지 않겠는가?"[23]라고 하여, 학문을 통하여 선비를 양성하는 일이 매우 중요하다는 점을 인식하고 있다.

3. 도덕교육의 내용

1) 천도(天道)의 체득(體得)과 심성공부

퇴계는 『성학십도』 전체 구조를 천도(天道)와 심성(心性) 2가지로 구분하고 인륜을 밝히는 것과 경외(敬畏)를 높이는 것으로 그 특징을 삼았다.

○ 이상 다섯 도(圖)는 천도(天道)에 기본을 두었는데, 공부는 인륜을 밝히고 덕업(德業)을 힘쓰는 데 있습니다.[24]
○ 이상 다섯 그림은 심성(心性)에 근본을 둔 것인데, 요령은 일상생활에서 힘쓰고 경외(敬畏)를 높이는 데 있습니다.[25]

우선, 천도(天道)에 기본을 두고 있는 앞의 5개 그림의 주요 체계는 다음과 같다. 퇴계는 『성학십도』 제일 첫머리에 「태극도설」을 배치하였다. 그 이유는 주자(朱子)의 언급대로 "(「태극도설」)이야말로 도리의 큰 두뇌가 되는 곳이요, 또 백세(百世) 도술(道術)의 연원"으로, "『근사록(近思錄)』에서 「태극도설」을 첫머리로 삼은 의도"와도 같기 때문이다. 따라서 성인

---

23 『退溪先生文集』 卷之四十一, 雜著, 「伊山院規」: "一. 立院養士, 所以奉國家右文興學, 作新人才之意, 人誰不盡心."

24 「第五白鹿洞規圖」: "○以上五圖, 本於天道, 而功在明人倫懋德業."

25 「第十夙興夜寐箴圖」: "○以上五圖, 原於心性, 而要在勉日用崇敬畏."

을 (목표로) 배우는 사람은 근본을 여기에서부터 추구하여야 한다.[26] 또한, "성학(聖學)은 인(仁)을 구하는데 있으니, 『서명』의 뜻을 깊이 체득하면 천지 만물과 더불어 일체가 되는 경지를 볼 수 있을 것"[27]이라고 하여 2번째로 「서명도」를 배치하였다. "무릇 성인을 (목표로) 배우는 사람이 근본을 「태극도설」에서부터 추구하고 『소학』과 『대학』 등에서 힘써 노력"[28]하여야 한다고 하여 3번째 「소학도」와 4번째 「대학도」를 배치하였는데, "『소학』과 『대학』은 서로 의지하여 이루어진 것이니, 이런 까닭에 하나이면서 둘이요 둘이면서 하나"[29]로 서로 연계되어 있다. 5번째 「백록동규도」는 "삼대(三代)의 학문이 모두 인륜을 밝히는 것이므로 이 동규(洞規)의 궁리와 역행(力行) 역시 모두 오륜에 기본을 둔다"[30]고 하여, 오륜(五倫)을 직접적으로 오교지목(五敎之目)으로 제시하고 있다.

다음으로, 심성(心性)에 근본을 두고 있는 뒤의 5개 그림의 주요 체계는 다음과 같다. 6번째 「심통성정도」는 성학(聖學)의 심법을 구체적으로 거론하면서, 미발(未發) 상태에서의 존양(存養) 공부와 이발(已發) 상태에서의 성찰 습성을 강조하고 있다.[31] 7번째 「인설도」는 주자(朱子)의 「인설(仁說)」을 통하여 인(仁)의 본체와 작용을 설명하고,[32] 구인(求仁)이 유학 교육의 핵심임을 논하고 있다.[33] 8번째 「심학도」는 임은(林隱) 정씨(程

---

26 「第一太極圖」: "朱子謂此是道理大頭腦處, 又以爲百世道術淵源. 今玆首揭此圖, 亦猶『近思錄』以此說爲首之意. 蓋學聖人者, 求端自此. ……"

27 「第二西銘圖」: "蓋聖學在於求仁, 須深體此意, 方見得與天地萬物爲一體."

28 「第一太極圖」: "蓋學聖人者, 求端自此, 而用力於小大學之類."

29 「第三小學圖」: "蓋小學大學, 相待而成, 所以一而二, 二而一者也."

30 「第五白鹿洞規圖」: "三代之學, 皆所以明人倫. 故規之窮理力行, 皆本於五倫."

31 「第六心統性情圖」: "…… 未發而存養之功深, 已發而省察之習熟, 眞積力久而不已焉, 則所謂精一執中之聖學, 存體應用之心法, 皆可不待外求而得之於此矣."

32 「第七仁說圖」: "朱子曰: 仁者, 天地生物之心, 而人之所得以爲心. …… 所謂生之性愛之理, 仁之體也. …… 所謂性之情愛之發, 仁之用也."

33 「第七仁說圖」: "蓋仁之爲道, 乃天地生物之心, 卽物而在情之未發, 而此體已具; 情之旣發, 而其用不窮. 誠能體而存之, 則衆善之源, 百行之本, 莫不在是. 此孔門之敎, 所以必使學

氏)의 말을 인용하여, 인욕을 막고 천리를 보존하는 공부를 논하면서 인욕을 막는 곳의 공부와 천리를 보존하는 곳의 공부 및 그 공부의 요령이 경(敬)에 있으며,[34] 아울러 그 공부하는 절차에 선후가 없음을 강조하고 있다.[35] 9번째 「경재잠도」는 주자(朱子)가 언급하였듯이 "경(敬)의 조목"이며 경(敬)이 성학의 처음과 끝이 된다는 점을 피력하고 있는데,[36] 이 「경재잠도」는 다음 10번째 「숙흥야매잠도」와 구조적으로 대를 이루며 연계성을 갖는다.[37] 10번째 「숙흥야매잠도」는 경(敬)공부를 쉬지 않고 하여 언제 어디서나 심성을 기르고 살피는 것이 성인(聖人)이 되는 요령임을 말하고 있다.[38]

『성학십도』 전체 구조는 천인합일(天人合一)을 기초로 천도와 인도가 융합되어 있으며,[39] 유학공부가 도덕공부이기 때문에 퇴계 도덕교육의 주요 내용 역시 유학의 경전을 기초로 하고 있다. 퇴계는 '사서(四書)'와 '오경(五經)'뿐만 아니라『소학』과 『가례』를 중시하여 보다 근본이 되는 학문에 힘을 쏟아야 한다고 언급하고 있지만, 공부의 범위는 문장과 과거 공부까지도 포괄하고 있다.[40] 그러나 중요한 것은 내외·본말의 경중(輕

者汲汲於求仁也."

34 「第八心學圖」: "林隱程氏(復心)曰 …… 自精一擇執以下, 無非所以遏人欲而存天理之工夫也. 愼獨以下, 是遏人欲處工夫 …… 戒懼以下, 是存天理處工夫 …… 要之, 用工之要, 俱不離乎一敬."

35 「第八心學圖」: "非謂其工程節次, 如致知誠意正心修身之有先後也."

36 「第九敬齋箴圖」: " …… 而金華王魯齋柏排列地頭作此圖. 明白整齊, 皆有下落又如此, 常宜體玩警省於日用之際心目之間, 而有得焉, 則敬爲聖學之始終, 豈不信哉!"

37 「第十夙興夜寐箴圖」: "臣今謹倣魯齋敬齋箴圖, 作此圖以與彼圖相對. 蓋敬箴有許多用工頭, 故隨其地頭, 而排列爲圖; 此箴有許多用工時分, 故隨其時分, 而排列爲圖."

38 「第十夙興夜寐箴圖」: "此一靜一動, 隨處隨時, 存養省察, 交致其功之法也. …… 二者竝進, 作聖之要, 其在斯乎."

39 오지환, 「퇴계 『성학십도』의 도덕철학적 기반」, 『동서철학연구』 76, 한국동서철학연구회, 2015.

40 『退溪先生文集』卷之四十一, 雜著, 「伊山院規」: "諸生讀書, 以四書五經爲本原, 小學家禮爲門戶 …… 其諸史子集, 文章科擧之業, 亦不可不爲之旁務博通."

重)과 완급(緩急)의 차례가 있으니 이를 분명히 하여야 한다고 지적하고 있다.[41] 즉, 퇴계 역시 과거시험과 관련한 사장(詞章) 공부의 필요성을 일정정도 인정하였다고 볼 수 있으나, 교육의 중심은 유학의 도학정신을 함양하는 학문 활동이어야 함을 분명히 하고 있다.

2) 수양공부로서의 경(敬)

경(敬)은 공경 · 경외 등의 말이 의미하듯이 기본적으로 사물을 대하는 마음가짐과 태도를 가리키나, 역대로 보다 폭넓게 다양한 의미로 풀이되고 있다. 대체로 유학의 경(敬)을 "참되고자 노력하는 자아실현의 정진과 성인의 학문 연구에 불가결한 마음가짐"으로, 퇴계의 경(敬)을 "자아를 도덕적 정진을 통해 인간다운 인간으로 실현하려 하는 자율적 정신 및 건전한 윤리적 인간사회를 이룩하는 데 근본적으로 요구되는 공동체 의식" 등으로 이해할 수 있다.[42]

주자(朱子)는 경(敬)을 '삼가 조심한다[畏, 謹畏]'로 풀이하고 있으나,[43] 주자의 경(敬)사상은 "단순히 일종의 정신상태만을 가리키는 것은 아니며 모종의 도덕 수양적 목표를 가지고 있는 것"[44]으로, 경(敬)은 성학(聖學)의 요체이며,[45] 격물치지(格物致知)로부터 평천하(平天下)에 이르는 모든 일의 핵심이 된다.[46] 『성학십도』에서 표방하는 성인이 되기 위한 경

---

41 『退溪先生文集』卷之四十一, 雜著, 「伊山院規」: " …… 然當知內外本末輕重緩急之序, 常自激昂, 莫令墜墮, 自餘邪誕妖異淫僻之書, 並不得入院近眼, 以亂道惑志."

42 한국학중앙연구원, 『한국민족문화대백과』.

43 陳來, 안재호 옮김, 『송명성리학』, 예문서원, 1997, 259쪽 참조.

44 『유교대사전』, 박영사.

45 「第四大學圖」: "朱子曰 …… 敬者, 一心之主宰, 而萬事之本根也. …… 然則敬之一字, 豈非聖學始終之要也哉!"

46 「第四大學圖」: "朱子曰 …… 蓋此心旣立, 由是格物致知, 以盡事物之理, 則所謂'尊德性而道問學'; 由是誠意正心, 以修其身, 則所謂'先立其大者而小者不能奪'; 由是齊家治國, 以

(敬)은 수양의 목적이자 방법이며, 주요 내용이다. 퇴계는 『성학십도』의 체계를 언급하면서, 성학(聖學)의 내용이 모두 경(敬)을 위주로 하고 있으며,[47] 경(敬)은 『성학십도』 전체를 관통한다고 하였다.

경(敬)은 위에서부터 끝까지 통하는 것이니, 공부를 하여 효과를 거두는 데 있어 모두 종사하고 잃지 말아야 할 것입니다. 그러므로 주자(朱子)의 말이 그와 같으니, 지금 이 십도도 모두 경(敬)으로써 주를 삼았습니다.[48]

퇴계가 『성학십도』 제8도 「심학도(心學圖)」에서 임은(林隱) 정씨(程氏)의 말을 인용하여 언급하는 경(敬)을 공부하기 위한 주요 내용은 주일무적(主一無適), 정제엄숙(整齊嚴肅), 심수렴(心收斂), 상성성(常惺惺) 등이다.[49] 그러나 여기서의 주된 관건은 경(敬)의 의미가 다양하다는 것을 설명하는 것이 아니라, 경(敬)을 마음에 보존하기 위한 방법이 다양하다는 점이다. 그러나 경(敬)은 하나의 의미로 수렴된다.

병을 치료하는 데 비유하자면 경(敬)이란 만병통치의 약이어서 한 증상에 대해서만 쓰는 한 가지 약에 비할 것이 아니니, 어찌 굳이 그 병에 대한 처방만 구하려 하겠습니까? 또 세 분 선생의 네 조목에 대한 설명이 같지는 않지만, 주자(朱子)는 일찍이 말하기를, "실상은 모두 같다" 하였으며, 또 "한 방향에서 들어가면 나머지 세 방향에서 들어간 곳이 모두 그 속에 있다"고 하

及乎天下, 則所謂'修己以安百姓, 篤恭而天下平'. 是皆未始一日而離乎敬也."

47 「第九敬齋箴圖」:" …… 則敬爲聖學之始終, 豈不信哉!"

48 「第四大學圖」:"敬者, 又徹上徹下, 著工收效, 皆當從事而勿失者也. 故朱子之說如彼, 而今玆十圖, 皆以敬爲主焉."

49 「第八心學圖」:"林隱程氏(復心)曰 …… 要之, 用工之要, 俱不離乎一敬. 蓋心者, 一身之主宰, 而敬又一心之主宰也, 學者熟究於主一無適之說, 整齊嚴肅之說, 與夫其心收斂常惺惺之說, 則其爲工夫也盡, 而優入於聖域, 亦不難矣."

였습니다.[50]

즉, 경(敬)을 마음에 보존하기 위해 처음에는 각각 하나에 전일하게 되지만 나중에는 전체가 하나로 합하게 된다. 이것이 바로 "퇴계가 생각하는 심여이일(心與理一)의 세계이자 유학의 지향점인 주체의 체득"이라고 할 수 있다.[51]

한편, 수양론의 측면에서 볼 때, 사람은 이목구비의 육체로 인해 욕망을 갖게 되는데, 도덕적인 사람이 되려면 이 욕망을 잘 조절해야 된다. 그러므로 성학(聖學)의 내용인 경(敬)으로 천리를 마음에 보존하고 욕망을 억제하려는 노력과 공부가 필수적으로 요청된다. 이는 선(善)의 근거를 파악하여 선을 실현하고자 하는 문제이기도 하다.

"마음을 다스린다는 것은 존양성찰(存養省察)을 말하는 것으로, 고요할 때는 천리(天理)의 본연을 함양하고, 움직일 때는 인욕(人欲)을 기미에서 끊는 것이다." 즉, "배우는 사람이 진실로 경(敬)을 견지하는데 오로지하여 이(理)와 욕(欲)의 분별에 어둡지 않고 더욱 이에 삼가면, …… 성학과 심법을 얻게 된다"[52]고 하였듯이, 퇴계는 "경(敬)으로 마음을 잘 다스린다면, 일신의 주재자로서의 마음이 바르게 되어, 물욕에 유혹됨이 없이 한결같이 천리를 실천할 수 있게 된다"[53]고 하였다. 퇴계의 심학(心學)은 '마음공부'로도 일컬어진다. 이는 경(敬)이 하늘의 도(道)인 성(誠)을 추구하는 노력으로도 설명되기 때문이다.[54]

---

50 『退溪先生文集』卷之二十九, 書, 「答金而精」: "譬之治病, 敬是百病之藥, 非對一證而下一劑之比, 何必要求對病之方耶? 且三生四條說雖不同, 朱子嘗曰: '其實只一般', 又曰: '若從一方入, 三方入處都在這裏."

51 李海英, 「李滉의 修養論—『聖學十圖』와 敬을 중심으로」, 『퇴계학』 7, 1995, 7쪽 참조.

52 「第六心統性情圖」: " …… 學者誠能一於持敬, 不昧理欲, 而尤致謹於此, …… 則所謂精一執中之聖學, 存體應用之心法, 皆可不待外求而得之於此矣."

53 한국철학사연구회, 『한국철학사상사』, 심산, 2003, 198~201쪽 참조.

54 이치억, 「퇴계의 마음공부」, 『동양철학연구』 81, 2015.

이상에서 살펴보았듯이, 『성학십도』는 경(敬)을 핵심 내용으로 하여 모든 도설에서 경(敬)을 이루기 위한 설명과 방법을 제시하고 있으며, 경을 항상 간직하고 언제 어디서나 실천하여야 함을 강조하고 있다. 퇴계가 수양론을 통해 경(敬)을 강조하는 것은 기(氣)의 치우침을 극복하고 이(理)를 실현하려는 목표와도 연관이 있다.[55] 유학에서는 인격의 완성이 인간의 주체적인 노력에 달려 있다고 이해하기 때문에 경(敬)을 터득하고 실천하여 성인(聖人)과 군자(君子)가 되는 것도 그리고 더 나아가 이상사회를 건설하는 것도 모두 인간 주체성의 중심이 되는 마음의 문제로 귀결된다.[56]

4. 도덕교육의 방법

1) 경(敬)의 실천과 생활화

유학에서 언급하는 교육방법은 대부분 방법적 원리로 치환된다. 성학(聖學)의 요체인 경(敬)을 실천하는 방법으로 주자(朱子)는 '하나를 주장함[主一]'을 말하였다.[57] 즉, 주일(主一)하여 자신의 마음을 살펴 여러 잡념을 없애는 것이다. 한편, 성리학에서 경(敬)을 설명하는 주경함양(主敬涵養)은 주자(朱子)에 의해 제창되었는데, 이는 지경(持敬)과 "함양은 반드시 경으로 해야 한다[涵養須用敬]"는 정이(程頤)의 사상을 발전시킨 것이다.[58] 그러나 여기서의 주경(主敬)과 지경(持敬)은 내용상 뚜렷한 구분이

---

55 엄연석, 「퇴계의 자연인식과 도덕적 지향」, 『퇴계학보』 111, 2002.

56 오정혜, 『역주와 해설 성학십도』, 예문서원, 2009, 231쪽.

57 「第九敬齋箴圖」: "又云: 敬須主一."

58 主敬에 관하여는 陳來, 안재호 옮김, 『송명성리학』, 예문서원, 1997, 258~262쪽 참조.

어려우며, 경(敬)을 실천한다는 측면에서 공통된 의미를 담고 있다고 이해할 수 있다.

원론적 입장에 볼 때, 경(敬)과 지경(持敬)은 다르다. 앞서 설명하였듯이 경(敬)은 '삼가 조심한다[畏]'는 의미의 마음가짐이나 정신 혹은 의식 등이라면, 지경(持敬)은 마음에 경의 태도를 지니게 됨으로 인해서 장중하게 가다듬고 조용히 하나에 집중하는 것으로[59] 실천적 측면이 강조된다. 퇴계 또한 경(敬)과 지경(持敬)을 구분하고 있으며,[60] 마음을 주일(主一)하여 경(敬)을 함양하기 위해 지경(持敬)을 실천하였다.

퇴계가 "무릇 성문(聖門)의 학(學)이란 마음에서 구하지 않으면 어두워져서 얻지 못한다"[61]고 하였듯이, 그가 강조하는 성학(聖學)을 체득하는 방법은 자신의 마음에서 구하는 것이다. 따라서 경(敬)으로 강조되는 성학의 요체는 실천적 측면에서 '경(敬)을 지킨다[持敬]'로 표현된다.

경(敬)을 지킨다는 것은 생각과 배움을 겸하고 동(動)과 정(靜)을 일관하며, 안과 밖을 합일하고 드러난 곳과 은미(隱微)한 곳을 한결같이 하는 도(道)입니다.[62]

앞서 살펴보았듯이, 퇴계의 천도와 인도의 구분은 논리적 층차의 문제이며 현실적인 도덕적 실천의 측면에서는 체용적이며 상보적이며 상호병진적이다. 특히, 이러한 논법은 정(靜)과 동(動),[63] 존양과 성찰[64] 등

---

59 李海英, 「李滉의 修養論 - 『聖學十圖』와 敬을 중심으로」, 『퇴계학』 7, 1995, 5~6쪽.

60 『退溪先生文集』 卷之十七, 書, 「答友人論學書, 今奉寄明彦」: "愚意妄謂以勿忘勿助爲持敬之節度則可, 直指四字爲敬則非矣."

61 「進聖學十圖箚」: "蓋聖門之學, 不求諸心, 則昏而無得."

62 「進聖學十圖箚」: "而持敬者, 又所以兼思學, 貫動靜, 合內外, 一顯微之道也."

63 「第十夙興夜寐箴圖」: "此一靜一動, 隨處隨時, 存養省察, 交致其功之法也. 果能如是, 則不遺地頭, 而無毫釐之差, 不失時分, 而無須臾之間. 二者並進, 作聖之要, 其在斯乎."

64 「第六心統性情圖」: " …… 未發而存養之功深, 已發而省察之習熟, 眞積力久而不已焉, 則

의 체용(體用) 구조의 측면에서 더욱 두드러진다.

퇴계는 주자(朱子)의 말을 인용하여 지경(持敬)을 다음과 같이 논하고 있다.

경(敬)을 지키는 데는 많은 말을 할 필요가 없다. 다만 정제엄숙(整齊嚴肅), 엄위엄각(嚴威嚴恪), 용모를 바르게 함[動容貌], 생각을 정제함[整思慮], 의관을 바르게 함[正衣冠], 보는 것을 높게 함[尊瞻視] 등의 몇 가지 말을 익히 음미하면서 실제로 공부를 한다면, 이른바 내면을 곧게 한다든가 마음을 오로지 하는 일은 자연히 안배하지 않아도 몸과 마음이 숙연하여 안팎이 한결같이 될 것이다.[65]

즉, 지경(持敬)은 경(敬)을 익히 음미하면서 실제로 공부하는 것이다. 그렇다면, 퇴계가 제시하고 있는 경(敬)을 지키는 방법적 원리는 구체적으로 무엇인가?

이것[持敬]을 하는 방법은 반드시 삼가고 엄숙하고 고요한 가운데 이 마음을 두고, 배우고 묻고 생각하고 분별하는 사이에 이 이치를 궁리하여, 보이지 않고 들리지 않는 곳에서 경계하고 두려워하기를 더욱 엄숙하고 더욱 공경히 하며, 은미한 곳과 혼자 있는 곳에서 성찰하기를 더욱더 정밀히 하는 것입니다.[66]

所謂精一執中之聖學, 存體應用之心法, 皆可不待外求而得之於此矣."

65 『退溪先生文集』卷之二十九, 書, 「答金而精」: "(故朱子之諭楊子直曰) 持敬不必多言. 但熟味整齊嚴肅, 嚴威嚴恪, 動容貌整思慮, 正衣冠尊瞻視等數語, 而實加工焉, 則所謂直內, 所謂主一, 自然不待安排, 而身心肅然, 表裏如一矣."

66 「進聖學十圖箚」: "其爲之之法, 必也存此心於齊莊靜一之中, 窮此理於學問思辨之際, 不睹不聞之前, 所以戒懼者愈嚴愈敬; 隱微幽獨之處, 所以省察者愈精愈密."

퇴계는 지경(持敬)의 방법을 설명하면서 선행적 조건으로서 "삼가고 엄숙하고 고요한 가운데 이 마음을 두는 것", "배우고 묻고 생각하고 분별하는 사이에 이 이치를 궁리하는 것"과 그리고 상황에 따르는 수양자 세로서 "보이지 않고 들리지 않는 곳에서 경계하고 두려워하기를 더욱 엄숙하고 더욱 공경히 하는 것", "은미한 곳과 혼자 있는 곳에서 성찰하기를 더욱더 정밀히 하는 것" 등을 제시하고 있다.

한편, 더 나아가 지경(持敬)하기 위한 구체적인 태도는 무엇인가? 주자(朱子)는 일상생활에서 지경(持敬)하기 위한 태도를 다음과 같이 언급하였다.

(주자가 말하길) 의관(衣冠)을 바로하고 눈매를 존엄하게 하고 마음을 가라앉히고 거처하면서 상제(上帝)를 대하듯 하라. 발은 반드시 무겁게 놓고 손은 반드시 공손하게 하여 땅을 가려 밟되 개미집도 피하여 돌아가라. 문을 나설 때는 큰손님을 뵙는 것같이 하며 일을 할 때는 제사를 지내는 것같이 하여 조심조심 하여서 혹시라도 안이하게 처리하지 말라. 입을 다물기를 병(瓶)처럼 하고 뜻을 방비하기를 성(城)처럼 하여 성실히 하여 혹시라도 가벼이 하지 말라. 서쪽으로 간다 하고 동쪽으로 가지 말고, 북쪽에 간다 하고 남쪽으로 가지 말아서 일을 당하면 오직 거기에만 마음을 두고 다른 데로 좇지 않게 하라. 둘로 마음을 두 갈래로 내지 말며 셋으로 마음을 세 갈래로 내지 말고 마음을 오로지 하나로 하여 만 가지 변화를 살피라. 여기에 종사하는 것을 "경(敬)을 지킨다"고 하니, 동(動)할 때나 정(靜)할 때나 어김이 없이 표리(表裏)를 바르게 하라.[67]

---

67 「第九敬齋箴圖」: "(朱子曰) 正其衣冠, 尊其瞻視, 潛心以居, 對越上帝. 足容必重, 手容必恭, 擇地而蹈, 折旋蟻封. 出門如賓, 承事如祭, 戰戰兢兢, 罔敢或易. 守口如瓶, 防意如城, 洞洞屬屬, 罔敢或輕. 不東以西, 不南以北, 當事而存, 靡他其適. 弗貳以二, 弗參以三, 惟心惟一, 萬變是監. 從事於斯, 是曰持敬, 動靜弗違, 表裏交正."

퇴계가 이해하고 실천한 지경(持敬)의 구체적인 방법은 무엇이었는 가? 이 부분은 퇴계가 지은 정암(靜庵) 조광조(趙光祖)의 「행장(行狀)」을 통하여 그 일단을 엿볼 수 있다.

평상시에 거처할 때에는 밤낮으로 몸가짐을 살피고 삼가서 의젓하고 엄숙하여 의복과 태도가 조금도 법도에 어그러지지 않았고, 말씀을 하실 때나 행동을 하실 때는 반드시 옛 훈계에 따랐으니, 아마도 지경(持敬)하는 방법이었으리라![68]

지경(持敬)의 방법을 수행함에 있어서 자신감을 가지고 오래 힘써서 노력하면 하나의 근원에서 만나게 될 것이며, 맹자(孟子)·안자(顔子)·증자(曾子)의 경지를 깨닫게 되고,[69] 궁극적으로는 공업(功業)을 이루고 묘리(妙理)를 얻게 된다.[70]

또한, 경(敬)은 학문을 할 때만이 아니라 평소 일상생활에서도 항상 실천하여야 하는 것으로, 동정을 관통하게 되면 자연스럽게 성학의 뜻을 체득(體得)할 수 있다.

이것[敬齋箴圖]이 이와 같이 명백하고 가지런하게 모두 제자리에 놓여 있으니, 항상 일상생활을 하면서 보고 생각하는 사이에 몸소 음미하고 깨닫고 살펴서 얻음이 있다면, 경(敬)이 성학(聖學)의 시종(始終)이 된다고 하는 것을

---

68 『退溪先生文集』卷之四十八, 行狀, 「靜庵趙先生行狀」: "其在平居, 夙夜敏飭, 儼然肅然, 冠服威儀, 罔或惰度, 出言制行, 動稽古訓, 其持敬之法也歟!"

69 「進聖學十箴」: "尤當自信而益勵, 至於積眞之多, 用力之久, 自然心與理相涵, 而不覺其融與事相熟, 而漸見其坦泰安履, 始者各專其一, 今乃克恊于一. 此實孟子所論 '深造自得之境', '生則烏可已'之驗. 又從而俛焉孳孳, 旣竭吾才, 則顔子之心不違仁, 而爲邦之業', 在其中; 曾子之忠恕一貫, 而傳道之責', 在其身."

70 「進聖學十圖箚」: "畏敬不離乎日用, 而中和位育之功可致; 德行不外乎彝倫, 而天人合一之妙斯得矣."

어찌 믿지 않겠습니까!⁷¹

그러므로 성학(聖學)을 이루기 위해 항상 성찰적 자세로 경(敬)을 지켜야 한다. "배우는 사람이 진실로 경(敬)을 지키는데 오로지하여 이(理)와 욕(欲)의 분별에 어둡지 않고 더욱 이에 삼가한다"⁷²고 하였듯이, 지경(持敬)은 천리와 인욕을 구분하게 해줌으로써 학문을 통하여 도덕인이 되고 성학을 통하여 성인의 경지에 들어가게 되는 입수처가 된다.

2) 『소학(小學)』공부와 『대학(大學)』공부의 병행

『성학십도』가 갖는 중층구조의 측면에서 보자면, 퇴계의 성학은 『소학』공부와 『대학』공부의 병행이며, 이 점은 퇴계 도덕교육 방법의 또 다른 특징이기도 하다.

퇴계의 도덕공부 목표는 구인성성(求仁成聖)이며, 구체적으로는 근원으로서의 태극[理] 이해로부터 출발하여 경(敬)의 실천에 이르고 있고, 그 바탕이 되는 내용으로는 『소학』과 『대학』이 포괄된다.

무릇 성인을 배우는 사람이 근본을 여기[태극도설]에서부터 추구하고 『소학』과 『대학』 등에서 힘써 노력하여, 그 효과를 거두는 날에 이르러 하나의 근원을 거슬러 올라간다면, 이것이 이른바 "이(理)를 궁구하고 성(性)을 다하여 명(命)에 이른다"는 것이며, 이른바 "신묘함을 궁구하고 조화를 알아 덕이 성대해진다"는 것입니다.⁷³

---

71 「第九敬齋箴圖」: "明白整齊, 皆有下落又如此, 常宜體玩警省於日用之際心目之間, 而有得焉, 則敬爲聖學之始終, 豈不信哉!"

72 「第六心統性情圖」: "學者誠能一於持敬, 不昧理欲, 而尤致謹於此."

73 「第一太極圖」: "蓋學聖人者, 求端自此, 而用力於小大學之類, 及其收功之日, 而遡極一源, 則所謂窮理盡性, 而至於命, 所謂窮神知化, 德之盛者也."

『성학십도』의「소학도」는「대학도」와 짝이 되며, 서로 상보적인 관계에 놓인다.

○ 위의 『소학』은 옛날에는 그림이 없었습니다. 신이 삼가 본서(本書) 목록에 의거하여 이 그림을 만들어서 『대학』의 그림에 짝이 되도록 하고, 또 주자(朱子)의 『대학혹문(大學或問)』에서 『대학』과 『소학』을 통론한 설을 인용하여 두 가지를 공부하는 대강을 보였습니다. 대개 『소학』과 『대학』은 서로 의지하여 이루어진 것이니, 이런 까닭에 하나이면서 둘이요 둘이면서 하나인 것입니다. 그러므로 『대학혹문』에서 이를 통론하였고 이 두 그림에서도 함께 수록하여 구비할 수가 있는 것입니다.[74]

또한, 비록 『소학』 공부가 궁리수신(窮理修身)하여 본래의 착한 본성을 회복하기 위한 실천적 방법을 제시하고 있는 점에 특징이 있지만,[75] 『소학』과 『대학』은 모두 경(敬) 공부를 위주로 하는 것이며, 성학(聖學)의 시종(始終)이 된다.

주자(朱子)가 말하였다. …… 경(敬)은 한 마음의 주재(主宰)이며 만사의 근본이다. 그 힘쓸 방법을 알면 『소학』이 여기에서 시작한다는 것을 알 수 있을 것이며, 『소학』이 여기에서 시작한다는 것을 알면 『대학』이 여기에서 끝맺는다는 것도 같은 이치로 꿰뚫어서 의심 없이 알게 될 것이다. 대개 이 마음이 이미 확립되고 이것으로 말미암아 사물을 연구하여 앎을 지극히 해서 사물의 이치를 다한다면, 이것이 이른바 "덕성을 높이고 학문으로 말미암는다"는 것

---

74 「第三小學圖」: "〇右小學, 古無圖. 臣謹依本書目錄爲此圖, 以對大學之圖, 又引朱子大學或問通論大小之說, 以見二者用功之梗槪. 蓋小學大學, 相待而成, 所以一而二, 二而一者也. 故或問得以通論, 而於此兩圖, 可以兼收相備云."

75 「第三小學圖」: "小學之方, 灑掃應對, 入孝出恭, 動罔或悖, 行有餘力, 誦詩讀書, 詠歌舞蹈, 思罔或逾. 窮理修身, 斯學之大. 明命赫然, 罔有內外, 德崇業廣, 乃復其初."

이요, 이것으로 말미암아 뜻을 성실히 하고 마음을 바르게 하여 그 몸을 닦으면 이것이 이른바 "먼저 그 큰 것을 세우면 작은 것이 빼앗지 못한다"는 것이요, 이것으로 인하여 집을 정돈하고 나라를 다스려 천하에까지 미치면 이것이 이른바 "몸을 닦아서 백성을 편안하게 하고 공손함을 독실히 하여 천하를 화평하게 한다"는 것이다. 이것은 모두 하루라도 경(敬)에서 떠나지 못한다는 것이니, 경(敬)이라는 한 글자가 어찌 성학(聖學)의 시종이 되는 요긴한 것이 아니겠는가?[76]

즉, 『성학십도』 전체 내용은 경(敬)을 위주로 한 것이며, 구조적인 측면에서 경(敬) 공부의 시작과 끝인 세 번째 「소학도」와 네 번째 「대학도」를 중심으로 앞의 첫 번째 「태극도」와 그 다음 두 번째 「서명도」는 표준과 본원이 되며, 다음 여섯 그림은 『소학』과 『대학』의 바탕이며 사공(事功)이 된다.[77]

3) 지행병진(知行竝進)

앞서 설명한 『소학』공부와 『대학』공부의 병행처럼, 『성학십도』에서 일관하고 있는 중층구조의 측면에서 보자면, 거경과 궁리는 두 가지 공부이자 병진(竝進) 또는 호진(互進)하는 관계에 있으며, 진지(眞知)와 역행

---

76 「第四大學圖」: "朱子曰 …… 敬者, 一心之主宰, 而萬事之本根也. 知其所以用力之方, 則知小學之不能無賴於此以爲始; 知小學之賴此以始, 則夫大學之不能無賴於此以爲終者, 可以一以貫之, 而無疑矣. 蓋此心旣立, 由是格物致知, 以盡事物之理, 則所謂'尊德性而道問學'; 由是誠意正心, 以修其身, 則所謂'先立其大者而小者不能奪'; 由是齊家治國, 以及乎天下, 則所謂'修己以安百姓, 篤恭而天下平'. 是皆未始一日而離乎敬也, 然則敬之一字, 豈非聖學始終之要也哉!"

77 「第四大學圖」: "蓋上二圖, 是求端擴充體天盡道極致之處, 爲小學大學之標準本原. 下六圖, 是明善誠身崇德廣業用力之處, 爲小學大學之田地事功. 而敬者, 又徹上徹下, 著工收效, 皆當從事而勿失者也. 故朱子之說如彼, 而今玆十圖, 皆以敬爲主焉. (「太極圖說」言靜不言敬, 朱子註中, 言敬以補之.)"

(力行)이라는 지(知)·행(行)의 문제와도 관련이 있다. 성학(聖學)은 '사서(四書)'와 '오경(五經)'을 본원으로 삼아 덕성(德性)을 덕행(德行)으로 실천하는 '궁행심득(躬行心得)'의 학문이자 '명체적용(明體適用)'의 학문이다.

모두 몸으로 행하고 마음으로 체득하며 체(體)를 밝히고 용(用)을 적합하게 하는 학문에 힘쓰도록 한다.[78]

경(敬)은 성학(聖學)의 기초가 된다. 그러나 "경(敬)과 의(義)를 함께 지녀야 한다[敬義夾持]."[79] 즉, 경(敬) 공부에 있어서 의(義)는 필수적으로 요청되며, 지식과 실천의 문제를 대비적으로 놓고 보자면 경(敬)이 의(義)와 짝을 이루어야만 표리가 일치하게 된다. 그러므로 경(敬)은 궁행(躬行) 또는 역행(力行)으로 표방되는 실천의 문제와 연관된다.

구체적으로 역행(力行)은 무엇인가? 퇴계는 이에 관하여 다음과 같이 언급하고 있다.

신(臣)은 다음으로 역행(力行)에 대해 말씀드리겠습니다. 성의(誠意)는 반드시 기미를 잘 살펴서 털끝만큼이라도 성실하지 못함이 없는 것이고, 정심(正心)은 반드시 동정(動靜)을 살펴서 한 가지 일이라도 올바르지 못함이 없는 것이며, 수신(修身)은 한 가지라도 편벽된 데 빠지지 않음이고, 제가(齊家)는 하나라도 치우치지 않도록 하는 것이며, 조심하고 두려워하며 신독(愼獨)을 하고 뜻을 굳건히 하여 쉬지 않는 이 몇 가지는 역행(力行)의 조목입니다.[80]

---

78 『退溪先生文集』卷之四十一, 雜著「伊山院規」: "皆務爲躬行心得, 明體適用之學."

79 『退溪先生文集』卷之十四, 書,「答南時甫」: "敬義夾持, 無少間斷, 此最緊切工夫."

80 『退溪先生文集』卷之六, 疏,「戊辰六條疏」: "臣請復以力行之事言之. 誠意必審於幾微, 而無一毫之不實; 正心必察於動靜, 而無一事之不正; 修身則勿陷於一辟, 齊家則毋狃於一偏, 戒懼而謹獨, 强志而不息, 數者, 力行之目也."

퇴계는 이러한 지(知)와 행(行)의 문제를 다음과 같이 총체적으로 논의하고 있다.

무릇 진지(眞知)와 실천은 수레의 두 바퀴와 같아 하나가 없어도 안 되며 사람이 두 다리와 같아 서로 의지하여 함께 나아가는 것입니다. 그러므로 정자(程子)는 "치지(致知)하면서 경(敬)에 있지 않는 자는 없다" 하였고, 주자(朱子)는 "궁행(躬行)하는 공부가 없다면 궁리할 곳도 없다" 하였습니다. 그러므로 두 가지 공부는 합해서 말하면 서로 시종이 되고, 나누어 말하면 또 각기 따로 시종이 있는 것입니다.[81]

퇴계는 지(知)와 행(行)의 관계를 수레의 두 바퀴로 비유하여 상보적인 것으로 이해하고 있다. 그렇다면 이 두 바퀴의 중심 축은 무엇인가? 그 중심 축은 오륜(五倫)으로 대표되는 윤리이며 궁극적으로 성학(聖學)의 심법(心法)을 체득하는 것이다.

그러므로 이 (백록동) 동규(洞規)의 궁리와 역행(力行)이 모두 오륜(五倫)에 기본을 둔 것입니다. 또한, 제왕(帝王)의 학문이 갖추어야 할 준칙과 금지의 조목은 일반 학자들과 다 같을 수는 없지만, 인간으로서 마땅히 지켜야 할 인륜에 기본을 두고 이치를 규명하고 실행에 힘써서 심법(心法)의 절실하고 요긴한 것을 구하는 면에서는 같지 않은 적이 없었습니다.[82]

그러나 중요한 것은 단지 아는 것이나 일시적인 선행이 문제가 아니

---

81 『退溪先生文集』卷之六, 疏, 「戊辰六條疏」: "抑眞知與實踐, 如車兩輪, 闕一不可, 如人兩脚, 相待互進. 故程子曰: '未有致知而不在敬者.' 朱子曰: '若躬行上未有工夫, 亦無窮理處.' 是以, 二者之功, 合而言之, 相爲始終; 分而言之, 則又各自有始終焉."
82 「第五白鹿洞規圖」: "故規之窮理力行, 皆本於五倫, 且帝王之學, 其規矩禁防之具, 雖與凡學者有不能盡同者, 然本之彝倫, 而窮理力行, 以求得夫心法切要處, 未嘗不同也."

라 지(知)와 행(行)과 습(習)의 진적역구(眞積力久)를 통하여 자기완성, 더 나아가 성인의 경지에 들어서야 한다는 점이다. 즉, "앎이란 일시에 이루어질 수 없는 것이므로 '진적(眞積)'이 필요하며, 실행도 역시 일시에 이루어지는 것이 아니므로 '역구(力久)' 역시 필요하다."[83]

반드시 신(臣)이 앞서 논한 진지(眞知)와 실천의 말씀을 깊이 받아들이시어 경(敬)으로 시작하고 경(敬)으로 끝맺으소서. …… 이와 같이 꾸준히 학습을 쌓으시고 충분히 익숙해져 의(義)를 정밀히 하여 신묘한 경지에 이르면 눈에 온전하게 보이는 소[牛]가 없게 되고, 이치가 몸에 배어 밖으로 드러나게 되면 어디서든 이치의 본원을 만나게 될 것입니다. 이것을 일러 "힘써 실행하고 마음에 터득하여, 도(道)가 자신에게 밝아졌다[躬行心得, 而道明於己]"고 하는 것이며, 요(堯) 임금과 문왕(文王)이 덕을 밝혔다고 하는 것도 바로 이것입니다.[84]

그러나 주자(朱子)의 지행관계에서도 드러나듯이, 지(知)와 행(行)의 관계를 총체적으로 논하자면 행(行)은 지(知)보다 상대적으로 중(重)하다.

그러나 오직 이 이치는 알기가 어려운 것이 아니라 행하기가 어려운 것이며, 행하는 것이 어려운 것이 아니라 참됨을 쌓고 오래 힘쓰기가 더욱 어려운 것입니다.[85]

---

83 이에 관하여는 한국철학사연구회, 『한국철학사상사』, 심산, 2003, 190~193쪽 참조.

84 『退溪先生文集』卷之六, 疏, 「戊辰六條疏」: "請必深納於臣前所論眞知實踐之說, 敬以始之, 敬以終之. …… 如此積習之久, 純熟之餘, 自至於精義入神, 而目牛無全, 睟面盎背, 而左右逢原. 此之謂躬行心得, 而道明於己, 帝堯文王之克明德, 是也."

85 『退溪先生文集』卷之十四, 書, 「答李叔獻(別紙)」: "惟此理, 非知難而行難, 非行難而能眞積力久爲尤難."

한편, 이러한 지(知)와 행(行)의 문제는 학(學)과 사(思)의 구조와도 연관되어 있다. 퇴계는 학(學)과 사(思)의 병행을 강조하면서 이들이 모두 실천[踐其實]으로 귀결되어야 함을 역설하고 있다.[86]

이렇듯이, 퇴계는 학(學)과 사(思)의 병행과 실천을 성인이 되기 위한 성학공부의 방법으로 강조하였다. 학(學)과 사(思)는 행(行)과 지(知)의 관계처럼 서로 도움을 주는 상보적인 관계에 있으며, "학(學)이란 그 일을 습득하여 참되게 실천하는 것"이기 때문에 "반드시 생각하여 그 미묘한 이치를 통해야 하고, 반드시 배워서 그 실상대로 실행하여야 한다."

이상에서 살펴보았듯이, 경(敬)의 실천과 생활화, 『소학(小學)』공부와 『대학(大學)』공부의 병행, 지행병진(知行竝進) 등은 교육자로서 퇴계의 위상과 그에 상응하는 실천적 내용이라는 점들을 반영한다. 퇴계가 도산서당을 짓고 강학한 내용은 더 이상 논의할 필요도 없이 유명하다. 퇴계에게는 수많은 제자들이 찾아 들었고, 자연스럽게 사제관계를 통하여 퇴계학단이 형성되었다.[87]

5. 결론

퇴계는 다양한 저술 활동과 제자들과의 대화를 매개로 삼아 전통 유학 교육에 충실하게 임하였다. 그는 성학(聖學)을 목표로 경(敬)을 통하여 인륜(人倫)에 기초한 개인과 공동체의 조화를 위해 실천적 노력을 기울였으며, 이러한 교육적 내용과 방법은 "퇴계 이황의 도덕교육론"으로 정

---

86 「進聖學十圖箚」: "抑又聞之, 孔子曰: '學而不思則罔, 思而不學則殆.' 學也者, 習其事而眞踐履之謂也. 蓋聖門之學, 不求諸心, 則昏而無得, 故必思以通其微, 不習其事, 則危而不安, 故必學以踐其實. 思與學, 交相發而互相益也."

87 이에 관하여는 신창호 · 심승우 · 지준호 · 이승철, 「퇴계 『언행록』의 사제관계에서 탐색한 학습법과 그 현대적 이해」, 『한국철학논집』 56, 2018 참조.

리될 수 있다. 특히, 퇴계는 구인성성(求仁成聖)의 목표를 실현하기 위해 솔선수범적으로 제자들을 일깨웠으니, 이는 전통 유학 교육방식에 기초한 것이다.

전통시대라는 시대적 국한성과 관련하여, 퇴계의 도덕교육론은 현 시대의 교육 제도나 교육 방법의 측면에서 다소의 차이가 있을 수 있다. 그러나 퇴계가 『성학십도』를 통해 보여주는 도덕교육론은 인간 삶의 근본적 성찰이자 교육과 학습에 대한 반성적 측면에서 이 시대의 교육과 학습의 정신을 다시 한 번 일깨우는 계기가 될 수 있다.

전통 유학의 교육 방식은 교육의 목적 · 내용 · 방법이 유기적으로 통합되고 있으며, 내용과 방법에 있어서 역시 지(知)와 행(行)의 병진이라는 일관성을 드러내고 있다. 이는 현대 교육이 지나치게 분과주의로 치닫고, 실천보다는 인지 혹은 주지주의를 강조함으로써 나타나는 문제들에 대해 성찰적으로 되돌아 볼 수 있는 기회를 부여하고 있다. 또한, 개인의 수양으로부터 사회와 국가로 점진적으로 확산되는 유학의 공부 논리는 현행 도덕과 교육과정의 가치관계 확장법과도 그 궤를 같이 하는 것으로, 성숙한 도덕 공동체를 일구기 위한 시사점을 제공한다.

전통문화가 가지고 있는 보편적 가치를 탐구하고 전통교육의 측면에서 도덕문화를 다시 일으키는 것은 현재와 미래에 유효한 것들이 과거의 전통으로부터 연원하며 더불어 오늘의 교육 문제를 해결하는 데 있어서 유용할 수 있다는 점들을 살펴보기 위한 것이기도 하다. 따라서 주체성과 개방성은 바로 전통의 계승과 발전이라는 측면에서 이해할 수 있다. 특히, 전통교육이 추구했던 도덕교육의 본질을 논의하고 분석하여 교육의 궁극적 목적인 '자아를 실현하고' '공동체를 배려'할 수 있는 인재를 배양하기 위한 반성적 노력은 매우 의미가 있다.

퇴계 이황 철학사상의 생태론적 특성

김세정(충남대학교 철학과 교수)

1. 들어가는 말

철학은 시대의 문제에서 출발한다. 자신이 직면한 시대 문제가 무엇인지 고민하고, 그 문제의 원인을 찾고, 나아가 그 문제 해결을 위한 해법을 마련해 나가는 것이 바로 철학이다. 그렇다면 오늘날 우리가 마주한, 우리가 해결해야 할 시대 문제는 무엇일까? 물론 많은 문제들이 있다. 개인, 가족, 사회, 국가, 인류, 지구와 관련한 많은 문제들. 이 가운데 현대문명에 이르러 특별히 중요한, 아니 가장 중요한 시대 문제는 자연생태계 파괴로 인한 전 지구적 생명위기가 아닐까 한다.

지난 수세기 동안 인류는 전 지구적인 산업화 과정과 급속한 과학기술의 발전에 힘입어 유사 이래 최대의 물질적 풍요를 맛보고 있다. 다른 한편 산림 감소, 오존층 파괴, 수질 오염, 핵폐기물 증가, 화석연료 고갈, 동식물 종의 멸종, 지구 온난화 등과 같은 심각한 자연생태계 파괴와 이로 인한 전 지구적 생명 위기라는 문제가 자리 잡고 있다. 이러한 자연생태계 파괴의 이면에는 자연물을 생명이 없는 하나의 자동기계로 바라보는 '기계론적 세계관'과 이성과 영혼을 지닌 인간만이 내재적 가치를 지닌다고 보는 '인간중심주의', 그리고 자연은 단지 인간의 욕망 충족과 행복 추구에 필요한 도구와 수단이라고 보는 '도구적 자연관'이 자리 잡고 있다.[1]

세계를 바라보는 방식, 인간을 바라보는 방식, 나아가 자연을 바라보는 방식, 즉 세계관, 인간관, 자연관을 바꾸지 않는다면, 오늘날의 전 지구적인 생명 위기 문제는 해결되지 않는다. 이러한 시대 문제와 관련하여 전통사상으로서의 유학, 좁게는 퇴계학은 어떠한 의미가 있을까? 유학도 시대 문제의 산물이다. 동일한 공자의 유학을 계승하면서 맹자 유학과 순자의 유학이 다르고, 동일한 공맹유학을 계승하면서 주자의 유학과 양명의 유학이 다르고, 동일한 주자학을 계승하면서도 퇴계의 유학과 고봉의 유학, 율곡의 유학과 우계의 유학이 서로 다른 이유도 여기에 있다. 이들은 선유의 사상을 단순히 답습하고 맹목적으로 추종한 것이 아니라, 자신들이 직면한 서로 다른 시대 문제를 해결하기 위한 방안으로서 유학을 새롭게 재구성했던 것이다. 여기에 바로 수천 년을 이어온 유학의 생명력이 있다. 이 시대를 살아가는 우리들 또한 유학사상을 자연생태계 파괴와 이로 인한 전지구적 생명 위기와 같은 오늘날의 시대 문제와 연결시켜 그 안에서 유학을 재구성함으로써 문제 해결 방안을 모색해 볼 수 있다.

이러한 문제의식 속에서 필자는 그 동안 선진유학(공맹유학, 『주역』과 『중용』)과 송명유학(장재, 주희, 왕수인) 그리고 한국유학(이이, 정제두, 홍대용, 박지원)에 내재된 유기체론적 특성과 생태론적 특성들을 발굴하고 유가생태철학으로 재구성하는 작업을 진행하고, 그 결과물로『돌봄과 공생의 유가생태철학』(소나무, 2017)을 출판하였다. 본 논문에서는 이 저서에서 다루지 못했던 퇴계(退溪) 이황(李滉: 1501~1570)의 철학사상에 담긴 생태론적 특성에 대해 다루고자 한다. 물론 퇴계학과 관련한 대부분

---

1 김세정, 『돌봄과 공생의 유가생태철학』, 고양: 소나무, 2017, 19~33쪽 참조.

의 저서들과 논문들은 이기론, 심성론, 수양론, 경세론에 관한 것들이다. 그러나 환경·생태철학과 관련한 연구 성과가 전혀 없는 것은 아니다. 이동희의 「성리학의 환경철학적 시사」(『東洋哲學』 13집, 한국동양철학회, 2000), 장승구의 「退溪思想의 生態哲學的 照明」(『退溪學報』, 퇴계학연구원, 2001), 이종호의 「퇴계 이황의 유기체 우주론과 생태사상」(『韓國漢文學研究』, 한국한문학회, 2004), 이인철의 「退溪『聖學十圖』와 生態主義 教育原理」(『退溪學論叢』 16집, 퇴계학부산연구원, 2010)가 있다. 이동희의 논문에서는 한국성리학 전반에 대해 다루면서 이황에 대해서는 개괄적인 수준에서 간략하게 언급하고 있는 수준이다.[2] 반면 장승구는 이황의 자연관을 '도학적(道學的) 자연관'으로 규정하고, 이황의 경(敬)사상을 환경윤리로 재정립하려는 시도를 하고 있다.[3] 그리고 문학방면에서 이종호는 이황의 풍부한 인문학적 감수성이 생태적 사유와 결합하면 '공생(共生)'과 '상생(相生)'의 미학을 만들어 낼 수 있다고 전제하면서, 「서명도(西銘圖)」에 대한 분석을 통해 이황의 '만물일체(萬物一體)의 유기체적 우주관'의 구조와 특성을 다루고 있다.[4] 교육학 분야에서 이인철은 이황의 『성학십도』 가운데 상(上) 5도(圖)를 중심으로 이황의 생태주의 교육원리를 모색하고 있다.[5] 철학 분야에서는 장승구의 논문 단 한 편뿐이며, 여타 분야의 세 편의 논문은 모두 시론적 단계에 머물러 있다.[6] 이러한 선행 연구

---

2 이동희, 「한국 성리학의 환경철학적 시사」, 『東洋哲學』 13집, 한국동양철학회, 2000, 49쪽 참조.

3 장승구, 「退溪思想의 生態哲學的 照明」, 『退溪學報』, 110집, 퇴계학연구원, 2001, 236~249쪽 참조.

4 이종호, 「퇴계 이황의 유기체 우주론과 생태사상」, 『韓國漢文學研究』, 한국한문학회, 2004, 41~61쪽 참조.

5 이인철, 「退溪『聖學十圖』와 生態主義 教育原理」, 『退溪學論叢』 16집, 퇴계학부산연구원, 2010, 41~75쪽 참조.

6 이황의 철학사상에 대한 환경철학적 접근과 관련한 연구 경향에 대한 보다 자세한 분석과 비판은 ECOLOGY AND KOREAN CONFUCIANISM (Keimyung University Press, 2013)에 수록된 필자의 "The Present Situation of Ecological Discourse in Korean Neo-

에 비추어 볼 때, 이황의 철학사상과 관련하여 서구 환경 · 생태담론과의 연계성 속에서 보다 구체적이고 심도 있는 논의가 필요하다고 본다.

2. 일리(一理)의 보편성과 평등의 원리

주자학에서는 이 세계는 '리(理)'와 '기(氣)'로 구성되어 있다고 본다. 리는 형이상학적인 보편적 원리를 의미하고, 기는 형이하학적인 질료를 의미한다. 리와 기는 모든 존재에게 있어 본원적 차원, 근원적 차원, 생성의 원초적 차원에서 보편성을 지닌다.[7] 그렇다면 이황은 리와 기를 어떻게 바라보고 있을까? 이황은 다음과 같이 말한다.

만약 여러 가지 이치를 잘 궁구하여 궁극에까지 도달하면 이 물사(物事)가 지극히 허(虛)하면서도 지극히 실(實)하고 지극히 무(無)하면서도 지극히 유(有)하며 동(動)하면서도 동함이 없고 정(靜)하면서도 정함이 없는 정결한 것으로서 털끝만큼도 더할 수 없고 털끝만큼도 감할 수 없어서, 음양(陰陽) · 오행(五行)과 만물 · 만사의 근본이 되면서도 음양 · 오행과 만물 · 만사의 범주 안에 있는 것도 아니라는 것을 통찰할 수 있을 것이니, 어찌 기(氣)를 섞어서 일체(一體)로 인식하여 일물(一物)로 간주할 수 있겠습니까?[8]

음양 · 오행은 기(氣)를 의미하고, 만사 · 만물은 기로 구성된 현상 세

Confucianism and Its Future Prospects"를 참조 바람.

7 김세정, 「주희 철학사상의 생태론적 특성」, 『東西哲學硏究』 77호, 한국동서철학회, 2015, 64쪽 참조.

8 『退溪先生文集』(한국문집총간 29) 卷16 「答奇明彦」, 〈論四端七情第二書〉, 426쪽: "若能窮究衆理, 到得十分透徹, 洞見得此箇物事至虛而至實, 至無而至有, 動而無動, 靜而無靜, 潔潔淨淨地, 一毫添不得, 一毫減不得, 能爲陰陽五行萬物萬事之本, 而不囿於陰陽五行萬物萬事之中, 安有雜氣而認爲一體, 看作一物耶."

계를 의미한다. 그런데 이 기와 현상 세계만 존재하는 것이 아니라 이들의 근본이 되지만 기와 현상 세계의 범주에 포함되지 않는 무엇인가가 있다는 것이다. 그것은 소리도 냄새도 없는 감각적 경험대상이 아니면서 진실하여 거짓이 없으며 형체가 없는 가운데 이치로서 존재한다. 그리고 그것은 스스로 능히 동(動)·정(靜)하지만 동·정하는 형상이 없는 존재, 즉 리(理)를 의미한다. 리는 기와 현상의 근본이지만 기와 현상을 초월하는 초월성과 보편성을 지닌다. 나아가 이황은 「태극도설(太極圖說)」에서 '리'에 대해 다음과 같이 말한다.

하늘이 곧 리(理)인데, 그 덕은 4가지가 있으니, 원(元)·형(亨)·이(利)·정(貞)이라고 하는 것이 이것이다. 4가지의 참된 것을 성(誠)이라 이른다. 대개 원(元)은 시작의 리요, 형(亨)은 형통의 리요, 이(利)는 이루어짐의 리요, 정(貞)은 완성의 리이니, 순환하여 그침이 없음이 진실하여 거짓됨이 없는 묘함 아닌 것이 없는 것이 이른바 성(誠)이다. 그러므로 둘[陰陽]과 다섯[五行]이 유행할 때에 이 네 가지가 항상 그 가운데 깃들어 있으면서 사물에 명령하는 근원이 된다. 이 때문에 무릇 사물이 음양오행의 기(氣)를 받아서 형체를 이루고, 원·형·이·정의 리(理)를 갖추어서 성(性)으로 삼지 않는 것이 없으니, 그 성의 조목이 다섯 가지가 있으니 인(仁)·의(義)·예(禮)·지(智)·신(信)이다. 그러므로 사덕(四德)·오상(五常)은 위 아래로 하나의 리(理)이니 본래 하늘과 사람의 구분이 없었다. 그러나 성인과 어리석은 사람, 사람과 사물의 다름이 있는 까닭은 기(氣)가 그렇게 한 것이고, 원·형·이·정이 본래 그러한 것이 아니다. 그러므로 자사(子思)가 바로 말하기를 "천명지위성(天命之謂性)"이라고 하였으니, 대저 음양과 오행이 묘하게 합치는 근원이며 사덕(四德)을 가리켜서 말한 것이다.[9]

---

9 「退溪先生續集」(한국문집총간 31) 卷8 「天命圖說」, 209쪽: "天卽理也, 而其德有四, 曰元亨利貞是也, 四者之實曰誠. 蓋元者, 始之理, 亨者, 通之理, 利者, 遂之理, 貞者, 成之理, 而

'하늘이 곧 리'라는 말은 '리'가 한 사람이나 하나의 사물과 같이 특정한 개체에 국한되는 국한성을 지니는 것이 아니라 우주자연의 '보편성'을 지닌다는 것을 의미한다. 하늘의 덕성으로서의 원(元)·형(亨)·이(利)·정(貞)은 바로 천도(天道)인 '성(誠)'이다. 우주자연은 '시작'·'성장'·'이루어짐'·'거둠'이라는 자연한 이치가 쉼 없이 전개되는 하나의 생명체이다. 우주자연의 모든 존재물들은 이러한 우주자연의 생명원리에 따라 생멸(生滅)하고 생장수장(生長遂藏)한다. 음양오행의 기(氣)가 모든 존재물들의 형체를 이루는 질료라면, 리(理)는 모든 존재물들의 '본성'을 이루는 근원이다. 인(仁)·의(義)·예(禮)·지(智)·신(信)이라고 하는 오상(五常), 즉 본성은 인간만의 본성도 아니요 자연물만의 본성도 아니다. 오상은 인간과 자연물 모두의 동일한 본성이다. 원(元)·형(亨)·이(利)·정(貞)이라는 하늘의 리가 모든 존재물에 내재된 것이 바로 오상이라는 본성이다. 따라서 우주자연의 한 부분으로서의 인간이나 자연물은 모두가 본원적으로 동일한 본성을 지닌다고 말할 수 있다.

이황의 철학사상에 있어 인간과 자연만물의 보편성과 내재적 가치의 평등성은 본원적 차원의 '리'에서 찾을 수 있다. 리는 인간만이 내재하고 있는 것이 아니라 모든 자연만물 또한 하늘로부터 인간과 동일한 리를 부여받았다. 따라서 인간과 자연만물은 그 내재적 가치의 측면에서도 평등하다고 말할 수 있다. 인간뿐만 아니라 자연만물 또한 생명의 근원은 하늘에 있다. 인간과 자연만물 모두 하늘로부터 음양·오행이라는 기를 부여받아 형체를 이룬다. 그리고 리를 부여받아 자신의 본성으로 삼는다. 즉 건순·오상과 같은 덕성으로서의 본성은 인간이나 자연만

其所以循環不息者, 莫非眞實無妄之妙, 乃所謂誠也. 故當二五流行之際, 此四者常寓於其中, 而爲命物之源. 是以, 凡物受陰陽五行之氣以爲形者, 莫不具元亨利貞之理以爲性. 其性之目有五, 曰仁義禮智信. 故四德五常, 上下一理, 未嘗有間於天人之分. 然其所以有聖愚人物之異者, 氣爲之也, 非元亨利貞之本然. 故子思直曰天命之謂性, 蓋二五妙合之源, 而指四德言之者也."

물 모두 차별 없이 동일하게 하늘로부터 품수 받았다. 인간과 자연만물은 하늘로부터 동일한 리를 부여받았기 때문에 '내재적 가치'의 측면에서 있어서도 차별 없이 평등하다고 말할 수 있다. 이황은 '천명지위성(天命之謂性)'과 '사덕(四德)'에 대해 다음과 같이 설명하고 있다.

리(理)는 본래 하나인데 그 덕이 4가지인 이유는 무엇인가? 리는 태극(太極)인데, 태극 가운데에는 본래 사물(事物)이 없으니, 어찌 처음부터 사덕(四德)이라 이름 할 수 있겠는가? 다만 이것이 유행(流行)한 뒤에 보면 반드시 그 시작이 있고, 시작이 있으면 반드시 그 형통이 있고, 형통이 있으면 반드시 이루어짐이 있고, 이루어짐이 있으면 반드시 그 완성됨이 있는 것이다. 그러므로 시작하여 형통하고, 형통하여 이루고, 이루어서 완성함으로써 사덕의 이름이 세워진 것이다. 이런 까닭으로 합쳐서 말하면 하나의 리(理)일 뿐이요, 나누어 말하면 이 4개의 리가 있는 것이다. 그러므로 하늘은 하나의 리로써 만물에게 명령했지만, 만물이 각각 하나의 리를 지니고 있다는 것이 이 때문이다.[10]

태극(太極)은 자연만물의 본원이자 본체이다. 비록 실상에서는 자연존재물들이 각기 다른 모습을 지니고 있다고 하지만, 그 근원, 즉 본원의 측면에서는 태극이라는 보편적이고 선험적인 법칙에 근거하여 생성된다. 그리고 '천명지위성(天命之謂性)'에 대한 이황의 해석에서 볼 수 있듯, 이들은 모두 태극인 리를 자신의 본성, 즉 본체로 삼고 있음[性卽理]을 알 수 있다. 일리(一理) 즉, 태극의 측면에 있어서는 자연만물의 '다름'이

---

10 『退溪先生續集』卷8「天命圖說」, 209쪽: "理本一也, 其德至於四者, 何也. 曰: 理太極也. 太極中本無物事, 初豈有四德之可名乎? 但以流行後觀之, 則必有其始, 有始則必有其通, 有通則必有其遂, 有遂則必有其成. 故其始而通, 通而遂, 遂而成, 而四德之名立焉. 是以, 合而言之, 則一理而已, 分而言之, 則有此四箇理. 故天以一理命萬物, 而萬物之各有一理者此也."

아닌 '같음'을 논하고, '차별성'이 아닌 '보편성'을 논한다. 인간이나 자연
만물 모두 동일한 태극을 품수 받았기 때문에, 인간이 자연만물보다 더
우월하다거나 더 가치가 있다고 말할 수 없다. 아니 동일한 가치를 부여
받고 동일한 가치를 내재하고 있다고 말할 수 있다. 인간만이 내재적 가
치를 지니며 자연은 도구적 가치만을 갖는다고 보는 서구 인간중심주의
의 도구적 자연관과는[11] 다르다. 일리와 태극의 같음과 보편성에 근거할
경우 자연만물은 인간과 같이 동일한 태극을 부여받아 동일한 내재적 가
치를 지닌다고 말 할 수 있기 때문에, 인간에게는 자연만물을 함부로 파
괴할 수도 없고 지배할 특권도 없다. 인간은 자연만물을 수단이 아닌 목
적으로 대우해야 한다.

3. 기품(氣稟)에 따른 인간과 자연물의 차등성

이황이 말하는 리의 보편성에만 근거하면 인간과 자연물은 평등할 뿐
만 아니라 동일한 내재적 가치를 지닌다고 할 수 있다. 그럴 경우 인간
은 자신의 번영과 복지를 위해 자연물을 이용할 수 있는 권리를 지니지
못하게 된다. 그렇다면 이황은 모든 유기체는 평등한 내재적 가치를 갖
는다고 주장하는 '생명중심주의자'[12] 또는 인간과 자연계 구성원들의 생
명 그 자체와 생태계의 다양성과 풍요로움이 내재적 가치를 갖는다고 주
장하는 '심층생태주의자'[13]라고 말할 수 있을까? 이황이 비록 보편적 리
(理), 즉 본원적 측면에서 인간과 자연물의 동일성과 평등성을 주장하고
있지만, 현실적 차원에서는 인간과 자연물이 서로 다르다는 이론을 전

---

11 김세정, 『왕양명의 생명철학』, 고양: 청계, 2006, 26~27쪽 참조.

12 김세정, 『돌봄과 공생의 유가생태철학』, 고양: 소나무, 2017, 40쪽 참조.

13 김세정, 『돌봄과 공생의 유가생태철학』, 고양: 소나무, 2017, 47~49쪽 참조.

개한다.

이황은 리(理)의 측면에서 보았을 때, 인간과 자연물은 모두 동일한 리를 부여받아 각기 자신의 본성[性卽理]으로 삼기 때문에 동일하다고 할 수 있지만, 현실적으로는 품수 받은 기(氣)의 차이로 인해 인간은 자연물과는 다른 특성을 지닌다고 본다. 인간과 자연물 사이뿐만 아니라 자연물 사이에도 품수 받은 기의 차이로 인해 다양한 층차가 생긴다고 본다. 먼저 이황은 리로 인한 보편성과 기로 인한 다양성이 발생하는 원인에 대해 다음과 같이 주장한다.

천지간에 리(理)는 하나인데 기(氣)는 만 가지나 되어 같지 아니하다. 그러므로 그 리를 궁구하면 만물을 합쳐서 모두 한 가지 성(性)이라 하고, 그 기를 논하면 만물을 나누어 각각 하나의 기라 한다. 왜 그런가? 리가 리로 됨에 그 체(體)가 본래 허(虛)하고, 허한 까닭에 대(對)가 없고 대가 없는 까닭에 사람에게 있어서나 사물에 있어서나 진실로 더하고 덜함이 없이 하나이다. 그러나 기에 이르러서 비로소 음양(陰陽)이 서로 대립하는 형상이 있게 되어 서로 그 뿌리가 되기 때문에 음 가운데 양이 없을 수 없고 양 가운데 음이 없을 수 없으며, 음 안에 있는 양에도 또한 음이 없을 수 없고, 양 안에 있는 음에도 또한 양이 없을 수 없어서, 그 변화가 십·백·천·만에 이르러도 각각 대가 없을 수 없다.[14]

'리가 하나'라는 것은 리가 보편성의 근거가 된다는 것이고, '기가 만 가지'라는 것은 기가 '다양성'의 근거가 된다는 것을 의미한다. 리는 형상

---

14 『退溪先生續集』卷8「天命圖說」, 211쪽: "天地之間, 理一而氣萬不齊. 故究其理, 則合萬物而同一性也, 論其氣, 則分萬物而各一氣也. 何者. 理之爲理, 其體本虛, 虛故無對, 無對故在人在物, 固無加損, 而爲一焉. 至於氣也, 則始有陰陽對立之象, 而互爲其根. 故陰中不能無陽, 陽中不能無陰, 陰中陽之中, 又不能無陰, 陽中陰之中, 又不能無陽, 其變至於十百千萬, 而各不能無對焉."

도 없는 초월적 원리이며 대립하는 것은 없는 절대적인 원리이기 때문에 모든 존재물들에게 동일한 보편성을 지닌다. 반면 기는 음과 양이라는 두 가지 이질적인 속성을 지니는 관계로 음과 양의 대립 양상에 따라 만사·만물을 펼쳐내는 '다양성'과 '국한성'을 지닌다. 그렇다면 사람과 사물이 다른 이유는 무엇일까? 그런즉 무릇 사물로서 이러한 리기(理氣)를 받은 것은 그 성(性)이 차이가 없지만, 그 기(氣)는 편벽되거나 올바름의 차이가 없을 수 없다. 이런 까닭으로 사람과 사물이 생겨남에 음양의 올바른 기를 얻은 것은 사람이 되고, 음양의 편벽된 기를 얻은 것은 사물이 된다. 사람은 이미 음양의 올바른 기를 얻었으니 그 기질이 통하여 밝다는 것을 알 수 있고, 사물은 이미 음양의 편벽된 기를 얻었으니 그 기질이 막히고 어둡다는 것을 알 수 있다.[15]

사람과 자연물은 모두 리(理)와 기(氣)의 합일체이다. 다만 성즉리(性卽理)이기 때문에 인간의 성이든 사물의 성이든 성에는 차이가 없고 동일하다. 반면 존재물들의 형성을 이루는 기는 '편벽된 기[偏氣]'와 '올바른 기[正氣]'라는 차이가 있는데, 올바른 기를 얻어 태어난 것이 사람이고, 편벽된 기를 얻은 것이 사물이라는 것이다. 인간과 사물의 차이는 본성을 이루는 리에 있는 것이 아니라 형체를 이루는 기에 있다는 것이다. 이로 인해 기질에 있어서도 인간의 기질은 잘 통하고 밝은 반면, 사물의 기질은 막히고 어두운 차이를 가져온다. 기질의 차이는 단순한 다름이 아니라 '차이'와 '차등'을 내포하고 있다. 사실상 기질의 측면에서 인간은 우수하고 사물은 열등하다는 하는, 우열의 차등이 존재한다고 말할 수 있다.

이러한 기질상의 우열에 따른 차등은 인간과 사물 사이에만 존재하는

---

15 『退溪先生續集』卷8「天命圖說」, 211쪽: "然則凡物之受此理氣者, 其性則無間, 而其氣則不能無偏正之殊矣. 是故, 人物之生也, 其得陰陽之正氣者爲人, 得陰陽之偏氣者爲物. 人旣得陰陽之正氣, 則其氣質之通且明, 可知也, 物旣得陰陽之偏氣, 則其氣質之塞且暗, 可知也."

것이 아니다. 이황은 사물 내의 차등에 대해 다음과 같이 말한다.

> 그러나 사람과 사물을 두고 보면 사람이 올바르고 사물은 편벽되지만, 금수
> 와 초목을 두고 보면 금수는 편벽된 것 중에서 올바른 것이고 초목은 편벽된
> 것 중에서도 편벽된 것이다. 그러므로 금수는 그 기질 가운데 간혹 한 줄기
> 통하는 길이 있고, 초목은 단지 그 리(理)를 갖추었을 뿐 전체가 막히어 통하
> 지 아니한다. 그런즉 그 성(性)이 어떤 것은 통하고 어떤 것은 막힌 이유는 곧
> 기에 편벽됨과 올바름의 다름이 있기 때문이고, 그 형체가 어떤 것은 희고 어
> 떤 것은 검은 이유는 곧 기에 밝고 어두움의 차이가 있음을 드러낸다. 무릇
> 그 사이에 다른 뜻이 있겠는가?[16]

편벽된 기로 구성된 사물이라 하더라도, 동물의 경우는 편벽된 것 가
운데 올바른 기로 구성된 반면, 식물은 편벽된 것 가운데 편벽된 기로
구성되었다는 것이다. 이로 인해 동물은 약간의 통함이 있지만 식물의
경우에는 비록 보편적 리를 내재하고 있다하더라도 꽉 막히어 전혀 통하
지 못한다는 것이다. 본성상에 있어서 통함과 불통함의 차이가 발생하
는 이유는 바로 그것을 구성하는 기의 올바름과 편벽됨의 차이에서 기인
하는 것이며, 형체에 있어서 흼과 검음의 차이가 발생하는 원인 또한 그
것을 구성하는 기의 밝고 어둠의 차이에서 비롯된다는 것이다. 즉 같은
사물이라 하더라도 동물과 식물 사이에도 그것을 구성하는 기질의 차이
에 따라 본성상에 다소 통함과 불통, 형체상의 밝음과 어둠이라고 하는
우열의 차등이 발생한다는 것이다.

이황은 나아가 "사람과 금수, 초목의 모양이 둥글고, 모나고, 가로눕

---

16 『退溪先生續集』卷8「天命圖說」, 211쪽: "然就人物而觀之, 則人爲正物爲偏, 就禽獸草木
而觀之, 則禽獸爲偏中之正, 草木爲偏中之偏. 故禽獸則其氣質之中, 或有一路之通, 草木
則只其理, 而全塞不通焉. 然則其性之所以或通或塞者, 乃因氣有正偏之殊也, 其形之所
以或白或黑者, 乃示氣有明暗之異也. 夫何有他義於其間哉."

고, 거꾸로 서서, 같지 않은 까닭은 무엇 때문인가?"라는 질문에 대한
다음과 같은 답변의 형식을 통해 인간과 동물과 식물 사이의 차등을 인
정하고 있다.

> 사람과 사물의 모양이 다른 까닭도 음양(陰陽) 두 가지의 기(氣) 때문이다. 대
> 개 양(陽)의 성질은 순하고 평탄하며, 음(陰)의 성질은 거스르고 뒤집어진다.
> 그래서 사람은 천지의 빼어난 아들로 양이 되기 때문에 머리는 하늘과 같고
> 발은 땅과 같아서 평평하고 발라서 곧게 서고, 사물은 치우치고 막힌 아들로
> 음이 되는 까닭에 형체가 사람과 달라서 어떤 것은 가로눕고 어떤 것은 거꾸
> 로 되었다. 그런데 금수는 음 가운데 양이기 때문에 생긴 것이 완전히 거꾸로
> 되지 않고 가로로 되었으며, 초목은 음 가운데 음이기 때문에 생긴 것이 완전
> 히 거꾸로 되었으니, 이것은 모두 타고난 기가 같지 않고 기에 순수함과 거스
> 름이 있기 때문이다.[17]

여기에는 두 가지 요소가 섞여 있다. 하나는 이황이 인간이나 사물 모
두를 천지의 아들로 규정하여, 천지만물을 하나의 가정으로 본다는 것
이다. 그리고 인간과 동물과 식물이 비록 동일하게 천지의 아들이라 하
더라도 그들의 구성하는 '기(氣)'의 다름으로 인해 서로 다른 형체를 지니
게 된다는 것이다. 형체를 구성하는 기는 순하고 평탄한 성질을 지닌 '양
기(陽氣)'와 거스르고 뒤집어지는 성질을 지닌 '음기(陰氣)', 두 가지 유형
이 있다. 사람은 천지의 가장 뛰어난 아들로서 순하고 평탄한 성질로서
의 양(陽)에 해당되기 때문에 천지의 모양을 빼닮아 머리는 하늘처럼 둥

---

17 『退溪先生續集』 卷8 「天命圖說」, 211~212쪽: "人與禽獸草木之形, 所以有圓方橫逆之不
同者, 何耶. 曰: 人物之形所以異者, 亦陰陽二氣之所致也. 蓋陽之性, 順而平, 陰之性, 逆
而倒. 故人爲天地之秀子而爲陽, 故頭必如天, 足必如地, 而平正直立, 物爲天地之偏塞子
而爲陰, 故形不類人, 而或橫或逆. 然禽獸則乃爲陰中之陽, 故生不全倒而爲橫, 草木則乃
爲陰中之陰, 故生必逆而爲倒. 此皆稟氣之不同, 而氣有順逆之所致也."

글고 발은 땅처럼 평평하여 직립보행이 가능하다는 것이다. 사물은 치우치고 막힌 아들로 거스르고 뒤집어지는 성질을 지닌 음(陰)에 해당하지만, 그 가운데 동물은 음 가운데 양이기 때문에 가로로 걷는 반면, 식물은 음 가운데 음이기 때문에 뿌리, 즉 머리가 아래쪽으로 고정되었다는 것이다. 기의 순수함과 거스름에 따라 인간-동물-식물이라는 다름과 충차가 존재한다.

　이러한 주장들은 비록 이황이 사람과 자연존재물에 있어서의 일리(一理)의 보편성을 말한다고 해서 모든 존재물들이 평등하고 또한 동일한 내재적 가치를 지닌다고 보는 생명중심주의 또는 심층생태주의와 동일한 입장을 취하는 것은 아니라는 사실을 말해준다. 그렇다고 이황이 기질에 있어서의 사람과 자연물 사이의 차등을 주장한다고 하여 서구 환경윤리에서 말하는 "모든 가치는 인간적 가치이며 그런 가치를 위해서 인간 외의 모든 존재는 단순한 도구와 수단에 지나지 않는다."[18]는 신념으로 정의되는 '인간중심주의' 입장과 동일한 것은 더더욱 아니다. 이황이 기질의 차등에 따른 인간의 우수성이 인간중심주의에서와 같이 단지 인간의 자연 정복과 지배에 대한 정당성을 보증하거나 보장해 준다고 말하고 있지 않다. 기질상에 있어 인간의 우수성이 자연 정복과 지배의 근거가 아니라는 내용에 대해서는 다음 장에서 살펴보도록 하겠다.

4. 사람의 마음이 곧 하늘의 마음

　이황은 이기론을 바탕으로 인간이 천지와 합일할 수 있는 즉, '천인합일(天人合一)'의 근거를 마련한다.

18　박이문, 『문명의 위기와 문화의 전환』, 서울: 민음사, 1996, 77쪽.

사람이 생겨남에 함께 천지의 기를 얻어서 몸[體]으로 삼고, 천지의 리를 얻어서 본성[性]으로 삼으며, 리와 기가 합하여 마음이 된다. 그러므로 한 사람의 마음이 곧 천지의 마음이고, 한 사람의 마음이 곧 천만인의 마음이다. 처음에는 피차와 내외의 다름이 있지 않았다.[19]

사람은 천지로부터 기(氣)를 받아 몸을 이루고, 천지로부터 리(理)를 부여받아 본성으로 삼는다. 그리고 천지로부터 부여받은 리(性)와 기(體)가 결합하여 사람의 마음이 된다. 사람의 마음은 천지로부터 그 형체와 본성을 부여 받은 것이기 때문에 사람의 마음이 천지의 마음이 되고, 한 사람의 마음이 모든 사람의 마음이 된다. 즉 마음에 있어 본원적으로 인간과 천지는 하나이다. 그렇다면 천지의 마음은 어떠한 마음이며, 그 마음에 근원하는 인간의 마음은 어떠한 마음인가?

우선 "측은지심(惻隱之心)은 사람의 생도(生道)이다."라는 말에 대한 이황의 해석에서 '천지의 마음'이 무엇인지 유추해 볼 수 있다.

"측은지심(惻隱之心)은 사람의 생도(生道)이다."라고 한 정자의 이 한마디 말에 대해 주자문하에서는 3가지 조목으로 변설을 하였으니, 가히 고증할만하다. 대저 이 생(生)이란 글자는 다만 생활(生活)의 생(生)으로 생생불궁(生生不窮)의 뜻이니, 천지생물지심(天地生物之心)과 더불어 다만 하나의 생(生)자를 꿰뚫을 뿐이다. 그러므로 주자가 천지생물지심에 대해서 물었을 때, 천지지심(天地之心)은 다만 생(生)일 뿐인데, 모든 물체는 다 생(生)해야 존재하게 되며, 모든 만물이 다 생생불궁(生生不窮)한 것은 그 생(生) 때문이니 생(生)하지 않으면 곧 말라죽어 버린다고 하였다.[20]

---

19 『退溪先生文集』 卷18 「答奇明論改心統性情圖」, 465쪽: "夫人之生也, 同得天地之氣以爲體, 同得天地之理以爲性, 理氣之合則爲心. 故一人之心, 卽天地之心, 一己之心, 卽千萬人之心. 初無內外彼此之有異."

20 『退溪先生文集』(한국문집총간 30) 卷24 「答鄭子中別紙」, 72쪽: "惻隱之心, 人之生道, 程子

측은지심(惻隱之心)이란 사람의 생도(生道)라는 말에서 '생'은 '생활(生活)', 즉 '태어나 살아가는 것'으로 끊임없는 생명의 연속성을 의미한다. 이는 주희가 말한 '천지가 만물을 낳는 마음[天地生物之心]'으로, 인간의 '측은지심'과 천지의 '생물지심'은 '생(生)'이라는 공통분모를 지니며, 모든 존재물들은 '생생불궁(生生不窮)'의 '생(生)'을 생명 본질로 하는 바, 생에 반하는 것은 곧 '죽음'이다. 따라서 인간의 마음과 천지의 마음은 모두 '생(生)'을 본질로 한다고 할 수 있다. 그리고 생명을 낳고 기르는 일이야말로 천지는 물론 사람 마음의 생도(生道)인 것이다.

이황은 나아가 「성학십도(聖學十圖)」 가운데 「인설도(仁說圖)」에서 사람의 마음이란 바로 '천지생물지심(天地生物之心)'이라고 하는 주희의 말을 다음과 같이 소개하고 있다.

주자가 이르기를: 인(仁)이란 천지가 만물을 낳는 마음이요, 사람이 그것을 얻어서 마음으로 삼은 것이다. 발하기 전에 사덕(四德)이 갖추어져 있는데 오직 인(仁)만이 네 가지를 다 포괄한다. 그러므로 생명을 온전하게 함양하고 길러서 통섭(統攝)하지 않음이 없다. 이른바 생명의 성(性)이요, 사랑의 원리요, 인(仁)의 본체이다. 발할 때는 사단이 드러나는데 오직 측은만이 사단을 관통하고 있다. 그러므로 두루 흘러 관철하여 통하지 않는 곳이 없다. 이른바 성(性)의 정(情)이요, 사랑이 발한 것이요, 인(仁)의 작용이다. 전체적으로 말하면 발하지 않은 것은 본체요, 이미 발한 것은 작용이다. 부분적으로 말하면 인(仁)은 본체요 측은(惻隱)은 작용이다. 공(公)이란 것은 인(仁)을 체득하는 방법이니 '극기복례위인(克己復禮爲仁)'이라고 말하는 것과 같다. 대체로 공적이면 어질게 되고, 어질게 되면 사랑하게 된다. 효제(孝悌)는 인(仁)의 작용

此一段語, 朱門辨說三條, 詳見下文, 可考也. 蓋此生字, 只是生活之生, 生生不窮之義, 卽與天地生物之心, 貫串只一生字. 故朱子答或問天地生物之心曰, 天地之心, 只是箇生, 凡物皆是生, 方有此物, 人物所以生生不窮者, 以其生也, 才不生, 便乾枯死了."

이고, 서(恕)는 인(仁)을 베푸는 것이며, 지각(知覺)은 지(知)의 일이다.[21]

천지가 '만물을 낳는 마음[生物之心]'이 '인(仁)'인데, 만물을 낳은 마음이 곧 인간의 마음이라는 것이다. 그런데 주희는 본래 "천지는 만물을 낳는 것으로서 마음을 삼고, 사람과 만물이 생성됨에 또한 각기 저 천지의 마음으로 마음을 삼는다."[22]고 하여, 인간만이 아니라 자연존재물 또한 천지의 만물을 낳는 마음을 자신의 마음으로 삼는다고 하였다. 즉 만물을 낳는 마음은 인간과 자연존재물의 보편적 마음으로서, 인간과 자연존재물 사이의 동등성과 평등성의 근거가 된다. 인간과 자연존재물은 모두 천지의 만물을 낳는 마음에 의해 탄생했기 때문에 천지와 인간 그리고 자연존재물, 이 삼자 사이에는 덕(德)의 일치성을 지닌다.[23] 그런데 이황은 여기서 자연존재물에 대한 언급은 생략한 채 인간만이 만물을 낳는 마음을 자신의 마음으로 삼는다고 말하고 있다.[24]

그 이유는 그 다음에 이어지는 말에서 찾아볼 수 있다. 먼저 이황은 인(仁)이 사덕(四德)을 통섭하고 측은(惻隱)이 사단(四端)을 관통하는 것으로 규정하고, 인을 미발(未發)의 본체로 측은을 이발(已發)의 작용으로 구분하고 있다. 이어서 '공(公)'을 인을 체득하는 방법으로 제시하면서 그

---

21 『退溪先生文集』(한국문집총간 29) 卷7「進聖學十圖箚」, 208쪽 〈第七仁說圖〉: "朱子曰: 仁者, 天地生物之心, 而人之所得以爲心. 未發之前, 四德具焉, 而惟仁則包乎四者. 是以, 涵育渾全, 無所不統. 所謂生之性愛之理, 仁之體也. 已發之際, 四端著焉, 而惟惻隱則貫乎四端. 是以, 周流貫徹, 無所不通. 所謂性之情愛之發, 仁之用也. 專言則未發是體, 已發是用. 偏言則仁是體, 惻隱是用. 公者, 所以體仁, 猶言克己復禮爲仁也. 蓋公則仁, 仁則愛, 孝悌其用也, 而恕, 其施也, 知覺, 乃知之事."

22 『朱子大全』 卷67「仁說」: "天地以生物爲心者也, 而人物之生, 又各得夫天地之心以爲心者也."

23 김세정,「주희 철학사상의 생태론적 특성」,『동서철학연구』77, 한국동서철학회, 2015, 71쪽 참조.

24 물론 이황도『退溪先生文集攷證』(한국문집총간 31) 卷5, 第24卷「答鄭子中別紙」, 379쪽에서는 "仁者, 天地生物之心, 而人物之所得以爲心."이라 하여, 주희의 말을 그대로 인용하고 있기도 하다.

구체적 방법으로 공자의 '극기복례위인(克己復禮爲仁)'을 말하고 있다. 효제(孝悌)는 인의 작용이고, 서(恕)는 인을 베푸는 것이며, 지각(知覺)은 지(知)의 일이라고 규정하고 있다. 우선 이 부분은 주희의 「인설(仁說)」에 나오지 않는 내용이다. '극기복례'나 '효제'나 '서'는 사실상 자연존재물이 아닌 인간만이 가능한 일이다. 이황은 주희의 「인설」을 우주만물의 생명 원리에 대한 이야기가 아닌 인간의 일, 즉 인간이 도덕적 행위를 통해 천인합일(天人合一)에 도달하는 방법으로 보고 있는 것이다.

우선 이상의 내용에서 보여지는 이황 철학사상의 생태론적 특성 세 가지를 찾아볼 수 있다. 첫째는 인간 도덕성의 근원으로서의 천지이다. 둘째는 자연존재물과는 다른 인간의 도덕적 우수성이다. 셋째는 인간은 도덕적 수양과 실천을 통해 천인합일에 도달할 수 있다는 것이다. 이황은 「인설」에서 다음과 같이 말한다.

천지의 마음에는 그 덕이 네 가지 있으니, 원(元)·형(亨)·이(利)·정(貞)인데, 원(元)은 이것들에 통하지 않는 곳이 없다. 그것이 운행하면 봄·여름·가을·겨울의 차례가 되는데, 여기서도 봄의 생동하는 기가 통하지 않는 곳이 없다. 마찬가지로 사람의 마음에도 덕이 네 가지가 있으니 바로 인(仁)·의(義)·예(禮)·지(智)인데, 인(仁)은 포괄하지 않는 것이 없다. 그것이 발하여 사랑하고 공경하고 마땅하게 하고 분별하는 정(情)이 되는데, 여기서도 측은히 여기는 마음이 관통되지 않는 곳이 없다. 대개 인(仁)의 도(道)는 천지가 만물을 낳는 마음[天地生物之心]으로 바로 만물에 나아가면 거기에 존재한다. 정(情)이 발하기 전에 이 본체가 이미 갖추어 있고, 정이 이미 발하면 그 작용이 다함이 없다. 진실로 이것을 체득하여 보존하면 모든 선의 원천과 백 가지 행위의 근본이 다 여기에 있지 아니함이 없다. 이것이 공문(孔門)의 가르침이 반드시 학자로 하여금 인(仁)을 구함에 급급하게 하는 까닭이다. ……
이 마음은 어떤 마음인가? 하늘과 땅에 있어서는 가득히 만물을 생성하는 마음이며, 사람에 있어서는 따뜻하게 사람을 사랑하고 만물을 이롭게 하는 마

음으로서 사덕(四德)을 포괄하고 사단(四端)을 꿰뚫은 것이다.[25]

여기서는 "이것이 공문(孔門)의 가르침이 반드시 학자로 하여금 인(仁)을 구함에 급급하게 하는 까닭이다."라는 이황 자신의 말 이외에 별도의 추가 내용이나 변경 없이 주희의 말을 그대로 옮겨 적고 있다. 여기서는 천지의 마음과 인간 마음의 보편성과 동일성을 이야기하고 있다. 즉 위에서 말한 '생물지심(生物之心)'에 대한 설명이다. 천지가 네 가지 덕(元·亨·利·貞)을 지니듯이 자연은 사 계절(봄·여름·가을·겨울)이 있다. 인간 또한 네 가지 덕[仁·義·禮·智]을 지니고, 사랑함[愛]·공경함[恭]·마땅함[宜]·분별함[別]이라는 네 가지 감정 작용으로 드러난다는 것이다. 인간의 도덕성과 도덕적 가치는 천지의 도덕성과 도덕적 가치에 근원한다. 천지의 '원(元)'이 으뜸으로서 거느리지 않는 것이 없듯이 봄의 생성하는 기운 또한 미치지 않는 곳이 없다. 그리고 사람의 인(仁) 또한 포괄하지 않는 것이 없다. '천지의 원(元)'과 '만물의 봄'과 '사람의 인(仁)'과 '측은지심(惻隱之心)'은 모두가 동일한 보편성과 동일한 가치를 지닌다. 따라서 인간과 자연은 평등하다고 할 수 있다. 천지가 만물을 낳는 마음의 차원에서는 인간이 자연물보다 우수하다거나 우월하다고 할 수 없다. 천지생물지심에 있어 인간은 자연물과 동일한 생명 가치를 지니고 있으며 평등하다. 그러므로 인간은 천지가 만물을 낳는 마음으로 자신의 마음을 삼아 사람을 사랑하고[仁民] 만물을 이롭게[愛物] 할 수 있으며 또한 그렇게 해야 한다.

---

25 『退溪先生文集』卷7「進聖學十圖箚」,〈第七仁說圖〉208쪽: "又曰: 天地之心, 其德有四, 曰元亨利貞, 而元無不統. 其運行焉, 則爲春夏秋冬之序, 而春生之氣, 無所不通. 故人之爲心, 其德亦有四, 曰仁義禮智, 而仁無不包. 其發用焉, 則爲愛恭宜別之情, 而惻隱之心, 無所不貫. 蓋仁之爲道, 乃天地生物之心, 卽物而在. 情之未發, 而此體已具, 情之旣發, 而其用不窮. 誠能體而存之, 則衆善之源, 百行之本, 莫不在是. 此孔門之敎, 所以必使學者汲汲於求仁也. … 又曰: 事親者, 事兄悌, 及物恕, 則亦所以行此心也. 此心, 何心也. 在天地則块然生物之心, 在人則溫然愛人利物之心, 包四德而貫四端者也."

5. 수양[敬]을 통한 도덕성[四德]의 보존과 실현

이황은 타고난 기질의 차이에 따른 사람과 자연존재물 사이의 우열의 차등뿐만 아니라 사람과 사람 사이에도 우열의 차등이 있다고 주장한다. 먼저 "사람과 만물이 통하고 막힌 구분은 기(氣)의 바르고 편벽됨의 차이에서 말미암았다 함은 이미 가르침을 들었으나, 우리가 다 바른 기(氣)를 얻었는데, 또 상지(上智)·중인(中人)·하우(下愚)의 다른 세 등급이 있는 것은 어째서입니까?"[26]라는 질문에 대해 이황은 다음과 같이 대답한다.

사람의 기(氣)는 바르기는 하다. 그러나 기에는 음(陰)과 양(陽)이 있으니, 그 타고난 기질이 어찌 맑고 탁하며, 순수하고 박잡하다고 말할 수 없겠는가? 이러므로 사람이 날 때에 하늘에서 기(氣)를 받았으니 하늘의 기운은 맑은 것도 있고 탁한 것도 있고, 땅에서 질(質)을 받았으니 땅의 질은 순수한 것도 있고 박잡한 것도 있다. 그러므로 그 맑고 순수한 것을 타고난 자는 상지(上智)가 되니, 상지는 천리(天理)에 대해 이미 분명히 알고 극진하게 행하므로, 자연히 하늘과 함께 합한다. 맑되 박잡하거나, 탁하되 순수함을 타고난 자는 중인(中人)이 되니, 중인은 천리에 대해 하나는 지(智)는 남음이 있으나 행이 부족하고 하나는 지는 부족함이 있으나 행이 남음이 있어서, 비로소 하늘에 합한 것도 있고 어긴 것도 있다. 그 탁하고 박잡함을 얻은 것은 하우(下愚)가 되니, 하우는 천리를 아는 것이 이미 어둡고 행하는 것이 또 간사하여 멀리 하늘과는 어그러진다. 이것이 사람이 타고난 것에 대체로 세 등급이 있게 된 까닭이다.[27]

---

26 『退溪先生續集』卷8「天命圖說」, 212쪽: "問: 人物通塞之分, 由氣有正偏之殊者, 旣得聞命矣, 吾人也皆得氣之正者也, 然亦有上智中人下愚三等之殊, 何耶."

27 『退溪先生續集』卷8「天命圖說」, 212~213쪽: "曰: 人之氣正則正矣. 而其氣也有陰有陽, 則其氣質之稟, 亦豈無淸濁粹駁之可言乎. 是以, 人之生也, 稟氣於天, 而天之氣有淸有濁,

비록 인간이 자연물에 비해 바른 기(氣)를 품부 받아 동·식물보다 우수하다고 하지만, 인간 또한 하늘로부터 품부 받은 기(氣)의 청탁(淸濁)과 땅으로부터 받은 질(質)의 수박(粹粕)의 차이가 있어서 인간 사이에도 층차를 지니게 된다는 것이다. 즉 선천적으로 청명(淸明)하고 순수(純粹)한 기질로 구성된 '상지(上智)'와 청명하지만 박잡(駁雜)하거나 탁하지만 순수한 기질로 구성된 '중인(中人)'과 탁하고 박잡한 기질로 구성된 '하우(下愚)'가 존재한다. 이러한 층차는 우주자연의 생명의 이치[天理]를 아는 문제와 행하는 문제에 있어서 다양한 형태로 드러난다. 즉 상지는 나면서부터 천리를 분명하게 알고 지극하게 행하여 자연스럽게 하늘과 더불어 합일[天人合一]하지만, 중인은 천리에 대한 앎과 행함에 있어 어느 한쪽이 지나치거나 부족함이 있어서 하늘과 합일하는 경우도 있고 그렇지 못한 경우도 있다. 하우의 경우에는 탁하고 꽉 막힌 기질로 인해 천리를 알지도 못할 뿐만 아니라 행하지도 못하여 하늘과 오히려 멀어진다는 것이다.

그렇다면 선천적으로 타고난 기질로 인한 이러한 층차는 동물과 식물처럼 고착화되어 후천적으로 극복할 수 없는 것인가? 그렇다면 상지를 제외한 중인, 아니 중인을 제외한다 하더라도 하우의 경우에는 동·식물과 다를 것이 없게 된다. 이와 관련한 이황의 이야기를 들어보자.

그렇다 하더라도 리(理)와 기(氣)는 서로 필요로 하여 없는 곳이 없기 때문에, 비록 상지(上智)의 마음이라도 능히 형기(形氣)의 발하는 것이 없을 수 없고, 리가 상지라고 하여 더 풍족하게 있고 하우(下愚)라 하여 더 적게 있지 않으니, 비록 하우의 마음이라도 천리(天理)의 본연은 없을 수 없다. 그러므로 기

<hr>

稟質於地, 而地之質有粹有駁. 故稟得其淸且粹者爲上智, 而上智之於天理, 知之旣明, 行之又盡, 自與天合焉. 稟得其淸而駁濁而粹者爲中人. 而中人之於天理, 一則知有餘而行不足, 一則知不足而行有餘, 始與天有合有違焉. 稟得其濁且駁者爲下愚, 而下愚之於天理, 知之旣暗, 行之又邪, 遠與天違焉. 此人之稟, 大槩有三等者也."

질의 아름다운 것은 상지라도 감히 스스로 믿지 못하는 것이며, 천리의 본연에 대해서는 하우(下愚)라도 마땅히 스스로 힘써야 할 것이다. 이 때문에 우(禹)는 큰 성인인데도 순(舜)이 반드시 유정유일(惟精唯一)로써 힘쓰게 하였고, 안자(顔子)는 큰 현인인데도 공자(孔子)가 반드시 박문약례(博文約禮)로써 지도한 것이다. 『대학』은 배우는 자의 일인데 증자(曾子)는 반드시 격치성정(格致誠正)을 지행(知行)의 가르침으로 삼고, 『중용』은 가르치는 자의 일인데 자사(子思)는 반드시 택선고집(擇善固執)을 지행(知行)의 방법으로 삼았다. 그러면 학문의 도는 기질의 아름답고 악한 것에 매이지 않고, 오직 천리를 아는 것이 밝은가 밝지 못한가, 천리를 행하는 것이 지극한가 지극하지 못한가에 달려 있는 것이다.[28]

상지든 중인이든 하우든, 이는 영원히 불변하는 것이 아니라는 것이다. 상지든 하우든 그 마음에는 사사로운 형기(形氣)에서 발하는 것[人心, 人欲]이 있다. 그리고 선천적으로 부여받은 리는 상지든 하우든 모두 동일하다. 성즉리(性卽理)이기 때문에 하우도 상지와 동일하게 천리의 본연을 자신의 본성으로 내재하고 있는 것이다. 따라서 기질에만 얽매여서는 안 된다. 비록 상지라 하더라도 타고난 우수한 기질만 믿고 자만해서도 안 된다. 그리고 하우라 하더라도 타고난 기질이 나쁘다고 하여 자포자기하지 말고 자신에게 내재된 천리의 본연을 믿고 이를 성취하기 위해 더욱 힘써야 한다는 것이다. 이 때문에 성인이나 현인들도 '유정유일(惟精惟一)', '박문약례(博文約禮)', '격치성정(格致誠正)', '택선고집(擇善固執)'을 지행의 방법으로 삼아 천리를 지극히 실현하고자 노력하였던 것이

---

28 『退溪先生續集』卷8「天命圖說」, 212~213쪽: "雖然, 理氣相須, 無乎不在, 則雖上智之心, 不能無形氣之所發, 理之所在, 不以智豐, 不以愚嗇, 則雖在下愚之心, 不得無天理之本然. 故氣質之美, 上智之所不敢自恃者也, 天理之本, 下愚之所當自盡者也. 是故, 禹大聖人也, 而舜必勉之以惟精惟一, 顔子大賢人也, 而夫子必道之以博文約禮, 至於大學, 學者事也, 而曾子必以格致誠正, 爲知行之訓, 中庸, 敎者事也, 而子思必以擇善固執, 爲知行之道, 然則學問之道, 不係於氣質之美惡, 惟在知天理之明不明, 行天理之盡不盡如何耳."

다. 학문하는 방법은 기질에 달려있는 것이 아니라 천리를 명확하게 알아서 천리를 미진함 없이 실천하는 데 있다. 따라서 선천적으로 하우로 태어났다 하더라도 상지로 태어난 사람보다 수백 수천 배의 노력을 하면 상지와 같은 경지에 이를 수 있다. 비록 타고난 기질의 맑고 탁함, 순수함과 잡박함의 차이가 있고 이로 인해 후천적인 노력(공부) 또한 다소의 차이가 있다 하더라도 그 귀결점은 동일하다는 점이 중요하다. 그 귀결점이란 맹자가 말한 인간이 금수와 다른 점, 곧 '사덕(四德)'과 같은 도덕성을 회복하는 것을 의미한다. 이에 이황은 다음과 같이 말한다.

사람이 하늘의 명을 받을 때에 사덕의 이치를 갖추어, 한 몸의 주재가 되는 것은 마음이요, 사물이 마음에 감촉되어 선·악의 기미를 따라 한 마음의 쓰임이 되는 것은 정(情)과 의(意)이다. 그러므로 군자는 이 마음이 움직이지 않을 때에 반드시 존양(存養)하여서 그 본체(本體)를 보존하고, 정의(情意)가 발할 때에는 반드시 성찰(省察)하여 그 쓰는 것을 바르게 할 것이다. 그러나 이 마음의 이치가 호호(浩浩)하여 잡을 수 없으며, 혼혼(渾渾)하여 측량할 수 없으니, 만약 경(敬)을 첫째로 삼지 않으면, 어찌 능히 그 성(性)을 보존하고 그 본체를 세우겠는가. 이 마음의 발하는 것이 미묘하여 가는 털끝을 살피기보다 어렵고, 위태하여 구덩이를 밟기보다 어려울 것이니, 진실로 경을 첫째로 삼지 않으면 또 어찌 그 기미를 바르게 하고, 그 쓰임에 통달할 수 있겠는가. 이러므로 군자의 학문은 마땅히 이 마음이 발하지 않았을 때에는 반드시 경을 주로 하여 존양의 공부를 더해야 하고, 이 마음이 이미 발했을 때에는 반드시 성찰의 공부를 더해야 할 것이니, 이것이 바로 경학(敬學)이 처음이 되고 끝이 되며 본체와 쓰임에 관통하는 이유이다. 그러므로 이 그림의 절실한 뜻이 더욱 여기에 있다.[29]

---

29 『退溪先生續集』卷8「天命圖說」, 213쪽: "人之受命于天也, 其四德之理, 以爲一身之主宰者, 心也. 事物之感於中也, 隨善惡之幾, 以爲一心之用者, 情意也. 故君子於此心之靜也,

인간은 누구나 천으로부터 사덕(四德)이라는 도덕적 본성을 부여받았다. 그리고 사람의 마음은 몸을 주재하여 사덕을 구현한다. 마음이 어떠한 상황과 마주하기 전에는 마음의 본체인 사덕을 잘 보존하여 기르는 '존양(存養)'의 공부가 필요하다. 그리고 마음이 상황과 마주하여 정의(情意)로 드러날 때에는 정의가 욕망을 따르지 아니하고 사덕과 일치하도록 '성찰(省察)'하는 공부가 필요하다. 존양성찰을 통해 사덕을 바로 알고 구현하는 것이 바로 '경학(敬學)'이다. 인간은 타고난 기질의 차이에 상관없이 누구나 경(敬)과 같은 도덕적 수양을 통해 기질의 장애와 제약을 극복하고 선천적인 도덕성[天理=四德]을 잘 보존하고 구현함으로써 도덕적 인간이 될 수 있다. 이는 인간만이 가능하다. 자연물은 타고난 기질의 제약과 장애를 극복하거나 뛰어넘을 수 없는 한계를 지닌다. 인간과 자연물의 차이, 즉 차등의 궁극적 목적은 단지 인간의 자연물 지배의 정당성을 확보하고자 하는데 있는 것이 아니라, 도덕적 인간상을 수립함과 아울러 인간의 도덕적 수양의 필요성을 역설하고자 하는데 있다고 할 수 있다.

6. 인애(仁愛)의 확충을 통한 천지만물과의 일체(一體)

이황은 「서명도(西銘圖)」와 「서명고증강의(西銘考證講義)」에서 장재의 「서명(西銘)」을 소개하면서 '천지만물일체(天地萬物一體)'와 '리일분수(理一分殊)'를 바탕으로 '인애(仁愛)의 확충'을 주장한다. 이황은 우선 『성학십

必存養以保其體, 於情意之發也, 必省察以正其用. 然此心之理, 浩浩然不可模捉, 渾渾然不可涯涘, 苟非敬以一之, 安能保其性而立其體哉. 此心之發, 微而爲毫釐之難察, 危而爲坑塹之難蹈, 苟非敬以一之, 又安能正其幾而達其用哉. 是以, 君子之學, 當此心未發之時, 必主於敬而加存養工夫, 當此心已發之際, 亦必主於敬而加省察工夫. 此敬學之所以成始成終而通貫體用者也.

도(聖學十圖)』의 「서명도」에서 「서명」의 내용을 다음과 같이 소개한다.

건(乾)을 아버지라 일컫고, 곤(坤)을 어머니라 일컬으니, 나는 여기에 미소한 존재로 그 가운데 섞여 있다. 그러므로 천지에 가득 차 있는 것은 나의 몸이 되었고 천지를 이끄는 것은 나의 성(性)이 되었다. 백성은 나의 동포요, 만물은 나와 함께 있는 것이며, 대군(大君)은 내 부모의 종자(宗子)요, 대신(大臣)은 종자의 가상(家相)이다. 나이 많은 사람을 높이는 것은 어른을 어른으로 섬기는 것이요, 외롭고 약한 이를 자애하는 것은 어린이를 어린이로 대하는 것이다. 성인은 천지와 덕을 합한 자요, 현인은 빼어난 자이며, 무릇 천하의 병들고 잔약한 사람들과 아비 없는 자식, 자식 없는 아비, 그리고 홀아비와 과부들은 모두 나의 형제 가운데 심한 환난을 당하여도 하소연할 곳이 없는 자이다.[30]

여기서는 천지와 인간과 만물을 하나의 생명체[一體]로 그리기보다는 하나의 '대가정'으로 그리고 있다. 하늘은 아버지이고 땅은 어머니이며, 모든 존재물들은 하늘과 땅의 자식이기 때문에 백성들은 나의 동포이고 만물은 나와 함께한다는 것이다. 이황은 여기서 대군(大君)을 천지의 큰 아들이라 하고 대신(大臣)을 큰 아들 집안의 재상이라고 하여 우주라는 대가정 안에서도 군신의 서열이 존재한다고 본다. 또한 장유(長幼)와 귀천(貴賤)이 나누어진다고 본다.

이렇듯 인물과 장유와 귀천이 나누어지는 이유는 '리일분수(理一分殊)'에서 찾고 있다. 이황은 주희의 말을 인용하여 다음과 같이 말한다.

---

30 『退溪先生文集』卷7 「聖學十圖箚」, 〈第七仁說圖〉, 202쪽: "乾稱父, 坤稱母, 予茲藐焉. 乃混然中處, 故天地之塞, 吾其體, 天地之帥, 吾其性, 民吾同胞, 物吾與也, 大君者, 吾父母宗子, 其大臣, 宗子之家相也. 尊高年, 所以長其長, 慈孤弱, 所以幼其幼. 聖其合德, 賢其秀也, 凡天下疲癃殘疾惸獨鰥寡, 皆吾兄弟之顛連而無告者也."

정자는 「서명(西銘)」이 리일분수(理一分殊)를 밝힌 것이라고 하였다. 무릇 건(乾)으로 아버지를 삼고 곤(坤)으로 어머니를 삼는 것은, 생명이 있는 것은 모두 그러하지 않음이 없으니, 이른바 '리일(理一)'이다. 사람과 만물이 태어남에 있어 혈맥을 지닌 무리는 각각 그 어버이를 어버이로 하고 그 자식을 자식으로 하니, 분수가 어찌 다르지 않겠는가?[31]

「서명」이란 '리일분수', 즉 '이치는 하나이나 품부 받은 분수는 다르다'는 것을 밝히고 있다는 것이다. 우선 "대체로 장횡거(張橫渠)의 이 명(銘)은 나와 천지만물의 이치가 본래 하나인 까닭을 반복하여 미루어 밝힌 것입니다."[32]라는 이황의 말에서 알 수 있듯, '이치가 하나[理一]'라는 말은 인간이든 자연존재물이든 모두가 천지라는 동일한 부모로부터 탄생했기 때문에 생명의 근원에서는 동일하다는 것을 의미한다. 그렇기 때문에 모두가 하나의 생명원리를 부여받았다고 할 수 있다. 그렇다면 '품부 받은 분수가 다르다[分殊]'는 것은 무엇을 말하는 것인가? 동일한 천지로부터 생명을 부여 받았다하더라도 가정에는 부모가 있고 자식이 있으며, 같은 자식이라 하더라도 장남과 장녀가 있고, 차남과 차녀가 있으며, 또한 그 아래 손아래 동생들이 있는 바, 이들의 위치와 역할이 각기 다르다. 한 가정과 같이 천지만물이라는 대가정도 인간과 동물과 식물과 무생물이 위치와 역할이 서로 다르다고 할 수 있다. 그렇다면 「서명」을 '리일분수'를 밝힌 것이라고 해설하는 목적은 무엇인가? 단지 인간과 자연존재물들의 차별성만을 부각시키고자 한 것인가? 다음의 이어지는 이황의 말에서 그렇지 않음을 알 수 있다.

---

31 『退溪先生文集』卷7「聖學十圖箚」,〈第七仁說圖〉, 202쪽: "朱子曰: 西銘, 程子以爲明理一而分殊. 蓋以乾爲父, 坤爲母, 有生之類無物不然, 所謂理一也. 而人物之生, 血脈之屬, 各親其親, 各子其子, 則其分亦安得而不殊哉."
32 『退溪先生文集』卷7「西銘考證講義」, 220쪽: "蓋橫渠此銘, 反覆推明吾與天地萬物其理本一之故."

하나로 통합되었으면서도 만 가지로 다르니 비록 천하가 한 집이고 중국이 한 사람과 같다 하더라도 겸애하는 폐단으로 흐르지 않는다. 만 가지가 다른 데도 하나로 관통하였으니 친근하고 소원한 감정이 다르고 귀하고 천한 등급이 다르다 하더라도 자기만을 위하는 사사로움에 국한되지 않으니, 이것이 서명의 대강의 뜻이다. 어버이를 친근하게 여기는 두터운 정을 미루어서 무아(無我)의 공심[公]을 기르고, 어버이를 섬기는 정성으로 하늘을 섬기는 도를 밝힌 것을 보면, 어디를 가도 이른바 분수가 서 있고 리일(理一)을 유추하지 않는 것이 없다.[33]

먼저 '분수(分殊)'의 목적은 묵자의 '겸애(兼愛)'로 흐르지 않도록 하는데 있다는 것이다. 그러나 친소의 차이와 귀천의 등급이 있다 하더러도 리일(理一)이기 때문에 자신만을 위하는 위아(爲我)에 빠져서는 안 된다. 이황은 이와 관련하여 구산(龜山) 양씨(楊氏)의 말을 소개하고 있다. "서명(西銘)은 '리일분수(理一分殊)'에 대한 것이다. '리일(理一)'임을 알기 때문에 인(仁)을 행하고, '분수(分殊)'임을 알기 때문에 의(義)를 행하는 것이다. 이것은 맹자가 어버이를 친한 뒤에 백성을 사랑하고, 백성을 사랑한 뒤에 만물을 아낀다고 한 말과 같다. 그 분수가 같지 않기 때문에 베푸는 것이 차등이 없을 수가 없는 것이다."[34] 리일(理一)과 무관한 또는 리일과 독립된 분수(分殊)는 참된 분수가 아니다. 분수는 반드시 리일을 근본으로 하거나 리일과 짝을 이룬 분수이어야 한다. "남의 나라 보기를 내 나라와 같이 하고, 남의 집 보기를 내 집을 보는 것과 같이 하고,

---

33 『退溪先生文集』卷7 「聖學十圖箚」,〈第七仁說圖〉, 202쪽: "一統而萬殊, 則雖天下一家, 中國一人, 而不流於兼愛之蔽. 萬殊而一貫, 則雖親疎異情, 貴賤異等, 而不梏於爲我之私, 此西銘之大旨也. 觀其推親親之厚, 以大無我之公, 因事親之誠, 以明事天之道, 蓋無適而非所謂分立而推理一也."

34 『退溪先生文集』卷7 「聖學十圖箚」,〈第七仁說圖〉, 202쪽: "龜山楊氏曰: 西銘, 理一而分殊. 知其理一, 所以爲仁, 知其分殊, 所以爲義. 猶孟子言親親而仁民, 仁民而愛物. 其分不同, 故所施不能無差等耳."

남의 몸 보기를 제 몸같이 하라."[35]는 묵자의 주장에서 알 수 있듯, 겸애는 나와 남, 나의 가족과 이웃, 나의 나라와 타국을 구별하지 않고 모두를 똑같이 사랑하는 것이다. 묵자의 무차별적 '겸애'는 이상적이기는 하지만 현실의 다양성을 반영하지 못하는 한계가 있다. 반면 "털 하나를 뽑아 온 천하가 이롭게 된다 하더라도 그렇게 하지 않는다."[36]는 양주(楊朱)의 '위아(爲我)'는 인간의 이기심만을 조장함으로써 갈등과 투쟁을 야기함으로써 공동체를 파괴하는 문제를 야기할 수 있다. 따라서 '리일(理一)', 즉 '천지만물을 한 몸으로 여기는 인(仁)'을 바탕으로 하되, 반드시 먼저 자기가 근본이 되고 주재(主宰)가 되어 모름지기 남과 내가 하나의 이치로 친밀하게 연관되어 있다는 의미와 가슴에 가득한 측은한 마음이 관철되고 유통되어서 막힘이 없고 고루 미치지 않는 데가 없음을 깨달아야 한다.[37]

인체(仁體)에 대한 절실한 인식을 바탕으로 그 인(仁)을 관계상 가까운 곳에서부터 먼 곳으로 확충해 나가야 한다. 즉 어버이를 친애한 뒤에 백성을 사랑하고, 백성을 사랑한 뒤에 만물을 아끼는 방식으로 순차적으로 확충해 나가는 것이다. 분수는 궁극적으로 자기의 부모에게만 효도하고 자기 자식만을 사랑하라는 것이 아니다. 선택적 상황에서는 먼 사람이나 자연존재물보다는 가까운 사람이나 인간에 대한 사랑을 먼저 하지만, 궁극적으로는 가까운 사람에 대한 사람의 마음에서 출발하여 다른 사람 나아가 자연존재물로까지 확대하라는 것이다. 이에 이황은 "어버이를 친근하게 여기는 두터운 정을 미루어서 무아(無我)의 공심(公)을 기르고, 어버이를 섬기는 정성으로 하늘을 섬기는 도를 밝힌 것을 보면,

---

35 『墨子』「兼愛篇」: "視人之國若視其國 視人之家若視其家 視人之身若視其身."

36 『孟子』「盡心上」 26: "孟子曰: 楊子取爲我, 拔一毛利而天下, 不爲也."

37 『退溪先生文集』卷7「西銘考證講義」, 220쪽: "今橫渠亦以爲仁者, 雖與天地萬物爲一體, 然必先要從自己爲原本, 爲主宰, 仍須見得物我一理, 相關親切意味, 與夫滿腔子惻隱之心, 貫徹流行, 無有壅闊, 無不周徧處, 方是仁之實體."

어디를 가도 이른바 분수가 서 있고 '리일(理一)'을 유추하지 않는 것이 없다."고 말할 수 있는 것이다. 무차별적 사랑이 아니라 먼저 인체(仁體)를 명확하게 인식하고 나서 친친(親親)에서 시작한다. 그리고 친친에 머무르지 아니하고 무아(無我)의 공심(公心)을 길러서 인민(仁民)으로 애물(愛物)로 확충해 나갈 때, 비로소 묵자(墨子)가 사랑에 차등이 없다고 한 것이나 불가(佛家)에서 남을 나라고 인식하는 병통[38]이 없게 된다는 것이다.

「서명」을 통해 이황이 도달하고자 한 세계는 '구인(求仁)'을 통해 천지만물과 진정으로 한 몸[一體]이 되는 세계이다.[39] 이에 이황은 다음과 같이 말한다.

대체로 횡거의 이 명(銘)은 나와 천지만물의 이치가 본래 하나인 까닭을 반복하여 미루어 밝힌 것입니다. 인(仁)의 체(體)를 형상화해서 유아(有我)의 사심(私心)을 깨뜨리고 무아(無我)의 공심(公心)을 크게 열어 주어, 그 완고하기가 돌과 같은 마음으로 하여금 융화(融化)하고 환히 통하게 하여 남과 나 사이에 간격이 없게 해서 조그마한 사심도 그 사이에 용납함이 없게 하였으니, 천지만물이 한 집안이 되고 온 나라가 한 사람처럼 되어서 남의 아픔을 내 몸의 아픔과 같이 간절히 여기면 인도(仁道)를 얻을 수 있습니다. 그런 까닭으로 정완(訂頑)이라 이름 하였으니, 그 완고함을 고쳐서 인(仁)하게 된다는 의미입니다.[40]

---

38 『退溪先生文集』 卷7 「西銘考證講義」, 220쪽: "如墨氏愛無差等, 釋氏認物爲己之病, 皆不知比義故也."

39 『退溪先生文集』 卷7 「聖學十圖箚」, 〈第七仁說圖〉, 203쪽: "蓋聖學在於求仁, 須深體此意, 方見得與天地萬物爲一體, 眞實如此處, 爲仁之功, 始親切有味."

40 『退溪先生文集』 卷7 「西銘考證講義」, 220쪽: "蓋橫渠此銘, 反覆推明吾與天地萬物其理本一之故, 狀出仁體, 因以破有我之私, 廓無我之公, 使其頑然如石之心, 融化洞徹, 物我無間, 一毫私意無所容於其間, 可以見天地爲一家, 中國爲一人, 痒痾疾痛, 眞切吾身, 而仁道得矣. 故名之曰訂頑, 謂訂其頑而爲仁也."

리(理)에 측면에 있어서는 나와 천지만물의 이치는 둘이 아닌 하나이다. 그러나 리의 차원에서 하나라는 것만으로 현실 속에서 나와 천지만물이 '한 몸[一體]'이라는 것을 보증하지는 않는다. 내외(內外)와 물아(物我)를 둘로 나누고 외(外)와 물(物)을 내(內)와 아(我)의 욕망 충족을 위한 도구와 수단으로 여기고 이를 착취·파괴하는 유아(有我)의 사심(私心)을 극복하는 '후천적 수양'이 수반되어야 한다. 수양을 통해 사심을 제거하고 '무아(無我)의 공심(公心)'을 회복할 때, 비로소 내·외와 물·아가 합일(合一)되고 한 몸[一體]이 될 수 있다. 만물과 한 몸이 되어야만 남의 아픔이 나와 무관한 남의 아픔이 아닌 내 몸의 절실한 아픔으로 느껴질 수 있게 된다. 유아의 사심은 이기적 개체로서의 소아(小我)의 마음이라면, 무아의 공심은 천지만물과 한 몸이 된 대아(大我)의 마음이다. 대아는 그냥 주어지는 것이 아니라 후천적인 수양을 통해 가능하다. 수양을 통해 대아·무아의 경계에 도달할 때 비로소 자연존재물과 나 사이에 단절이 없는 물아일체(物我一體)가 실현되는 것이다.

이황이 주장하는 인(仁)의 실현 방법은 가깝고 친한 곳으로부터 점차 멀고 소원한 곳으로 넓혀 나가는 '확충(擴充)'의 방식이다. 친한 가족에 대한 사랑에서 출발하여 이웃에 대한 사랑으로, 나아가 인류에 대한 사랑은 물론 자연존재물에 대한 사랑으로 점차 확충해 나가는 방법이다. 이는 겸애나 박애가 아닌 '확충애(擴充愛)'이며, 이는 인간의 자연스러운 정서에 근거한 매우 현실적인 방법이라고 할 수 있다.

7. 글을 마무리하며

이상 5개 장에서 이황의 철학사상에 담긴 생태론적 특성에 대해 고찰해 보았다. 그 내용을 간단히 요약해 보면 다음과 같다.

첫째, 일리(一理)의 보편성과 평등의 원리이다. 이 세상 모든 존재물들은 형이상학적 원리로서의 리(理)와 형상을 이루는 질료인 기(氣)로 구성되어 있다. 인간과 자연만물은 모두 차별 없이 동일한 하나의 리[一理]를 부여 받아 이를 자신의 본성으로 삼는다. 따라서 인간과 자연만물은 본원적으로 평등하고 내재적 가치의 측면에서도 차별 없이 평등하다. 이 부분에서는 환경윤리의 심층생태주의와 유사하다고 말할 수 있다.

둘째, 기품(氣稟)에 따른 인간과 자연물의 차등성이다. 일리(一理), 즉 본원적 차원에서는 모든 존재물들이 평등하지만, 현실적 차원에서는 품부 받은 기의 청탁(淸濁)과 수박(粹粕)의 차이로 인해 인간과 자연물 사이에 차등이 존재한다. 올바른 기를 얻은 인간의 기질은 잘 통하고 밝은 반면, 편벽된 기를 얻은 자연물은 기질이 막히고 어두운 차이가 있다는 것이다. 이 부분은 인간의 우수성을 중시하는 인간중심주의를 연상케 한다.

셋째, 사람의 마음이 곧 하늘의 마음이다. 사람의 마음은 이기적 개체심이 아니라 천지가 만물을 낳는 마음인 인심(仁心)이다. 사람은 이 마음을 통해 사람을 사랑하고 만물을 이롭게 할 수 있다. 위에서 말한 인간의 우수성이란 인간중심주의에서와 같이 자연 정복과 지배의 근거가 아니라 자연을 살리고 돌봐야 하는 인간 사명의 근거가 된다.

넷째, 수양[敬]을 통한 도덕성[四德]의 보존과 실현이다. 사람과 사람 사이에도 타고난 기질에 따라 상지(上智), 중인(中人), 하우(下愚)라는 차등이 존재한다. 그러나 중인과 하우라 하더라도 상지와 같이 천리(天理)의 본연을 지니고 있다[性卽理]. 인간은 누구나 경(敬)과 같은 도덕적 수양을 통해 기질의 장애와 제약을 극복하고 선천적인 도덕성[四德]을 잘 보존하고 구현함으로써 도덕적 인간이 될 수 있다.

다섯째, 인애의 확충을 통한 천지만물과의 일체(一體)이다. 친소원근의 자연한 정서에 바탕 하지 않는 묵자의 겸애를 반대하지만, 자기만을 위한 사사로움에 국한되는 위아(爲我) 또한 반대한다. 천지만물을 한 몸으로 여기는 인체(仁體)에 대한 절실한 인식을 바탕으로 가족에 대한 사랑에서 출발하여 이웃에 대한 사랑으로, 나아가 인류에 대한 사랑은 물론 자연존재물에 대한 사랑으로 점차 확충해 나가는 방법이다. 이는 수양을 통해 유아(有我)의 사심(私心)을 극복하고 무아(無我)의 공심(公心)을 회복할 때 가능하며, 공심에 근거한 확충애(擴充愛)를 통해 비로소 물아일체(物我一體)가 실현된다.

본원적 차원에서 일리(一理)의 보편성을 근거로 모든 존재물들이 동일한 내재적 가치를 지니고 있으며 모두가 소중한 생명체로서 존중되어야 한다는 이황의 입장은 모든 생명체는 존중되어야만 한다는 '생명의 동등성 원칙'[41]과 상통한다. 현실 차원에서 무생물과 식물은 물론 식물과 동물이 다르며, 동물과 인간 또한 다르다. 현실적 차원서 품부 받은 기질의 차이로 인한 인간과 자연존재물의 차이를 말하는 이황의 입장에는 이러한 현실이 반영되어 있다. 보편적 원리만으로는 현실을 있는 그대로 담아낼 수 없기 때문에 기품을 근거로 현실 세계의 서로 다른 모습들을 담아낸다. 또한 멀고 소원한 존재보다는 가깝고 친한 존재에 대해 더 사랑하는 것이 인간의 자연스러운 정서이다. 이황은 이러한 자연스러운 정서를 바탕으로 가까운 사람에 대한 사랑[親親], 인간에 대한 사랑[仁民], 자연물에 대한 사랑[愛物]이라는 차등적 사랑을 말하고 있다. 이러한 차등성의 원칙은 동등성의 대원칙 하에 생명들 간의 위계 문제를 해결하는데 기여한다.[42] 그렇다고 이러한 차등적 사랑이 가족이기주의나 인간중심주의에서와 같이 선택적 사랑과 차별적 사랑으로 고착화되는 것을 의미하는 것은 아니다. 내 부모에 대한 공경과 내 자식에 대한 보살핌의 마음을 자신의 가족에 한정하지 말고 이웃으로, 나아가 전 인류로 확대시켜 나가야 한다. 가족에 대한 사랑에서 이웃에 대한 사랑으로,

---

41 변순용, 「쉬바이처의 생명윤리에 나타난 윤리적 원칙에 대한 연구」, 『ELSI연구』 1권 1호, KAIST Press, 2003, 52쪽.

42 변순용, 「쉬바이처의 생명윤리에 나타난 윤리적 원칙에 대한 연구」, 『ELSI연구』 1권 1호, KAIST Press, 2003, 44쪽 참조.

인류에 대한 사랑으로, 자연물에 대한 사랑으로, 사랑의 마음을 점차 확충해 나감으로써 차등과 차별을 고착화시키는 것이 아니라 오히려 차등과 차별을 넘어 우주자연의 생명 본질과 생명의 존엄성을 구현해 나갈 수 있는 것이다.

이황이 말하는 인애의 확충은 인간의 자연한 정서에 근거하면서도 수양을 통해 점차 확충해 나가는 유교적 방식이다. 서구의 환경윤리는 인간중심주의는 물론 동물권리주의와 생명중심주의와 같은 개체 중심적 환경윤리, 나아가 심층생태주의나 사회생태주의와 같은 생태중심주의는 모두가 자연물을 대상화하고 내재적 가치의 부여 대상과 범위를 문제 삼으면서 인간의 자연에 대한 의무와 권리문제를 다룬다.[43] 그리고 그 이면에는 이성주의와 합리주의가 자리 잡고 있다. 이 때문에 인간의 자연한 정서는 상대적으로 중시하지 않는 경향을 지닌다. 자연한 정서는 오히려 신뢰할 수 없는 것으로 부정되기도 한다.[44] 그러나 자연을 대하는 방식에 있어 이성적 차원에서만 다룰 경우, 자칫 인간의 자연한 정서와 괴리됨으로써 실천과의 단절이라는 문제가 발생할 수 있다. 아울러 서구 환경윤리에서는 수양의 문제가 고려되지 않는다. 이로 인해 이성은 도구적 이성으로 전락하여 자기 합리화에 빠질 위험성을 지닌다. 이러한 문제점들에 비추어 볼 때, 한편으론 인간의 자연한 정서를 존중하면서 다른 한편 수양을 통해 친친(親親)에서 인민(仁民)으로, 인민에서 애물(愛物)로 확충해 나가는 방식은 현실적으로도 의미가 있다고 할 수 있다.

---

43 김세정, 『돌봄과 공생의 유가생태철학』, 고양: 소나무, 2017, 29~77쪽 참조.

44 머레이 북친 지음, 문순홍 옮김, 『사회 생태론의 철학』, 서울: 솔, 1997, 138쪽 및 148쪽 참조.

욕망의 본질에 관하여
-퇴계 욕망론의 정신분석학적 이해-

이윤영(영주삼봉병원장) · 김혜원(동국대학교 명상심리상담학과 겸임교수)

1. 서론

현대를 살아가는 우리에게 '욕망(慾望)[1]의 문제'는 삶의 화두(話頭)이다. 욕망을 어떻게 인식하고 실현할 것인가 하는 것은 곧 삶의 해석과 태도로 연결되기 때문이다. 그렇기에 욕망은 인간 존재의 의미와 위상을 나타내는 핵심적인 '한 마디'이다. 스피노자(B. Spinoza)의 "욕망은 인간의 본질이다"[2]라는 말과 쇼펜하우어(A. Schopenhauer)의 "인생은 충족

---

1 욕망 즉 desire란 경향, 바람, 요구, 갈망, 정욕 등을 동시에 의미하기 위해 철학, 정신분석, 심리학에서 사용하는 용어로, 정신과 육체가 정신적이거나 성적인 유혹을 느끼게 되는 대상으로 향하는 모든 형태의 운동을 말한다. Elisabeth Roudinesco et Michel Plon, 강응섭 외 옮김, 『정신분석대사전(Dictionnaire de la Psychanalyse)』, 서울: 백의출판사, 2005, 830쪽. 이와 같은 慾望의 개념을 이 글에서는 '欲'과 동의어로 사용하고자 한다. 그 이유는 欲이라는 글자의 '欠'은 갑골문과 금문에서는 사람이 입을 벌리고 몸을 구부리고 있는 모습을 나타낸다. 이것과 虛를 의미하는 '谷'이 합해서 이루어진 '欲'이라는 글자는 뱃속이 공허하여 입을 벌리고 먹을 것을 찾는 것을 의미한다. 慾 또한 欲과 동의어인데, 후자가 명사와 동사 양쪽에 사용되는 반면 전자는 주로 명사로 쓰인다. 欲은 욕망 · 욕구 · 원망 등으로 해석할 수 있겠는데, 그것이 하나의 개념으로서 의미하는 바는 매우 광범위해서, 식욕과 성욕 및 그 밖의 생리적이고 본능적인 욕구, 정욕, 물질적 이익과 사회적 지위에 대한 욕망 등을 널리 포괄하는 개념이기 때문이다. 溝口雄三 외 공저, 김석근 외 옮김, 『중국사상문화사전』, 서울: 민족문화문고, 2003, 179쪽.

2 B. Spinoza, 강영계 옮김, 『에티카(Ethics)』, 파주: 서광사, 1990, 188~189쪽.

되지 않는 욕망과 권태(倦怠) 사이에서 오락가락하는 시계추와 같다"[3]는 말이 이를 잘 표현해 주고 있다.

욕망의 문제는 오늘날뿐만 아니라 고대 인디아의 『베다(Veda)』와 『우파니샤드(Upanishad)』를 검토해 보아도 인도인들에게서 욕망은 삶의 중핵적(中核的) 주제였음을 알 수 있다. 또 초기 불교경전(Pāli-Nikāya)에서도 욕망의 문제는 인간 고통의 핵심적 근원으로서 인식되어 경전에서 세밀하게 논의되었다.[4] 그리고 세친(世親, Vasubandhu)의 「유식삼십송(唯識三十頌)」 또한 욕망의 문제를 인식론적 관점에서 심층적으로 다루고 있고, 선불교(禪佛敎)도 욕망하는 마음이 곧 부처임[卽心卽佛]을 깨닫게 하는 것으로 욕망의 혜용(慧用)을 강조하고 있다.

이런 욕망의 문제는 중국사상에서도 매우 중요시 취급되었다. 맹자(孟子)의 과욕론(寡欲論)[5], 노자(老子)의 무욕론(無欲論)[6], 순자(荀子)의 절욕론(節欲論)[7]으로부터, 송대(宋代)의 천리인욕론(天理人欲論) 그리고 청대(淸

---

3 A. Schopenhauer, 최민홍 옮김, 『인생론(Parerga und Paralipomena & Aphorismen zur Lebensweisheit)』, 서울: 집문당, 2009, 18~19쪽.

4 간단히 살펴보면, 초기불교에서 까마kāma는 감각적 기쁨의 대상이면서 감각적 기쁨을 위한 욕망을 말한다. 이 까마는 사마타 수행[지(止)]을 통하여 선정(禪定)을 성취하는데 장애가 되며 또 사마타와 위빠사나 수행[내관(內觀)]을 통하여 성인이 되는 것을 방해하는 속박(족쇄)로서 인식되었다. 이에 반해 찬다chanda는 인간이 가지고 있는 욕구, 의욕, 자극, 의도, 의지, 욕망, 집착 등의 의미로 대상을 향하여 나아가기 위한 원인이 되는 심리적 현상을 뜻한다. 이는 삶의 중요한 원동력이 될 수 있으며 반대로 괴로움의 원인이 될 수 있다. 또 라가rāga · lobha는 보다 넓고 강한 욕망으로 탐욕, 열망, 갈망, 집착 등의 이기적인 욕망을 나타낸다. 이는 삶의 동력이 아닌 괴로움의 원인으로 수행을 통해서 제거되어야 할 대상으로 인식되었다. 마지막으로 딴하taṇhā는 갈애, 갈망, 욕망, 집착 등의 의미를 가지고 있는데, 이는 윤회를 일으키고 생기게 하는 갈애이면서 윤회를 종식시키는 갈애로써 인식된다. 까마와 라가는 괴로움의 원인이 되고, 찬다와 딴하는 괴로움의 원인이 될 수도 있고 삶의 동력이 될 수도 있는 것으로 보고 있다. 이렇게 초기불교에서는 욕망의 존재를 부정하지 않았으며, 다만 적절히 조절할 것을 권하는 것이 성리학과 다소 일맥상통한다고 볼 수 있다. 정준영, 『욕망』, 「초기불교의 욕망 이해」, 서울: 운주사, 2008, 27~58쪽.

5 『孟子』「盡心下」: "養心 莫善於寡欲."

6 老子, 『道德經』3장: "常使民無知無欲."; 19장: "少私寡欲."

7 『荀子』「正名」: "欲雖不可去 求可節也."

代) 대진(戴震)의 절욕론(節欲論)[8] 등에서도 자세히 언급됨 확인할 수 있는데, 이는 고대로부터 근현대에 이르기까지 중국사상가들도 욕망의 인간 삶에서의 중요성을 인식하고 고민하였다는 증거가 된다.

물론 욕망의 인간 삶의 있어서의 중요성을 동양만 가지고 있었던 것은 아니다. 프로이드(Freud)가 정신분석에 차용한 그리스로마신화는 인간의 욕망을 신(神)들의 세계를 이해하는데 투사(投射, projection)한 것[9]으로 볼 수 있고, 플라톤(Platon)도 『향연(Symposium)』에서 중간자(中間者)로서의 인간이 결핍으로서 가지는 욕망에 대해 논하고 있다. 그리고 인간의 삶의 목적을 행복이라고 본 에피쿠로스(Epicouros)학파뿐만 아니라 근대의 헤겔(Hegel) 또한 "인간은 욕망하는 존재이며, 욕망은 주관적 심리를 넘어 삶의 방식과 사회적 관계 일반을 함축한다"[10]고 하면서, 노동과 소유를 통한 욕망의 충족을 말하고 있는데, 이 모두 인간의 삶과 욕망과의 본질적 관계를 말하고 있다고 볼 수 있다. 또 힘에의 의지를 말한 니체(Nietzsche), 그리고 권력과 지식의 관계를 말한 푸코(Foucault)도 인간 욕망의 사회적 관계와 방식을 표현한 것으로 볼 수 있겠다. 특히 라캉(Lacan)은 구조주의적인 입장에서 정신분석학에 언어학을 도입하여 욕망을 중심으로 자신의 이론을 전개하였다.

이렇게 욕망은 동서고금을 막론하고 학문의 핵심적 주제였다. 그것은 욕망이 곧 인간 삶의 본질을 가로질러 놓여있는 피할 수 없는 존재의 문제이기 때문일 것이다.

그러면 지금부터 퇴계의 이론을 중심으로 욕망의 본질에 관하여 살펴보자. 그런데 여기서 먼저 언급해 두어야할 것이 있다. 그것은 논자가

---

8   戴震, 『孟子字義疏證』上: "天理者 節其欲而不窮人欲也."

9   특히 Oedipus 와 Narcissus 신화 참고.

10 소병일, 『동서철학에서 보는 욕망과 인간』, 「인륜성 실현으로서 욕망의 변증법」, 고려대학교철학연구소, 2010, 67~92쪽.

욕망의 본질에 관한 통합적 접근을 시도하려 한다는 것이다. 즉 철학과 정신분석학의 통합적 접근은 지금까지 많은 연구가 행해진 바가 없으므로, 이는 새로운 시도라고 볼 수 있겠다. 그러나 새롭게 시도하는 만큼 다만 논문의 치밀성과 완성도가 다소 떨어질 수 있음을 미리 밝히고자 한다. 이러한 연구는 향후에도 지속적으로 이루어져야할 연구이며, 여기서 결론을 내릴 수 없는 주제임을 양해해 주기 바라는 바이다.

2. 욕망은 존재의 본질적 성향인가

퇴계는 마음에 대해 체용적(體用的) 작용 구조를 적용한다. 사람이 가지고 있는 하나의 마음이 비록 육합(六合)에 차고, 고금에 통하고 유명(幽明)을 꿰뚫고 만미(萬微)에 투철(透徹)하다고 해도, 이러한 모든 작용을 요약하면 체(體)와 용(用)이라고 하는 두 글자 밖으로 벗어나지 못한다고 한다.[11]

또 퇴계는 리(理)와 기(氣)를 합하여 심(心)이 됨으로, 자연히 허령지각(虛靈知覺)의 묘(妙)가 있게 되고, 정(靜)하여 중리(衆理)를 갖추고 있는 것이 성(性)이고, 이 성을 담아서 싣고 있는 것은 심이며, 동(動)하여 만사를 응대(應對)하는 것은 정(情)이지만, 이 정을 베풀어 쓰는 것 역시 심이므로, 심은 성정(性情)을 통섭하는 것으로 인식(認識)한다.[12]

여기서 성(性)은 천리(天理)가 사람에게 부여된 것이며, 심(心)은 성과 기(氣)가 합하여 일신(一身)을 주재하는 것으로, 심이 사물에 응하여 바깥으로 발하는 것을 일컬어 정(情)이라고 한다. 성은 심의 체(體)이고 정은

---

11 『退溪全書』(2) 권41「心無體用辯」: "蓋人之一心, 雖彌六合亘古今貫幽明徹萬微, 而其要不出乎此二字."

12 『退溪全書』(1) 권18「答奇明彦 別紙」: "理氣合而爲心, 自然有虛靈知覺之妙, 靜而具衆理性也, 而盛貯該載此性者心也, 動而應發萬事情也, 而敷施發用此情者亦心也, 故曰心統性情."

심의 용(用)이 되는 것으로, 심은 미발(未發)과 이발(已發)의 총명(總名)이 며 따라서 심통성정(心統性情)이라고 한다.[13]

이처럼 퇴계는 불교의 체용관(體用觀)을 송대 도학(道學)의 전통에 따라 심(心)을 인식하는 도구로 사용하였고, 심과 성정(性情)의 관계는 장횡거(張橫渠)의 입장을 수용하였다.

그러면 성정(性情)의 체용적(體用的) 작용에 있어 욕(欲)의 역할과 관계를 살펴보자. 다음의『예기(禮記)』「악기(樂記)」의 글은 이러한 부분을 잘 설명하여 주고 있으며, 퇴계도 수용하고 있는 내용이다.

사람의 마음은 태어날 때부터 조용하고 고요한데 그것이 하늘의 성(性)이다. 그러나 마음이 외물(外物)에 느끼고 움직여 작용하는데 그것이 성(性)의 욕(欲)이다. 마음이 외물에 느껴서 움직이면 지력(知力)이 작용해서 그 외물을 지각하게 되면 호오(好惡)의 감정이 발생한다. 만일 마음속에서 호오의 감정에 절도가 없고 몸 밖에서 사물이 자꾸만 지각을 현혹시키면 그 결과 호오의 감정도 지각이 바르게 작용할 수 없게 되어, 천리(天理)는 멸망해 버린다. 그러므로 만일 호오의 감정이 절도가 없고 지각이 바르게 작용하지 않게 되면 사물이 밖으로부터 마음을 혼란케 하여 사람은 사물에 지배되어 천리가 멸(滅)하고 인욕(人欲)은 왕성해진다.[14]

심(心)의 체(體)인 성(性)이 외물(外物)에 대해 지각하고 반응하는데, 이 것이 심의 용(用)인 정(情)이다. 여기서 외물에 의하여 마음이 움직이는

---

13 『栗谷全書』권14「人心道心圖說」: "天理之賦於人者, 爲之性, 合性與氣而爲主宰於一身者, 爲之心. 心應事物而發於外者, 謂之情. 性是心之體, 情是心之用. 心是未發已發之摠名. 故曰, 心統性情."

14 『禮記』「樂記」: "人生而靜, 天之性也. 感於物而動, 性之欲也. 物至知知, 然後, 好惡形焉. 好惡無節於內, 知誘於外, 不能反躬, 天理滅矣. 夫物之感人, 無窮, 而人之好惡無節, 則是物至而人化物也, 人化物也者, 滅天理而窮人欲者也."

것을 '성지욕(性之欲)'이라고 한다. 즉 정이란 성이 욕(欲)하는 것을 말한다. 성은 천리(天理)가 사람에게 부여된 것을 일컫는 것이므로 '성지욕(性之欲)'은 심의 천리가 움직이는 것을 말한다. 욕에 대한 이러한 생각은 퇴계가 욕을 「천명도설(天命圖說)」에서 토(土)에 배속시키는 데서도 나타난다. "욕(欲)은 칠정(七情)에 들어 있지 않은 데가 없다고 할 수 있음으로 욕(欲)을 토(土)에 배속 시켰을 뿐입니다"[15]고 하여, 욕이 정의 기본이 됨을 말하고 있다. 즉 퇴계에게 있어 리(理)가 발(發)한 사단(四端)의 정(情)이든 기(氣)가 발(發)한 칠정(七情)의 정(情)이든 천리(天理; 性)가 동(動)한 것[욕(欲)]이 정(情)이다. 그러므로 욕은 인간 본성의 반응이므로 모든 인간의 선천적인 본질로서 규정될 수 있겠다.

또 정(情)은 외물이 감응해 오면 동(動)하는 것으로 '성지욕(性之欲)'으로 정의되는데, 이때는 자연스러운 반응으로써의 욕(欲)이다. 그러나 이후의 지각과 호오(好惡)는 주관적인 반응이 되는데, 외물에 현혹이 되든가 아니면 호오감정(好惡感情)의 절도를 잃는 것은 천리(天理; 性)의 욕이 아니라 주관적인 인욕(人欲)이 되는 것으로 인식하고 있다. 즉 천리와 인욕은 발생시점에서부터 서로 대립되는 것이 아니라는 것을 알 수 있다. 퇴계는 다음과 같이 말한다.

인욕(人欲)이라는 것은 바로 천리(天理)의 반대 일 뿐이니, 천리로 인하여 인욕이 있다고 말하면 그럴 수 있어도, 인욕 역시 천리라고 말하면 안 됩니다. 대개 천리 속에는 본래 인욕이 없으나 그 유행(流行)에 차이가 있어서 드디어 인욕이 생겨나게 되는 것입니다.[16]

---

15 『退溪全書』(1) 권22 「答李剛而」: "天命圖說, 以欲屬土, 別無他意, 以爲欲之於七情, 似可謂無所不在, 故屬之如此耳."

16 『退溪全書』(1) 권17 「答友人論學書今奉奇明彦」: "人欲云者, 天理之反也. 謂因天理而有人欲則可, 謂人欲亦是天理則不可. 蓋天理中, 本無人欲, 惟其流之有差, 遂生出人欲來."

인욕(人欲)은 천리(天理)와 반대되는 개념이다. 그런데 인욕이라는 것
은 본래부터 존재하는 것이 아니고, 본래부터 존재하는 것은 오직 천리
뿐이다. 이 천리유행(天理流行)의 차이에 따라 인욕이 발생한다. 천리가
천리본연(天理本然)의 모습대로 차이 없이 유행을 하면 천리의 자연스러
움이 되는 것이고, 만약 천리의 유행에 과불급이 생기면 이것이 인욕이
발생하게 되는 요인으로 보고 있다.[17] 주자(朱子)의 "인욕도 바로 이러한
천리의 내면에서 나온 것이니, 비록 인욕이라고 해도 인욕 가운데에는
천리가 들어 있다"[18]는 것과도 같다. 퇴계는 좀 더 구체적으로 인심(人心)
과 인욕의 관계를 "인심이란 인욕의 본원(本源)이요, 인욕이란 것은 인심
의 말류(末流)이다"[19]고 한다. 형기(形氣)에서 생기(生起)는 인심은 성인(聖
人)도 없을 수 없으나, 다만 천리를 따르지 않아 인욕이라고 이름 붙여
인심과 구별한다고 한다. 그러므로 인욕의 연원은 천리가 된다. 『서경(書
經)』 「상서(商書)」에 "하늘이 사람을 내실 때 욕(欲)을 갖게 하였으니, 임금
이 없으면 곧 어지러워질 것이기 때문에, 하늘은 총명한 이를 내셔서 이
들을 다스리는 것입니다"[20]는 말에서도 확인된다. 즉 하늘이 사람을 낼
때, 처음부터 '유욕(有欲)'한 존재로 만들었으니, 천리유행에 과불급이 없
도록 하라는 것이다. 다시 말해서, 욕(欲; 慾望)은 하늘이 인간에게 부여
한 선천적인 본질적 성향으로서 인식되고 있는 것이다.

여기서 논자는 위에서 살펴본 퇴계 욕망론(慾望論), 즉 욕망(慾望)은 심

17 『退溪全書』(1) 권17 「答友人論學書今奉奇明彦」: "程子謂, 善惡皆天理[朱子註云, 此句若
甚可駭.] 謂之惡者本非惡,[此句, 便都轉了.] 但過與不及, 便如此.[自何而有此人欲之問,
此句答了.]"

18 『朱子語類』 권13: "人欲便也是天理面做出來, 雖是人欲, 人欲中自有天理."

19 『退溪全書』(2) 권40 「答喬姪問目」: "人心者, 人欲之本. 人欲者, 人心之流. 夫生於形氣之
心, 聖人亦不能無, 故只可謂人心, 而未遽爲人欲也. 然而人欲之作, 實由於此, 故曰, 人欲
之本. 陷於物欲之心, 衆人遁天而然, 故乃名爲人欲, 而變稱於人心也. 是知人心之初, 本
不如此, 故曰, 人心之流, 此則人心先而人欲後."

20 『書經』 「商書」: "惟天生民有欲, 無主乃亂, 有天生聰明時乂."

(心)의 본질적 성향임을 수용하고자 한다. 부연하면, 열역학적(熱力學的)으로 존재하기 어려운 생명체가 개체로서 존재하기 위해서는 항상성(恒常性, homeostasis)을 유지해야 한다. 이 항상성에는 생물학적 측면과 심리학적 측면이 있을 수 있는데, 논자는 둘 다를 욕망에 포함하고자 한다. 이는 생물학적 욕구(慾求, need)와 심리적 요구(要求, demand)를 위한 모든 행태가 욕망으로서 정의되는 관점을 수용하겠다는 것이다. 다시 말해 "성색취미(聲色臭味)의 욕구는 모두 기(氣)에서 피어난 것이니, 이른바 인심이요, 인의예지(仁義禮智)의 리(理)는 모두 본성(本性)에 뿌리를 둔 것이니, 이른바 도심(道心)이다"[21]라는 『심경(心經)』의 글처럼, 퇴계가 형기(形氣)에서 생기(生起)한 인심(人心)과 성명(性命)에 근원(根源)한 도심(道心)으로 구별(區別)하여 인식한 것과 그 맥(脈)을 같이 한다. 즉 심(心)의 움직임 전체(全體)를 욕망으로서 수용하는 것이다.

그런데 여기서 만약 '심지동(心之動)'을 욕(欲; 慾望)으로 규정한다면, 욕(욕망)은 현상적(現象學, phenomenology)에서의 의식의 지향성(指向性, intentionality)으로 대비될 수 있다. 심(心)은 리(理)와 기(氣)로 구성되며, 허령지각(虛靈知覺)의 속성을 갖는다. 이때 지각의 기능은 마음이 움직여 나타나는데, 이것이 성지욕(性之欲, 마음이 움직이는 것)이다. 즉 '욕(欲)'이 지각기능의 근본이 된다. 이것은 엄밀한 학(學)으로서 형상학을 정초(定礎)한 후설(Husserl)에게 있어 의식의 본질은 지향성이며, 지향성은 담지자의 인지적 활동을 일으키는 역할을 하며, 그 자체로 다른 것에 의존해서 성립되거나 존립할 필요가 없는 가장 근본적(根本的, fundamental)인 속성과 지위를 갖기 때문에,[22] 성지욕(性之欲)의 욕(欲)과 지향성은 대비될 수 있다. 다시 말하면, 성(性)은 심동(心動)의 소이연(所以然)이고 성동

---

21 『心經』 권1「書 大禹謨 人心道心章」: "夫聲色臭味之欲, 皆發於氣, 所謂人心也. 仁義禮智之理, 皆根於性, 所謂道心也."

22 김영진, 「정신의 지향성의 생물학적 정초에 관한 현상학적 시론」, 『현상학과 현대철학』 38, 2008, 77~100쪽.

(性動)은 심(心)의 소능연(所能然)이기 때문에,[23] 성지욕(性之欲; 性動)은 심동(心動)의 근간이 된다. 그렇기 때문에 마음이 행(行)하는 일체의 활동을 의식(意識)이라고 지칭하고 그것의 본질을 지향성으로 규정하는 것은 대비될 수 있다.

여기서 또 하나 살펴보아야 할 것은, 심(心)의 동(動)도 '~으로의 동'이고 반응도 '~에 대한 반응'이며 욕(欲; 慾望)도 '~에 대한 욕(욕망)'으로 정의되듯이 의식의 지향성 또한 '~에 대한 의식'으로 방향과 대상을 갖는다는 점이다. 즉 심동(心動)이나 의식은 언제나 의미를 지닌 그 무엇과 관련을 맺는다. 의식에 대상이 없는 의식은 없으며, 의식작용이 없는 의식의 대상도 우리에게 경험되지 않는다. 그러므로 의식현상(意識現象)의 장(場, phenomenal field)[24]을 구성하기 위해서는 지향작용(指向作用)의 노에시스(noesis)와 지향대상(指向對象)의 노에마(noema)가 필요하다. 후설은 노에시스와 노에마 상관관계와 관련하여 그것이 "선험적인 보편적 상관관계(das universale Korrelationsapriori)"[25]라고 말한다. 여기서 '선험적'이라는 말은 우연적이 아니라 필연적이라는 뜻이다. 이는 누구에게나 보편적이라는 뜻으로, 노에시스와 노에마의 상관관계는 물(物)에 대한 심(心)의 성(性)과 그 성지욕(性之欲)의 결과인 정(情)과의 상관관계로 대비될 수 있겠다. 그러므로 후설에 있어 마음이 노에시스와 노에마를 주재함은 퇴계에 있어 심통성정(心統性情)과 일맥상통하는 바가 있다고 할 수 있다.[26]

---

23 『退溪全書』(2) 권29 「答金而精別紙」: "旣曰非二物, 則心之動, 卽性之所以然也. 性之動, 卽心之所能然也."

24 현상적 장이란 지각작용을 통해 경험된 세계, 즉 생활세계를 뜻한다. 이남인, 「후설의 초월론적 현상학과 메를로-퐁티의 지각의 현상학」, 『철학연구』83, 2008, 117~141쪽 참고.

25 이남인, 『현상학과 해석학』, 서울: 서울대학교출판부, 2009. 91쪽.

26 여종현, 「후설 현상학 형성의 理氣論的 解釋」, 『현상학과 현대철학』22, 2004, 261~287쪽 참고.

이렇듯 지향성이란 개념은 심리작용과 관계된다. 지향성이 어떤 방식으로든 '~에 향하여 있다'는 말은 대상과의 관계 속에 있는 지적체험이나 감성적 체험 등의 모든 체험을 특징지어 준다. 지향성은 의식의 본질적 구조를 대상과의 관계로서 정의한 개념이 된다.[27]

이와 같은 대상과의 본질적 구조는 프로이드(Freud)의 개념과는 다르다. 그에 의하면, 본능적 만족을 성취하기 위해 이드(Id)는 유기체로 하여금 대상과의 관계를 추구 한다[28]. 정신 혹은 성적(性的) 에너지인 리비도(libido)의 대상집중(對象集中, object cathexis)은 쾌락의 추구이다. 이는 프로이드에게 있어 대상관계는 이차적임을 의미하고 본질적 구조가 아님을 뜻한다. 그러나 후기 페어베언(W.R.D Fairbairn)에 있어서의 리비도는 쾌락을 추구하지 않고 대상을 추구한다. 클라인(Melanie Klein)이 경험을 통하여 욕동(慾動, drive)이 이차적으로 대상을 향하는 것이 아니라, 처음부터 욕동 안에는 그것이 어떤 대상을 지향하는 지에 대한 정보가 들어 있다고 주장해도, 프로이드와 마찬가지로 여전히 클라인에게 조차도 대상은 목적을 위한 수단으로 볼 수 있다. 그러나 페어베언은 이러한 욕동의 수단과 목적관계를 역전시킨다. 페어베언은 대상이 처음부터 욕동 안에 자리 잡고 있을 뿐만 아니라, 처음부터 리비도는 대상을 추구하는 것으로 보았다.[29]

논자는 쾌락과 본능적 만족은 욕동 혹은 리비도의 궁극적인 목적이 아니라, 대상과의 관계를 위한 수단으로서 수용하는 페어베언에 동의한다. 이는 퇴계가 심동(心動)의 소이연(所以然)으로서 성(性)은 선천적인 것으로 모든 사람이 갖는 것이고, 외물을 만나 지각과 호오(好惡)의 정(情)

27 Edmund Husserl, 이영호·이종훈 옮김, 『현상학의 이념 엄밀한 학으로서의 철학(*Die Idee der Phänomenologie*)』, 서울: 서광사, 2007, 27쪽.

28 Sigmund Freud, *The ego and the Id* , SE XIX, p.19.

29 Jay R. Greenberg & Stephen R. Michell, 이재훈 옮김, 『대상관계이론(*Object Relations in Psychoanalysis Theory*)』, 서울: 한국심리치료연구소, 1999, 248~261쪽.

을 만드는 것을 성지욕(性之欲)이라고 한 것은 심(心)의 본질적 성향이 된다. 여기서 욕(欲; 慾望) 즉 심(心)의 본질적 성향이 페어베언의 처음부터 대상을 추구하는 리비도와 대비되는 개념이다. 또 후설 현상학에서 존재하는 것은 현실세계이며 의식자체이다. 이 의식은 본질적으로 '무엇에 대한 의식'이므로 이것을 지향성이라고 하는데, 노에시스와 노에마로 구성된다. 이와 같은 심리현상을 가능하게 하는 것을 후설은 데카르트(Descartes)를 따라서 '선험적 자아'라고 한다.[30] 이 극단적인 환원(還元)을 통해 얻어진 선험적 자아(의식)[31]는 심리현상을 가능하게 하는 근본구조와 원리를 나타냄으로 성리학(性理學)의 리기(理氣)로 구성된 심(心)의 성(性)과 대비되는 개념이다. 그러므로 의식의 지향성과 성(性)의 욕(欲)은 일맥상통한다고 할 수 있다.

지금까지 살펴본 바와 같이, 인간의 마음은 본질적으로 '무엇을 향하고 있다'라고 판단된다. 이 무엇을 향하는 것을 지향성 · 대상 리비도 · 욕이라고 하는데, 이를 욕망이라 일컫는다. 따라서 욕망은 대상추구이며 존재의 본질적 성향으로 볼 수 있겠다.

그러면 이제 인간은 왜 욕망하는지 그리고 무엇을 욕망하는지에 대해 살펴보자.

3. 존재는 왜 욕망하는가

성리학(性理學)이 중요하게 취급하는 인간 본성의 도덕적 문제는 이

---

30 Edmund Husserl, 이영호 · 이종훈 옮김, 『현상학의 이념 엄밀한 학으로서의 철학(*Die Idee der Phänomenologie*)』, 서울: 서광사, 2007, 13~40쪽.

31 Edmund Husserl, 이종훈 옮김, 『순수현상학과 현상학적 철학의 이념들1(*Ideen zu einer reinen Phänomenologie und Phänomenologischen Philosophie I*)』, 파주: 한길사, 2009, 126~131쪽.

논문의 연구주제는 아니다. 또 마음이 움직일 때, 리발(理發)이냐 아니면 기발(氣發)이냐 하는 것도 관심영역이 아니다. 오직 논자는 인간의 마음은 왜 움직이는지 그리고 무엇을 향해서 움직이려고 하는지에 관해서만 언급하고자 한다.

퇴계는 심동(心動)이 없는 미발(未發)을 "접물(接物)하기 전으로, 일어나지도 않고 사라지지도 않는 때이라 이것이 바로 허령(虛靈)의 경지로서 환하게 밝아 어둡지 않은 것이며 이른바 희노애락(喜怒哀樂)의 감(感)하지 않음과 사려운위(思慮云爲)의 흔들림이 없어, 다 적연(寂然)하여 정(靜)함에 속하는 것이니 곧 이른바 미발(未發)인 것입니다"[32]고 하여 정(靜)하여 적연(寂然)한 것이라고 한다. 그리고 미발(未發)의 때는 기(氣)가 작용하지 않고 리(理)가 주재하기 때문에 순선(純善)하다고 한다.[33] 미발(未發)은 적연(寂然)하고 순선(純善)한 즉, 마음이 평온한 상태라고 할 수 있다.

이와 같은 퇴계의 미발(未發)은 범인(凡人)이나 성인(聖人)이나 모두 똑같은 것으로 외암(巍巖) 이간(李柬)이 심언지(深言之)한 것으로 '대본저미발(大本底未發)'에 해당된다고 할 수 있다. 이때는 치우치지도 않고 기울어지지 않은 중(中)이며, 심(心)이 담연(湛然)히 허명(虛明)하여 거울처럼 공허하고 저울처럼 평평한 진체(眞體)의 본연(本然)에 나아가 말한 것이다.[34]

그러나 논자는 미발(未發)에 대한 이러한 관점에 반대한다. 논자는 외암(巍巖)이 천언지(淺言之)한 것으로 '부중저미발(不中底未發)'이라고 한 것에 동의한다. 외암은 "범인(凡人)의 마음은 비록 사물과 접촉하지 않더라

---

32 『退溪全書』(1) 권19 「答黃仲擧」: "未接物前, 不起不滅之時. 所謂, 虛靈之地, 炯然不昧. 所謂, 喜怒哀樂之未感, 思慮云爲之未擾. 皆屬之寂然而靜, 卽所謂未發也."

33 『退溪全書』(2) 권39 「答李公浩問目」: "惟是氣未用事時, 理爲主故純善耳."

34 『巍巖遺稿』 권20 「未發有善惡辨」: "所謂未發, 所謂不偏不倚之中, 所謂天下之大本, 就此心之湛然虛明鑑空衡平眞體之本然者言之."

도 혼매(昏昧)하지 않으면 방종(放縱)한다"[35]고 하여, 미발(未發)의 시점에서 이미 혼란되어 있다고 한다. 즉 범인들은 미발(未發)의 상태에서도 중(中)하지 않다는 것이다. 이는 리기(理氣)가 서로 불상리(不相離)하고 불상잡(不相雜)한데, 비록 기(氣)가 본연적(本然的)으로는 담연(湛然)하지만, 성인(聖人)이 아닌 일반 범인의 심(心)에서 기(氣)는 담연하다고 할 수 있을까. 그렇다면 기(氣)가 순수(純粹)하지 않은데, 리(理)가 순수할 수는 있겠는가. 범인들의 심(心)에서 미발(未發)은 성인(聖人)의 미발(未發)과 같지 않다는 것은 자명해 보인다.

논자는 일반인들의 마음은 미발(未發)상태에서 평온하지 않다는 외암의 주장에 동조한다. 외암이 말하는 심(心)이 사방팔방으로 정당하기 때문에, 그 성(性)이 치우치지 않고 기울어지지 않은 대본저미발(大本底未發)[36] 자체를 부정하지 않는다. 하지만 우리에게 중요한 것은 현재의 마음 상태 즉, 미접사물(未接事物)의 미발(未發)이라도 이미 스스로 어지럽고 혼란스러운 것의 부중저미발(不中底未發)[37]이다.

이와 같은 부중저미발(不中底未發) 상태는 프로이드의 무의식(unconscious)과 융(G. C. Jung)의 개인적 무의식(personal unconscious)의 개념과도 대비될 수 있다.

프로이드에 의하면, 무의식 조직의 핵심은 리비도를 집중배출(cathexis)하려고 하는 본능적 대표자들로 이루어져 있고, 소원 충동(所願 衝動, wishful impulse)들이 무의식 조직의 중심을 이루고 있다. 리비도는 본능적 소원들을 구성하는데, 그 본능적 소원들의 상태는 카오스 혹은 들끓는 흥분으로 가득 찬 냄비(chaos, a cauldron full of seething excitation)와도 같다고 한다. 또 융에게 있어 개인적 무의식은 사람이

---

35 『巍巖遺稿』 권20 「未發有善惡辨」: "衆人之心, 雖不接事物, 而不昏昧, 則便放縱."

36 『巍巖遺稿』 권20 「未發辨」: "其心四亭八當, 故其性不便不倚."

37 『巍巖遺稿』 권20 「未發辨」: "未發已自汩亂."

세상에 태어나서 자라는 동안 겪은 개인 생활에서의 체험 내용 가운데서 무슨 이유에서든 잊어버린 것, 현실세계의 도덕관이나 가치관 때문에 현실에 어울리지 않아 억압된 여러 가지 내용으로 구성된다. 성적(性的)인 것, 심리적 경향, 희구, 괴로운 생각이나 감정 등과 같은 원시적인 심리적 경향 혹은 심리적 특징들로 열등하고 부도덕하다는 부정적인 인상을 주는 것이다.[38] 융에게 있어 창조적 자율성을 갖는 집단적 무의식(collective unconscious)과 달리 개인적 무의식과 프로이드의 무의식 개념은 퇴계의 미발(未發) 개념보다는 외암의 부중저미발(不中底未發)과 유사하다고 할 수 있다.

퇴계는 미접사물(未接事物)의 미발(未發) 상태에서는 마음이 평온하다고 한다. 그런데 만약 인간에게 외부세계로부터 완전히 격리된 상태를 만들어 미접사물(未接事物)의 환경적 조건을 만든다면, 과연 인간의 마음이 평온할까. 솔로몬(Solomon)과 클리만(Kleeman)의 실험[39] 결과는 이와는 달랐다. 30년 동안 수없이 많은 실험을 통해, 외부세계로부터 격리된 상태에서 인간은 심각한 심리적 변화를 경험한다는 것을 알았다. 자신의 생각을 조직화하고 집중하는 능력을 상실하였고, 생생한 이미지가 떠오르고 신체적 환상이 일어났으며, 자신들의 정체감(正體感)이 사라지고 일부는 환각상태에 빠졌으며, 시공간 감각이 사라졌다. 마음은 전체적으로 평온하기 보다는 불안한 상태(unstable)가 되었다. 그러므로 논자는 외암의 이미 스스로 어지럽고 혼란스러운 부중저미발(不中底未發)이 중인(衆人)들의 마음이라고 보는 것이다.

논자는 이와 같이 이미 스스로 어지럽고 혼란스러운 불안한 상태로 인해서 욕망이 발생한다고 생각한다. 이런 관점은 정신생활 혹은 생물

---

38 이부영, 『분석심리학』, 서울: 일조각, 1999, 66~80쪽.

39 Solomon, P. & Kleeman, S.T., *Sensory Deprivation*, Am J Psychiatry 127(11), 1971, pp.1546~1547.

학적인 생활 전반에 지배적인 경향은 자극 때문에 생긴 내적 긴장을 줄이거나 일정한 상태로 유지하는 것(Homeostasis) 혹은 그것을 제거하는 것으로 열반의 법칙(涅槃의 法則, Nirvana principle)[40]을 언급한 프로이드의 입장도 수용될 수 있다. 왜냐하면, 둘 다 마음의 불안을 줄이고 평온을 추구하기 때문이다. 이것이 근원적인 욕망이라고 할 수 있다.

욕망은 불교에 있어서는 망심(妄心)이다. 원효(元曉)는 『기신론소(起信論疏)』[41]에서, 무명(無明)에 의해서 망심이 있고, 망심은 불각(不覺)이기 때문에 망념(妄念)을 불러일으키며, 이 망념은 망경계(妄境界)를 만들어 염착(念着)하게 하는 악순환의 고리를 만든다고 말한다. 12연기법(十二緣起法)의 시작인 무명으로 인해 갈애(渴愛, 욕망(慾望))의 세계의 노예가 된다고 한다. 여기서의 무명은 무지(無知)이다. 즉 사성제(四聖諦)와 팔정도(八正道), 연기법(緣起法) 그리고 과거와 미래에 대한 무지를 말한다.

여기서 논자가 말하려는 것은, 무지가 왜 문제가 되느냐 하는 것이다. 즉 무명은 왜 망심과 망념을 불러일으키느냐 하는 것이다. 그것은 무지 자체가 문제가 아니라, 무지가 불러일으키는 정서나 감정 즉, 기분이 문제가 되는 것이다. 결과론적으로 말하면 무지는 인간을 불안하게 만들기 때문이다.

이점에서 우리는 마르셀(Gabriel Marcel)의 언급을 참고할 필요가 있다. 마르셀은 불안을 '자신을 처형하는 집행인'으로서 하나의 악(惡)으로 규정한다. 마르셀은 어떤 때라도 지혜로서 정의될 수 있는 것은 불안을 제거하는 일이라고 한다. 그래서 현자(賢者)들은 안정된 정신의 평형상태를 실현하기 위해 노력했다고 한다. 그리스어에서 유래한 평정심(atraxia)이란 마음의 동요가 없는 상태로, 에피쿠로스와 스토아학파는

---

40 Sigmund Freud, *Beyond the Pleasure Principle group psychology*, SE XVIII, pp.24~61.

41 元曉, 『韓國佛敎全書』 권(1) 「起信論疏」 下, 동국대학교, 720쪽 참고.

모든 이성적 존재가 희구해야 할 이상이라고 생각했다.[42] 이렇게 볼 때, 불교가 지혜로써 무명을 타파하는 것과 마르셀이 지혜로써 불안을 극복하여 평정심을 회복하는 것은 일맥상통하는 바가 있는 것이다.

그리고 실제 임상에서도 환자들 중에 정신이 가장 분열되고 와해된 상태를 보이는 정신분열증(schizophrenia)은 양성증상(陽性症狀, positive symptom)과 음성증상(陰性症狀, negative symptom) 그리고 대인관계(personal relationships) 문제로 크게 나누어 생각할 수 있다.[43] 그러나 이들 증상의 공통적 특징은 불안을 호소한다는 것이고, 이 불안이 문제의 근원임을 알 수 있다. 이때의 문제는 대상을 갖는 공포(fear)와 특정 대상 없이 발생하는 불안(anxiety)으로 나눌 수 있는데, 문제는 대상 없이 발생하는 막연한 불안이 더 근본적이고 심각함을 알 수 있다. 이와 같은 임상에서의 관찰로 인해 프로이드 또한 신경증(neurosis)의 핵심으로 불안을 가정하였고, 그로 인해 정신분석이라는 학문은 불안이라는 정서를 수단으로 하여 생겨나게 된 것이고[44] 그런 불안을 이해하려는 노력이 된다. 이처럼 임상에서의 관찰은 인간은 근본적으로 불안을 심연(深淵)에 간직하고 있다는 것을 보여준다.

또 정신분석 연구에서 불안과 그 원인을 집중 탐구한 클라인(M. Klein)은 가장 원시적인 불안의 형태로 피해불안(被害不安, persecutory anxiety)과 붕괴불안(崩壞不安, disintegration anxiety)을 말한다. 피해불안은 클라인의 편집-분열위상(paranoid-schizoid position)에서 유래하였으며, 외부로부터 가해자가 침입하여 내부에서 환자를 파괴한다는 것이고, 붕

42 Gabriel Marcel, 이문호 옮김, 「문제로서의 인간(*Der Mensch als problem*)」, 『世界思想大全集』, 서울: 양우당, 1988, 94~95쪽.

43 Glen O. Gabbard, *Psychodynamic Psychiatry*, WA: American Psychiatry Publishing, 2002, p.182.

44 Glen O. Gabbard, *Psychodynamic Psychiatry*, WA: American Psychiatry Publishing, 2002, p.249.

괴불안은 대상과 합병되면 자기감(sense of self) 및 자기영역감(sense of boundedness)을 상실하지 않을까하는 공포와 주위사람으로부터 반사반응(mirroring)이나 이상화반응(idealizing response)을 얻지 못하여 자기의 본 모습이 분할되고 상실되지 않을까 하는 두려움에서 유래한 것이라고 한다.[45] 그런데 유아와 무의식은 불안의 개념을 가지고 있지 않기 때문에, 이러한 불안을 느낀다는 것이 불가능하다. 이점을 클라인은 불안은 프로이드가 말한 죽음본능(death instinct or Thanatos)의 작용에 대한 직접적인 반응으로 보았고, 죽음본능이 자극하여 불안반응을 일으키는 것으로 설명하였다.[46] 이렇게 죽음본능에 대한 반응으로서 불안을 인식한 클라인에게 불안은 죽음본능만큼이나 인간 정신의 가장 심원에 위치하는 것으로 볼 수 있겠다.

그리고 키에르케고르(Kierkegaard) 또한 불안을 인간의 우연적(contingent) 속성이 아닌 구성적(constituent) 속성으로 인식하여, 알지 못하는 것에 대한 불안, 도대체 알게 될 것 같지 않은 어떤 것에 대한 불안, 생존 가능성에 대한 불안, 혹은 자기 자신에 대한 불안을 갖지 않는 인간은 하나도 없다고 하였다.[47] 키에르케고르에게서 불안은 자신의 존재를 문제 삼는 존재 즉, 인간의 실존적 본질(實存的 本質)을 명확하게 들어내는 기분으로써 역할을 하고 있는 것이다.[48] 이렇게 보면 대상을 갖는 공포와는 달리 불안은 자신의 존재에 의문을 제기하는 인간만이 가지고 있는 기분이 된다. 하이데거(M. Heidegger)도 『존재와 시간(Being and

---

45 Glen O. Gabbard, *Psychodynamic Psychiatry*, WA: American Psychiatry Publishing, 2002, p.251.

46 Hanna Segal, 이재훈 옮김, 『멜라니 클라인(*Melanie Klein*)』, 서울: 한국심리치료연구소, 1999, 139~155쪽.

47 S. A. Kierkegaard, 박환덕 옮김, 『죽음에 이르는 병(*The Sickness unto Death*)』, 파주: 범우사, 2002, 39쪽.

48 박찬국, 「키에르케고르와 하이데거의 불안 개념에 대한 비교연구」, 『시대와 철학』 10.1, 1999, 188~219쪽.

Time)』에서 키에르케고르의 불안 개념에 동의하면서도 세계-내-존재(being in the world)로써 세상에 대한 우리의 이해와 해석이 연관되어 있다고 하였다. 하이데거는 현존재(現存在)는 이미 언제나 일정한 분위기에 젖어 있고, 그것을 불안이라고 하는데, 불안은 언제나 이미 세계-내-존재를 규정한다[49]고 하였다. 여기서의 불안은 바로 지금까지 현존재에게 나름대로의 의미를 지녀 왔던, 세계 내에서 현존재가 만나면서 교섭하는 모든 개별적인 존재자가 그것이 지금까지 현존재에 대해 지녀왔던 모든 의미를 송두리째 상실하게 되는, 그러한 근원적인 기분이라고 하였다.[50] 이런 기분의 불안이 무(無, Nichts)를 들어낸다고 한다. 무(無)는 '아무것도 아닌 것'이다.[51] 이를 인간은 가장 두려워한다[52]고 한다. 이것이 위에서 클라이 말한 붕괴불안과 유사한 것인데, 키에르케고와 하이데거에게서도 불안은 실존적 존재가 가지는 구성적 요건으로써의 '근원적 정서'로 간주하였다.

이러한 불안을 인간이 느끼게 되는 본질적인 이유 중에 하나는 바로 인간이 중간자(中間子, inter-esse)이기 때문이다. 『향연(symposium)』에서 플라톤(Plato)은 인간을 지혜와 무지의 중간 상태에 있다고 말한다. 즉 완전히 지혜로운 자는 더 이상 존재에 의문을 가지지 않을 것이고, 완전히 무지한 자도 존재에 더 이상 의문을 가지지 않을 것이기 때문이다. 이렇게 중간자로서의 인간은 유한성(有限性)과 무한성(無限性) 사이에서 언제나 불완전(不完全)하기 때문에 스스로에게 던지는 질문 속에 불안이

49 Martin Heidegger, 소광희 옮김, 『존재와 시간(*Sein und Zeit*)』, 서울: 경문사, 1998, 196쪽 참고.

50 이남인, 『현상학과 해석학』, 서울: 서울대학교출판부, 2009, 222~225쪽.

51 Martin Heidegger, 이기상 옮김, 『형이상학이란 무엇인가?(*Was ist metaphysik?*)』, 파주: 서광사, 1994, 83쪽 참고.

52 Thich Nhat Hanh, 진현종 옮김, 『그대안의 호랑이를 길들여라(*Taming the tiger within*)』, KDbooks, 2010, 219쪽 참고.

깃들여져 있다고 할 수 있다.

지금까지 살펴본 바와 같이, 인간 존재는 근본적으로 불안하다. 열역학 법칙과 반대되는 생명체가 불안하고 정신적으로는 스스로 평온할 수 없는 것이 불안하다. 그렇다면 인간 존재는 이런 상태를 어떻게 극복할 수 있을까. 다음 장에서 이를 살펴보자.

4. 존재는 무엇을 욕망하는가

인간 존재에게 불안은 무슨 의미를 지니는 것일까. 프로이드는 불안은 신경증만이 아니라 인간 정신생활을 밝히는 핵심이라고 하였다.[53] 프로이드는 초기에는 억압된 리비도가 축적됨으로써 불안이 발생한다고 하였다가 후기에는 불안이 억압을 일으키는 것으로 관점을 바꾸었다. 이때 불안의 기원은 알기 어려우며, 환자들 스스로도 자신이 무엇을 불안해하는지를 모른다고 하였다. 그러나 프로이드는 불안이 이드나 초자아에서 기원한다고 하였고, 클라인은 죽음의 본능에서 기원하는 것으로 보았다. 프로이드는 불안이 자아에 대한 위험 경고로써의 역할을 한다고 하였고, 클라인은 정신발달 과정으로 삶의 본능과 죽음의 본능 사이에서 나타나는 갈등으로 즉, 불안을 편집-분열적 위상(偏執-分裂的 位相, paranoid-schizoid position)과 우울적 위상(憂鬱的 位相, depressive position)의 극복해야할 과제로서 인식하였다.[54]

여기서 우리는 불안이 현실의 삶과 정신발달에 중요한 역할 즉, 불안은 자아로 하여금 상황을 다시 인식하게 하고 불안의 극복을 통해 정신

---

53 Sigmund Freud, *Introductory Lectures on Psycho-Analysis*, SE XVI, p.393.

54 Hanna Segal, 이재훈 옮김, 『멜라니 클라인(*Melanie Klein*)』, 서울: 한국심리치료연구소, 1999, 139~155쪽.

의 발달을 촉진한다는 것을 알 수 있다.

키에르케고르는 불안의 이러한 양가적(兩家的, ambivalent) 측면을 '공감적 반감이며 반감적 공감(a sympathetic antipathy and an antipathetic sympathy)'으로 기술한다. 이처럼 불안은 하나의 단순한 감정이 아니다. 특정 대상을 갖는 공포에서는 두려움만 가지지만, 불안에서 인간은 자신의 가능성을 본다. 이를 "불안은 가능성의 가능성으로서의 자유의 현실성이다"[55]고 말한다. 이것을 인간에게 나타난 욕망이라 할 수 있다. 그러므로 불안은 한편으로는 두려워하면서도 다른 한편으로는 사랑하게 되는 것이다. 이것이 바로 불안이 가진 양가성이다. 하이데거도 불안 속에서 전체 존재자 그 자체가 없어져 버리는 것이 아니라, 불안이라는 무(無)의 밝은 밤에 비로소 존재자 그 자체의 근원적인 열려 있음(offenheit)이 생겨 나온다고 말한다. 즉 근원적으로 무화(無化, die Nichtung)하는 무(無)의 본질은, 현존재를 이제 비로소 처음으로 존재자 그 자체 앞으로 데려온다는데 있다[56]고 말한다. 예를 들면, 싯다르타(釋迦)처럼 근원적인 기분인 불안을 체험하면서 비로소 자신의 본래적인 실존의 모습을 발견한 것과 같이, 현존재는 근원적인 기분인 불안에 대한 체험을 통해 그의 본래적이며 전체적인 실존과 직면하여 새롭게 태어나고 자신의 존재 및 그와 등근원적(等根源的)으로 세계의 존재에 대해 새로운 실존적인 이해를 지니게 되는 것이다.[57] 이 또한 불안의 양가성을 잘 설명하고 있다.

인간에게 이러한 양가성의 불안이 주어지는 것은 인간이 중간자적 존재(中間子的 存在)이기 때문이다. 소크라테스(Socrates)는 인간의 중간자적 특징을 풍요의 신 아버지 포로스(Poros)와 빈곤의 여신 어머니 페니

---

55 S. A. Kierkegaard, 임규정 옮김, 『불안의 개념(*Begrebet Angest*)』, 파주: 한길사, 2005, 159~167쪽.

56 Martin Heidegger, 이기상 옮김, 『형이상학이란 무엇인가?(*Was ist metaphysik?*)』, 파주: 서광사, 1994, 85~91쪽.

57 이남인, 『현상학과 해석학』, 서울: 서울대학교출판부, 2009, 225쪽.

아(Penia) 사이에서 출생한 에로스(Eros)에게서 찾는다. 에로스는 어머니의 본성을 이어 받아 결핍되어 있으면서도 아버지의 성격을 이어 받아 평생 동안 지혜를 탐구하며 살지만 단 한 번도 풍족한 상태를 얻지 못하는 것으로 설명한다. 에로스는 늘 결핍과 풍요의 중간에 처해 있다.[58] 이렇게 에로스처럼 인간도 유한자와 무한자의 중간에서 지혜와 무지의 중간적 존재로써 인식된다. 인간은 시원으로부터 유동적인 존재로써 운명이 미결정(未決定)되어 있다. 불안은 그와 같은 존재에게 주어지기 때문에 양가적이다. 그렇기 때문에 인간은 불안 앞에서 마비되어 절망할 수도 있고 극복하여 평온을 찾을 수도 있다. 우리는 전자를 욕망을 상실한 인간이라고 부르고 후자를 욕망하는 인간이라고 부를 수 있다. 즉 욕망은 불안에의 욕망이다. 이를 라캉(J. Lacan)은 욕망의 주체가 된다는 것은 불안의 주체가 된다고 말한다.[59] 그러나 라캉은 이때의 불안을 타자(他者)의 욕망이 무엇인지 알지 못하는 것에서 발생한다고 주장한다. 그러나 논자는 이런 관점은 받아들지 않는다. 불안의 가장 근본적인 원인은 인간이 중간자적 존재로 이율배반(antinomy)의 대립과 모순 속에서 살아야하는 세계-내-존재이기 때문이다.[60] 다음 장에서 설명하겠지만, 라캉이 타자의 욕망을 알지 못한다는 것은 일차적이기보다는 이차적 불안의 형태라고 할 수 있다.

　인간은 욕망하는 존재이다. 그런데 욕망은 그 끝이 보이지 않는다. 왜일까. 그것은 불안의 성격 때문이다. 불안의 성격을 하이데거는 다음과 같이 말한다.

58　Platon, 박희영 옮김, 『향연(*Symposium*)』, 서울: 문학과지성사, 2003, 119~123쪽.

59　홍준기, 「불안과 그 대상에 관한 연구」, 『인간의 실존과 초월』, 서울: 철학과 현실사, 1999, 235~267쪽.

60　Fritz Riemann, 전영애 옮김, 『불안의 심리(*Grundformen der Angst*)』, 서울: 문예출판사, 2007, 11~30쪽.

불안은 언제나 ~에 대한 불안이다. 그러나 이것 또는 저것에 대한 불안은 아니다. ~에 대한 불안은 항상 ~ 때문에 갖는 불안이다. 그러나 이것 또는 저것 때문에 갖는 불안은 아니다. 그러나 우리가 그것에 대해, 그리고 그것 때문에 불안해하는 그것이 규정되어 있지 않다는 것은 결코 단지 규정성이 결여되어 있다는 것이 아니라, 본질적으로 규정이 불가능하다는 것을 말한다.[61]

이처럼 불안은 규정될 수 없다. 그런 불안에 대한 욕망 또한 규정될 수가 없는 것이다. 이렇게 규정될 수 없는 욕망은 충족될 수가 없다. 그 것은 논리적으로 불가능하기 때문이다. 그렇기 때문에 욕망은 불교에서 말하는 것처럼 하나의 환상에 지나지 않는다고 할 수 있다. 이런 점에서 라캉주의 정신분석 치료에서 신경증 환자는 처음부터 거세당할 남근(phallus)[62]을 가지고 있지 않았다는 것을 깨닫게 하는 것[63]은 일리가 있다. 즉 현실을 있는 그대로 수용하도록 하는 것이다.

그러면 인간은 이러한 불안을 극복하기 위하여 무엇을 욕망하는 것일까. 여기에 하나의 단서를 제공하는 실험이 있다. 할로우(H. Harlow)는 「사랑의 본성(The nature of love)」이라 이름붙인 논문[64]에서, 붉은 털 원숭이들을 태어나자마자 친모와 분리시키고, 철사로 만들었지만 젖병을 매달아 놓은 대리모와 부드럽고 곱슬곱슬한 털로 만들었지만 젖병이 없는 또 다른 대리모를 만들어 양육시켰다. 아기 원숭이들은 젖이 나오는

---

61 Martin Heidegger, 이기상 옮김, 『형이상학이란 무엇인가?(Was ist metaphysik?)』, 파주: 서광사, 1994, 81쪽.

62 라캉은 남근을 아버지가 가지고 있는 것으로 가정되는 욕망의 상징물이자 결여와 연관되어 모든 의미화를 가능하게 만드는 상징계의 핵심기표로 정의한다. Elisabeth Roudinesco et Michel Plon, 강응섭 외 옮김, 『정신분석대사전(Dictionnaire de la Psychanalyse)』, 서울: 백의출판사, 2005, 143~144쪽 참고.

63 홍준기, 「인간의 실존과 초월」, 『불안과 그 대상에 관한 연구』, 서울: 철학과 현실사, 1999, 255쪽.

64 H. Harlow, "The nature of love" American Psychologist, 13(12), 1958, pp.673~685.

철사 대리모에게서 젖을 먹는데도, 젖이 나오지 않는 털 복숭이 대리모와 하루 최대 18시간까지 함께 하였다.

또 로렌츠(K. Lorenz)의 또 다른 관찰[65]에서도 유사한 결과를 얻을 수 있는데, 새로 부화한 새끼 거위들은 그들의 대리모를 따라다니는데, 대리모가 음식을 제공하지 않는 사실에도 불구하고 대리모와 떨어지면 불안과 유사한 행동을 한다고 보고 하였다.

이상의 실험과 관찰을 통해서 동물에게서도 생물학적 욕구보다 대상관계적 요구와 정서적 요구가 더 근본적이라는 것을 알 수 있다.

페어베언의 '리비도는 대상을 추구한다'[66]는 표현은 이러한 결과를 잘 반영하고 있다고 할 수 있다. 리비도는 처음에는 방향성 없이 존재한다는 프로이드의 견해와는 달리, 페어베언은 리비도는 처음부터 대상을 추구[67]하며, 유아는 대상 없이 존재할 수 없고, 욕망의 유형과 대상관계의 성질은 변할지라도 대상에 대한 필요성은 평생 변하지 않는다고 말한다. 페어베언은 리비도는 쾌락 추구를 지향하는 것이 아니라, 그것이 미숙하더라도 처음부터 현실대상을 지향하며, 쾌락은 대상으로 가는 길잡이[68]라고 간주하였다. 즉 리비도적 태도가 대상관계를 결정하는 것이 아니라, 대상관계가 리비도적 태도를 결정한다[69]고 하였다.[70]

---

65 H. I. Kaplan & B. J. Sadock, *Synopsis of Psychiatry*, PA: Williams & Wilkins, 1998, p.162 참고.

66 R. Fairbairn, *Psychoanalytic Studies of the Personality*, 「Steps in the development of an object-relations theory of the personality」, 1949, pp.131~152.

67 R. Fairbairn, *Psychoanalytic Studies of the Personality*, 「Object-relationships and dynamic structure」, 1946, pp.137~151.

68 R. Fairbairn, *Psychoanalytic Studies of the Personality*, 「A Revised psychopathology of the psychoses and psychoneuroses」, 1941, p.33.

69 R. Fairbairn, *Psychoanalytic Studies of the Personality*, 「A Revised psychopathology of the psychoses and psychoneuroses」, 1941, p.34.

70 Frank Summers, 이재훈 옮김, 「대상관계 이론과 정신병리학(*Object relations theories and psychopathology*)」, 서울: 한국심리치료연구소, 2004, 43~46쪽 각주) 65, 66, 67, 68 재인용.

프로이드는 인간은 타자(他者)들과 아무런 상관없이 태어나고, 유아는 자신의 긴장을 감소시키기 위해 타인과 관계를 맺을 뿐 대상지향은 부차적이라고 주장한다. 즉 프로이드에게 욕동(慾動, drive)은 대상을 필요로 하지 않는다. 그러나 페어베언은 유아는 처음부터 타자들을 지향하는 것으로 주장하는데, 논자도 이점을 수용한다. 즉 욕동은 처음부터 대상 지향적이다.

인간이 처음부터 대상 관계적이라는 점은 그 설명 방법이 다소 다르지만 유불(儒佛) 사상에서 쉽게 볼 수 있다. 퇴계는 『성학십도(聖學十圖)』「서명(西銘)」에서, "건(乾)을 아버지라 부르고, 곤(坤)을 어머니라 부른다. 나의 이 조그만 몸이 그 가운데 혼연히 있다. 그러므로 천지(天地) 사이에 차 있는 것은 나의 형체가 되었고, 천지를 이끄는 것은 나의 본성이 되었다. 백성은 나의 동포요, 사물은 나의 여족(與族)이다."[71]고 하여 인간과 인간 그리고 사물이 처음부터 필연적 관계성을 가지고 있음을 그 발생의 기원으로부터 설명하고 있다. 또 의상(義湘)의 「화엄일승법계도(華嚴一乘法界圖)」도 화엄사상(華嚴思想)의 본질인 존재자들의 시공간적 상호관계성을 타이포그래피(typography)적 표현을 통해 말하고 있다.[72]

그런데 여기서 우리가 만약 처음부터 유아가 대상관계 지향적이었다는 관점을 수용한다면, 유아는 처음부터 자기와 타자(他者)의 구별 가능성이 미숙하지만 존재하고 있었다고 할 수 있다. 즉 성인(成人)처럼 분화발달(分化發達)되어 있지 않지만 그 모태(母胎)가 되는 어떤 가능태(可能態)는 타고났다고 할 수 있다.

이런 점을 우리는 피아제(Jean Piaget)와 촘스키(Noam Chomsky) 이론에서 참고할 수 있다. 로크(John Locke)가 아동의 정신이 원래 백지상태

---

71 『退溪全書』(1) 권7 「聖學十圖」: "乾稱父, 坤稱母. 予玆藐焉, 乃混然中處. 故天地之塞, 吾其體, 天地之帥, 吾其性. 民吾同胞, 物吾與也."

72 義湘, 「華嚴一乘法界圖」: "一中一切多中一 一卽一切多卽一 一微塵中含十方 一切塵中亦如是 無量遠劫卽一念 一念卽是無量劫."

(tabula rasa)로서, 아동의 정신이 무엇이 될 수 있는지는 거의 전적으로 학습과 경험의 결과라고 한 말을 피아제는 거부한다.[73] 피아제에 의하면 논리와 과학을 조직하는 근본 원칙들이 유아의 감각과 운동의 행동들에 명백히 존재한다. 추상적인 지적 구조들과 기본적인 인식론적 개념들은 유아의 실제적 지능 안에 처음부터 뚜렷이 자리 잡고 있다[74]고 말한다. 촘스키도 인간의 뇌는 선천적으로 언어 능력을 보유하고 있다고 한다. 즉 인간 언어의 구성 원리들은 생득적(innate)인 것이다. 촘스키는 우리가 말하고 듣는 피상적인 언어 형태 저변에는 기저 구조가 있는데, 이를 보편문법(universal grammar)라고 말한다. 즉 이 보편문법은 선험적으로 내재화 되어 있다는 것이다.[75] 이런 점들을 논자는 받아들인다. 논자는 모든 것이 선천적으로 결정되어 있다는 것이 아니라, 최소한의 기본적인 틀을 가지고 있어야 한다는 것이다. 여기서 논자는 스키너(B. F. Skinner)와 파블로프(I. P. Pavlov)의 경험주의적 학습이론의 효용성을 부정하지 않음을 말해둔다. 논자는 경험주의가 성립되기 위해서는 유아의 정신이 적어도 백지상태는 아니어야 한다는 것이다. 즉 촘스키가 '언어는 생득적 정신기관으로 팔, 머리털이 자라듯이 자라는 것'[76]이라고 한 것처럼, 씨가 없는 땅에 물을 주고 햇볕을 쪼인다고 싹이 나지 않는 것과 같은 이치이다.

논자가 이와 같은 피아제나 촘스키의 주장을 통해서 말하고 싶은 점은, 맹자(孟子)가 "사람들이 배우지 않고도 능(能)한 것은 양능(良能)이요, 생각하지 않고도 아는 것은 양지(良知)이다"[77] 하고, 이를 정자(程子)가 "양지(良知)와 양능(良能)은 모두 말미암는 바가 없으니, 이는 바로 천

---

73 Margaret Boden, 서창렬 옮김, 『피아제(Jean Piaget)』, 서울: 시공사, 1999, 151쪽.

74 Margaret Boden, 서창렬 옮김, 『피아제(Jean Piaget)』, 서울: 시공사, 1999, 69~70쪽.

75 양우진, 『Chomsky 언어학 이론』, 제주: 제주대학교출판부, 2003, 36~38쪽.

76 양우진, 『Chomsky 언어학 이론』, 제주: 제주대학교출판부, 2003, 36쪽.

77 『孟子』「盡心上」: "人之所不學而能者 其良能也 所不慮而知者 其良知也."

연(天然)에서 나온 것이요, 인위(人爲)에 매어 있지 않다"[78]고 주해한 것처럼, 선천적으로 타고난 어떤 기능이 있다는 것이다. 이는 대상관계를 추구하는 데에도 마찬가지로 보편적인 작용 구조 원리가 선천적으로 내재한다는 것이다.

이런 관계의 본질을 볼비(John Bowlby)는 애착이론(Attachment theory)[79]으로 설명한다. 즉 애착이 바로 일차적(一次的)인 동기체계(動機體系)라는 것이다. 볼비는 실험과 관찰을 통한 생물학적 접근방식을 채택하고 합리적으로 진화론적 발달적 측면을 고려한 애착행동체계(Attachment behavioral system)의 내재를 가정한다. 이런 애착체계는 유아의 안전과 심신의 항상성을 유지하는데 도움이 된다. 브래즐튼(Brazelton)과 크레머(Cramer)는 출산 1년 내에 직장으로 돌아가야 하는 엄마들의 신체적 장애 수준이 더 높았으며, 그녀들의 유아도 감염 발생률이 더 높았다고 보고하였다. 안정애착은 아이의 신진대사를 안정적인 상태로 유지시켜 주는 외적인 심리적 보호막을 제공하는데, 이는 혈압과 체온을 통제하는 내적인 생리적 항상성 메카니즘(mechanism)과 유사하다[80]고 하였다. 이 실험 결과 또한 선천적 내재를 가정하는데 도움이 된다고 볼 수 있다.

또 볼비는 케네스 크레익(Kenneth Craik)의 '모델(model)' 개념[81]을 차용한다. 볼비는 유기체는 외부세계 그리고 직면하는 상황에 대해 더 완전하고 안전하며 유능한 방식으로 대처하기 위해 나름의 가능성 있는 행

---

78 『孟子集註』「盡心章句上」: "良知良能 皆無所由 乃出於天 不繫於人."

79 Jeremy Holmes, 이경숙 옮김, 『존 볼비와 애착이론(John Bowlby & attachment Theory)』, 서울: 학지사, 2005, 107~131쪽 참고.

80 Jeremy Holmes, 이경숙 옮김, 『존 볼비와 애착이론(John Bowlby & attachment Theory)』, 서울: 학지사, 2005, 114쪽.

81 Kenneth Craik, The Nature of Explanation, UK: Cambridge University Press, 1943, 참고.

동에 대한 '내적 작동 모델(internal working model)'을 머릿속에 지니고 다닌다고 말한다. 그래서 유아는 상호작용경험에 대한 반복적인 유형을 기초로 해서 환경뿐만 아니라 자신과 타인에 대한 일련의 모델들을 쌓아 간다. 이런 '자기-타인도식(自己-他人圖式)'[82]은 유아가 예측하고 세계와 연관시키기 위해 사용하는 비교적 고정된 표상적 모델들을 형성한다.[83] 즉 피아제의 인지기능들이 감각과 운동의 상호간 및 환경과의 적응적 상호작용으로 점차적으로 분화, 협응, 숙련되는 것과 촘스키의 보편문법 구조가 경험에 의한 매개 변항화(parameterization)를 통해 각각의 언어 고유의 문법구조를 선택하는 것과 상통하는 것이다. 유아가 백지상태가 아니라 최소한의 작동 모델을 가지고 태어나며, 이것이 개인적 경험에 의해 분화 발전한다는 것에 논자도 동의한다.

우리는 지금까지 욕망은 대상을 지향하며, 그러한 구조적 체계와 기능이 선천적으로 내재함을 살펴보았다. 그러면 지금부터 좀 더 구체적으로 유아의 욕망이 어떻게 분화 발달하는지 살펴보자.

5. 욕망은 어떻게 변형되는가

퇴계의 다음 글은 이 문제와 관련하여 시사하는 바가 크다.

위기지학(爲己之學)은 도리를 우리 인간이 당연히 알아야 할 것으로 삼고 덕행을 우리 인간이 당연히 실천해야 할 것으로 여깁니다. 자기 자신 속에서 공부를 시작하여 마음으로 터득하고 몸으로 실천하기를 기약하는 것이 이것입

---

82 M. Horowitz, *An Introduction to Psychodynamics*, Routledge, 1988, 참고.

83 Jeremy Holmes, 이경숙 옮김, 『존 볼비와 애착이론(*John Bowlby & attachment Theory*)』, 서울: 학지사, 2005, 131~133쪽.

니다. 위인지학(爲人之學)은 마음으로 터득하는 일이나 몸으로 실천하는 일
에는 힘쓰지 않고, 허식으로 밖을 꾸며서 남들의 평판에만 관심을 두어 명성
이나 칭찬을 구하는 것이 그것입니다.[84]

퇴계는 학문하는 자세로서 '위기지학(爲己之學)'과 '위인지학(爲人之學)'
을 구별하였다. 이는 동·서의 문화와 학문의 공통점이 자기 주재성 혹
은 진정한 주체성을 강조하는 것[85]과 맥을 같이한다. 진정한 주체성이야
말로 개체의 존엄성과 자기실현 가능성을 위한 최소한의 요건이기 때문
이다. 퇴계의 위기(爲己)와 위인(爲人)의 구별은 욕망의 위치와 관계된다.
다시 말하면, 주체가 주체의 욕망을 욕망하는지 아니면 타자의 욕망을
욕망하는지와 관계되는 것이다.[86]
　퇴계의 다음 시는 이를 잘 보여주고 있다.

심산무림중(深山茂林中) 깊은 산 수풀이 무성한 가운데,
유일난초(有一蘭草) 한 떨기 난초 꽃이 피었네.
종일훈향(終日熏香) 온종일 맑은 향기 토하건만,
이부자지기위향(而不自知其爲香)[87] 자신은 그 향기를 알지 못하네.

위 시에서 난초는 군자의 삶을 보여주고 있다. 퇴계는 "군자의 학문은

---

84 『退溪全書』(4), 언행록 권1, 「教人」: "爲己之學, 以道理爲吾人之所當知, 德行爲吾人之所當
行, 近裏著工, 期在心得而躬行者, 是也. 爲人之學, 則不務心得躬行, 而飾虛徇外, 以求名
取譽者, 是也."

85 윤효녕, 『주체개념의 비판』, 서울: 서울대학교출판부, 2001, 1~14쪽.

86 Dylan Evans, 김종주 외 옮김, 『라깡 정신분석 사전(*An Introduction Dictionary of
Lacanian Psychoanalysis*)』, 고양: 인간사랑, 1996, 278~285쪽. 라깡의 욕망에 대한 기본
개념을 참고.

87 『退溪全書』(4), 언행록 권1, 「教人」, 李德弘 참고.

자신을 위할 따름이다"[88]고 말한다. 여기서 '자신을 위한다'는 것은 '아무런 작위하는 바가 없이 그렇게 되는 것'으로 설명하는데, 시속의 난초의 모습과 같다. 즉 주체가 스스로의 삶을 사느냐 아니면 타자적 삶을 사느냐이다.

퇴계의 '위기지학(爲己之學)'과 '위인지학(爲人之學)'은 학문의 자세로서 구별하였으나, 이는 삶의 자세와도 직결된다. 여기서 위기지학은 주체의 욕망이 되고 위인지학은 타자의 욕망이 된다. 그러면 이런 욕망이 어떻게 분화하는지, 그리고 타자의 욕망은 구체적으로 무엇을 뜻하는지를 자세히 살펴보자.

우리는 위에서 감각박탈(sensory deprivation)이 순수한 자기감(自己感)을 가져오는 것이 아니라 오히려 불안을 초래한다는 것을 보았다. 만약 자극 즉, 대상이 없다면 자기감도 없고 현실감도 없다. 그래서 유아는 태어날 때부터 자기와 대상에 관계한 미숙하지만 일정한 구조와 기능을 갖고 있다고 하였다. 이런 관점에 대해 클라인도 자아는 태어날 때부터 불안을 경험하고 방어기제(defence mechanism)를 사용할 수 있을 정도로 충분히 발달한 상태에 있으며, 대상관계와 관련하여 원초적 환상(原初的 幻想, phantasy)을 불러일으킬 수 있는 능력이 있어 대상을 향한 투사(projection)가 일어날 수 있다고[89] 보았다. 융(G. C. Jung)의 입장처럼, 클라인도 유아는 계통발생적(系統發生的)인 유산으로서 선험적으로 대상들에 관한 지식을 갖는다고 주장하였고, 더 나아가서 유아는 어머니의 존재에 대해 타고난 무의식적 자각을 가지고 있는데, 이 본능적인 지식은 유아가 어머니와 갖는 최초의 관계 형성을 위한 기초가 된다고 하였

---

88 『退溪全書』(4), 언행록 권1, 「教人」: "君子之學, 爲己而已. 所謂爲己者, 卽張敬夫所爲無所謂而然也."

89 Hanna Segal, 이재훈 옮김, 『멜라니 클라인(Melanie Klein)』, 서울: 한국심리치료연구소, 1999, 129쪽.

다.[90] 이점을 논자는 수용한다.

여기서 논자는 또한 설리반(Harry stack Sullivan)의 인간은 타자와의 관계를 벗어나서 이해할 수 없는 존재이며, 타자와 관계하는 방식은 우리가 누구인지를 특징지으며, 이러한 사실은 유아의 생(生)의 초기부터 알 수 있다는 견해를 받아들인다. 즉 유아는 모성적 인물(mothering figure) 없이는 생각할 수 없으며, 유아가 성장하여 독립하더라도 그들의 특징은 그들이 타자와 관계하는 방식에서 들어난다고 말한다.[91] 모성적 인물은 유아의 대상지향에서 최초의 대상이며, 가장 중요한 인물을 말한다. 물론 대부분의 경우는 친모가 된다. 그리고 설리반의 견해에서 중요한 점은 유아의 중요 인물과의 관계 특성이 성인의 성격적 특징으로 연결될 수 있다는 것이다.

우리는 이런 관점에 대해 에인스워스(Mary Ainsworth)의 실험[92]을 참고할 필요가 있다. 에인스워스는 낯선 상황(strange situation)을 만들어 유아와 어머니가 분리되었을 때, 유아의 분리에 대한 스트레스 반응을 관찰한 결과, 유아와 어머니의 관계에서 몇 가지 특징을 발견했다. 안정적인 애착과 불안정적 애착(회피적, 불안적, 양가적 애착)을 관찰할 수 있었는데, 이런 애착관계가 지속되어 성인의 성격을 결정하는 데에도 영향을 미칠 수 있는 것으로 보았다. 이 부분에 대해 많은 학자들이 인정하고 있고, 논자도 동의한다. 이는 프로이드가 주장한 정신결정론(psychic determinant)을 일부 수용한다는 것을 의미하는 것이고, 또 정신분석 치

---

90 Jay R. Greenberg & Stephen R. Mitchell, 이재훈 옮김, 『정신분석학적 대상관계이론 (*Object Relation in Psychoanalytic Theory*)』, 서울: 한국심리치료연구소, 1999, 216~217쪽.

91 Frank Summers, 이재훈 옮김, 『대상관계 이론과 정신병리학(*Object relations theories and psychopathology*)』, 서울: 한국심리치료연구소, 2004, 442쪽.

92 H. I. Kaplan & B. J. Sadock, *Synopsis of Psychiatry*, Williams & Wilkins, 1998, p.35 참고.

료의 핵심인 전이(轉移, transference)[93]의 근거가 되는 것으로도 볼 수 있다.

이렇게 유아와 어머니의 초기관계는 유아가 세상을 어떻게 바라보고 살아가야하는지를 결정 지우는데 중요한 역할을 한다. 유아는 모성적 인물과의 관계를 통해서 자기와 대상에 관한 표상을 형성하는데, 이는 성인의 삶에서도 영향을 미치게 된다. 여기서 잠간 언급하고 넘어가야할 것은, 유아의 자기-대상 표상은 환경과의 관계 속에서 창발적(創發的, emergent)으로 형성되는 것이지, 결코 폐쇄적으로 진행되는 자기 충족적인 개념은 아니라는 것이다. 주위에 의존하여 변화해가는 열린 관계로서의 생명체인 유아는 관계로부터 빚어지는 수많은 변화 속에서 외부 환경에 대하여 반응하고 기억하며 그러한 경험의 총체적 누적으로 존재하며, 초기 조건의 작은 변화에 의해 결과적으로 커다란 차이를 나타내게 된다는 점이다. 이는 현대의 진화발생학(進化發生學)인 이보디보(evo-devo)적인 접근에서도 확인된다.[94]

결국 유아는 시간과 경험이 누적되어 고유한 개체적 성향을 형성하게 되는데, 이때 외부환경으로서 가장 절대적인 영향을 미치는 존재가 모성적 인물이다. 이 문제를 대상관계 관점에서 깊게 연구한 위니캇(Donald W. Winnicott)의 참자기(true self)와 거짓자기(false self) 개념을 통해 다시 살펴보자.

위니캇의 거짓자기는 자신의 본래적인 모습을 상실하고, 타인의 기대에 순응하면서 살아가는 것이다. 거짓자기는 참자기가 자신이 주인 혹

---

93 "전이란 무엇인가? 그것은 분석이 진행되는 동안 나타나는 것으로 충동과 환상의 新版이나 복사판 같은 것이다. 그러나 그것은 좀 특이한 면을 가지고 있는데 어렸을 때의 인물이 치료자로 대치된다는 점이다." Sigmund Freud, *A Case of Hysteria*, SE VII, p.116. 자세한 내용은 이윤영, 『퇴계와 프로이드의 마음이론에 관한 대비적 연구』, 성균관대학교 박사학위논문, 2010, 184~190쪽 참고.

94 우희종, 『욕망』, 「동물의 욕망, 인간의 욕망」, 서울: 운주사, 2008, 293~342쪽.

은 주체가 되어 살면서 존재의 연속성(going-on-being)을 느끼는 것과는 다르다. 거짓자기는 타인의 기대와 자신을 동일시(identification)한다. 거짓자기의 삶을 사는 사람들은 자신이 실재하지 않는다고 느끼며, 모든 것이 실체가 없는 가공적인 것이라고 느낀다. 거짓자기는 자신의 참자기를 상실하고 인위적이고 가식적인 자기를 발달시켰기 때문에 모든 것이 허구로 느껴진다. 거짓자기는 내적인 현실감, 개인적 의미의 삶, 창조적이고 자기경험중심으로서 자기 이미지(image)를 상실한 즉, 스스로를 허수아비처럼 느끼는 사람들이다.[95]

이를 통해서 보면 퇴계의 위기지학의 삶은 참자기적 삶에 그리고 위인지학의 삶은 거짓자기에 대비될 수 있음을 알 수 있다. 자기 지향적인 삶이냐 아니면 타자 지향적인 삶이냐 하는 차이가 있다.

그러면 참자기와 거짓자기의 발달은 어떻게 이루어지는 것일까.

위니캇은 영아는 매우 독특한 존재이며, 반드시 어머니의 보살핌 속에서 존재하며, 따라서 어머니의 보살핌 없이 영아는 존재하지 않는 것으로 말한다. 위니캇은 어머니가 제공하는 안아주는 환경(holding environment)을 가정하면서, 어머니는 일차적인 모성몰입(母性沒入, primary maternal preoccupation)에 근거하여 아이의 욕구와 필요에 따라 감정이입을 해야 한다고 주장한다. 이를 위니캇은 충분히 좋은 어머니(good enough mother)라고 부르며, 이런 환경에서 아이는 반동(reacting)하는 법이 아니라 존재(existing)하는 법을 배우게 되며,[96] 환경에 의해서 인격의 자기감은 그 형태와 응집성과 생명력이 결정된다고 한다. 위

---

95 이윤영, 『퇴계와 프로이드의 마음이론에 관한 대비적 연구』, 성균관대학교 박사학위논문, 2010, 212~3쪽 참고; Jay R. Greenberg & Stephen R. Mitchell, 이재훈 옮김, 『정신분석학적 대상관계이론(*Object Relation in Psychoanalytic Theory*)』, 서울: 한국심리치료연구소, 1999, 301~336쪽 참고.

96 Donald W. Winnicott, *The Maturational Process and The Facilitating Environment*, WI: International Universities Press, 1960, p.184.

니캇은 "개인은 창조적으로 살면서 삶의 가치를 느낄 수도 있고, 반대로 창조적으로 살지 못하면서 삶의 가치를 의심할 수도 있다. 이러한 차이는 그가 아이였던 시절에 어떤 환경을 경험했느냐에 따라 결정된다."[97]고 말한다.

그러면 거짓자기는 어떻게 형성되는가. 위니캇의 거짓자기는 어머니의 심한 학대와 심각한 박탈에 있지 않고, 아이를 대하는 태도와 양육의 질에 있다. 단순히 먹이는 것이 아니라 사랑이며, 욕구충족이 아니라 유아의 개인적인 특성에 대한 어머니의 반응이다.[98] 위니캇의 "엄마의 얼굴을 바라볼 때 아기는 무엇을 보는가? 나는 일반적으로 아기가 자신의 얼굴을 본다고 생각한다."[99]는 언급이 이를 잘 표현해 주고 있다. 만약 어머니가 불충분한 반영을 하면 아기의 자기표현 능력과 통합능력을 방해하고 정신과 신체의 결합과정인 인격화 과정(personalization)을 방해한다.[100] 어머니의 불완전한 거울 기능으로 인해 유아의 인격은 의식에서 분리되고 위축된 참자기와 외부 순응에 기초한 거짓자기로 분열된다. 자발적인 욕구와 몸짓의 근원인 참자기는 보아주거나 반응해주지 않기 때문에 표현되지 못한 채, 마음 속 깊은 곳으로 숨어버리고, 거짓자기는 인격이 존재한다는 허상을 갖게 할런지는 모르나, 그 인격의 내용은 어머니의 기대와 요구로 채워져 있게 된다. 유아는 어머니의 기대

---

97 Donald W. Winnicott, 이재훈 옮김, 『놀이와 현실(*Playing and Realityt*)』, 서울: 한국심리치료연구소, 1997, 117쪽.

98 Stephen A. Mitchell & Margaret, 이재훈 옮김, 『프로이트 이후: 현대정신분석(*Freud and Beyond: A History of Modern Psychoanalytic Thought*)』, 서울: 한국심리치료연구소, 2000, 221쪽.

99 Donald. W. Winnicott, 이재훈 옮김, 『놀이와 현실(*Playing and Reality*)』, 서울: 한국심리치료연구소, 1997, 178쪽.

100 Jay R. Greenberg & Stephen R. Mitchell, 이재훈 옮김, 『정신분석학적 대상관계이론(*Object Relation in Psychoanalytic Theory*)』, 서울: 한국심리치료연구소, 1999, 309~310쪽.

에 따라 행동하게 된다.[101] 위니캇의 다음 글은 유아의 이런 마음을 잘 표현하고 있다.

> 지금 이 순간은 엄마의 기분을 잊어버리고 자발적이 될 수가 있지만, 다음 한 순간에 엄마의 얼굴이 굳어지고, 엄마의 기분에 지배된다면 나의 개인적인 욕구는 후퇴해야지 그렇지 않으면 나의 중심적인 자기가 모욕을 받게 될 꺼야.[102]

위니캇의 주장은 유아는 자신의 욕망을 버리고 어머니의 욕망을 따른다는 것을 말하고 있다. 물론 유아의 욕망은 무의식적이다. 의식적으로 계산하여 욕망한다는 것은 결코 아니다.

그리고 여기서 언급하고 넘어가야할 것이 있는데, 바로 모성적 인물의 거울반응(mirroring)이다. 위에서 살펴본 것처럼 거울반응은 자기를 분열시키는 힘을 가지고 있다. 코헛(Heinz Kohut)도 거울반응을 강조한다. 코헛은 어머니와 아이 사이의 주고받는 시선에서, 유아가 신체의 온전성(body-wholeness)에 대한 인식을 형성해 가는데 중요한 역할을 한다고 하였다. 즉 코헛은 아이의 모든 것을 기뻐하는 어머니의 반응이 적절한 시기에 자체성애(auto-eroticism) 단계에서 자기애(narcissism) 단계로 즉, 파편화된 자기가 응집적 자기로 발달하도록 도와준다고 하였다.[103]

우리는 거울반응의 중요성을 유아뿐만 아니라 성인 정신분열증 환자(schizophrenia)를 통해서도 알 수 있다. 그들은 타인의 반응에 대해서 매

---

101 이윤영, 『퇴계와 프로이드의 마음이론에 관한 대비적 연구』, 성균관대학교 박사학위논문, 2010, 215쪽.

102 Donald W. Winnicott, 이재훈 옮김, 『놀이와 현실(Playing and Reality)』, 서울: 한국심리치료연구소, 1997, 179쪽.

103 Hienz Kohut, *Analysis of Self*, International Universities Press, 1971, pp.118~119.

우 민감한데, 자신과 환경에 대한 자아 경계와 통일성은 타인의 반응에 크게 영향을 받는다. 타인의 반응에 따라 그들은 쉽게 분열되고 와해되는 특성을 보이는데, 이는 유아적인 정신발달 정도와 강도를 보이는 것이다.

이렇게 거울반응이 중요한 이유는 대상과의 관계에서 의미화 과정과 관련이 있다. 유아가 대상과 관계를 형성하기 위해서는 의식이 인식과정에서 대상에게 어떤 의미를 부여해야만 하기 때문이다.

여기서 우리는 후설의 노에마 개념을 살펴볼 필요가 있다. 후설의 노에마 개념은 의식작용의 의미에 붙인 이름이다. 노에마는 의식작용의 본질이 아니다. 의식은 노에마를 가지며, 노에마는 의미를 가지고, 의식은 이 의미에 의하여 대상과 관계를 가지게 된다. 후설은 지각된 나무는 실제 나무와는 다른데, 실제 나무는 타서 없어 질 수도 있고 썩어서 분해될 수도 있지만, 지각의 의미는 타서 사라질 수도 없고 썩어서 분해될 수도 없으며, 실재적인 성질도 가지지 않는다고 말한다. 진실로 존재하든 아니면 이념적이든 간에 그것들은 오직 나에게 고유한 지향성의 독특한 상관자(相關者)로서 의미를 가진다.[104]

우리가 여기서 유념해야할 것은 유아와 모성적 인물(친모)이 초기 관계를 형성하기 위해서는 노에마적 의미 부여가 필요하다는 것이다. 즉 노에마적 의미를 통해서 유아는 자기표상과 대상표상을 형성하는데, 이 점에 있어서 모성적 인물의 거울반응이 매우 중요한 역할을 한다고 할 수 있다.

그리고 유아가 거울반응을 통하여 형성한 자기표상과 대상표상은 암암리에 상호인정의 과정을 거친다. 유아는 좌절된 자신의 욕망을 부정하고, 대상으로부터 인정받을 수 있는 욕망을 자신의 욕망으로 받아들인다. 이는 인간의 자기의식은 단순한 대상의식이 아니라 다른 의식에

---

104 김용복, 「E. Husserl의 意味論」, The J. KWU, 1986, 235~251쪽.

대한 의식이며, 타인으로부터 존중받으려는 욕구를 가장 근본적인 인간의 본성으로 본 헤겔(Hegel)의 관점[105]과도 상통한다. 타인으로부터 인정받은 유아만이 자신의 존재감을 가질 수 있는데, 이것이 삶의 허무로 연결된다. 즉 유아는 주체의 욕망 대신 타자의 욕망을 추구하고 살게 되는 것이다. 타자의 욕망을 생(生)의 목적이라고 착각하고 사는 사람에게 욕망은 삶의 고통으로 다가올 수밖에 없는데, 이를 암적 욕망(癌的慾望, cancerous desire)이라고 부를 수 있겠다.

거울반응을 통해서 어린 주체는 자신의 욕망을 버리고 타자(모성적 인물 혹은 모친)의 욕망을 욕망한다.[106] 즉 라캉의 "인간의 욕망은 타자(他者)의 욕망의 대상이 되고자 한다."는 말처럼, 타자의 욕망은 주체를 자극하고, 주체의 욕망에 생명을 불어넣어, 타자의 욕망을 자신의 욕망으로 받아들이도록 한다.[107]

이렇게 보면 인간의 삶은 처음부터 타자적이다. 그러므로 위인지학적(爲人之學的) 삶이 아닌 위기지학적(爲己之學的) 삶이 얼마나 어려운 일인지를 알 수 있다.

6. 결론

우리는 지금까지 욕망에 대하여 살펴보았다.

먼저 '욕망이 존재의 본질적 성향인가'하는 문제에서 욕망은 인간의

---

105 G. W. F. Hegel, 임석진 옮김, 『정신현상학 I(Phänomenologie des geistes)』, 파주: 지식산업사, 1988, 256~271쪽.

106 Romain Gary, 심민화 옮김, 『새벽의 약속(La promesse de l'aube)』, 서울: 문학과지성사, 2008, 참고. 어머니의 욕망은 주체(주인공) 자신의 욕망의 근원이 됨을 알 수 있다.

107 Bruce Fink, 맹정현 옮김, 『라캉과 정신의학(A Clinical Introduction to Lacanian Psychoanalysis: Theory and Technique, Harvard University Press, 1997)』, 서울: 민음사, 2002, 100~104쪽.

본질적 혹은 선험적 요소임을 살펴보았다. 성리학의 성지욕(性之欲)과 의식의 지향성(intentionalität) 그리고 원초적인 대상 리비도(libido)는 서로 대비될 수 있는 개념으로, 마음의 움직임을 나타내는 용어들이다. 우리가 마음의 움직임 즉, 심동(心動)을 욕망으로 규정한다면 이들은 모두 존재의 본질적 성향으로써 욕망을 나타낸다고 할 수 있다. 이들은 모두 '～에 향하고 있다'는 공통적 특징을 가진다.

다음으로 욕망이 인간 존재의 본질적 성향이라면 인간 존재는 왜 욕망하는가를 살펴보았다. 여기서 인간은 근본적으로 불안한 존재로써 이를 극복하여 심신의 항상성(恒常性) 혹은 평온을 유지하기 위하여 욕망한다는 것을 살펴보았다. 비록 정신분석이나 동·서양의 철학자들이 접근 방법과 관점은 달랐지만 인간의 심원 속에 불안이 내재하고 있다는 것만은 공통적인 입장이고, 이를 극복하기 위한 심신(心身)의 움직임을 욕망이라 한다는 것을 알았다.

그리고 근원적으로 불안한 인간존재가 이를 극복하기 위해 욕망한다면, 구체적으로 무엇을 욕망하는 지를 살펴보았다. 여기서 인간은 태어나면서 최소한의 대상관계를 위한 내적 틀을 가지고 있으며, 이것이 경험에 의해서 분화 발전한다는 것을 알았다. 즉 인간은 불안을 대상과의 관계를 통해 극복하려한다는 것이다.

마지막으로 대상관계를 통해 인간의 욕망이 어떻게 변형되는지를 살펴보았다. 유아는 모성적 인물과의 관계를 통해서 자신의 존재감을 느끼는데, 이 과정에서 자신의 욕망에 대해서 충분히 공감하고 수용해 주는 관계는 참자기를, 그렇지 못한 상황에서는 거짓자기를 형성한다. 참자기는 주체의 욕망을 실현하기 위해 노력하지만, 거짓자기는 타자의 욕망을 충족시켜 주기 위해 노력한다. 타자의 욕망은 곧 모성적 인물의 욕망을 충족시켜주기 위하여 분화되고 변형된 것이라는 것을 살펴보았다.

지금까지 살펴본 것을, 우리는 부버(Martin Buber)의 "관계란 상호적인 것이며, 모든 참된 삶은 만남이다"[108]라는 말로서 요약할 수 있다. 인간은 처음부터 관계적인 존재이며, 관계로서만 규정된다는 것의 의미를 되새겨보아야 한다.

---

108 Martin Buber, 표재명 옮김, 『나와 너(*Ich und Du*)』, 서울: 문예출판사, 2004, 16~21쪽.

퇴계 성리학의 보편성과 특수성

이상익(부산교육대학교 윤리교육과 교수)

1. 서론

주지하듯이, 근래 우리 학계에서는 '주자학과 퇴계학 · 율곡학의 동 · 이(同 · 異) 문제'를 두고 한바탕 치열한 논쟁을 벌인 바 있다. 논쟁의 근원은 '퇴계의 성리설과 율곡의 성리설이 서로 매우 다름에도 불구하고, 퇴계와 율곡이 모두 주자학자를 자처한다'는 점에 있었다. '사단과 칠정'에 대하여, 퇴계는 이기호발설(理氣互發說)을 주장했는데, 율곡은 퇴계의 이기호발설을 비판하고 대신 기발이승일도설(氣發理乘一途說)을 제창했다. 그렇다면 '과연 어느 학설이 더 타당한 것인가?'라는 의문과 함께 '과연 어느 학설이 주자설과 더 부합하는 것인가?'라는 의문도 자연스럽게 제기될 수 있는 것이다.

이 논쟁을 주도한 홍원식의 견해를 소개하면, 율곡은 퇴계의 학문에 대해 '독창성이 부족하다'고 평했지만,[1] 자신이 보기에 "율곡이 퇴계보다

---

[1] 율곡은 "화담은 自得한 맛이 많고, 퇴계는 依樣한 맛이 많다(한결같이 朱子說을 따랐다)"고 평한 바 있다(『栗谷全書』 卷10 頁37, 「答成浩原」). 한편, 이광호는 이에 대해 "율곡은 퇴계의 학문이 모방하는 맛이 많다고 하지만 필자가 퇴계에 대하여 느끼는 마음은 전혀 그렇지 않다. 퇴

더 정확하게 주자를 읽고 있으며, 이런 점에서 율곡이 도리어 독창성이 적다"는 것이다.[2] 홍원식은 "율곡은 퇴계보다 주자학에 더 가까이 다가서 있다"[3]고 보았는데, 이는 오늘날 우리 학계의 일반적인 평가이기도 하다. 요컨대 퇴계의 이기호발설과 율곡의 기발이승일도설 가운데 주자학의 전반적인 논지와 부합되는 것은 율곡의 기발이승일도설이라는 것이다. 홍원식은 "이황은 자신의 이발설(理發說) 속에 동정(動靜)·운동(運動)의 의미를 적극적으로 포함시키려 든다. …… 그는 어떻게든 리(理)의 직접적 동정을 말하려 들었다. 이러한 생각은 주희와 확실히 다른 것이므로 그의 이기호발설은 주희의 철학과 차별적·독창적이라고 말할 수 있다."[4]고 했거니와, 이처럼 퇴계의 이기호발설은 주자의 이기심성론(理氣心性論)과는 궤를 달리 하는 것으로 받아들여지고 있다.[5]

본고에서는 이러한 기존의 통설을 바탕으로, 퇴계학과 주자학에 대해 새로운 관점에서 조명해보고자 한다. 주자가 선진(先秦) 유학 내지 공맹(孔孟) 유학의 충실한 계승자라는 점은 의심의 여지가 없을 것이다. 그럼에도 불구하고 주자학과 선진유학 사이에는 일정한 괴리가 있다는 점은

계야말로 自得을 중시하며 자신에게 이해가 되지 않는 말은 결코 입에 담지 않으려고 한 반면, 자신의 마음에 합당하다고 생각되면 다른 사람의 견해에 크게 구애받지 않고 그를 높인다."고 설명한 바 있다. 이광호, 『퇴계와 율곡, 생각을 다투다』, 서울: 홍익출판사, 2013, 15쪽.

2　홍원식, 「퇴계학, 그 존재를 묻는다」, 『오늘의 동양사상』 제4호, 예문동양사상연구원, 2001, 45쪽.

3　홍원식, 「퇴계학, 그 존재를 묻는다」, 『오늘의 동양사상』 제4호, 예문동양사상연구원, 2001, 47쪽.

4　홍원식, 「퇴계 이황의 리기호발설과 그 독창성」, 『오늘의 동양사상』 제11호, 예문동양사상연구원, 2004, 63~64쪽.

5　이에 대한 論者의 管見을 제시하면 다음과 같다. 주자의 理氣心性論은 '하나의 首尾一貫한 체계'가 아니라 '여러 맥락이 종합된 다소 모순적인 체계'이다. 주자는 '理와 氣'를 '本과 具' 또는 '道와 器'로도 설명했고, '天理와 人欲' 또는 '道心과 人心'으로도 설명했거니와, 주자학의 전반적인 논조는 '本과 具'의 구도에 입각한 것이다. 그런데 퇴계의 理氣互發說은 '天理와 人欲' 또는 '道心과 人心'의 구도에 입각한 것인 반면, 율곡의 氣發理乘一途論은 '本과 具' 또는 '道와 器'의 구도에 입각한 것이다. 따라서 전반적으로 보면 율곡설이 주자설과 더 잘 부합하고, 퇴계설은 그만큼 '독창적인' 것이다.

여러 학자들이 다양한 관점에서 꾸준히 지적해온 바이다.[6] 요컨대 주자학은 선진유학과 궤를 달리 하는 점이 있다. 그렇다면 '주자학과 궤를 달리 하는 퇴계학'은 오히려 그만큼 '선진유학과 궤를 같이 할 가능성'이 크다고 생각할 수 있다. 본고에서는 바로 이 점을 논의해 보고자 한다.

주지하듯이, 주자의 형이상학은 이기심성론으로 표현되었다. 이기론은 우주론 또는 존재일반에 대한 설명체계이며, 심성론은 이기론을 인간의 해명에 적용시킨 것이다. 주자의 '리(理)와 기(氣)'는 인간론에 있어서 '본성과 마음'을 뜻하기도 하고, '본성과 본능'을 뜻하기도 한다. 이는 퇴계의 경우도 마찬가지이다. 그런데 차이점은, 주자의 '리(理)와 기(氣)'는 인간론에 있어서 대부분 '본성과 마음'을 뜻하고, '본성과 본능'[7]을 뜻하는 경우는 드문 편이었는데, 퇴계의 '리(理)와 기(氣)'는 인간론에 있어서 대부분 '본성과 본능'을 뜻하고, '본성과 마음'을 뜻하는 경우는 드문 편이었다는 점이다.

주자학은 '성즉리(性卽理)'를 제1명제로 삼는다. 요컨대 인간(만물)의 본성은 곧 천리(天理, 自然의 理法)라는 것이다. '천명지위성(天命之謂性)'이라는 맥락에서 '인간의 본성은 곧 리(理)'라는 명제는 단순명쾌한 사실로 받아들여질 수 있었다. 문제는 '기(氣)'의 경우이다. 주자는 인간의 '마음'과 '몸'을 모두 '기(氣)'로 설명했기 때문이다. 주자학에 있어서 '마음'은 지각의 주체이고[虛靈知覺], '몸'은 본능적 욕망의 근원이다[形氣之私]. 따라서 '리(理)와 기(氣)'를 '본성과 마음'으로 이해하면 '리(理)와 기(氣)'는

---

6 그 대표적 인물은 牟宗三일 것이다. 牟宗三은 朱子學(程伊川-朱子)의 理 또는 性은 '존재하기만 할 뿐 활동하지 않는다[只存有而不活動]'는 점에서 선진유학에서 말했던 '활동하면서 존재하는[卽活動卽存有] 於穆不已의 실체'가 아니라고 주장하고, 선진유학의 정당한 계승자는 陸王學(周濂溪-張橫渠-程明道-陸象山-王陽明) 계통이라고 주장하였다. 牟宗三, 『心體與性體』1, 臺灣: 正中書局, 中華民國 57年, 61쪽 이하 참조.

7 '본성과 본능'을 더 정확히 표현하면 '도덕적(사회적) 본성과 육체적(이기적) 본능'이다. '도덕적 본성'은 '인간의 고유한 본성'이며, '육체적 본능'은 인간과 그 밖의 동물들이 공유하는 것이다. 이에 대한 자세한 논의는 이상익, 『본성과 본능: 서양 人性論史의 재조명』, 서울: 서강대학교 출판부, 2016 참조.

'상수상대(相須相待)의 보완관계'로 인식되나, '리(理)와 기(氣)'를 '도덕적 본성과 육체적 본능'으로 규정하면 '리(理)와 기(氣)'는 '서로 승부를 겨루는 적대적 관계'로 인식된다.[8]

주자학에는 위와 같은 양면성이 존재하는바, 그러면서도 주자는 '리(理)와 기(氣)'를 '본성과 마음'으로 설명하는 경우가 더 많았다. '이기심성론'이라는 말 자체가 이러한 정황을 반영하는 것이다. 그런데 퇴계의 이기호발론은 '리(理)와 기(氣)'를 '본성과 본능'으로 이해하는 관점에서 성립하는 것이다. 이러한 맥락에서 본고에서는 다음의 네 문제를 논의하고자 한다.

첫째, 주자의 성리학은 '본성과 마음'의 문제에 초점을 둔 반면, 퇴계의 성리학은 '본성과 본능'의 문제에 초점을 둔 것임을 밝혀보고자 한다. 우리 학계의 여러 학자들은 주자의 성리학과 퇴계의 성리학은 궤를 달리한다고 주장하는데, 이는 그 구체적 내용을 재확인하는 작업이 될 것이다.

둘째, 주자의 성리학은 '본성과 마음'의 문제에 초점을 둔 반면, 선진유학은 '본성과 본능'의 문제에 초점을 둔 것임을 밝혀보고자 한다. 우리 학계의 여러 학자들은 주자의 성리학과 선진유학은 궤를 달리하는 점이 있다고 주장하는데, 이는 그 구체적 내용을 재확인하는 작업이 될 것이다.

셋째, '본성과 본능'의 구도는 선진유학뿐만 아니라 서양철학에서도 고금을 막론하고 흔히 등장하는 구도임을 밝힐 것이다. 이것이 밝혀진다면, 퇴계학은 주자학과 멀어지는 만큼 선진유학에 접근하는 것이라는 설명도 가능하게 될 것이며, 더 나아가 서양의 철학자들도 수긍하기 쉬

---

8 퇴계는 '理와 氣'를 '본성과 본능'으로 이해하는 관점에서 理氣互發論을 주장하고 持敬을 통해 理가 氣를 이길 수 있게 만들자고 강조한 것이다. 그러나 栗谷은 '理와 氣'를 '본성과 마음'으로 이해하는 관점에서 氣發理乘一途論을 주장하고 理와 氣의 상호보완성을 강조한 것이다.

운 사고방식이라는 점도 알 수 있을 것이다. 이것이 본고에서 말하는 '퇴계학의 보편성'이다.

넷째, 그런데 퇴계학에는 이러한 '보편성'뿐만 아니라 '특수성'도 있다는 점을 밝힐 것이다. 문제는 '퇴계학의 특수한 요소들이 어떤 역할을 하느냐'이다. 그 특수한 요소들이 퇴계학의 타당성을 해치지 않으면서 퇴계의 특징적 면모를 보여주는 것이라면, 그러한 특수성은 계승하는 편이 좋을 것이다. 그런데 오히려 타당성을 손상시키는 특수성이라면, 그것은 극복하는 편이 좋을 것이다. 본고에서는 결론적으로 이러한 맥락에서 퇴계학의 바람직한 계승 방향을 논의할 것이다.

2. 주자학과 퇴계학의 핵심 문제

1) 주자학: 마음과 본성의 구분

모종삼(牟宗三)은 '정명도-육상산' 계열의 학문과 '정이천-주자' 계열의 학문을 다음과 같이 비교하여 설명한 바 있다.

정명도(程明道)가 말한 역체(易體, 易의 본체)는 리(理)요, 또한 신(神)이다. 그것은 신(神)이기 때문에 "고요하여 움직이지 않다가, 느끼어 마침내 천하의 연고에 통달한다[寂然不動 感而遂通天下之故]"고 말할 수 있는 것이다. 이것이 곧 적감(寂感)의 참된 기미로서, 또한 곧 성체(誠體)요 심체(心體)인 것이다. 그러므로 '오목불이(於穆不已)'의 역체(易體)는 리(理)요 또한 신(神)이며, 성(誠)이요 또한 심(心)이다. 종합하면, 이는 '곧 활동하면서 곧 존재하는 것[卽活動卽存有者]'이다. 성(誠)·신(神)·심(心)은 활동의 뜻이요 동시에 곧 리(理)이니, 이는 존재의 뜻이다. 리(理)는 성(誠)·신(神)·심(心)으로서의 오목불이한 역체가 스스로 발하고, 스스로 규율하고, 스스로 방향을 설정하고, 스스로 주재하는 곳이다. 이러한 맥락에서 곧 '활동하는 리(理)'라 하고 또한 '천리의 실체'라고 말하는 것이다. …… 천리는 '활동하면서 존재하는' 도체(道體)와 성체(性體)를 말하는 것이다. 도체와 성체는 진실로 (만물을) 창생하는 실체로서, 기회가 오면 스스로 발하여 '존재하기만 하고 활동하지 않는' 다양한 양상의 온갖 리(理)로 드러나는 것인데, 그러나 존재하는 다양한 양상의 리(理)에 나아가 천리를 말하는 것은 아니다.

정이천과 주자에 이르러서는 다만 '존재'의 뜻에 나아가 천리를 살폈다. 주자는 비록 또한 '존재하는 다양한 리(理)'를 모두 '태극의 일리(一理)'로 수렴할 수 있다는 것을 알았어도, 태극의 일리는 바로 '존재하기만 할 뿐 활동하지는 않는 것[只存有而不活動]'이니, 이는 정명도가 깨달은 '천리실체(天理實體)'의 뜻과 '오목불이(於穆不已)'한 실체의 뜻을 상실한 것이다. 그리하여 신(神)·성(誠)·심(心)과 리(理)는 하나가 될 수 없고, 그리하여 또한 심(心)과 성(性)이 하나가 될 수 없으며, 심(心)과 리(理)가 하나가 될 수 없으니, 별도로 하나의 계통을 이루게 된 것이다. 이것이 가장 근본적인 차이이다. 그 차이점은 다만 하나일 뿐인데, 그 영향은 이처럼 거대한 것이다.[9]

위의 인용문에 대해서는 다양한 논평이 가능할 것이다. 그런데 분명한 것은 정명도-육상산 계열에 따르면 '심(心)과 성(性)이 하나'가 되고, '심(心)과 리(理)가 하나'가 될 수 있으나, 정이천-주자의 계열에 따르면 '심(心)과 성(性)이 하나가 될 수 없고, 심(心)과 리(理)가 하나가 될 수 없다'는 점이다. 모종삼은 이를 두고 "그 차이점은 다만 하나일 뿐인데, 그 영향은 이처럼 거대한 것"이라고 설명했거니와, 이처럼 '심(心)과 리(理)' 또는 '심(心)과 성(性)'의 변별 문제는 주자학(정이천-주자)과 육왕학(정명도-육상산-왕양명) 사이의 핵심 쟁점이었던 것이다.

주지하듯이, 주자는 '심(心)과 리(理)' 또는 '마음과 본성'을 엄밀하게 구

---

9 牟宗三, 『心體與性體』1 , 臺灣: 正中書局, 中華民國 57年, 72~74쪽.

분한다. 주자가 이처럼 '심(心)과 리(理)' 또는 '마음과 본성'의 변별 문제를 중시하게 된 까닭은 무엇보다도 선불교(禪佛敎) 때문이다. 불교에서는 본래 '일체유심조(一切唯心造)'라 하여 마음을 '만사의 근본'으로 설정했었는데, 선불교에서는 한 발 더 나아가 '즉심즉불(卽心卽佛)'이라 하여 마음을 '진리의 표준'으로 삼았다. 그런데 마음을 진리의 표준으로 삼으면, 즉심즉불론의 본래 취지와는 달리, 온갖 잡다한 행위들이 모두 진리의 이름으로 정당화될 수 있다. 당대(唐代) 말기 선승(禪僧)들은 괴기(怪奇)한 행실을 많이 남긴 것으로 알려져 있는데, 주자는 선승들의 '창광자자(猖狂自恣)'를 즉심즉불론의 부작용이라고 보았다. 그리하여 주자는 '마음'이 '만사의 근본'이라는 점에 대해서는 불교와 인식을 같이 하면서도,[10] '마음'이 '진리의 표준(척도)'이라는 주장에 대해서는 철저히 비판했다. 대신 주자는 '본성' 또는 '천리'를 '진리의 표준'으로 제시했다. 바로 이러한 맥락에서 주자는 마음과 본성[天理]의 구분을 중시하게 된 것이다. 다음의 두 인용문을 보자.

> 석씨(釋氏)는 마음에서 나온 것을 지극한 법칙으로 삼는다. 지금 살펴보면, 천지(天地)의 사이에는 저절로 '일정하여 바뀌지 않는 이치[一定不易之理]'가 있으니, 마땅히 깨달아야만 한다. 조금도 안배하는 뜻을 빌리지 않고, 조금도 협잡하는 의견을 보태지 않아도, 저절로 선성(先聖)과 후성(後聖)이 부절(符節)처럼 부합하니, 이것이 바로 궁극적 경지이다.[11]

> 유교와 불교의 차이는 바로 우리는 심(心)과 리(理)를 하나로 만드는데, 저들은 심(心)과 리(理)를 둘로 만드는 것에 있다. 그런데 '근세의 어떤 학문'은 비록 '심(心)과 리(理)는 하나'라고 말하지만, 기품(氣稟)의 구애와 물욕(物欲)의

---

10 주자학에서는 '마음이 만사의 근본'이라는 것을 '心統性情'이라는 명제로 표현했다.
11 『朱子大全』卷38, 38쪽, 「答黃叔張」

사사로움을 살피지 않는다. 그러므로 그 발하는 것이 또한 리(理)에 부합하지 않고 도리어 석씨와 같은 병에 빠지니, 또한 살피지 않을 수 없다.[12]

첫째 인용문의 "석씨는 마음에서 나온 것을 지극한 법칙으로 삼는다"는 말은 불교의 즉심즉불론을 지목한 것으로서, '불교는 마음을 진리의 표준으로 삼는다'는 뜻이다. 주자는 '마음' 대신 '일정하여 바뀌지 않는 이치'를 거론하고, 선성과 후성이 부절처럼 부합한 까닭은 '일정하여 바뀌지 않는 이치'에 따를 뿐 조금이라도 사사로운 의견으로 안배하거나 협잡하지 않았기 때문이라고 설명했다.

둘째 인용문에서는 유교는 심(心)과 리(理)를 하나로 만드는데, 불교는 심(心)과 리(理)를 둘로 만든다고 설명했다. 유교는 심(心)과 리(理)를 별개로 규정한 다음, 마음속에 있는 기품의 구애와 물욕의 사사로움을 다스림으로써 심(心)과 리(理)를 합일시키고자 노력한다. 그런데 불교는 '심(心)과 리(理)는 하나'라고 규정하여 '심(心)의 자용(自用)[13]을 허용하게 됨으로써, 결과적으로 창광자자에 빠지게 되었으니, 이는 결국 심(心)과 리(理)가 갈라지게 만드는 것이다. 한편, '근세의 어떤 학문'은 육상산의 심즉리설(心卽理說)을 지칭하는 것으로, 주자는 이에 대해 불교의 폐단을 되풀이하는 것이라고 보았다.

주자는 〈독대기(讀大紀)〉에서 보다 자세하게 유교와 불교의 차이를 논한 바 있다.

우주의 사이에는 하나의 리(理)가 있을 뿐이니, 하늘은 이를 얻어 하늘이 되고, 땅은 이를 얻어 땅이 된다. 하늘과 땅 사이에 태어난 것들은 또 각각 이

---

12 「朱子大全」卷56, 46쪽, 「答鄭子上」
13 '心의 自用'이란 '마음이 제멋대로 구는 것'이다. 마음을 '진리의 척도[理]'로 규정하면, 우리는 '진리'의 이름 아래 제 마음대로 모든 짓을 할 수 있게 되는데, 이것이 바로 '猖狂自恣'이다.

를 얻어 본성으로 삼으니, 그것을 베풀면 삼강(三綱)이 되고, 간추리면 오상(五常)이 된다. 대개 이 리(理)의 유행(流行)은 어디에 가든 없는 곳이 없다. 이 리(理)가 소식영허(消息盈虛)하여 끊임없이 순환하는 것으로 말하자면 아직 사물이 있기 전부터 사람과 사물이 모두 소진한 다음에 이르기까지, 끝나면 다시 시작하고 시작하면 다시 끝나니, 또한 일찍이 잠시라도 간혹 정지함이 없는 것이다.

유자(儒者)는 이에 대해 심(心)의 본연에 얻은 바가 있으니, 그 내·외(內·外)와 정·조(精·粗)에 조금이라도 간격을 두는 것을 용납하지 않는다. 수기치인(修己治人)과 세상에 가르침을 드리워 교육을 확립함에 있어서도 또한 조금이라도 사사롭게 경중(輕重)을 조작하는 것을 용납하지 않는다. 그리하여 그 자연의 리(理)에 따라 자연의 공(功)을 이루니, 이로써 천지에 참여하고 만물의 화육을 돕는바, 밝거나 어둡거나 크거나 작거나 하나의 사물도 빠뜨림이 없는 것이다.

저 석씨(釋氏)는 애초부터 이 리(理)와 이미 배치되었으니, 그 식견과 행동이 어긋나지 않으려 한들 어찌 그럴 수 있겠는가? 대개 그들이 학문을 하는 본심은 바로 이 리(理)가 충색무간(充塞無間)하여 자기가 理 없는 한 자리를 얻지 못함을 미워함으로써 스스로 편안하게 여기고, 이 리(理)가 유행불식(流行不息)하여 자기가 리(理) 없는 한 순간을 얻지 못함을 싫어함으로써 스스로 방자하게 군다. 그리하여 임금과 어버이를 배반하고, 아내와 자식을 버리며, 산림에 들어가 신명(身命)을 바쳐서, 이른바 '공(空)하여 적멸(寂滅)이 없는 경지'를 추구하여 도망가려고 하니, 그 도량이 이미 좁고 그 형세가 이미 거슬린 것이다.[14]

위의 첫째 문단에서는 우주에 편만(遍滿)한 '하나의 리(理)'를 설파하고, 우주만물의 존재와 인간의 당위규범을 모두 이 리(理)에 귀속시켰다.

---

14 『朱子大全』卷70, 6~7쪽, 「讀大紀」

둘째 문단은 이 리(理)에 대한 유교의 태도를 설명한 것으로, 유교에서는 마음으로 이 리(理)를 인식하고, 사사롭게 경중을 조작하는 것을 배제하여, 자연의 리(理)에 따라 자연의 공효를 이루며, 이로써 천지에 참여하고 만물의 화육을 돕는다는 것이다. 셋째 문단은 이 리(理)에 대한 불교의 태도를 설명한 것으로, 불교에서는 처음부터 이 리(理)를 외면함으로써 스스로 편안하게 여기고, 이 리(理)를 외면함으로써 스스로 방자하게 군다. 그 결과 인륜(人倫)과 일상(日常)을 등지게 되었으니, 이는 그 도량이 좁고 형세가 거슬린 것이라는 비판이다.

위의 인용문도 심(心)과 리(理)의 관계를 문제 삼은 것이다. 이 세상에는 어디에나 영원불변하는 '하나의 리(理)'가 존재하는데, 유교는 사사로운 마음을 배제하고 이 자연의 리(理)를 따름으로써 수기치인을 성공시키고 만물의 화육을 도우나, 불교는 이 리(理)를 외면함으로써 식견과 행동이 모두 어긋나게 된다는 것이다. 이러한 맥락에서 주자는 불교에 대해 "비록 스스로 직지인심(直指人心)이라고 여기지만 사실은 마음을 알지 못하며, 비록 스스로 견성성불(見性成佛)이라고 여기지만 사실은 본성도 모른다. 그러므로 떳떳한 윤리를 모조리 파괴하여 금수(禽獸)의 경지에 떨어지고서도 오히려 스스로 그 죄를 알지 못한다. 이는 대개 그 실견(實見)의 어긋남이 그렇게 만든 것이요, 그 마음은 그렇지 않은데 일부러 그렇게 하여 세상을 미혹에 빠뜨리고 사람들을 속이는 것이 아니다."[15]라고 비판하였다.[16]

이제까지 주자가 불교를 비판하는 까닭을 살펴보았거니와, 이러한 맥락에서 주자는 '심(心)과 리(理)'의 문제를 학문의 근본 문제로 파악하였다. 주자는 『대학혹문(大學或問)』에서 다음과 같이 말한다.

---

15 『朱子大全』卷70, 7쪽, 「讀大紀」

16 주자는 한편으로는 불교가 空寂說로 인해 物欲에 빠지지 않고, 玄妙說로 인해 形器에 얽매이지 않으며, 輪回說로 인해 罪惡에 빠지지 않음으로써, 많은 사람들의 지지를 받고 오랜 세월 동안 존속할 수 있었다고 설명했다『朱子大全』卷70, 7쪽, 「讀大紀」

사람이 학문을 하는 까닭은 심(心)과 리(理)일 뿐이다. 심(心)은 비록 몸을 주재하지만 그 본체의 허령(虛靈)함은 천하의 리(理)를 관섭(管攝)하기에 충분하며, 리(理)는 비록 만물에 흩어져 있으나 그 작용의 미묘(微妙)함은 사실 사람의 심(心)에서 벗어나지 않으니, 애초에 (心과 理를) 내ㆍ외(內ㆍ外)와 정ㆍ조(精ㆍ粗)로 논할 수 없다. 그러나 간혹 이 심(心)의 허령함을 알지 못하여 보존하지 않는다면 혼매잡요(昏昧雜擾)하여 수많은 리(理)의 미묘함을 궁구할 수 없으며, 수많은 리(理)의 미묘함을 알지 못하여 궁구하지 않는다면 편협고체(偏狹固滯)하여 이 심(心)의 온전함을 다할 수 없으니, 이것은 그 이치와 형세가 서로를 기다리는 것이 대개 또한 반드시 그런 것이다. 그러므로 성인(聖人)께서 가르침을 베풀 때에, 사람으로 하여금 이 심(心)의 허령함을 묵묵히 깨달아 단장정일(端莊靜一)한 가운데 그것을 보존하여 궁리(窮理)의 근본으로 삼게 하였고, 사람으로 하여금 수많은 리(理)의 미묘함이 있음을 알고 학문사변(學問思辨)의 즈음에 궁구하여 진심(盡心)의 공효를 이루도록 하였다.[17]

주자에 의하면, 마음은 '허령불매(虛靈不昧)'하여 천하의 리(理)를 관섭하기에 충분하다. 그런데 마음은 또 한편으로는 '혼매잡요(昏昧雜擾)'하고 '편협고체(偏狹固滯)'하기도 하다. 따라서 격물치지(格物致知)를 통해 리(理)를 궁구하고, 성의정심(誠意正心)을 통해 마음을 바르게 함으로써, 마침내 심(心)과 리(理)가 하나가 되게 만들어야 한다. 그런데 주자는 마음의 허령함을 보존하는 것이 궁리(窮理)의 근본이요, 사물의 이치를 궁구하는 것이 진심(盡心)의 근본이라 하여, 공부에 있어서도 마음 공부와 궁리 공부가 서로 바탕이 된다고 인식했다. 이러한 맥락에서 주자학은 수미일관 '심(心)과 리(理)'의 체계라는 양상을 띠게 되었다.

이상에서 '심(心)과 리(理)'에 대한 주자의 문제의식을 살펴보았다. 요

---

17 『大學或問』傳5章條.

컨대 심(心)은 '실천의 주체'로서 '만사의 근본'이지만 '진리의 표준'일 수는 없다는 것, '진리의 표준'은 리(理, 性)라는 것이 주자의 확고한 입장이었다. 그런데 '이기심성론'으로 일컬어지는 주자의 형이상학은 바로 이러한 문제의식을 체계화한 산물이기도 하다. 먼저 주자의 이기론 일반을 살펴보자. 주자는 다음과 같이 말한다.

기(氣)는 능히 응결조작(凝結造作)하지만 리(理)는 정의(情意)도 없고 계탁(計度)도 없고 조작(造作)도 없다. 다만 이 기(氣)가 엉겨 모이는 곳에 기(理)가 문득 그 가운데 있다. …… 리(理)는 다만 정결공활(淨潔空闊)한 세계로서 형적이 없으며, 조작하지 못한다. 기(氣)는 능히 온양응취(醞釀凝聚)하여 만물을 낳는다. 다만 이 기(氣)가 있으면 리(理)가 문득 그 안에 있다.[18]

천지의 사이에는 리(理)와 기(氣)가 있다. 리(理)는 형이상의 도(道)로서 물건을 낳는 표준[本]이며, 기(氣)는 형이하의 그릇[器]으로 물건을 낳는 도구[具]이다. 따라서 사람과 만물이 태어남에 있어서 반드시 이 리(理)를 품수한 뒤에 본성이 있고, 이 기(氣)를 품수한 뒤에 형체가 있다.[19]

위의 첫째 인용문에서는 리(理)를 무형무위(無形無爲)한 형이상자로, 기(氣)를 유형유위(有形有爲)한 형이하자로 설명했다. 둘째 인용문에서는 '리(理)와 기(氣)'를 '도(道)와 기(器)' 또는 '본(本)과 구(具)'[20]로 설명하고, 만물을 '리(理)와 기(氣)'의 결합으로 설명했다. 리(理)는 만물의 본성이 되고, 기(氣)는 만물의 형체가 된다. 인간으로 말하자면, 리(理)는 인간의

---

18 『朱子語類』卷1, 3쪽(中華書局本)

19 『朱子大全』卷58 5쪽, 「答黃道夫」

20 '本'과 '具'는 '道'와 '器'를 달리 표현한 말이다. '本'은 '본받는다, 본뜬다'고 할 때의 '本'으로서, '표준'이라는 뜻이다. '具'는 '도구'나 '재료'라는 뜻이다.

'본성'이 되고, 기(氣)는 인간의 '몸'이 된다는 것이다. 따라서 둘째 인용문에서는 인간의 '마음'이 누락된 것이다.

주자는 '몸'을 기(氣)로 규정하는데, 몸은 형체도 있고 작위도 있다는 점에서 기(氣)로 설명되는 것이 당연할 것이다. 주목할 것은, 주자는 '마음'도 기(氣)로 규정했다는 점이다. 마음은 기(氣)인데, 단순한 기(氣)가 아니라, 기(氣) 중에서도 '밝고 깨끗한 기[氣之精爽]'이다. 이처럼 마음을 기(氣)로 규정하면서, 주자는 '리(理)와 기(氣)'를 종종 '본성과 마음'으로 설명한다.

본성은 태극과 같고, 마음은 음양과 같다. 태극은 다만 음양 가운데 있으니, 음양을 떠날 수 없는 것이다. 그러나 궁극적으로 논하자면, 태극은 스스로 태극이요, 음양은 스스로 음양이다. 본성과 마음의 관계도 또한 그러하니, 이른바 '하나이면서 둘이요, 둘이면서 하나'인 것이다.[21]

위의 인용문에서는 '태극과 음양' 즉 '리(理)와 기(氣)'를 '본성과 마음'으로 규정하고, '리(理)와 기(氣)'처럼 '본성과 마음'도 '하나이면서 둘, 둘이면서 하나'인 관계라고 설명했다. '본성과 마음'은 본래 본질이 다르다는 점에서 '둘'이나, 본성은 마음속에 들어 있고 마음은 본성을 실현하는 주체라는 점에서 양자는 분리할 수 없는 '하나'라는 것이다. 마음과 본성의 이러한 관계를 설명해주는 것이 이른바 '심통성정(心統性情)' 이론이다. 주자는 '심통성정'을 다음과 같이 설명한다.

원(元)·형(亨)·이(利)·정(貞)은 본성이요, 낳고 기르고 거두고 감추는 것은 감정이며, 원(元)으로써 낳고 형(亨)으로써 기르며 이(利)로써 거두고 정(貞)으로써 감추는 것은 마음이다. 인(仁)·의(義)·예(禮)·지(智)는 본성이요,

---

21 『朱子語類』卷5, 87쪽.

측은(惻隱) · 수오(羞惡) · 사양(辭讓) · 시비(是非)는 감정이며, 인(仁)으로써 사랑하고 의(義)로써 미워하며 예(禮)로써 사양하고 지(智)로써 아는 것은 마음이다. 본성은 마음의 리(理)요, 감정은 마음의 작용이요, 마음은 본성과 감정의 주재자이다.[22]

본성은 다만 리(理)이고, 감정은 (理가) 유출하여 운용된 곳이며, 마음의 지각은 곧 '이 리(理)를 갖추고 이 감정을 행하는 것'이다. 지(智)로써 말하자면, 시비(是非)를 아는 이치는 지(智)이고 본성이며, 시비를 알아서 옳다거나 그르다고 함은 감정이며, 이 리(理)를 갖추어 그것의 시비를 깨닫는 것은 마음이다.[23]

리(理)는 '순선한 표준[本]'이지만 '무형무위'하고, 기(氣)는 '청탁수박이 뒤섞인 재료[具]'이지만 유형유위하다는 점에서, 주자는 '본성과 마음'의 관계를 위와 같이 설명한 것이다. 이러한 관점에서는 '리(理)와 기(氣)'는 서로 본질이 달라도 반드시 서로 의존해야만 하는 관계로 규정될 수밖에 없다. 이것이 주자 이기심성론의 주된 논조였으며, 율곡은 이에 입각하여 기발이승일도론을 전개했던 것이다.

2) 퇴계학: 본성과 본능의 구분

송대(宋代)의 유학자들은 당말(唐末) 이래 선승(禪僧)들의 창광자자를 목격하면서 그것을 극복하기 위한 방법론으로 '마음과 본성'의 구분을 중시한 것이었다. 요컨대 '만사의 근본은 마음이지만, 진리의 표준은 본성'이라는 것이 정주학(程朱學)의 지론이었다. 퇴계 역시 이러한 지론을

---

22 『朱子大全』 卷67 1쪽, 「元亨利貞說」
23 『朱子大全』 卷55 1쪽, 「答潘謙之」

수용하여 "마음은 만사의 근본이요, 본성은 만선(萬善)의 근원"[24]이라 하였다. 그러면서도 퇴계는 '본성과 본능'의 구분을 중시했는데, 이는 퇴계가 '참혹한 사화(士禍)의 시대'를 살았기 때문일 것이다. 사화란 한 마디로 '권간(權奸)이 사림을 핍박한 것'인바, 그리하여 사림이 도륙을 당하고 국가가 결딴나는 것이었다. 퇴계는 이러한 시대를 목격하면서 '군자와 소인'의 대립을 뼈저리게 체험했다. 그런데 도덕적 본성을 발휘하는 사람이 군자요, 이기적 본능에 얽매인 사람이 소인이라 할 때, '군자와 소인'은 '본성과 본능'이라는 관념과 표리를 이루는 것이다. 이러한 맥락에서 퇴계는 '본성과 본능'이라는 구도를 정립하게 된 것으로 보인다.[25]

주자의 경우 이기론이 심성론에 있어서는 '성즉리(性卽理), 심즉기(心卽氣)'의 구도로 전개되었다면, 퇴계의 특징은 마음을 '리(理)와 기(氣)의 결합'으로 설명한다는 데 있다[心合理氣說]. 다시 말해, 퇴계는 마음을 리(理)와 기(氣)의 결합으로 설명했는데, 여기서의 '리(理)와 기(氣)'는 바로 '본성과 본능'을 뜻하는 것이었다. 이러한 맥락에서 퇴계의 이기심성론은 '본성과 본능'의 구별에 초점이 있었다. 먼저 퇴계의 다음과 같은 말들을 보자.

> 공부가 익숙하지 않으면 리(理)가 기(氣)를 제어하지 못하여, '정욕(情欲)에 맡기어 인(仁)을 해치는 병폐'를 면치 못한다.[26]

> 리(理)는 본래 존귀하여 짝할 것이 없고, 사물을 명령하기만 하고 사물의 명

---

24 「退溪集」卷16 6쪽, 「答奇明彦」: "心爲萬事之本 性是萬善之原."

25 퇴계는 "理와 氣는 서로를 필요로 하기도 하고[相須], 서로를 해치기도 한다[相害]"고 말한 바 있다(「退溪全書」卷7 頁24). '本과 具' 또는 '본성과 마음'의 관점에서 보면 '理와 氣'는 서로를 필요로 하나, '天理와 人欲' 또는 '본성과 본능'의 관점에서 보면 '理와 氣'는 서로를 해친다. 주자와 마찬가지로 퇴계에게도 이 두 사고방식이 섞여 있었다. 그런데 주자가 '본성과 마음'에 초점을 맞춘 것과 달리, 퇴계는 '본성과 본능'에 초점을 맞춘 것이다.

26 「退溪集」卷11, 6쪽, 「答李仲久」

령을 받지는 않으니, 기(氣)가 마땅히 이길 수 있는 바가 아니다. …… 군자의 학문은 기질의 치우침을 바로잡아, 물욕을 제어하고 덕성을 높여서, 대중지정(大中至正)의 도(道)로 돌아가는 것이다.[27]

사람의 한 몸은 리(理)와 기(氣)를 겸비하고 있는데, 리(理)는 귀하고 기(氣)는 천하다[理貴氣賤]. 그러나 리(理)는 작위가 없고 기(氣)는 욕망이 있다. 그러므로 리(理)의 실천을 주로 삼는 자는 기(氣)를 기름이 그 가운데 있으니, 성현(聖賢)이 그런 사람이요, 기(氣)를 기름에 치우친 자는 반드시 본성을 해치는 데 이르니, 노장(老莊)이 그런 사람이다. 위생(衛生)의 도(道)를 그 극치까지 충족시키고자 한다면, 어버이를 섬기고 임금을 섬기는 직책을 모두 깨끗이 없애버린 다음에야 거의 실천할 수 있으니, 그것이 도리를 무너뜨리고 올바름을 해치는 것이 이와 같아서 본래 교훈으로 삼을 수 없는 것이다.[28]

위의 첫째 인용문에서는 '리(理)와 기(氣)'를 '인(仁)과 정욕'에 대비시키고 있는데, 이는 '리(理)와 기(氣)'를 '도덕적 본성과 본능적 욕구'로 이해한 것이다. 둘째 인용문에서도 '리(理)와 기(氣)'를 '덕성과 물욕'에 대비시키고 있는데, 이것 역시 '리(理)와 기(氣)'를 '도덕적 본성과 본능적 욕구'로 이해한 것이다. 셋째 인용문에서는 "사람의 한 몸은 리(理)와 기(氣)를 겸비하고 있는데, 리(理)는 귀하고 기(氣)는 천하다[理貴氣賤]"고 했는데, 여기서의 '리(理)와 기(氣)' 역시 '도덕적 본성과 본능적 욕구'를 뜻하는 것이다. 셋째 인용문에서는 "기(氣)를 기름에 치우친 자는 반드시 본성을 해치는 데 이른다"고도 했는데, 여기서의 기(氣)는 '몸'을 뜻하는 것으로서,[29] 몸의 위생에만 매달리면 도덕적 본성이나 인간의 도리를 소홀히

---

27 『退溪集』卷13, 17~18쪽, 「答李達李天機」

28 『退溪集』卷12, 24쪽, 「與朴澤之」

29 만약 여기에서의 氣가 '마음'을 뜻하는 것이라면, '存心養性'이라는 성리학의 논리에 따라 '養

할 수밖에 없다는 뜻이다. 요컨대 위의 세 인용문에서는 '리(理)와 기(氣)'가 '본성과 본능'으로 규정되고, 그에 따라 '리(理)와 기(氣)'의 관계가 '적대적' 관계로 설정된 것이다. 이는 '본성과 마음'의 구도에서는 '리(理)와 기(氣)'가 '상호의존적, 상호보완적' 관계로 설정된 것과는 매우 대조되는 것이다.[30]

이상에서 퇴계 심성론에서의 '리(理)와 기(氣)'는 기본적으로 '본성과 본능'을 뜻한다는 점을 우선 확인해 보았다. 이는 주자학의 주안점이 '본성과 마음'의 구분에 있었던 것과 달리, 퇴계학의 주안점은 '본성과 본능'의 구분에 있었음을 말해준다. 실제로 퇴계의 주요 논설에서의 '리(理)와 기(氣)'는 대부분 '본성과 본능'을 의미하는 것이었다. 이제 그 대표적인 예들을 살펴보기로 하자. 우선 『성학십도(聖學十圖)』「제육심통성정도(第六心統性情圖)」의 말미에서, 퇴계는 다음과 같이 말한다.

요컨대 리(理)와 기(氣)를 겸하고, 본성과 감정을 통섭하는 것이 마음이다. 본성이 발하여 감정이 되는 즈음은 한 마음의 기미(幾微)요 온갖 조화(造化)의 추요(樞要)로서, 선과 악이 여기에서 갈라진다. 학자가 진실로 한결같이 경(敬)을 간직하여 '천리와 인욕'에 어둡지 않고, 더욱 이에 삼가서, 아직 발하지 않았을 때엔 존양(存養)하는 공부가 깊고, 이미 발했을 때엔 성찰(省察)하는 습관이 익숙하여, 참된 공부를 오래도록 그치지 않는다면, 이른바 정일집중(精一執中)의 성학(聖學)과 존체응용(存體應用)의 심법(心法)을 모두 다른 데서 구하지 않아도 여기에서 얻게 될 것이다.

위의 인용문에서 우선 주목할 것은 "리(理)와 기(氣)를 겸하고, 본성과

氣(養心)'는 '본성을 함양하는 것'으로 연결되어야 한다.

30 퇴계도 '마음과 본성'의 관계에 대해서는 '마음의 보존이 덕성의 함양으로 연결된다'고 보았다. 『退溪集』卷16 6쪽, 「答奇明彦」: "先儒論學, 必以求放心養德性, 爲最初下手處."

감정을 통섭하는 것이 마음이다"라는 말이다. 그런데 '마음이 본성과 감정을 통섭한다'는 것은 성리학의 일반론이니, 따라서 실제로 주목할 내용은 '마음이 리(理)와 기(氣)를 겸한다'는 주장이다. 주자는 마음이 본성을 담는 그릇이요 또 지각과 반응의 주체라는 점에서 마음을 '기(氣)'로 설명했다. 그런데 퇴계는 우리 마음에는 '천명(天命)의 본성'과 아울러 '형기(形氣)의 본능'이 내재한다는 점에서 마음을 '리(理)와 기(氣)'의 결합으로 설명한 것이다. 이는 퇴계가 마음을 '천리와 인욕' 또는 '인심과 도심'으로 분석하고 있다는 점에서 쉽게 알 수 있다. 위의 인용문에서도 마음을 '리(理)와 기(氣)의 결합'으로 규정하고, 자신의 마음이 발할 때 그것이 '천리에 따른 것이지, 인욕에 따른 것인지' 성찰해야 한다고 하였다. 이처럼 퇴계가 말하는 '리(理)와 기(氣)'는 '본성과 본능'을 뜻하는 것이었다. 이러한 맥락에서, 퇴계가 말하는 '정일집중의 성학'과 '존체응용의 심법'이란 본성과 본능을 엄격히 구분하여 본성을 보존하고 본능을 통제하는 것이었다.

「무진육조소(戊辰六條疏)」의 셋째 조목 '성학을 두텁게 하여 정치의 근본을 확립함[敦聖學 以立治本]'에서는 다음과 같이 말한다.

제왕의 학문과 심법의 요점은 순(舜)이 우(禹)에게 명한 것에서 연원합니다. 그 말씀에 "인심은 오직 위태롭고, 도심은 오직 은미하니, 오직 정밀하게 살피고 오직 전일하게 지켜서, 진실로 그 중용을 잡으라[人心惟危 道心惟微 惟精惟一 允執厥中]"고 했습니다. 무릇 천하를 서로 전해 줌은 그로 하여금 천하를 편안케 만들라는 것인바, 그 부탁하는 말씀이 마땅히 정치보다 급할 것이 없거늘, 순이 우에게 정녕 경계한 말씀은 이에 불과했으니, 어찌 학문과 성덕(成德)으로 정치의 근본을 삼은 것이 아니겠습니까? …… 생각이란 무엇인가 하면, 마음에서 구하여 체험하고 얻는 것입니다. 능히 마음에서 체험하여 그 '천리와 인욕, 선과 악의 기미' 및 '의리와 이익, 옳음과 그름의 판가름'을 밝게 분변하여, 정밀하게 연구하여 조그만 오차도 없게 한다면 이른바 '인심은 위태롭고 도심은 은미한 까닭'과 '정밀하게 분간하고 전일하게 지키는 방법'을 이처럼 참으로 알게 되어, 의심이 없게 될 것입니다.

위의 인용문에서도 '제왕의 학문과 심법의 요점'으로 '인심과 도심'의 문제를 거론하였다. 인심은 '형기(形氣)의 사사로움'에서 생긴 것이요, 도심은 '성명(性命)의 올바름'에서 연원하는 것이라 한다면, 인심도심론은 그 자체가 '본성과 본능'의 구도에 입각한 논법이다. 위의 인용문에서 또 주목할 것은 '천리와 인욕, 선과 악의 기미' 및 '의리와 이익, 옳음과 그름의 판가름'이라는 말이다. '천리와 인욕' 역시 '본성과 본능'의 구도에서 도출된 개념인바, 퇴계는 이를 '선과 악', '의리와 이익', '옳음과 그름'이라는 개념들과 연결시킨 것이다. 여기서 우리는 퇴계 이기호발론의 기본 구도를 간취할 수 있다.

이제 퇴계의 이기호발론을 살펴보기로 하자. 퇴계는 다음과 같이 말한다.

무릇 사단은 감정이요, 칠정 또한 감정이다. 모두 함께 감정인데, 어찌하여 사단과 칠정이라고 이름을 달리 하는가? 그대의 편지에서 '나아가 말하는 것이 다르다'고 말한 것이 그것이다. 대개 리(理)와 기(氣)는 본래 서로 기다려서 체(體)가 되고, 서로 기다려서 용(用)이 되니, 진실로 리(理) 없는 기(氣)도 없고 또한 기(氣) 없는 리(理)도 없다. 그런데 나아가 말하는 바가 다르니, 또한 구별이 없을 수 없다. 옛날부터 성현들이 이 둘에 대해 말씀할 때, 일찍이 반드시 하나로 합쳐서 말하고, 분별하지 않고 말씀했던 적이 있었던가?
또한 '성(性)'이라는 한 글자를 가지고 말하자면, 자사가 말씀한 '천명지성(天命之性)'과 맹자가 말씀한 '성선지성(性善之性)'에서, 이 두 '성(性)'이 지칭하는 바는 어디에 있는가? 아마도 리(理)와 기(氣)가 부여된 것 가운데 이 리(理)의 원두본연처를 가리켜 말한 것이 아니겠는가? 그 가리키는 바가 리(理)에 있고 기(氣)에 있지 않은 까닭에, 그러므로 '순선무악(純善無惡)'이라고 말할 수 있는 것이다. 만약 리(理)와 기(氣)는 서로 떨어질 수 없다는 까닭으로 기(氣)를 겸하여 말하고자 한다면, 이미 성(性)의 본연이 아니다. 무릇 자사와 맹자처럼 도체(道體)의 전체를 꿰뚫어본 분들이 이와 같이 말씀한 것은 그 하나만 알고 둘은 몰랐기 때문이 아니라, 참으로 기(氣)를 섞어서 성(性)을 말하면 성(性)이 본래 선함을 볼 수 없었기 때문일 것이다. 후세에 정자(程子)·장자(張子) 등 여러 선생들이 출현한 다음에 부득이하여 기질지성(氣質之性)이라는 논의가 등장한 것인데, 이는 또한 다양한 것을 추구하고 다른 학설을 세우기 위한 것이 아니었다. 가리켜 말하는 바가 '기품을 받아 태어난 다음'에 있기 때문에 또한 본연지성(本然之性)과 섞어서 말할 수가 없었던 것이다.

그러므로 나는 일찍이 망령되게 '감정에 사단과 칠정의 구분이 있는 것은 성(性)에 본연과 기품의 다름이 있는 것과 같다'고 여겼던 것이다. 그렇다면 본성에 있어서는 이미 리(理)와 기(氣)로 나누어 말할 수 있는데, 오직 감정에 있어서는 리(理)와 기(氣)로 나누어 말할 수 없겠는가? 측은·수오·사양·시비는 무엇으로부터 발하는가? 인·의·예·지의 본성에서 발하는 것이다. 희·노·애·구·애·오·욕은 무엇으로부터 발하는가? 바깥 사물이 그 형기에 접촉함에 마음이 움직이는 것으로서, 대상의 사물로 인해 나오는 것이다.

사단이 발하는 것을 맹자는 이미 '심(心)'이라 하셨으니, 심(心)은 진실로 '리(理)와 기(氣)의 결합'인데, 가리켜 말하는 바가 주리(主理)에 있는 것은 무슨 까닭인가? 인의예지의 본성이 순수하게 안에 있고 사단은 그 단서이기 때문이다. 칠정이 발하는 것을 주자는 '본래 당연한 법칙이 있다'고 하셨으니, 리(理)가 없는 것이 아닌데, 가리켜 말하는 바가 주기(主氣)에 있는 것은 무슨 까닭인가? 바깥 사물이 다가옴에 쉽게 감응하여 먼저 움직이는 것은 형기만한 것이 없는데, 칠정은 그 묘맥이기 때문이다. 어찌 안에 있을 때엔 순수한 리(理)였다가 발하면 바로 기(氣)와 섞이며, 바깥 사물과 감응하는 것은 형기인데 그 발하는 것은 리(理)의 본체가 되는 경우가 있겠는가?

사단은 모두 선하다. 그러므로 '사단의 마음이 없으면 사람이 아니다'라고 하였고, 또 '그 정(情)으로 말하면 선하게 될 수 있다'고 했던 것이다. 칠정은 선·악이 정해지지 않은 것이다. 그러므로 하나라도 마음에 두고 살피지 않는다면 마음이 그 바름을 얻지 못하니, 반드시 발하여 중절(中節)한 다음에야 '화(和)'라고 말하는 것이다. 이것으로 본다면 사단과 칠정이 모두 리(理)와 기(氣)에서 벗어나지 않지만, 그 소종래에 따라 각각 주(主)가 되는 것을 가리켜 말한다면, 어떤 것은 리(理)라 하고 어떤 것은 기(氣)라 함이 무슨 잘못이 있겠는가?[31]

위의 첫째 문단에서는 사단과 칠정이 모두 정(情)이지만 '나아가 말하는 것이 다르다'고 하였다. 요컨대 사단은 리(理)에 나아가 말하는 것이요, 칠정은 기(氣)에 나아가 말하는 것이라는 뜻인바, 여기서의 '리(理)와 기(氣)'는 바로 '본성과 본능'을 지칭하는 것이다.[32]

둘째 문단에서는 자사의 '천명지성'과 맹자의 '성선지성'은 "리(理)와 기(氣)가 부여된 것 가운데 이 리(理)의 원두본연처를 가리켜 말한 것"이라 하였고, 정자와 장자가 말한 기질지성은 '기품을 받아 태어난 다음'을 말한 것이라 하였다. 요컨대 리(理)와 기(氣)가 부여된 것 가운데 리(理)만을 지칭한 것이 본연지성(천명지성, 성선지성)이요, 리(理)와 기(氣)를 함께 지칭한 것이 기질지성이라는 말이다. 여기서의 '리(理)와 기(氣)'도 물론 '본성과 본능'을 지칭하는 것이다.

셋째 문단에서는 "정(情)에 사단과 칠정의 구분이 있는 것은 성(性)에 본연과 기품의 다름이 있는 것과 같다"고 주장하고, "본성에 있어서는

---

31 『退溪集』卷16, 8~10쪽, 「答奇明彦 論四端七情第一書」

32 첫째 문단에서는 理·氣의 相須相待를 주장하기도 했는데, 여기서의 '理와 氣'는 '本과 具' 또는 '본성과 마음'을 뜻하는 것이다. 퇴계는 본래 '본성과 본능'의 구도에서 '四端과 七情'을 '理發과 氣發'로 分開했다. 그런데 奇高峯이 '본성과 마음'의 구도에서 理·氣의 不相離를 주장하면서 分開를 비판하자, 퇴계는 한편으로는 고봉의 맥락에서 相須相待論을 수용하면서, 결국에는 分開를 강조한 것이다.

이미 리(理)와 기(氣)로 나누어 말할 수 있는데, 오직 감정에 있어서는 리(理)와 기(氣)로 나누어 말할 수 없겠는가?"라고 반문하였다. '성(性)은 리(理)와 기(氣)로 나누어 말할 수 있다'는 것은 본연지성과 기질지성을 가리키는 것으로, 퇴계는 본연지성을 리(理)라 하고 기질지성을 기(氣)라 한 것이다.[33] 그런데 다음의 '인·의·예·지의 본성에서 발한 것이 사단'이라는 말에서, 퇴계가 말하는 리(理)는 '도덕적 본성'을 뜻한다는 점이 분명해진다. 한편, 퇴계는 '바깥 사물이 그 형기에 접촉함에 마음이 움직이는 것이 칠정'이라 했는데, 이는 맛있는 음식을 보면 먹고 싶은 충동을 느끼고, 멋있는 이성(異性)을 보면 그와 함께 하고 싶은 충동을 느끼게 되는 것 등이 바로 칠정이라는 말이다. 여기에서 퇴계가 말하는 기(氣)는 '형기' 또는 '형기로 인한 본능적 욕망'이라는 점이 분명해진다.

넷째 문단에서는 마음을 '리(理)와 기(氣)의 결합'으로 전제한 다음, 사단은 '리(理)와 기(氣)의 결합' 가운데 리(理)를 주로 삼는 것이요, 칠정은 '리(理)와 기(氣)의 결합' 가운데 기(氣)를 주로 삼는 것이라고 설명했다. 여기에서 퇴계의 '마음은 리(理)와 기(氣)의 결합'이라는 말은 '우리의 마음에는 도덕적 본성과 육체적 본능이 함께 들어있다'는 뜻이요, '사단은 이발(理發)'이라는 말은 '사단은 도덕적 본성이 발한 것'이라는 뜻이며, '칠정은 기발(氣發)'이라는 말은 '칠정은 육체적 본능이 발한 것'이라는 뜻임을 알 수 있다. 한편 "어찌 안에 있을 때엔 순수한 리(理)였다가 발하면 바로 기(氣)와 섞이며, 바깥 사물과 감응하는 것은 형기인데 그 발하는 것은 리(理)의 본체가 되는 경우가 있겠는가?"라는 말은 사단과 칠정은 그 내용과 경로가 분명히 다르다는 뜻이요, 또한 도덕적 본성과 육체

---

33 氣質之性은 理와 氣를 함께 지칭하는 것이라 하더라도, 그 초점은 氣에 있다는 맥락에서 氣質之性을 氣라 한 것이다. 여기서 유의할 것은, 퇴계는 食·色 등 '形氣의 욕망'을 추구하는 것을 氣質之性으로 규정했다는 점이다. 주자의 '本然之性과 氣質之性'은 인간 본성의 '보편성과 특수성'을 설명하는 데 초점이 있었다. 그런데 퇴계는 '본연지성과 기질지성'을 '도덕적 본성과 육체적 본능'으로 설명한 것이다. 이에 대한 자세한 논의는 이상익, 「朱子 氣質之性論의 양면성과 退·栗 性理學」, 『東洋哲學硏究』 제67집, 동양철학연구회, 2011 참조.

적 본능은 결코 뒤섞일 수 없다는 뜻이다.

마지막 문단에서는 '사단은 순선하나, 칠정은 선·악이 정해지지 않은 것'이라 하였다. 사단은 도덕적 본성이 발한 것이니, 별다른 이견 없이 '순선하다'고 말한다. 그런데 칠정은 본능적 욕망을 추구하는 것이므로, 절도에 맞으면 선이라 하고, 절도에 어긋나면 악이라 한다는 것이다. 퇴계는 사단과 칠정의 선·악 문제를 이처럼 설명하고, 결론적으로 다시 한 번 '사단은 주리(主理) 또는 이발(理發)이요, 칠정은 주기(主氣) 또는 기발(氣發)이다'라고 분류하였다.

이상의 내용을 정리해 보자. 주자가 이기론과 심성론을 등치시켜 '성즉리(性卽理), 심즉기(心卽氣)'라는 구도로 인간을 해명한 것과 달리, 퇴계는 마음을 '리(理)와 기(氣)의 결합'으로 규정하고 '사단은 이발, 칠정은 기발'이라는 구도로 인간을 해명했다. 그런데 주자의 '성즉리, 심즉기'는 '본성과 마음'의 관계를 논하는 것이라면, 퇴계의 '이발과 기발'은 '본성과 본능'을 구분하는 것이다. 요컨대 주자가 '본성과 마음'의 구분에 초점을 두었다면, 퇴계는 '본성과 본능'의 구분에 초점을 둔 것이다. 이처럼 주자는 '본성과 마음'을 '리(理)와 기(氣)'로 설명한 반면 퇴계는 '본성과 본능'을 '리(理)와 기(氣)'로 설명했기 때문에, 그리하여 퇴계의 주요 명제들은 주자의 주요 명제들과 종종 어긋나게 되었던 것이다.

3. '본성/본능 이분법'의 사례들

주자학이 정착된 조선 중기 이후 학계에서는 주자를 학문적 정당성의 유일한 기준으로 설정하고, 주자와의 동·이(同·異) 여부에 따라 각각의 시·비(是·非)를 판별하는 경향이 있었다. 그러나 주자학의 구도는 선진유학의 구도와 어긋나는 점이 있다는 것을 고려한다면, 이는 별로 타당성이 없는 것이었다. 논자가 보기에 주자학의 초점은 '마음과 본성'의 구분에 있었던 반면, 퇴계학의 초점은 '본성과 본능'의 구분에 있었다. 그런데 '본성과 본능'의 구도는 선진유학의 일반적 구도였을 뿐만 아니라 서양철학에서도 매우 일반적인 구도였다. 이 점이 밝혀진다면 퇴계의 이기호발론은 주자설과는 궤를 달리하지만 '또 하나의 보편적 사유구도'임을 알 수 있게 된다. 이러한 맥락에서 '본성/본능 이분법'의 사례들을 살펴보기로 하자.

1) 유교 경전에서의 사례들

유교의 경전에서 '본성/본능 이분법'의 사례들을 찾아본다면, ①『서경』의 '인심과 도심', ②『예기』의 '천리와 인욕', ③『중용』의 '계구(戒懼)와 신독(愼獨)', ④『논어』의 '군자와 소인', ⑤『맹자』의 '존현(尊賢)과 사능(使能)', ⑥『서경』의 '공(公)과 사(私)', ⑦『주역』의 '덕(德)과 업(業)', ⑧『예기』의 '대동과 소강', ⑨『맹자』의 '왕도와 패도', ⑩『춘추』의 '중화와 이적' 등을 꼽을 수 있다.

『서경』의 '인심과 도심'은 '육체적 본능을 추구하는 마음'을 인심이라 하고, '도덕적 본성을 추구하는 마음'을 도심이라 한 것이다. 『예기』의 '천리와 인욕'은 '인심과 도심'과 유사하면서도 약간 다른 개념체계이다. 인심은 단순히 '육체적 본능을 추구하는 마음'을 뜻하나, 인욕은 '과도하게 육체적 본능을 추구하는 마음' 곧 '탐욕'을 뜻하기 때문이다. 따라서 전통적으로 인심에 대해서는 '위험한 것'으로 규정하여 도심의 주재를 받아 '중용을 이룰 것'을 주장했고, 인욕에 대해서는 '악한 것'으로 규정하여 '인욕을 제거할 것'을 주장했다.

『중용』의 '계구와 신독'은 인욕을 막고 천리를 보존하기 위한 구체적 방법론을 제시한 것이었는데, 주자학에서는 이를 토대로 존양성찰론(存養省察論)을 정립하였다. 아직 사물과 접촉하지 않을 때[未發時]에는 자신의 본심을 잘 보존하여 본성의 훼손을 막고, 사물과 접촉하여 마음이 움직일 때[已發時]에는 그것을 성찰하여 인욕으로 흐르는 것을 예방하라는 것이다.

『논어』의 '군자와 소인'은 도덕적 본성을 발휘하는 사람을 군자라 하고, 이기적 본능에 집착하는 사람을 소인이라 한 것이다. 군자소인론은 인심도심론이나 천리인욕론이 제시하는 심법이나 마음가짐에 입각하여 각자의 인격을 평가하고 사람다운 삶의 길을 독려하기 위한 것이었다. 『맹자』의 '존현과 사능'은 '도덕성과 실무능력'을 관리의 선발 기준으로 제시한 것이다. 도덕적 본성을 발휘함에 있어서 모범적인 사람이 현자(賢者)였고, 본능적 욕구를 충족함에 있어서 효율적인 방법을 계발하는 사람이 능자(能者)였던바, 현자와 능자를 우대함으로써 '도덕적으로 정당하면서도 경제적으로 풍요로운 사회'를 만들자는 것이 유교의 지론이었다.

『서경』의 '공(公)과 사(私)'는 역시 도덕적 본성을 발휘하는 것을 공(公)이라 하고 이기적 본능을 추구하는 것을 사(私)라 한 것이다. 『서경』에서는 사리사욕을 위해 권력을 남용하기 쉬운 공직자들에게 "관직은 교만을 위한 것이 아니고, 녹(祿)은 사치를 위한 것이 아님"과 "덕(德)은 공손하고 검소한 데 있음"을 일깨운 것이다.

『주역』의 '덕(德)과 업(業)'은 도덕적 본성을 계발하는 것을 '덕'이라 하고 의식주에 관한 산업을 발전시켜 본능적 욕구를 충족시키는 것을 '업'이라 한 것이다. 『주역』의 숭덕광업론(崇德廣業論)은 '도덕과 산업'을 '음과 양'의 관계로 인식한 데 특징이 있다. 역학(易學)의 음양론은 음양의 상호보완성을 강조함과 동시에 양존음비(陽尊陰卑)를 설파하는 것이다. 이러한 맥락에서 유학에서는 '우선적으로 중요한 것은 항산(恒産)을 통한 본능의 충족이지만, 궁극적으로 중요한 것은 항심(恒心)을 통한 본성의 발현'이라는 입장을 견지해 왔다.

『예기』의 '대동과 소강'은 유교의 이상사회관을 두 차원에서 논한 것으로서, 유교에서는 궁극적으로는 대동을 이상으로 여기면서도 보다 소박하면서도 실현가능한 이상으로는 소강을 추구했다. '대동과 소강'은 '최대도덕과 최소도덕'이라는 맥락에서 이해할 수 있다. 순수하게 도덕적 본성에 입각할 뿐 이기심이 전혀 개입하지 않는 것이 최대도덕인바, 최대도덕이 실현되는 사회가 대동이다. 한편, 이기심이 개입하면서도 공정성을 해치지 않는 것이 최소도덕인바, 최소도덕이 실현되는 사회가 소강이다.

『맹자』의 '왕도와 패도'는 당시 제후들의 패권경쟁을 패도로 규정하여 비판하고, 과거 성왕들의 인정(仁政)을 왕도로 규정하여 옹호함으로써, 우리가 추구해야 할 올바른 통치의 방향을 제시한 것이다. 그런데 왕도란 '인정(仁政)을 베푸는 것'으로서 결국 '인의예지의 본성에 입각한 정치'를 뜻하며, 패도란 '패권을 추구하는 것'으로서 결국 '이기적 본능에 입각한 정치'를 뜻한다.

『춘추』의 '중화와 이적'은 문화적 관점에서 '중국을 찬양하고 이적을 폄하하는 논리'이기도 했지만, 보다 근원적으로는 도덕적 관점에서 중국의 문화적 부침(浮沈)을 설명하고 비판하는 '자기반성의 논리'였다. 또한 유교의 존화양이론은 '중화는 왕도를 숭상하고, 이적은 패도를 숭상한다'는 인식과 병행하는 것이기도 했거니와, 이러한 맥락에서 존화양이론은 '왕도를 존중하고 패도를 물리친다'는 존왕천패론과도 표리를 이루는 것이었다.

이상에서 유교의 경전에 보이는 10개의 쌍개념들을 소개했거니와, 이것들은 모두 '본성과 본능'이라는 구도에 입각한 것이다.[34] 그렇다면 '본성과 본능'의 구도에 입각한 퇴계의 이기호발설은 유교사상사에 있어서 결코 '독특한 논법'이 아니라 오히려 '일반적 논법'인 것이요, 그만큼 퇴

---

34 이에 대한 자세한 논의는 이상익, 『본성과 본능: 쌍개념들의 탐구』, 서울: 심산, 2017, 제1부 '전통 유학의 주요 쌍개념들' 참조.

계학은 '보편성'을 확보하고 있는 것이다.

2) 서양 철학에서의 사례들

서양 철학에서 '본성/본능 이분법'의 사례들을 찾아본다면, ① 루소의 '일반의지와 특수의지', ② 칸트의 '정언명령과 가언명령', ③ 벌린의 '소극적 자유와 적극적 자유', ④ 롤즈의 '합리성과 합당성', ⑤ 플라톤의 '군주정과 민주정', ⑥ 아리스토텔레스의 '교양과 재산', ⑦ 홉스의 '자연권과 자연법', ⑧ 오크쇼트의 '신념정치와 의심정치', ⑨ 아우구스티누스의 '천상도성과 지상도성', ⑩ 에라스무스의 '우신과 현자', ⑪ 프롬의 '소유양식과 존재양식', ⑫ 저잔의 '문명과 원시' 등을 꼽을 수 있다.

루소는 우리의 의지를 공동의 이익만 고려하는 '일반의지'와 개인의 이익만 고려하는 '특수의지'로 구분했다. 자신의 이익만 고려하는 특수의지는 '이해관계의 대립'을 낳고, 구성원 전체의 이익만 고려하는 일반의지는 '이해관계의 일치'를 낳는다. 국가는 '공공의 복지'를 위해서 설립된 것이므로, 따라서 국가는 일반의지에 의해 지도되어야 한다는 것이다. 그런데 이러한 내용에서 우리는 일반의지는 도덕적 본성에서 연원하고, 특수의지는 이기적 본능에서 연원하는 것임을 알 수 있다.

칸트의 '정언명령과 가언명령'에서, 가언명령은 궁극적으로 '자신의 행복'을 추구하는 것인 반면, 정언명령은 자신의 행복과 무관하게 '도덕성'을 추구하는 것이다. 그런데 칸트에 의하면 자신의 행복을 추구하는 것은 '이기적 본능'의 역할이요, 도덕성을 추구하는 것은 '실천적 이성'의 역할이다. 이러한 맥락에서, 정언명령과 가언명령 역시 본성과 본능의 대립구도를 반영한 것이었다.

벌린의 '소극적 자유와 적극적 자유'는 자유를 두 맥락으로 구분하여 논의한 것이다. 그런데 '적극적 자유'란 '본성적 자아의 자유'로서 구체적으로는 보다 높은 자아가 보다 낮은 자아를 다스림 즉 본성적 자아가 본능적 자아를 통제함을 뜻하고, '소극적 자유'란 '본능적 자아의 자유'로서 남들로부터 간섭을 받지 않고 자기 마음대로 본능적 욕망을 충족시킴을 뜻하는 것이었다.

롤즈의 '합리성과 합당성'은 '좋음(善觀)과 옳음(正義觀)'과 상응하는 개념이었다. 롤즈에 의하면, 선관(善觀)의 능력은 '합리적인 인생계획'으로 표현되고, 정의감(正義感)의 능력은 '정당성의 원칙들에 입각해서 행위하고자 하는 규제적인 욕망'으로 표현된다. 요컨대 '합리성'은 '개인의 사적(私的) 목표'를 합리적으로 추구하는 것이며, 합당성은 '사회의 공정한 협력조건'을 제시하고 준수하는 것이다. 이렇게 본다면, 롤즈의 '합리성과 합당성'도 '이기적 본능과 도덕적 본성'의 구도에서 도출된 쌍개념인 것이다.

플라톤은 이상적으로는 철인왕(哲人王)이 통치하는 '왕도정(王道政)'을 가장 높이 평가했지만, 현실적으로는 '군주정과 민주정'을 혼합한 정체를 추구했다. 그런데 군주정은 '지혜[知性]'를 상징하고, 민주정은 '자유와 우애(평등)'를 상징한다. 이러한 맥락에서 플라톤이 '군주정과 민주정의 혼합'을 꾀한 것은 도덕적 본성의 요소와 육체적 본능의 요소를 절충하여 적도(適度)를 실현하려는 취지였다.

아리스토텔레스는 중산계급이야말로 '교양과 재산'을 겸비하여 중용의 정신을 발휘할 수 있는 적임자라고 보았고, 따라서 중산계급을 육성하여 이들이 정치를 주도하게 하는 것이 '현실에서 실현할 수 있는 최선의 정치'라고 보았다. 그런데 '교양과 재산'은, 이성의 산물이 교양이며 육체적 생존을 위해 재산이 필요한 것이라는 점에서, 근원적으로 '이성적 동물'이라는 인간관 또는 '도덕적 본성과 이기적 본능'이라는 인성론적 개념과 궤를 같이 하는 것이었다.

홉스의 '자연권과 자연법'은 각각 '자연상태의 인간이 지니는 권리'와

'자연상태를 벗어나기 위해 우리가 지켜야 하는 법'을 뜻한다. 그런데 '자연법의 자연'과 '자연권의 자연'은 사실 그 내용이 다른 것이었다. 홉스는 '자연권'을 말할 때에는 '생존 본능'을 '인간의 자연(본성)'으로 규정했고, '자연법'을 말할 때에는 '이성'을 '인간의 자연(본성)'으로 규정했다. 홉스의 이러한 '이중적 자연관'은 이후 '자유주의의 일반론'이 되었다.

오크쇼트가 말하는 '신념정치'란 현세 안에서 인간의 노력에 의해 인간의 완성이 가능하다고 보고, 정치의 목적을 '인류의 완성에 봉사함'에 두는 것이다. 신념정치가 인간의 도덕적 본성과 인간의 능력을 신뢰한 것과는 달리, '의심정치'는 인간의 이기적 본능을 직시하고 인간의 능력을 회의함으로써 인간의 완성이나 공동선의 실현과 같은 목표 설정을 반대하고 단순히 '피상적 질서의 유지'만을 정부의 직무로 설정한 것이다.

아우구스티누스의 '천상도성(天上都城)과 지상도성(地上都城)'은 두 종류의 사회를 대비(對比)한 것이다. 천상도성은 '영적(靈的)으로 사는 사람'들의 사회로서, 모두가 사회적(도덕적) 본성을 발휘하여 '사랑, 기쁨, 평화, 인내, 친절, 선함, 신실, 온유, 절제' 속에 사는 것이다. 반면에 지상도성에서는 사람들이 하느님의 의도를 외면하고, 자기의 의도대로, 그릇된 마음으로 자신들의 이기적 정욕을 추구하며, 카인처럼 전쟁과 살육을 일삼는다.

에라스무스가 '지혜로운 자는 이성의 지배를 받고, 어리석은 자는 정념에 따른다'고 했듯이, 그가 말하는 '현자(賢者)와 우신(愚神)'이나 '지혜로움과 어리석음' 역시 인간의 '도덕적 본성과 이기적 본능' 또는 '이성과 정념'에 맞닿아 있는 것이었다. 다만 주목할 것은, 에라스무스는 고전철학자들과 달리 지혜로운 현자를 조롱하고 바보처럼 어리석은 삶을 예찬했다는 점이다.

프롬은 인간의 삶의 양식을 '소유양식과 존재양식'으로 구분했다. 소유양식에서는 행복이 '다른 사람에 대한 우위, 힘, 정복하고 빼앗고 죽이는 능력'에 달려 있으나, 존재양식에서는 행복이 '사랑, 공유, 주는 행동'

에서 찾아진다. 요컨대 소유양식은 이기적 본능에 매몰된 삶의 양식이며, 존재양식은 도덕적 본성을 충분히 발현시키는 삶의 양식이다.

저잔의 '문명과 원시'는 현대 문명을 근원적으로 비판하는 개념체계이다. 저잔에 의하면, 오늘날의 문명은 '이기적 본능에 매몰된 탐욕의 화신'에 불과한 것이다. 저잔 등 문명비판론자들은 "문명의 성공은, 한 지역을 황폐화시키고 다른 곳으로 날아가버리는 메뚜기 떼의 그것과 전혀 다르지 않다."고 비판하고, 인간의 진정한 본성을 실현했던 '원시의 낙원'으로 되돌아가자고 역설했다.

이상에서 서양의 철학사상에 보이는 12개의 쌍개념들을 소개했거니와, 이것들 역시 모두 '본성과 본능'이라는 구도에 입각한 것이다.[35] 그렇다면 '본성과 본능'의 구도에 입각한 퇴계의 이기호발설은 서양의 철학사상들과도 두루 회통할 수 있는 것이요, 그만큼 퇴계학은 '보편성'을 확보하고 있는 것이라 하겠다.

4. 퇴계학의 보편성과 특수성

퇴계의 이기호발론은 '본성과 본능'의 구도로 인간의 심성을 해명하는 체계였다. 그런데 앞에서 살핀 것처럼 '본성과 본능'의 구도는 동·서 철학에서 매우 일반적인 논법이요, 따라서 퇴계의 이기호발론도 그만큼 보편성을 확보하고 있는 것이다.

문제는 퇴계의 이기호발설이 다양한 해석의 가능성을 지니고 있다는 점이다. 요컨대 그에 대한 해석 여하에 따라 퇴계설은 보편성이 커질 수도 있고 특수성이 커질 수도 있는바, 이제 이 문제를 살펴보기로 하자.

---

35 이에 대한 자세한 논의는 이상익, 『본성과 본능: 쌍개념들의 탐구』, 서울: 심산, 2017, 제2부 '서양 철학의 주요 쌍개념들' 참조.

첫째, 퇴계의 '이발(理發)과 기발(氣發)'을 '능발(能發)'로 해석할 것인가, '소발(所發)'로 해석할 것인가의 문제이다. 퇴계의 호발설에서 '리(理)와 기(氣)'는 '도덕적 본성과 육체적 본능'을 뜻한다는 것은 앞에서 누차 거론하였다. '능발'이란 리(理)가 능히 발하고 기(氣)가 능히 발한다는 것으로서, 마음의 지각작용을 매개로 삼지 않고 도덕적 본성과 육체적 본능이 스스로 발한다는 뜻이다. 반면에 '소발'이란 발의 주체를 '마음'으로 설정하고, 리(理)와 기(氣)는 마음의 지각작용을 통해 발현되는 내용이라고 보는 것으로서, 요컨대 마음의 지각작용을 통해 도덕적 본성과 육체적 본능이 발현된다는 뜻이다.

퇴계는 59세(1559년) 무렵부터 고봉(高峯) 기대승(奇大升)과 사단·칠정을 논하기 시작했는데, 고봉과의 논쟁에서는 '사단과 칠정'을 '이발과 기발'로 구분하는 데에만 심혈을 기울이고, 그 '이발과 기발'이 능발의 의미인지 소발의 의미인지에 대해서는 특별히 언급하지 않았다. 또한 당시에 퇴계가 '이발과 기발'을 '발어리(發於理)·발어기(發於氣)', '순리(純理)·겸기(兼氣)', '주리(主理)·주기(主氣)' 등으로도 표현한 것으로 보면, 당시에 퇴계는 주로 소발의 차원에서 '이발과 기발'을 주장한 것이었다. 퇴계가 '이발과 기발'을 능발의 의미로 확언한 것은 별세하기 직전 최만년(1570년)의 일이다.[36] 그리하여 퇴계의 후학들은 '이발과 기발'에 대해 다양한 해석을 내놓았다. 갈암(葛庵) 이현일(李玄逸)과 청대(淸臺) 권상일(權相一) 등은 '이발과 기발'을 능발로 해석했고, 대산(大山) 이상정(李象靖)과 입재(立齋) 정종로(鄭宗魯) 등은 '이발과 기발'을 소발로 해석했으며, 성호(星湖) 이익(李瀷)과 한주(寒洲) 이진상(李震相) 등은 앞의 두 해석을 절충한 제3의 해석을 모색한 것이다.[37]

---

36 이에 대한 자세한 논의는 이상익,『嶺南性理學硏究』, 서울: 심산, 2011, 40~47쪽 참조.

37 이에 대한 자세한 논의는 이상익,『嶺南性理學硏究』, 서울: 심산, 2011, 제2장「葛庵 李玄逸의 理能發論과 理氣分開論」, 제5장「淸臺 權相一의 性理說과 그 비판」, 제6장「大山 李象靖의 理主氣資論과 退·栗 성리학」, 제7장「立齋 鄭宗魯의 理强氣弱論과 公七情理發論」, 제

그렇다면, 퇴계의 '이발과 기발'을 '능발'로 해석할 것인가, '소발'로 해석할 것인가? 논자의 생각에, '이발과 기발'을 '능발'로 해석하면 퇴계설은 그만큼 특수해지고, '소발'로 해석하면 퇴계설은 그만큼 보편성이 커진다. 뿐만 아니라 퇴계의 논설 중에는 이발을 소발로 해석할 수 있는 논거들도 수두룩하다. 예컨대 한말(韓末)의 유학자 간재(艮齋) 전우(田愚)는 퇴계의 이발설에 대해 다음과 같이 설명한 바 있다.

고봉(高峰)과의 왕복서(往復書)는 기미년(己未年, 1559년)에 쓴 것이다. 그 후로 8년이 지난 다음 정묘년(丁卯年)의 「답이굉중(答李宏仲)」에서는 '성발(性發)'의 뜻을 논하면서 "어린아이가 우물에 빠지는 것을 보면 측은지심이 자연스럽게 발출하고, 기쁜 일을 보면 기쁨이 자연스럽게 발출한다."고 했다. 이는 사단과 칠정을 종합해서 논한 것인데, 사단과 칠정을 조금도 차별하지 않았다. 그 아래에서는 또 "성(性)은 형체가 없으니, 마음을 통해서 베풀어진 것이 정(情)이다."라고 하였고, 또 "측은의 정(情)은 마음을 통해서 발현된다."고 했다. 당시 퇴계선생은 67세였다. 이미 "성(性)·정(情)이 모두 마음을 통해서 발현된다"고 했으니, 어찌 '마음이 발함에 리(理)가 탄다'는 뜻이 아니겠는가? 그렇다면 일반적으로 '이지발(理之發), 이응(理應), 성발(性發)'이라고 말한 것들은 모두 마땅히 '리(理)가 마음을 통해서 발현된다[理因心而發]'는 뜻으로 보아야 할 것이다. 그렇지 않다면 장차 '사람이 말[馬]을 타지 않고 출입한다'는 뜻이 되니, 어찌 퇴계선생이 비유를 든 본래 취지이겠는가?[38]

퇴계는 '고봉과의 왕복서'에서 '사람이 말을 타고 출입하는 것'으로 '리

8장 「星湖 李瀷의 理發氣隨一路說과 그 비판」, 제9장 「寒洲 李震相의 主理論과 心卽理說」 참조.

38 「艮齋集」 後編 卷13, 21쪽, 「讀退溪先生答高峰四七說改本」

(理)가 기(氣)를 타고 가는 것'을 비유한 바 있다.[39] 또 위에서 소개한 퇴계의 「답이굉중(答李宏仲)」도 '리(理)가 마음을 통해서 발현된다[理因心而發]'는 뜻을 담고 있다. 간재는 이러한 내용들을 논거로 퇴계의 '이발'을 '소발'로 해석하고, 퇴계의 '이발과 기발'을 '주리(主理)와 주기(主氣)'의 뜻으로 해석하여, 수용하였다.

퇴계설이 '리(理)와 기(氣)'로 표현되는 한, 거기에는 이기론의 일반적 전제가 따르는 것이다. 이기론의 일반적 전제 가운데 하나는 '리(理)는 형이상자로서 무형무위하다'는 것이다. 퇴계 역시 이러한 전제를 의식하고 있었기 때문에 '리(理)의 능발'을 주장하기 위해 그 논거로 '리(理)의 체용론'을 정립한 것인데, 그것은 성리학의 보편적 논리라기보다는 퇴계의 특수한 논리였다. 따라서 '이발과 기발'을 '능발'로 해석하면 퇴계설은 그만큼 특수해진다. 그러나 '이발과 기발'을 '소발'로 해석하면 이기론의 일반적 전제를 충족시킬 수도 있고, 더 나아가 율곡의 기발이승일도설과 회통할 수 있는 길도 열리는바, 이러한 맥락에서 퇴계설의 보편성이 커지는 것이다.

둘째, '리(理)의 주재'를 '리(理)가 기(氣)를 부림[使之]'이나 '리(理)가 기(氣)를 명령함'으로 해석하는 문제이다. 주자는 '리(理)의 주재'를 '리(理)가 기(氣)의 운동의 표준[本]이 됨'으로 설명했는데,[40] 율곡은 이러한 주자설을 계승하면서 '리(理)가 기(氣)를 부린다[使之]'는 주장을 일축했다.[41] 그런데 퇴계는 '리(理)의 주재'를 '리(理)가 기(氣)를 통제한다'는 내용으로 설명했다. 다음의 두 인용문이 그 예이다.

---

39 『退溪集』卷16, 32쪽, 「答奇明彦 論四端七情第二書」: "古人以人乘馬出入 比理乘氣而行 正好."

40 이에 대한 자세한 논의는 이상익, 『畿湖性理學論考』, 서울: 심산, 2005, 134~142쪽 참조.

41 『栗谷全書』卷10, 26쪽, 「答成浩原」: "陰靜陽動 機自爾也 非有使之者也."

공부가 익숙하지 않으면 리(理)가 기(氣)를 제어하지 못하여, '정욕에 맡기어 인(仁)을 해치는 병폐'를 면치 못한다.[42]

리(理)는 본래 존귀하여 짝할 것이 없고, 사물을 명령하기만 하고 사물의 명령을 받지는 않으니, 기(氣)가 마땅히 이길 수 있는 바가 아니다. …… 군자의 학문은 기질의 치우침을 바로잡아, 물욕을 제어하고 덕성을 높여서, 대중지정(大中至正)의 도(道)로 돌아가는 것이다.[43]

퇴계의 위와 같은 주장은 후학들에게 지속적인 양향을 끼쳤다. 즉 영남 성리학자들은 '리(理)의 주재'를 한편으로는 '리(理)가 기(氣)의 운동의 표준이 됨'으로 해석하면서도, 다른 한편으로는 '리(理)가 기(氣)를 통제함(명령함, 부림)'으로 해석하는 경우가 많았던 것이다.[44] 그러나 '리(理)의 주재'를 '리(理)가 기(氣)를 통제함'으로 해석하면 두 가지 곤란한 문제가 생긴다. 첫째는 '리(理)의 주재'를 '리(理)가 기(氣)를 통제함'으로 해석하자면 '리(理)의 능동성'을 전제해야 하는데, 이는 성리학의 일반론과 어긋난다는 점이다. 둘째는 만약 '리(理)가 기(氣)를 능동적으로 통제한다'면 현실의 세계에는 왜 악(惡)이 존재하는가 하는 점이다. 이러한 맥락에서, '리(理)가 기(氣)를 통제한다'는 주장은 '우리의 소망'일 수는 있어도 이 세계의 객관적 사실일 수는 없다. 그리하여 율곡학파는 '리(理)가 기(氣)를 통제한다'는 생각을 버리고, '리(理)의 주재'를 '리(理)가 기(氣)의 운동의 표준이 된다'는 뜻으로 해석했던 것이다.

따라서 '리(理)의 주재'에 대해 '리(理)가 기(氣)를 통제함'이라는 해석

---

42 『退溪集』卷11, 6쪽, 「答李仲久」

43 『退溪集』卷13, 17~18쪽, 「答李達李天機」

44 寒洲 李震相의 경우가 그 대표적인 예이다. 이에 대한 자세한 논의는 이상익, 『嶺南性理學研究』, 서울: 심산, 2011, 529~532쪽 참조.

을 고수하면, 여러 가지 이론적 문제점을 야기할 뿐만 아니라, 기호학파와의 대립을 심화시키기도 한다. 더 나아가, '리(理)의 주재'를 '리(理)가 기(氣)를 통제함'으로 해석하면 퇴계의 경(敬) 사상이 무의미해지기도 한다. 리(理)는 항상 기(氣)를 주재하는 것인바, 따라서 리(理)가 항상 기(氣)를 통제하는 것이라면, 다시 경(敬)으로 우리 자신을 검속할 이유가 없겠기 때문이다. '리(理)의 주재'를 '리(理)가 기(氣)의 운동의 표준이 됨'으로 해석할 때 비로소 경(敬) 사상도 의미가 있게 된다. 요컨대 '기(氣)에는 리(理)가 제시하는 표준에 순종하지 않으려는 속성이 있기 때문에, 경(敬)으로 자신을 검속해야 한다'는 논법이 성립할 수 있는 것이다. 이러한 설명체계는 언순이정(言順理正)하여 많은 사람들의 보편적 지지를 얻을 수 있을 것이다.

셋째, '이발과 기발'의 이분법을 '사단과 칠정'에 적용할 것인가, '도심과 인심'에 적용할 것인가의 문제이다. 퇴계는 물론 '사단은 이발, 칠정은 기발'이라 하여, '이발과 기발'의 이분법을 '사단과 칠정'에 적용하였다. 그런데 이에 대해 고봉은 '성인(聖人)의 칠정'처럼 칠정 가운데는 '공정한 칠정'도 있음을 들어, 퇴계의 이러한 구분에 반대하였다.[45] 율곡도 '칠정은 사단을 포함한다'고 하여, '사단과 칠정'을 '이발과 기발'로 나누는 것을 반대하였다. 퇴계의 후학들 중에서도 입재(立齋) 정종로(鄭宗魯)는 '공정한 칠정'은 기발이 아니라 이발에 속한다고 주장했으며,[46] 성호(星湖) 이익(李瀷)은 '공정한 칠정의 이발·기발 여부'를 두고 여러 번 견해를 바꾸었다.[47] 이처럼 퇴계의 '사단은 이발, 칠정은 기발'이라는 주장은 많은 논란을 야기하는 것이었다. 그런데 고봉과 율곡은 각각 다음과 같이 말한 바 있다.

45 『兩先生四七理氣往復書』卷1, 17쪽, 「高峰答退溪論四端七情書」

46 『立齋集』卷17 頁5, 「答柳敬甫別紙」

47 이에 대한 자세한 논의는 이상익, 『嶺南性理學硏究』, 서울: 심산, 2011, 438~441쪽 참조.

인심과 도심을 논할 때엔 이처럼 (理發과 氣發로 나누어) 말할 수 있지만, 사단과 칠정을 논할 때엔 이처럼 말할 수 없을 것 같다. 대개 칠정은 오로지 인심으로만 볼 수 없는 것이다.[48]

사단은 오로지 도심을 말하는 것이나, 칠정은 인심과 도심을 합쳐서 말하는 것이다. …… '인심과 도심'은 '주리와 주기'로 설명할 수 있다. '사단과 칠정'은 이처럼 말할 수 없으니, 사단은 칠정 가운데 있고, 칠정은 리(理)와 기(氣)를 겸하기 때문이다.[49]

요컨대 고봉과 율곡은 '도심과 인심'을 '이발과 기발' 또는 '주리와 주기'로 구분하는 것에 대해서는 수긍하면서도, 사단은 칠정에 포함되고 칠정은 리(理)·기(氣)를 겸한다는 관점에서 '사단과 칠정'을 '이발과 기발' 또는 '주리와 주기'로 구분하는 것은 반대한 것이다.

한편, 퇴계는 "인심은 바로 칠정이며, 도심은 바로 사단이다"[50]라고 하여, 사단·칠정을 도심·인심과 등치시킨 바 있다. 고봉과 율곡은 퇴계의 이 주장 자체에 대해서도 비판하겠지만, 여기서 우리는 오히려 양쪽을 모두 만족시킬 수 있는 타개책을 찾을 수 있다. 즉 '이발과 기발' 또는 '주리와 주기'라는 이분법을 '사단과 칠정'에는 적용시키지 않고 '인심과 도심'에만 적용시키자는 것이다. 요컨대 '인심은 기발, 도심은 이발'이라고 설명하면, 고봉이나 율곡도 이의(異意)를 제기할 이유가 없고, 퇴계는 이기호발(理氣互發)이라는 자신의 본지(本旨)를 그대로 관철시킬 수 있게 되는 것이다.

---

48 『兩先生四七理氣往復書』 卷1, 2쪽, 「高峰上退溪四端七情說」
49 『栗谷全書』 卷10 頁7~8, 「答成浩原」
50 『退溪集』 卷36 頁2, 「答李宏仲問目」

5. 결론: 퇴계학의 계승 방향

본고에서 살핀 것처럼 주자의 이기심성론과 퇴계의 이기심성론은 그 기본 구도가 다른 것이다. 주자학은 기본적으로 '본성과 마음'의 구별에 초점을 두었고, 퇴계학은 기본적으로 '본성과 본능'의 구별에 초점을 둔 것이었다. 이런 점에서 퇴계학은 주자학과 궤를 달리한다. 그런데 '본성과 본능'의 구도는 선진유학의 구도와는 매우 잘 어울리는 것이다. 뿐만 아니라 '본성과 본능'의 구도는 서양 철학에서도 매우 애용하는 것이다.[51] 이렇게 본다면 퇴계의 본성과 본능의 구도는 우리가 생각하는 것 이상으로 보편성을 확보하고 있다.

이처럼 퇴계학은 보편성을 지니는 것임에도 불구하고, 그동안 퇴계학은 폭넓은 지지를 확보하지 못했다. 단적인 예로, 그동안 율곡학파에서는 퇴계설에 대해 자못 비판적인 태도를 견지해 왔다. 이는 기본적으로 율곡학파와 퇴계학파 사이의 '구도의 차이' 때문일 것이다.[52] 그러나 이는 퇴계설의 몇몇 지엽적인 문제와도 관련된 것이다. 본고에서는 퇴계의 이기호발설을 하나의 '보편적인 체계'로 수용하면서도, 퇴계설을 보다 보편적인 체계로 만들기 위해 세 가지의 지엽적인 문제들을 검토하였다. 이에 대한 논자의 주장은 다음의 두 가지로 요약된다.

첫째, '이발과 기발'을 '소발'로 해석하고, 이를 '인심과 도심'에만 적용하자는 것이다. 요컨대 기존의 '사단=이발, 칠정=기발'이라는 설명을 폐

---

51 金炯孝는 晩年의 著作『철학적 사유와 진리에 대하여』(고양: 청계출판사, 2004)에서 '본성과 본능'이라는 관점에서 東西古今의 철학사상을 종횡으로 분석하여 규명하고, '자신의 진리'를 제시한 바 있다. 論者 역시 '본성과 본능'이라는 관점에서 서양의 人性論史를 재조명하기도 했고(『본성과 본능: 서양 人性論史의 재조명』, 서울: 서강대학교출판부, 2016), 동서고금의 쌍개념들을 분석하기도 했다(『본성과 본능: 쌍개념들의 탐구』, 서울: 심산, 2017). 이처럼 '본성과 본능'은 오늘날에도 애용되는 구도이다.

52 사실 그동안 우리 학계에서는 안타깝게도 퇴계와 율곡 사이의 '구도의 차이'를 별로 주목하지 않았다. 그런데 다행스럽게도 근래에 이승환이 『횡설과 수설』(서울: 휴머니스트, 2012)에서 퇴계와 율곡 사이의 '구도의 차이'를 본격적으로 해명한 바 있다.

기하고, 대신 '인심=기발(주기), 도심=이발(주리)'이라고 설명하자는 것이다. 이렇게 하면 '리(理)의 능동성[53] 문제나 '공정한 칠정' 문제 등이 야기하는 숱한 논란들을 피할 수 있고, 이론적으로도 깔끔해지며,[54] 율곡설과의 회통·지양 가능성도 커지고, 그만큼 퇴계설의 보편성도 강화될 것이다.

둘째, '리(理)의 주재'를 '리(理)가 기(氣)를 통제함'으로 해석하면 엄연히 존재하는 '현실의 악(惡)'을 설명할 수 없고, 퇴계의 경(敬) 사상도 무의미해진다. 따라서 '리(理)의 주재'를 '리(理)가 기(氣)의 운동의 표준이됨'으로 해석하자는 것이다. 이렇게 해석하면, 현실과의 부합성도 커지고, 퇴계설 자체의 정합성도 커지고, 율곡학파의 비판도 사라질 것인바, 역시 그만큼 퇴계설의 보편성도 강화될 것이다.

사실 퇴계의 이기호발설은 다양한 해석의 가능성을 지니고 있어서, 퇴계의 후학들 사이에서조차 통일된 해석을 기대하기 어려웠다. 이는 퇴계설의 부정합(不整合) 때문에 야기된 것이기도 하고, 퇴계설의 애매함

---

53 牟宗三이 朱子學의 理는 '존재하기만 할 뿐 활동하지 않는다'는 점에서 先秦儒學에서 말한 '활동하면서 존재하는 於穆不已의 실체'가 아니라고 비판했던 것을 상기한다면, 퇴계가 '理의 능동성'을 주장한 것은 오히려 先秦儒學에 접근하는 것이라고 수긍할 수도 있다. 그러나 論者의 생각에, 선진유학의 개념들은 '理와 氣', '본성과 마음' 등이 엄밀하게 구분되기 이전의 것이기 때문에, 모종삼의 논법은 타당성이 부족한 것이다. '理와 氣'를 '形而上者와 形而下者'로 엄격하게 구분한 다음에 '理의 능동성'을 주장하는 것은 이론의 타당성을 저해할 뿐 별로 설득력이 없는 것이다. 예컨대 유원기는 퇴계의 理發說에 대해 "李滉은 '인간에게는 선한 본성이 있다' 또는 '그 본성의 발현에 의하여 인간은 참다운 인간이 될 수 있다'라는 도덕적 신념을 정당화하려 했고, 그 과정에서 일반적으로 실체를 갖지 않는(또는 비물리적인) 것으로 이해되는 理의 발현을 주장하는 무리수를 두게 되었다. 그러나 도덕적 신념이 아무리 중요하다고 할지라도 형이상자인 理를 發로 서술하는 데에서 야기되는 논리적인 문제점이 허용될 수는 없다."고 비판한 바 있다 유원기, 『조선 성리학 논쟁의 분석적 탐구: 사단칠정론과 인심도심론』, 서울: 역락, 2018, 59쪽.

54 퇴계는 고봉과의 논쟁 과정에서 '四端=理發而氣隨之, 七情=氣發而理乘之'라 하여, 理發과 氣發에 각각 氣隨之와 理乘之를 덧붙였다. 그러나 이는 고봉과의 타협책에 불과한 것으로, 본질적인 의미가 없는 군더더기였다. 이에 대한 자세한 논의는 이상익, 『畿湖性理學硏究』, 서울: 한울, 1998, 127~128쪽 참조. 퇴계는 '본성과 본능'의 구도에서 '四端과 七情'을 '理發과 氣發'로 구분한 것인데, 고봉은 '본성과 마음'의 구도에서 '理氣不相離'를 강조한 것이니, 문세세기 자체가 이미 초점에 어긋난 것이었다.

때문에 야기된 것이기도 하다. 따라서 퇴계의 이기호발설을 기본적으로 수용하면서도, 몇 가지 지엽적인 문제들에 대해 논자의 제안을 수용한다면, 퇴계설의 보편성이 강화될 것이요, 퇴계설은 그만큼 폭넓은 지지를 받게 될 것이다.

저자 약력

| 오석원

약력

성균관대학교 철학박사

현 성균관대학교 유학동양한국철학과 명예교수
　　국제유학연합회(ICA) 부이사장

주요 학술활동

저서 『유교와 한국유학』, 『韓國儒學的義理思想』, 『한국도학파의 의리사상』 등 다수

| 강희복

약력

연세대학교 철학박사

현 연세대학교 인문학연구원 전문연구원

주요 학술활동

저서 『退溪의 마음(心)과 이치(理)에 대한 이해』

역서 『(역주) 고경중마방 : 퇴계선생이 엮은 옛사람들의 마음닦기』(공역)

논문 「退溪學의 구조와 그 의미」, 「退·栗의 修養論에 관한 淺見, 栗谷學研究」, 「高
　　峯의 性理學과 修養論」 등 다수

| 이치억

약력

성균관대학교 철학박사

현 공주대학교 윤리교육과 조교수

주요 학술활동

저서 『퇴계에게 묻는 삶의 철학』, 『인생교과서 퇴계』(공저), 『선비, 인을 묻고 의를 걷
다』(공저) 등 다수

역서 『성리대전』, 『(역주) 고경중마방 : 퇴계선생이 엮은 옛사람들의 마음닦기』(공역)

논문 「퇴계철학의 주리적 특성에 관한 연구」, 「전습록논변으로 본 퇴계 지행론의 의
의」, 「기질의 문제로 본 퇴계와 율곡의 수양론」 등 다수

| 안재호

약력

북경대학교 철학박사

현 중앙대학교 철학과 부교수

주요 학술활동

저서 『공자曰, 공자는 이렇게 말했다』, 『왕부지철학』, 『신유가철학 비판』

역서 『송명성리학』, 『모종삼교수의 중국철학강의』, 민음사 四書 시리즈

논문 「奇大升之朱子學管窺」, 「花潭徐敬德之氣學"時中"論淺析」, 「陽村權近
之'天人心性合一'論淺析」, 「The Significance of Toegye's Theory on
"Manifestation of Principle"」 등 다수

| 추제협

약력

계명대학교 철학박사

현 계명대학교 철학과 조교수

주요 학술활동

저서 『의성 천사 김종덕 종가』, 『남명학과 현대사회』(공저), 『약포 정탁』(공저) 등
다수

논문 「한훤당 김굉필의 도학과 퇴계학」, 「이황의 사단칠정론과 마음공부」, 「『심경발
휘』와 정구의 심학」 등 다수

| 강경현

약력

연세대학교 철학박사

현 성균관대학교 유학동양한국철학과 조교수

주요 학술활동

논문 「조선시대 『명유학안』 독해 양상과 그 성격」, 「천명(天命)에 대한 조선유학의 주목과 퇴계(退溪) 해석의 철학사적 의의」, 「조선 類書類 문헌의 儒家 經典 이해」 등 다수

| 김형찬

약력

고려대학교 철학박사

현 고려대학교 철학과 교수
  고려대학교 민족문화연구원 원장

주요 학술활동

저서 『율곡이 묻고 퇴계가 답하다』, 『박세당 사변록 연구』(공저), 『조선유학의 자연철학』(공저) 등 다수

역서 『논어』, 『양명학 : 王陽明에서 熊十力까지』(공역), 『물질과 생명』 등 다수

논문 「도덕감정과 도덕본성의 관계」, 「조선시대 지식생산체계 연구방법과 지식사회의 층위」, 「생태적 미래와 자발적 가난」 등 다수

| 이효원

약력

서울대학교 문학박사

현 인하대학교 한국어문학과 조교수

주요 학술활동

저서 『8세기 통신사 필담1: 1711·1719년』(공저), 『학봉 해사록의 재조명』(공저)

역서 『조선 문인의 일본 견문록-해유록』, 『쓰시마 일기』(공역)

논문 「通信使와 徂徠學派의 교류 양상과 그 의미」, 「華夷와 禮樂 - 18세기 동아시

아의 衣冠 담론과 문명의식」, 「夫馬進의『조선연행사와 조선통신사』에 대한 비판적 검토」 등 다수

| 지준호

약력

북경대학교 철학박사

현 서울교육대학교 윤리교육과 교수

주요 학술활동

저서 『시대 속의 맹자, 주제 속의 맹자』(공저), 『전통교육의 행방과 온고지신의 참뜻을 찾아서』(공저), 『19세기 충청유학의 충후와 청풍』(공저) 등 다수

역서 『(고전에서 배우는) 효도와 공경』(공역), 『유학 제3기 발전에 관한 전망』(공역), 『우리나라 강역고』(공역) 등 다수

논문 「다산 정약용의 군자론」, 「논어 발문교육의 초등도덕교육적 함의」(공동), 「온고지신 프로그램의 초등학생 대상 적용 연구」(공동) 등 다수

| 김세정

약력

성균관대학교 철학박사

현 충남대학교 철학과 교수
　　충남대학교 유학연구소 소장
　　한국양명학회 명예회장

주요 학술활동

저서 『양명학, 돌봄과 공생의 길』, 『돌봄과 공생의 유가생태철학』, 『한국 성리학 속의 심학』 등 다수

| 이윤영

약력

성균관대학교 철학박사

현 영주삼봉정신병원장
　　청담심리상담센터 대표

주요 학술활동

저서 『퇴계와 프로이트에게 마음을 묻다』

역서 『사이코패스: 정서와 뇌』, 『펠릭스 라우: 역설의 형식』

논문 「욕망의 본질에 관하여」, 「巍巖 李柬의 未發說에 대한 精神醫學的 解析」

| 김혜원

약력

동국대학교 철학박사

현 동국대학교 겸임 교수
　　청담심리상담센터장

주요 학술활동

역서 『사이코패스: 정서와 뇌

논문 「만성정신분열병 환자의 주의력향상 훈련이 실행기능에 미치는 효과」, 「인간중
　　심접근 관련 국내연구의 내용분석」, 「욕망의 본질에 관하여」

| 이상익

약력

성균관대학교 철학박사

현 부산교육대학교 윤리교육과 교수

주요 학술활동

저서 『韓國性理學史論』 1·2 , 『현대문명과 유교적 성찰』, 『본성과 본능 : 쌍개념들
　　의 탐구』 등 다수

수록된 논문의 원출처는 다음과 같다.

오석원, 「退溪 李滉의 聖學과 의리사상」, 『유교사상문화연구』 제21집, 한국유교학회, 2004.

강희복, 「退溪의 道學과 經世論」, 『한국철학논집』 제41집, 한국철학사연구회, 2014.

이치억, 「退溪 四七論에서 四端의 純善함에 대하여」, 『유교사상문화연구』 제45집, 한국유교학회, 2011.

안재호, 「퇴계 "理發"설 再論-'理의 能動性' 의심과 부정에 대한 반성」, 『유교사상문화연구』 제45집, 한국유교학회, 2011.

추제협, 「異學 비판을 통해 본 '退溪心學'」, 『동양철학』 제40집, 한국동양철학회, 2013.

강경현, 「退溪의 明代儒學 비평과 退溪學의 실천지향적 성격」, 『철학논집』 제46집, 철학연구소, 2016.

김형찬, 「퇴계의 양명학 비판과 조선유학의 성립」, 『퇴계학보』 제148집, 퇴계학연구원, 2020.

이효원, 「비교사적으로 본 근세 일본의 퇴계학 수용의 두 방향」, 『퇴계학논총』 제28집, (사)퇴계학부산연구원, 2016.

지준호, 「퇴계 이황의 도덕교육론-『성학십도』 체계와 내용을 중심으로」, 『한국철학논집』 제59집, 한국철학사연구회, 2018.

김세정, 「퇴계 이황 철학사상의 생태론적 특성」, 『퇴계학논집』 제21집, 영남퇴계학연구원, 2017.

이윤영·김혜원, 「慾望의 本質에 관하여-退溪 慾望論의 精神分析學的 理解」, 『유교사상문화연구』 제44집, 2011.

이상익, 「퇴계 성리학의 보편성과 특수성」, 『퇴계학보』 제144집, 퇴계학연구원, 2018.

퇴계 이황의 철학사상과 사상사적 전개

초판 1쇄 인쇄 2022년 1월 3일
초판 1쇄 발행 2022년 1월 6일

지은이 지준호 외
펴낸이 신동렬
펴낸곳 성균관대학교 출판부

등록 1975년 5월 21일 제1975-9호
주소 03063 서울특별시 종로구 성균관로 25-2
대표전화 02)760-1253~4
팩스 02)762-7452
홈페이지 press.skku.edu

© 2022, 유교문화연구소

ISBN 979-11-5550-510-6 94150
978-89-7986-493-9 (세트)

잘못된 책은 구입한 곳에서 교환해드립니다.